KB057813

정적을 제거하는 비책

정적을 제거하는 비책

위대한 역사를 만든 권력 투쟁의 기술

마수취안 지음 │ 정주은 외 옮김

보누스

계략을 꿰뚫어보는 지혜

《신당서新唐書》《구당서舊唐書》《당회요唐會要》 등의 고서에서 모두 내준신과 그 무리가 《나직경羅織經》을 지었다는 기록을 찾아볼 수 있는데 그 내용을 보면 이러하다.

"……모두 죄명을 날조하여 선량한 사람을 모함한 것이었다. 또 무고한 사람을 모반죄로 얽어맬 목적으로 《나직경》이라는 책을 지었다."

이렇게 실존한 증거만 남긴 채 실전된 《나직경》은 그 후로 다시는 세상 빛을 보지 못하는 듯했다.

오래전, 필자는 운 좋게도 일본인 친구 토우노기東木에게서 당나라 사람 만국준萬國俊이 필사한 《나직경》을 얻었지만 세월의 무게를 이기지 못하고 많이 닳은 탓에 알아보기 힘들 정도로 흐릿해진 글자도 있었다. 그러나 이 책에 담긴 권모술수에 경악을 금할 수 없는 바, 후세 사람들에게 제대로 알리고자 이 책을 수집해서 정리하기로 마음먹었다. 몇 년 동안, 필자는 방대한 양의 문헌 자료를 조사하고 당나라 역사 전문가들을 찾아다니며 가르침을 구했다. 그렇게 열과 성을 다해 연구에 몰두하고 조사를 통해 증명하고 빠진 부분을 채운 끝에 마침내 원형을 복원하는 데 성공했다.

편역을 하면서 필자는 《나직경》이 참으로 의미심장하다는 사실을 깨달았다. 보양柏楊이 《맨얼굴의 중국사中國人史綱》에서 논평했듯이 "그가 써낸《나직경》은 인류 역사상 최초로 무고하는 법을 가르친 경전이다."

필자는 이 책을 교감하고 정리하면서 깊이 생각해봐야 할 문제 몇 가지를 떠올렸다.

1. 봉건전제사회에서는 황족에서 일반 백성에 이르기까지 모두가 피해자였다. 심지어 생사여탈권을 쥐고 있던 주흥과 내준신도 예외는 아니었다. 이로써 내릴 수 있는 유일한 결론은, 악한 제도는 선한 사람도 악에 받치게 만들지만 선한 제도는 악한 사람이 악행을 덜하도록 다독인다. '사람의 잘못이 아니라 상황이 그렇게 몰아간 것뿐'이라는 말도 있지 않은가!

2. 역대 군주들은 모두 충신을 애타게 원했지만 안타깝게도 주변에는 소인배들만 득실거렸다. 그런데 우습게도 세상 사람들이 우러르는 사람은 충신이지만 세상의 우러름을 받는 사람은 소인배다. 한마디로 소인배가 더 잘 먹고 잘산다는 뜻이다. 역사적 경험은 간악한 사람의 악행을 모른 척해서는 안 된다는 사실을 일깨워준다. 충분히 드러내고, 또 이해해야만 이길 수 있다. 구더기가 무섭다고 장 못 담가야 쓰겠는가! 두려움에 사로잡혀 악행을 묵인한다면 악인이 판치는 세상을 불러올 뿐이다.

3. 남주南周 왕조는 오랜 봉건왕조사회에서도 가장 봉건적이었는데, 아이러니하게도 가장 '반봉건'적인 현상인 '여황제'가 존재했다. 이는 확실히 의미심장한데,《나직경》을 읽어보면 그 오묘함을 이해할 수 있다. 다시 말해《나직경》은 남주 왕조, 중국 역사상 유일한 여황제가 통치했던 사회의 정치, 경제, 문화 등을 연구하는 데 대체할 수 없는 사료적 가치를 지니고 있다.

어떠한 문화도 전통 문화의 훌륭한 알맹이는 계승하고 껍데기는 버려야만 커나갈 수 있다.《나직경》은 혹리로 악명 높은 내준신이 지었고 원형을 잘 보존하고 있는 탓에 독자의 정신 건강에 해로운 것이 남아 있을 수밖에 없으므로 독자 스스로 잘 걸러보길 바란다. 그러나 이 책은 많은 독자들이 계략을 꿰뚫어보고 간계와 속임수에 넘어가지 않고 유익한 것을 취하는 데 도움이 될 것이다. 또한 이 책이 연구가들에게 참고가 된다면 필자로서는 더없는 영광일 것이다.

이 자리를 빌려 아낌없이 가르침을 주신 여러 전문가들과 이 책에 응원을 보내주신 분들에게 진심으로 감사의 인사를 올린다.

그리고 필자의 학식과 감별 능력의 한계로 부족한 점이 많을 테지만 독자 여러분이 따뜻이 이해해주길 바란다.

마수취안

秘

권력을 다루는 법

권력은 사람에게 없어서는 안 되는 것이다. 권력을 얻기는 쉽지 않고 지키는 것은 더욱 어렵다. 지혜가 부족한 사람은 얻을 수 없고 모략을 잘못 세운 사람은 결국 화를 불러들이니 이는 생사가 걸린 큰일이다. 하늘의 뜻을 빌려 일을 행해야 명분이 바로 선다. 하늘을 거슬러 일을 행했기 때문에 제 덫에 제가 빠졌다는 것은 적에게 씌워진 죄명이 된다. 백성을 무지몽매하게 만드는 데서 권력자의 총명함을 알 수 있다. 은혜를 드러내지 않으면 사람들은 순종하기 어렵다. 혼란하고 불안한 시대에는 유능한 사람을 쓰고 천하가 안정되면 이들을 죽여 후환을 없앤다. 천하가 태평할 때는 자신에게 충성하는 사람만 써라. 평범하고 재능 없는 사람이 가장 순종적이고 다루기 쉽다. 명의는 바꿀 수 있으나 실권은 반드시 힘껏 쟁취해야 한다. 명의와 실권이 전혀 다르면 권력을 잃게 된다. 시기가 매우 중요하니, 시기가 맞지 않으면 자멸한다. 일은 극단적으로 할 수 있으며 인륜도 모질게 버릴 수 있다. 재물과 작위, 녹봉으로 속박해 그들이 가할 수도 있는 실제 위해를 없앤다. 헛된 명예와 지위를 상으로 내려 인심을 매수한다. 이렇게만 한다면 어떠한 권력이라도 얻을 수 있고 잃지도 않을 것이다.

권력은 사람에게 없어서는
안 되는 것이다

權者, 人莫離也.

秘 봉건시대 사람들은 입신양명하여 가문의 이름을 드높이는 것을 인생의 목표로 삼았다. 특히 가난한 선비들은 권력을 얻고 관직에 오르는 것을 가난을 떨치고 부귀를 얻는 지름길로 여겼다. 이미 관직에 있는 사람들의 권력욕은 절대로 만족되는 법이 없었다. 시종일관 그들은 지금의 권력을 지키면서 더 큰 권력을 얻기 위해 죽도록 노력했다. 권력이 사람들에게 분명히 혜택을 가져다준다는 사실은 부인할 수 없다. 권세가 없는 일반 백성은 낮은 신분 탓에 괴롭힘을 당할 수밖에 없다. 그러나 권력이 있으면 사실도 왜곡하고 하고 싶은 대로 행동하고 부귀를 누릴 수 있다. 권력자에게 권력보다 좋은 것은 없다. 권력을 잃으면 모든 것을 잃는 셈이요, 자칫하다가는 목숨까지 잃을 수 있다. 반대로 권력을 잡으면 자신의 목숨 줄을 잡은 셈이다. 사실 두려움이 가장 큰 사람은 바로 권력을 쥔 사람이다.

이사의 깨달음

이사李斯는 전국戰國시대 말, 초나라 사람으로 진나라 때의 정치가다. 젊어서는 말단 관리직에 있었으나 몹시 가난하였다.

이사는 출세하기 전에 고향 상채현上蔡縣 관아에서 말단 관리로 있었다. 관직이 낮고 지위가 비천한 탓에 온갖 치욕을 당했지만 목구멍이 포도청인지라 생계를 위해 꾹 참을 수밖에 없었다.

이사는 한가할 때마다 친구에게 불만을 토로했는데 한번은 이렇게 탄식했다.

"권력이 있고 없음이 참으로 다르더군. 나와 같은 말단 관리는 남이 시키는 일이나 하며 곤궁하고 초라하게 살아야 하는데 언제 출세할 수 있겠나!"

이사의 친구도 괴로운 심경을 하소연했다.

"사람으로 태어났으되 권세가 없으면 아무짝에도 쓸모가 없어. 아무래도 자네와 나는 이번 생을 이렇게 살다 갈 운명인가 보네."

이사는 비참한 심정으로 낙심한 채 하루하루를 보냈다.

어느 날, 이사가 뒷간에 갔다가 삐쩍 마른 작은 쥐들이 더러운 오물을 먹다가 사람이 다가오는 기척이 나자 부리나케 도망가는 모습을 보았다. 그 후에 곳간에서도 쥐들을 보았는데 놀랍게도 곳간에 사는 쥐들은 전에 봤던 쥐들과 영 판판이었다. 하나같이 투실투실 살이 쪘고 생기가 넘쳤으며 그가 온 것을 보고도 두려워서 허둥대지 않고 느긋하게 지나갔다. 이사는 그 광경을 오래도록 보고 있다가 문득 깨달음을 얻었다.

"곳간의 쥐들은 곳간 가득 쌓인 양식을 먹이로 삼고 널찍한 곳간을 보금자리로 삼았으니 굶을 걱정도 없고 비바람에 젖을 걱정도 없다. 그래서 뒷간에서 본 쥐들과 달랐던 것이구나! 사람이라고 이와 다르겠는가? 사람의 처지가 다름은 사람의 차이 때문이 아니라 지위와 귀천의 차이 때문이로구나!"

깨달음을 얻은 이사는 진취적으로 노력하지 않고 허구한 날 아무짝에도 쓸모없는 불평만 늘어놓은 자신을 탓하고 반성했다. 이윽고 이사는 굳은 결심을 하고 관직을 그만두더니 위대한 사상가 순자荀子를 찾아가 제왕학을 배웠다. 순자는 이사를 자세히 살피더니 말했다.

"그대가 비록 관직이 낮았으나 다른 사람이 볼 때는 그것도 부러워할 만한 것이었을 텐데 조금도 아깝지 않은가?"

이사가 대답했다.

"사람이라면 사람 위에 서는 사람이 되어야 하고 쥐라면 창고에 사는 쥐가 되어야지요."

이사가 무슨 말인지 설명하자 순자는 다 듣고 나서 웃음을 터트렸다.

"그대는 총명함이 남다르고 이해력이 뛰어나니 언젠가 크게 될 걸세."

순자의 칭찬에 자신감이 커진 이사는 한발 더 나아가 자신의 생각을 밝혔다.

"제 생각에 사람의 일생에서 가장 치욕스러운 것은 비천한 것이고 가장 비통한 것은 빈궁한 것이라고 생각합니다. 그리고 이 모든 것은 다 권력이 없는 탓입니다. 권력은 모든 사람들의 인생을 완전히 뒤바꿀 수 있습니다. 대장부라면 마땅히 권세를 누리는 것을 으뜸으로 생각해야 합니다."

순자는 그저 묵묵히 듣기만 했다. 이사가 떠나자 순자는 곁에 있는 사람에게 가만히 말했다.

"이사는 지극히 총명하여 내 문하 중에서 가장 뛰어난 제자라고 생각한다. 다만 안타깝게도 세상에 대한 분노가 너무 깊고 권력을 지나치게 좋아하며 자신을 가리는 데 미숙하니 결국 끝이 좋지 않겠구나!"

제왕학을 배운 이사는 훗날 진나라로 가 진시황秦始皇을 도와 육국을 통일했다. 마침내 진나라 승상이 된 이사의 권세가 극에 달했을 때는 대문 앞에 세워진 수레가 천여 대에 이르렀고 문무백관이 그에게 빌붙으려 애를 썼다. 순자의 말대로 이사는 권세에 대한 탐욕이 도를 넘은 데다 거침없이 과시하기도 했다. 진시황이 죽자 조고趙高와 모의해 황제의 장자를 자결하게 만들고 호해胡亥를 황제로 세웠다. 결국은 조고의 모함을 받아 이사 부자父子는 나란히 허리가 잘려 죽는 비참한 최후를 맞았으며 삼족이 멸문지화를 당했다.

권력을 얻기는 쉽지 않고
지키는 것은 더욱 어렵다

取之非易, 守之尤艱.

秘　　　권력으로 향하는 길은 항상 피 튀기는 경쟁이 난무한다. 권력을
　　　얻으려다 비명횡사한 사람이 부지기수고 골육상잔도 비일비재
하다. 봉건사회에서 권력은 한 사람의 사회적 가치와 인생의 가치를 가늠
하는 중요한 추였으며 권력에 도달할 수 있는 사람은 극소수에 불과했기
에 치열한 틈바구니에서 승리한 사람은 실로 쉽지 않은 일을 이룬 셈이
었다. 마찬가지로 권력을 지키는 것 또한 지극히 어려운 일이었다.

　권력을 쥔 사람은 항상 뭇 사람들의 표적이 되기 마련이었으니 사람들
은 하나같이 권력자의 손에서 권력을 빼앗고자 했다. 하물며 권력자는 양
지에 있지만 사방팔방에서 기회를 노리는 적들은 음지에서 움직이니 어
느 누구도 믿어서는 안 되고 한시라도 방심해서는 안 되었다. 조금만 부
주의해도 큰 화를 불러올 수 있는 탓이었다. 이로 볼 때, 권력은 얻는 것
보다 지키기가 훨씬 어렵다. 권력을 지키려면 더 까다롭고 다양하고 심층
적인 요구를 만족시켜야 하는데 이는 보통내기가 해낼 수 있는 일이 아
니기 때문이다.

한신의 부족함

　한신韓信은 유방劉邦의 수하 장군으로 군사적 재능이 출중해 공격하면
반드시 얻었고 싸우면 반드시 승리해 한나라 건국에 큰 공을 세웠다. 이

와 같은 절세의 영웅도 마지막에는 목이 떨어지는 비참한 운명을 맞았으니 그 까닭을 따져보면 유방의 '토사구팽'兎死狗烹이 첫 번째 원인이요, 한신이 권력을 지키는 능력이 부족했음이 두 번째 원인이었다.

한신은 소하蕭何의 적극적인 추천으로 유방의 장군이 된 뒤, 수많은 기묘한 계책을 내놓고 무수히 많은 전투를 겪었으며 인생의 단맛과 쓴맛을 맛볼 만큼 맛봤다. 그러면서도 유방의 비위를 거스르는 짓도 감수하며 유방을 압박해 왕에 봉해져 신하로서 오를 수 있는 권력의 최고봉에 올랐다. 한신은 모두 그의 진짜 재능과 학문, 피비린내 나는 전투의 결과로 권력을 얻어냈으니 실로 쉽지 않은 일을 이룬 셈이었다. 그러나 한신은 손 안의 권력을 지키고, 또 흔들리지 않는 지위를 확고히 다지는 정치적 능력이 몹시 부족했다. 한신은 항상 유방에 대해 환상을 품고 있었다. 그는 제 공이 높으니 유방이 절대로 그를 해코지하지는 않을 것이라고 생각해 아무런 경계도 하지 않았다. 게다가 유치하게도 유방에게 거침없이 직언을 올리고 삼가는 것도 없었으며 군신의 분별이 없었다. 그리하여 이런 일도 벌어졌다.

한번은 유방이 한신에게 자신은 얼마나 많은 군사를 거느릴 수 있겠냐고 물었다. 그러자 한신은 유방은 겨우 십만 군사밖에 거느리지 못한다고 하면서 자신은 많을수록 좋다는 따위의 말을 했다. 이 말로 유방의 심기를 몹시 언짢게 만들고 괜히 자신에 대한 의심만 보탰다.

한신의 이러한 치명적인 단점을 옆에서 지켜보는 그의 친구 괴통蒯通은 속이 바짝바짝 타들어갔다. 한번은 두 사람이 함께 있을 때 괴통이 목소리를 낮춰 한신에게 말했다.

"장군은 구사일생으로 오늘의 권력을 쥐었는데 하루 만에 내버릴 셈이십니까?"

한신이 어리둥절해서 서둘러 물었다.

"그게 무슨 말인가?"

괴통은 길게 탄식하더니 슬픈 목소리로 말했다.

"장군은 행동에 거리낌이 없고 권좌를 지킬 생각이 없으니 참으로 걱정스럽습니다. 제가 볼 때 주군께서 이미 장군에게 의심을 품었으니 이대로 가다가는 머잖아 큰 화가 닥칠 것입니다."

괴통의 말을 들은 한신은 빙그레 웃더니 말을 툭 내던졌다.

"주군께서 어떤 일로 나를 의심한다는 말인가? 나는 한 번도 그런 느낌을 받은 적이 없는데 그대는 어떻게 알았단 말인가? 군사를 다루는 능력은 나를 따를 자가 없으니 주군께서 설령 언짢은 마음이 있으시더라도 나를 내치지는 못할 걸세."

그 말에 괴통은 더욱 걱정스러워 아예 마음속의 생각을 솔직하게 밝혔으니, 한신에게 유방을 떠나 군사를 거느리고 자립하라고 대담하게 권했다. 그러나 한신은 아무 관심도 보이지 않고 오히려 괴통을 꾸짖었다.

"내가 양심에 부끄러운 일을 하지 않는데 주공이 어찌 나에게 불의한 짓을 한단 말인가? 권력을 얻기가 쉽지 않기 때문에 그대가 말한 그런 위험을 무릅쓰는 일은 하지 않을 것이네. 이 일은 다시는 거론하지 말아야 할 것이니, 그러지 않으면 내가 매정하다 탓하지 말게."

한신이 자신을 반성하지 않고 잘못된 태도를 고치지 않아 유방의 의심은 날로 깊어졌다. 유방은 정식으로 황제라는 호칭을 쓰게 되자마자 기다렸다는 듯이 한신에게 마수를 뻗쳐 한신의 지위를 왕에서 회음후淮陰侯로 강등시켰다. 이 지경에 이르러서도 한신은 또다시 엄청난 잘못을 저질렀으니 자신의 불만을 전혀 감추지 않고 사람을 만날 때마다 자신의 억울함을 호소했으며 모반을 일으킨 진희陳豨를 토벌하기 위해 유방을 따라 출정하라는 명도 거절했다. 여후呂后는 이를 구실로 한신을 속여 궁으로 불러들인 뒤, 그가 모반을 일으켰다고 무고해 진위를 가리지도 않고 그를 끌어내 죽이라고 명했다. 한 시대를 풍미한 인재 한신은 이리도 가없게 목숨을 잃고 말았다.

지혜가 부족한 사람은 얻을 수 없고
모략을 잘못 세운 사람은 결국 화를 불러들이니
이는 생사가 걸린 큰일이다

智不足弗得, 謀有失竟患, 死生事也.

秘 　　사람치고 권력을 갈망하지 않는 사람은 없지만 권력 싸움에 끼
　　어드는 것은 아무나 할 수 있는 일이 아니다. 재주는 별 볼일 없
으면서 뜻만 원대해 주체할 수 없는 야심만으로 권력 싸움에 끼어들었다
가 아까운 목숨만 잃은 사람이 부지기수다. 관직사회는 몹시 뒤숭숭한 곳
이라 지혜와 모략이 없는 사람은 발붙이기 어렵다.

　요행을 바라는 사람은 권력의 피해자가 되기 십상이다. 그들은 권력의
이점만 보았지, 권력이 해로울 수도 있다는 사실을 알지 못한다. 그러니
권력을 얻으려면 먼저 권력을 얻는 데 필요한 능력을 길러야 한다.

나중에 나 우뚝 솟은 뿔, 윤진

　강희제康熙帝는 슬하에 많은 아들을 두었는데 태자를 두 번이나 폐위
시켰다. 그의 말년에 이르러서는 태자 자리를 얻기 위한 쟁탈전이 날로
가열되었다.

　넷째 황자 윤진胤禛은 지략이 몹시 뛰어났다. 그는 강희제가 아들들이
서로 다투는 꼴을 몹시 싫어한다는 사실을 알고 겉으로는 태자 쟁탈전에
끼지 않는 척하면서 여러 차례 형제들을 위해 바른 말을 했다.

　태자 윤잉胤礽이 폐위되자 아무도 거들떠보지 않았지만 윤진만은 다른
사람들과 달리 태자에게 깊은 관심과 애정을 보였다. 누군가가 강희제에

게 이 일을 알리자 윤진은 이렇게 대답할 따름이었다.

"형제의 정을 버릴 수는 없습니다."

강희제는 윤진의 어진 마음에 몹시 흡족하여 격찬을 아끼지 않았다.

황제를 시해하려 했다는 죄명을 쓴 폐태자는 다른 황자들에게 자신을 변호하는 상소를 올려달라고 부탁했지만 아무도 들어주지 않았다. 이 사실을 안 윤진은 오랜 고민 끝에 태자를 대신해 나서기로 결심했다. 그는 계속해서 강희제를 설득한 끝에 마침내 태자의 죄명을 씻어내고 태자의 목에 채워졌던 항쇄도 풀어냈다.

윤진의 몸을 사리지 않는 이 같은 행동에 다른 황자들은 태자가 될 마음이 없기 때문이라고 여겨 그에게 별다른 관심을 두지 않았다. 오직 강희제만 이 일로 그를 달리 보기 시작했으며 틈날 때마다 그를 칭찬했다.

윤진은 자신의 지위를 높이는 한편, 강희제의 건강에 관심을 기울이며 극진히 살피기 시작했다. 강희제는 못난 윤잉과 태자 자리를 놓고 으르렁거리는 황자들 때문에 화병에 걸렸지만 태의를 불러 치료하지 않았다. 이 소식을 들은 윤진은 놀랍고 두려운 마음에 사색이 되어 달려와 바닥에 꿇어앉아 태의를 들일 것을 간청했다. 또 직접 태의를 고르고 밤낮으로 부황을 보살피느라 몹시 수척해져갔다. 이에 크게 감동한 강희제는 윤진을 두고 지극히 효성스럽다고 거듭 일렀다. 이 일로 부자 사이의 거리가 단숨에 가까워졌다.

윤진은 이토록 황제의 눈에 들기 위해 애쓰는 한편, 암암리에 서둘러 자신의 세력을 키워나갔다. 윤진은 연갱요를 자기편으로 끌어들이고 융과다를 매수했다. 위로는 황제의 마음을 잡고 아래로는 자신을 받쳐줄 세력을 구축하며 갖은 애를 쓴 끝에 드디어 황위를 차지했다. 그제야 황자들은 윤진의 본색을 알게 되었지만 이미 모든 것이 끝나 돌이킬 수 없었다. 황위 다툼에서 패한 황자들은 훗날 벌을 받거나 신분이 강등되는 등, 황제의 꿈은 이루지도 못하고 비참한 말로를 맞이했다.

하늘의 뜻을 빌려 일을 행해야 명분이 바로 선다
하늘을 거슬러 일을 행했기 때문에
제 덫에 제가 빠졌다는 것은 적에게 씌워진 죄명이 된다

假天用事, 名之順也. 自絶於天, 敵之罪也.

秘　　　예로부터 권력은 모든 사람이 바라 마지않는 것이었고 봉건 의
　　　식에 물든 사람들은 종종 권력을 신비로운 것으로 여겨 하늘의
뜻이 있어야 권력을 얻을 수 있다고 생각했다. 수천 년간 이어진 군주의
권력은 하늘이 내렸다는 사상이 사람들의 인식에 뿌리박혀 사람과 세상
을 살피는 데 알게 모르게 쓰였다. 이 때문에 권력을 빼앗으려는 사람들
은 머리를 쥐어짜가며 자신을 하늘의 대리인으로 꾸밀 방법을 궁리해 세
상을 속이고 무리를 모아 군사를 일으키는 데 이용했다. 그와 동시에 적
에게 하늘을 거슬렀다는 죄를 뒤집어씌우면 자신이 권력을 탈취함은 명
분이 정당하고 말에 순리가 있는 행위가 되어 거리낄 것이 없어진다. 이
는 권력을 빼앗는 현명한 책략이자 성공적인 여론몰이 방식으로 일의 성
패를 좌우하므로 결코 소홀히 여겨서는 안 된다.

무측천의 지략

　무측천武則天은 중국 역사상 유일한 여황제다. 당나라 태종 때 재인으
로 입궁했고 고종高宗 때 황후가 되었다. 고종이 죽자 황태후의 신분으로
정무를 처리했다. 재초載初 원년, 예종睿宗을 폐하고 스스로 황제가 되어
국호를 주周로 고쳤다. 비록 혹리를 기용하고 엄격하고 잔혹하게 집권하
였지만 통치 시기 탁월한 정치 업적을 쌓은 영명한 군주였다.

당 고종이 죽자 황후 무측천이 대권을 장악하니 아들은 그저 이름뿐인 황제에 불과했다. 그러나 진짜 황제가 되고 싶었던 그녀는 어느 날 대신들의 의중을 떠보았다.

"황제에게 가장 중요한 덕목은 재능과 지혜이며, 위로는 하늘의 명에 응하고 아래로는 민심에 따라야 하는데 앞으로 누가 황제의 자리에 올라야 하겠소?"

그 말에 대신들은 미간을 찌푸렸다. 그들은 무측천이 지금의 자리에 만족하지 못함을 알고 있었지만 여인이 황제가 되는 것은 고금에 전례를 찾을 수 없는 일이라 두려움을 무릅쓰고 그 뜻을 외면한 채 애매하게 에둘러 말했다.

"우리 나라의 천자 자리에 대대로 끊임없이 오를 사람은 당연히 이씨李氏의 자손이겠지요."

무측천은 변죽을 울리며 원하는 말이 나올 때까지 거듭 말을 이었지만 아무도 그녀의 뜻에 응하지 않았다. 상황이 이러하니 무측천은 바로 황제가 되겠다는 야심을 잠시 누를 수밖에 없었다. 그런데도 정권을 황제에게 넘기라는 목소리가 끊이지 않았고 이적李勣의 손자인 이경업李敬業은 더 나아가 대당의 강산을 찬탈한 여인을 죽이겠다며 반란까지 일으켰다. 무측천의 심복들은 굳이 수고할 필요가 있겠냐며 대신들의 동의를 받아내 바로 황위에 오르라고 권했다. 무측천은 오랫동안 깊이 고민하더니 끝내 고개를 저으며 말했다.

"내가 오랜 세월 애쓴 덕분에 조정이 온통 내 손아귀에 들어왔으니 황제가 되고자 하면 말 한 마디면 될 일이오. 다만 그리하였다가 신하들이 나를 따르지 않고 민심이 흔들리면 내가 앉은 자리가 위태로울까 걱정이오. 게다가 세상의 관념은 구습을 따르고 인심은 내가 황위를 찬탈했다고 여길 텐데 이런 형세를 바꾸지 않고 어찌 큰일을 이룰 수 있겠소?"

무측천은 심사숙고 끝에 하늘의 뜻을 빌려 자신에게 유리한 형세를 만들기로 했다. 그녀는 조카 무승사武承嗣에게 사람을 시켜 돌에 '성모께서 인간 세상에 내려오시니 황제의 위업이 영원토록 창성하리라'(聖母臨人, 永昌帝業)라는 글귀를 새기고 글자를 붉게 칠한 뒤 낙수洛水에 던지라고 명했다. 또 몰래 옹주雍州 사람 당동태唐同泰를 시켜 낙수에서 돌을 건져내 천하에 이 소문을 퍼뜨리고 나서 직접 조정에 바치라고 했다.

이 일은 예삿일이 아니었기에 사람들이 모두 신기해하며 쑥덕거렸다. 무측천은 연거푸 하늘의 뜻이라 이르며 문무백관을 이끌고 직접 남교南郊로 가 하늘에 감사를 올리는 제사를 지냈다. 이에 그치지 않고 무측천은 일을 점점 더 크게 부풀렸다. 낙수에서 건져 올린 돌을 일러 하늘이 황제의 어머니에게 내린 돌이라 부르고 낙수의 이름을 영창수永昌水로 고쳤으며 당동태를 유격장군遊擊將軍에 임명했다. 뿐만 아니라 낙수의 신을 위해 장엄하면서도 예식이 몹시 복잡한 의식을 올리기도 했다. 순식간에 사람들은 무측천이 황제가 되는 것이 곧 하늘의 뜻이라고 여기게 되었다.

그런데도 무측천은 여전히 부족하다고 여겨 고승 법명法明을 시켜 네 권짜리 《대운경大雲經》을 조작했는데 이 경전에는 무측천이 미륵불의 화신이며 그녀가 당나라를 맡는 것이 마땅하다는 거짓 내용이 담겨 있었다. 무측천은 모든 고을의 관리와 백성들에게 이 경전을 읽으라고 명하고 특별히 이 경전을 모시는 절을 지어 향을 사르고 절을 올리게 했다.

상황이 이쯤 되자 무측천은 때를 놓치지 않고 시어사侍御史 부유예傅游藝를 시켜 천 명 가까운 관중關中 백성을 이끌고 조정에 상소문을 올려 그녀에게 하늘의 뜻에 따라 황제가 되어달라고 간청하게 했다. 무측천은 짐짓 원하지 않는 척하면서도 곧바로 부유예의 관직을 올려주었다. 그러자 사람들은 너도나도 부유예처럼 상소문을 올려 그녀의 등극을 간청했다. 무측천은 여건이 충분히 무르익었고 때가 되었다고 생각해 690년 황제의 자리에 올라 평생의 염원을 이루었다.

백성을 무지몽매하게 만드는 데서
권력자의 총명함을 알 수 있다

民有其愚, 權有其智.

㊙   봉건시대 통치자들이 우민정책을 신봉한 데는 나름의 말 못할
        사정이 있었다. 첫째, 권력투쟁이나 관직사회의 어두운 내막은
당당하게 드러낼 만한 것이 아니기에 일단 알려지면 그들이 세상을 속이
고 만들어낸 '위대한' 이미지가 실추되고 민심을 잃어 통치기반이 흔들릴
수 있다. 둘째, 권력자는 모두 남달리 총명하다고 자처하며 그들이 쥔 권
력도 음모로 얻어낸 것이기에 만약 세상 사람들이 그들을 모방하게 되면
발 뺄고 자기 힘들어진다. 그래서 백성의 지혜를 압살해 무지몽매하고 순
종적으로 만들어 그들의 권좌를 넘볼 수 없게 하겠다는 헛된 생각을 품
는다. 이는 극도로 포악하고 이기적인 추악한 짓거리로 사회 발전과 인재
양성에 더없는 해를 끼쳤다. 통치자들은 이를 탁월한 계책이라 여기며 득
의양양했지만 장기적으로 보았을 때는 갈증이 난다고 독주를 마시는 어
리석은 행동에 다름 아니었기에 결국 화를 입을 수밖에 없었다.

부생의 기만

전진前秦의 황제 부생苻生은 폭군으로 유명하다. 어려서부터 한쪽 눈이
먼 탓에 '다치다'(傷), '불완전하다'(殘), '적다'(少), '흠이 있다'(缺)와 같은 말
을 끔찍하게 싫어했다. 어느 날, 부생이 궁중 어의와 이야기를 나누다가
지나가는 말로 인삼의 효능을 묻자 어의가 대답했다.

"아주 적은 인삼으로도 큰 효과를 볼 수 있사옵니다."

그 말에 부생은 갑자기 성을 내며 어의의 두 눈을 뽑고 참수하라는 잔인한 명령을 내렸다.

부생의 흉악한 행실은 이뿐만이 아니었다. 그는 항상 주변에 온갖 흉기를 늘어놓고 있다가 대신들이 조금만 언짢게 해도 흉기를 집어 들고 직접 죽여버렸다. 게다가 시시때때로 경악스런 행동을 했는데 하나같이 보통 사람의 상식으로는 이해할 수 없는 악독한 짓거리라서 간담을 서늘하게 만들었다. 그는 사람의 얼굴 가죽을 벗기기도 했고 궁녀에게 남자와 성교하라고 시킨 뒤, 신하들과 함께 옆에서 그 모습을 구경하기도 했다. 심지어 아내인 양 황후梁皇后와 외숙을 아무 이유 없이 죽여버리기도 했다. 가족에게조차 이러했으니 조정 대신은 더 말할 것도 없이 그에게 목숨을 잃은 신하가 한둘이 아니었다.

이처럼 온갖 악행을 저지르면서도 부생은 자기가 똑똑한 줄로만 알고 다른 사람이 자신을 어떻게 볼지 무척 신경 썼다. 그래서 종종 조정 대신들에게 자신이 똑똑하냐고 물었는데 질문을 받은 대신이 그가 영명하다고 답하면 한참 동안 뚫어져라 쳐다보다가 이렇게 말했다.

"그 말은 진심이 아니다. 그대는 내 비위를 맞추려 아첨하니 간신이 분명하다!"

그러고 나서 그 사람을 참수하라고 명한 뒤 다른 대신에게 또 물었다.

"그대는 정직해 보이는데 그대가 보기에 나는 어떤 군주인가?"

질문을 받은 대신은 너무 놀라 혼비백산한 가운데 떨리는 목소리로 대답했다.

"폐하께서 어지심은 천하가 다 아는 사실이나 이따금 형벌이 조금 중하십니다."

신하가 말을 끝맺기도 전에 부생은 버럭 성을 냈다.

"네놈이 나를 비방하는 것이냐! 협잡질이나 하는 너 같은 소인배를 엄벌에 처하지 않는다면 사람들이 나를 어리석은 군주라 이르지 않겠느냐!"

결국 이 대신도 헛되이 목숨을 잃고 말았다.

부생은 온갖 사악한 짓은 다 하면서도 이 일이 밖으로 새어나가지 않도록 숨기고 사람들을 속이며 세상에 다시없을 현명한 군주 행세를 했다. 한번은 부생이 유명한 조서를 반포했는데, 여기에서 그는 자신의 폭압을 매우 당당하게 선포했다.

"나는 하늘의 명을 받아 천하를 다스림에 감히 하루도 게을리하지 않았다. 또한 천하의 군주로 백성을 자식처럼 여기고 사랑하였다. 그러나 가증스럽게도 조정에 간악한 소인배가 끊이지 않으니 그들을 죽이지 않으면 어찌 백성의 분노를 가라앉히고 기강을 엄히 세울 수 있겠느냐? 이를 어찌 잔인하다 하리요! 더욱이 백성들이 두려워 도망친다는 소문이 떠도는데 이는 모두 백성들을 기만하는 헛소리에 불과하니 정직한 사람들이 어찌 이를 믿을 텐가! 이제 내가 정중히 선언하는 바이니, 나는 앞으로도 이치와 법, 정의와 진리에 맞는 일이라면 계속 해나가 나라에 대한 내 책임을 저버리지 않을 것이다!"

실상을 아는 사람들은 이 일을 두고 이를 바득바득 갈았다. 결국 부생의 종제인 부견이 반란을 일으켜 군대를 이끌고 황궁에 난입해 부생을 죽이고 스스로 황위에 올랐다.

은혜를 드러내지 않으면
사람들은 순종하기 어렵다

德之不昭, 人所難附焉.

秘　　　한번 권력을 쥐었다고 영원히 그 권력을 유지할 수 있는 것은
아니다. 권력자가 자신의 이익만 생각하고 다른 사람에게 박하
게 대하며 은혜를 베풀지 않는다면 사람들은 원한을 품고 시시때때로 훼
방을 놓으며 그가 하루빨리 무너지길 고대한다. 그러다가 변란이 일어나
면 금세 숨어 있던 조력자로 변모하는데 그 힘이 가히 놀라운지라 권력
자가 더 빨리 무너지도록 박차를 가한다. 그래서 현명한 권력자는 초심을
잃지 않고 자신의 이익을 꾀하면서도 사람들에게 작은 이익을 주어 인심
을 얻음으로써 근본적으로 권력을 잃지 않게끔 후환거리를 없앤다.

인색했던 이존욱 부부

이존욱李存勖은 이극용李克用의 큰 아들이며 사타족沙陀族 출신이다. 어
려서부터 아버지를 따라 전쟁터를 누볐고 용맹함으로 이름 높았다. 전쟁
으로 북방을 통일하고 황제에 올라 국호를 당唐으로 지었다.

이존욱은 후당의 황제로 주온朱溫이 세운 후량後梁을 멸망시키고 걸
연桀燕, 기岐, 전촉前蜀을 잇달아 무너뜨리며 순식간에 천하에 위명을 떨
쳤다.

나라의 영토가 나날이 늘어나자 이존욱은 교만해져갔고 음탕한 생활
을 하면서 제멋대로 행동했다. 그는 자신의 나라가 영원할 줄로만 알고

국정은 돌보지 않은 채 노는 데만 열중했다. 신하와 군사들에 대한 대우도 점점 박해져 지난날 후량과 싸울 때처럼 약간의 상이라도 내리지 않았다.

이존욱의 황후 유옥낭劉玉娘은 이존욱보다 더 탐욕스럽고 인색했다. 그녀는 이존욱이 향락에 빠진 틈을 타 국정을 농단했는데, 하는 일이라고는 죄다 재물을 긁어모으는 것과 관련되어 있으면서도 신하들에게는 일전한 푼 하사하지 않았다. 어느 해, 중원에 큰 가뭄이 들어 후당의 군사들은 입을 옷과 먹을 양식이 부족했고 그들의 가족은 들판을 헤매며 풀뿌리를 캐서 허기를 달랬지만 너무 배를 곯은 탓에 쓰러지면 그대로 숨이 끊어졌으니 그 광경이 처참하기 이를 데 없었다.

군심이 어지럽고 나라에 망조가 든 심각한 상황에서 후당의 재상은 유옥낭에게 상소를 올렸다.

"상황이 시급하니 한시도 지체할 수 없습니다. 군사들은 나라의 주춧돌인데 어찌 구하지 않을 수 있겠습니까? 마마께서 황권을 중히 여기시어 황궁의 금은과 비단으로 죽기 직전인 군사들이 부모와 처자식을 부양하고 힘든 시기를 넘길 수 있도록 도와주십시오. 지금은 국고가 비었으니 나중에 국고가 채워지면 반드시 빌린 만큼 돌려드리겠습니다."

이는 원래 후당의 명맥과 황제의 입장을 고려한 최상의 계책이었으나 돈을 빌리겠다는 말에 유옥낭은 자신의 살점이라도 베이는 듯 노발대발했다. 그녀는 재상을 어서 쫓아내기 위해 은대야 두 개를 가져오게 했다.

"궁 안의 물건은 이것뿐이니 가져가서 군비로 쓰시오."

재상은 황궁 안에 금은보화가 산처럼 쌓여 있다는 사실을 잘 알고 있었으나 감히 따지지 못했다. 길게 한숨을 내쉰 그는 후당이 틀림없이 망할 것이라고 확신해 아예 손을 떼고 관여치 않기로 하고 더 이상 진언하지 않았다.

얼마 후, 이존욱의 수하였던 대장군 이사원李嗣源이 업도鄴都에서 반란

을 일으켰다. 이존욱은 직접 군대를 이끌고 출정하였으나 대군이 움직인
지 얼마 되지도 않아 평소에 원망이 하늘을 찌르던 군사들이 줄지어 반
란군에 투항해버렸다. 그제야 이존욱은 사태가 심상치 않음을 깨닫고 군
사들의 비위를 맞추려고 애썼다. 그는 즉시 상을 내릴 것이며 결코 약속
을 어기지 않겠다고 거듭 공언했다.

그러나 일찌감치 이존욱의 속임수를 간파한 군사들은 이를 부득부득
갈며 분노에 찬 목소리로 외쳤다.

"우리의 부모와 처자식은 이미 다 죽었다. 황제는 그들이 죽는 것을 두
눈 뜨고 보면서도 구해주지 않았다. 이제 와서 금산 은산을 가져다준들
그들을 되살릴 수 없는데 그게 다 무슨 소용이란 말인가!"

마침내 군사들은 반란을 일으켜 이존욱의 온가족을 죽였으며 이존욱
자신도 쏟아지는 화살을 맞아 죽고 말았다. 유옥낭은 금은보화 두 보따리
를 들고 태원太原으로 도망쳐 비구니 절에 숨어들어 비구니가 되었다. 그
러나 군사들은 기어코 그녀를 찾아내 목매달아 죽여버렸다.

혼란하고 불안한 시대에는 유능한 사람을 쓰고
천하가 안정되면 이들을 죽여 후환을 없앤다

亂世用能, 平則去患.

秘 권력을 빼앗는 것과 권력을 다지는 것은 본질적으로 차이가 있다. 권력을 빼앗을 때는 무능한 사람은 쓸 수 없고 권력을 다질 때는 공이 높은 자는 위협이 된다. 유능한 사람은 권력을 빼앗는 것도 잘하고 권력을 가로채는 것도 잘하므로 상황에 따라 유능한 사람을 쓴 결과도 크게 달라지며 심지어 정반대의 결과를 얻기도 한다.

권력만을 위한 심리와 행위 때문에 수많은 유능한 인재들이 무고하게 희생되었다는 사실은 명명백백하다. 그들은 전심전력을 다했지만 결국에는 의심을 사고 역적이라는 오명을 뒤집어쓰는 비참한 말로를 맞이했다. 그러나 권력자에게 이는 꼭 필요한 것이었다. 유능한 사람은 권력자가 권력을 얻도록 도울 능력도 있고 권력자의 손에서 권력을 가로챌 능력도 있기 때문이다. 하지만 권력을 이미 얻어 이제 그들을 쓸데도 별로 없는데 구태여 위험을 감수하며 밤낮으로 근심할 필요가 있겠는가.

만전의 계책을 세운 유욱

유욱劉彧은 남송南宋의 황제로, 송 문제宋文帝의 열한 번째 아들이었다. 처음에는 남예주자사南豫州刺史에 임명되었다가 후에 사람을 보내 전폐제前廢帝를 죽이고 스스로 황제가 되었다. 즉위 초에는 유능하고 어진 인재를 등용했지만 말년에는 귀신을 좋아하고 사치스럽고 무도한 생활을 한 탓에 송나라의 국세가 기울기 시작했다.

유욱이 세운 송나라는 궁정 내 동족상잔과 권력쟁탈이 가장 심각했던 왕조였다. 부자, 형제, 숙질이 인정사정 두지 않고 서로에게 칼을 겨눠 세상에서 다시 보기 힘든 처참한 비극이 벌어졌다. 구사일생으로 목숨을 건진 유욱은 유능한 인재들의 도움으로 조카 유자업劉子業을 죽이고 제위에 올랐다.

그러나 유욱은 황제가 되자마자 곧바로 흉포한 본성을 드러냈다. 그는 공신들을 마구 죽였고 자신의 목숨을 살려준 바 있는 동생 유휴인劉休仁이 권력을 찬탈할까 두려워 아무 죄명이나 덮어씌워 죽여버렸다. 또 그의 형 유준劉駿의 아들 스물여덟 명을 하나도 남김없이 모조리 죽여 후환을 없앴다.

말년에 이른 유욱은 근심 걱정에 시달리며 불안한 나날을 보냈다. 하루는 그의 후궁이 조심스럽게 까닭을 묻자 울적한 목소리로 말했다.

"내 아들들이 아직 어린데 나는 늙었으니 어찌 걱정이 안 되겠소. 사람은 누구나 권력을 갈구하는데 어린아이가 어찌 조정의 대신들을 상대할 수 있겠소. 그러니 완전한 계책을 생각해내야 하오."

사실 이때 유욱은 이미 위협거리라고 여겨지는 사람을 거의 다 죽이고 노장군 장영張永과 황후의 큰오라비 왕경문王景文만 남겨둔 상태였다. 이에 유욱은 직접 노래를 지었다.

"선비 하나는 가까이 할 수 없고 활은 길어 사람을 쏘아 죽인다."

'선비 하나'(一士)는 곧 '왕'王 자였고 '활이 길다'(弓長)는 곧 '장'張 자를 뜻했으니 유욱이 장영과 왕경문을 죽일 마음을 품었음을 알 수 있었다.

왕경문은 상황이 심상치 않음을 알고 연거푸 사직을 청했으나 유욱은 마음에도 없는 말을 하며 짐짓 간곡하게 장문의 편지를 보내 위로했다.

"사람이 부귀를 누리고 권세 있는 자리에 있는 것이 꼭 위태로운 것은 아니라오. 몹쓸 짓만 하지 않고 양심에 한 점 부끄러움만 없다면 될 일이오. 옛적에 관직이 크지 않고 심지어 관직이 아예 없는데도 권세로 사람들을 핍박하고 법을 어기고 횡포한 짓을 한 사람도 있었지만 관직이 재상에 이르고도 기뻐하거나 교만하지 않고 담담했던 사람도 있었소. 이런 사람이라면 높은 관직에 있어도 무엇이 두렵겠소? 그대는 후환 걱정을 내려놓고 안심하시오."

그렇게 유욱은 좋은 말로 달래는 척했지만 진짜 속셈을 감추지 않았다. 왕경문의 명성과 지위라면 자신이 죽은 뒤에 권력을 찬탈할 위험이 있으므로 반드시 제거해야 된다고 생각한 것이다.

유욱은 병이 깊어지자 곧바로 이 계획을 실행에 옮겼다. 그는 사신을 보내 왕경문에게 독주를 내리면서 '그대의 가족을 지켜주기 위해 이렇게 하는 것'이라는 내용의 짧은 편지를 전했다. 마침 친구와 바둑을 두고 있던 왕경문은 자신에게 벌어진 일에도 놀라지 않고 태연하게 독주를 건네받아 단숨에 마시고는 억울하게 눈을 감았다.

천하가 태평할 때는 자신에게 충성하는 사람만 써라
평범하고 재능 없는 사람이
가장 순종적이고 다루기 쉽다

盛事惟忠, 庸則自從.

秘 　평화로운 시기의 관리는 재능이 뛰어날 필요가 없으니 가장 중
　　요한 것은 권력자에 대한 충심과 순종이다. 시세가 바뀌면서 권
력자는 점차 중요한 사실을 깨닫게 된다. 바로 실력이 없는 탓에 윗사람
에게 빌붙을 수밖에 없어서 무조건 순종하는 평범한 사람이 자신들의 권
위를 위협하지 않는다는 사실이다.

　이와 달리 유능한 사람은 고결한 척하고 오만하기 때문에 다루기 어려
울 뿐만 아니라 그들과 함께 있으면 권력자의 결점과 무능함이 드러나게
된다. 그래서 권력자는 자신보다 나은 사람은 아예 쓰지 않았으니 능력의
고하를 따지지 않고 충성과 순종을 으뜸으로 여겼다. 이에 유능한 인재들
은 몹시 불만을 느끼며 뛰어난 재능을 펼칠 수가 없다고 한탄했지만 권
력자는 그들이 그러거나 말거나 즐거이 평범한 이들만 기용했다.

이임보의 선택

　이임보李林甫는 당나라 황족으로 재상의 자리에 올라 17년 동안 권력
을 독점했다. 법에 따라 정사를 처리했지만 이기심 때문에 현명한 인재를
배척하고 언로를 틀어막은 탓에 기강의 혼란을 불러왔다.

　재상의 자리에 있던 이임보는 실권을 쥐고 독단과 전횡을 일삼았으며
포악하기 그지없어 그와 척을 지는 사람은 무조건 배척하고 모함했다. 재

능 있는 사람은 아무리 그의 비위를 맞춰도 절대 기용하지 않았다. 그의 말을 빌리자면 재능 있는 사람은 다른 사람 밑에 있으려 하지 않기 때문에 시일이 지나면 자연히 그에게 덤비려 할 텐데 어찌 화를 자초하겠냐고 했다.

이임보는 동료를 선택하는 권한도 쥐고 있었는데 사람을 뽑음에 유독 신중을 기했다. 그는 반드시 직접 조사해서 재능과 덕이 없고 자신에게 충성하고 순종하는 사람만 선택했다.

이임보는 추천을 받은 진희열陳希烈을 자세히 살피며 물었다.

"그대는 어떤 재능과 학문이 있어 이와 같은 중임을 맡으려 하는가?"

진희열은 담이 작고 아첨을 잘하는 소인배인지라 이렇게 대답했다.

"지금은 태평성대라 대인 한 분의 재능과 학문만 있어도 충분한데 제가 감히 어떤 재능과 학문이 있겠습니까? 모든 일에서 대인의 뜻이 가장 존귀하니 소인은 그저 대인의 뜻을 받들어 행할 따름입니다."

이임보는 속으로는 흡족하면서도 입으로는 다른 말을 했다.

"중신이라면 마땅히 황제 폐하께 충성을 바쳐야 하네. 내 의견에 잘못이 있거든 자네도 개의치 말고 이야기해야 옳을 것이야."

진희열은 그러겠다고 답했지만 이임보의 속내를 꿰뚫어보고 있었다. 이임보에게 발탁된 뒤, 진희열은 이임보의 말이라면 무조건 따르며 단 한 번도 반대 의견을 낸 적이 없었다. 이임보도 기꺼이 진희열에게 사람 상대하는 일을 맡기며 무슨 일이든 그와 상의 한 마디 없이 독단으로 결정한 후에 말단 관리를 시켜 진희열에게 문건만 전달했다. 그러면 진희열은 문건의 잘못을 집어내기는커녕 아예 읽어보지도 않고 문건을 가져온 관리에게 이렇게 물었다.

"어디에 수결하면 되겠는가?"

진희열이 이처럼 고분고분하니 이임보도 당연히 혼자 권력을 차지한 채 마음 편히 지냈다. 누군가가 계속 진희열의 잘못을 고해도 이임보는 그를 변호하며 적극적으로 감쌌다. 이를 이해할 수 없었던 사람이 이임보에게 물었다.

"진희열은 학식도 재능도 없이 자리만 차지한 채 봉록만 축내고 있으며 대인과는 친하지도 않고 적을 지지도 않았는데 대인은 어째서 그에게 그렇게 잘해주시는 겁니까?"

이임보는 웃기만 할 뿐, 답하지 않았다.

더 터무니없는 일은 낫 놓고 기역 자도 모르는 장수 우선객牛仙客도 이임보에게 발탁됐다는 사실이다. 우선객은 간교한 마음을 품지 않고 오로지 이임보의 은혜에 감지덕지했으며 중요한 정무가 있으면 딱 이 말만 할 따름이었다.

"이대인이 말씀하신 대로 하지요!"

이임보는 온통 이런 사람만 뽑았기에 손쉽게 권력을 지킬 수 있었다. 이런 사람들은 이임보의 동료라기보다는 그의 노복이나 다름없었으니, 이런 수하들을 둔 덕분에 이임보는 죽는 날까지 흔들림 없는 권력을 홀로 독차지할 수 있었다.

명의는 바꿀 수 있으나
실권은 반드시 힘껏 쟁취해야 한다
명의와 실권이 전혀 다르면 권력을 잃게 된다

名可易, 實必爭. 名實悖之, 權之喪矣.

🔒 권력을 다투는 과정에서 명의名義와 실권은 서로 돕는 관계다. 명의만 있고 실권은 없거나 실권만 있고 명의가 없는 것은 비정상적이다. 특수한 상황이라면, 사람들은 실무적인 태도를 취해 쓸모없는 명의는 포기하더라도 실권만은 놓지 않는다. 실권이야말로 권력의 알맹이로 그것을 쥐어야 권력의 본질을 쥔 셈이 되니 사람들이 실권을 차지하려 아등바등하는 까닭이 바로 이 때문이다.

역사를 돌이켜보면 명의와 실권이 전혀 달랐던 유명한 인물들이 많이 있는데 명의상으로는 권력의 상징으로 우러름을 받고 귀히 여겨졌으나 실권이 없는 탓에 다른 사람에게 배척당해 권력에서 멀어졌다. 이런 사람들의 운명은 대개 비참했다. 이는 권력은 실질적인 것으로 명의만 있고 실권이 없으면 해를 입고 치욕을 당하게 된다는 권력의 참모습을 반증하는 것이다.

사마덕문의 운명

동진東晉 말기의 장군 유유劉裕는 권력을 독점해 나라를 망쳤다. 그는 먼저 바보 황제 사마덕종司馬德宗을 목 졸라 죽이고 사마덕종의 아우 사마덕문司馬德文을 허수아비 황제 자리에 앉혔다.

처음에 사마덕문은 허울 좋은 이름뿐인 황제 자리를 거부하며 왕비에게 분통을 터트렸다.

"유유는 야심만만한 자로 일찍부터 황제의 자리를 노리고 있었으나 아직 시기상조라고 판단하였기에 나에게 허명을 씌우고 천하를 우롱하려는 것이오. 허나 나는 결코 그의 뜻대로 움직이지 않을 것이오."

왕비는 유유의 세력이 조정 안팎에 가득해 만약 사마덕문이 그의 뜻에 따르지 않으면 틀림없이 마수를 뻗칠 것을 잘 알고 있었기에 사마덕문을 설득했다.

"유유는 실권을 쥐고 있는데 대왕께서 어찌 그와 맞설 수 있겠습니까? 우리 황족의 안위를 위해서는 내키지 않더라도 대왕께서 그의 뜻에 따르실 수밖에 없습니다. 그러지 않으면 곧 화가 닥칠 것입니다."

결국 사마덕문은 어쩔 수 없는 현실에 굴복해 유유의 꼭두각시 인형 노릇을 하게 되었다. 그는 유유가 언제 자신을 죽일지 모른다는 생각에 항상 마음을 졸였다. 그래서 날마다 궁 안에 틀어박혀 불경을 외면서 부처님의 가호를 빌었다.

황제 자리에 앉아 있는 1년 동안, 사마덕문은 죄인이나 다름없는 처지가 되어 궁 밖으로 한 걸음도 하지 못했다. 훗날 유유는 대신 전량傳亮을 보내 퇴위를 강요하며 황위를 자신에게 선위하라고 했다.

전량은 사마덕문이 그래도 조금은 항의할 줄 알았으나 사마덕문은 큰 짐을 벗은 듯 홀가분하게 말했다.

"내 오래전부터 그럴 생각이었는데 왜 더 일찍 말하지 않았소?"

사마덕문은 시원스레 선위를 받아들이고 원래의 영릉왕零陵王 신분이 되어 왕부로 돌아갔다.

그렇게 간단히 정권을 탈취하고도 어쩐 일인지 유유는 기쁘지가 않았다. 전량은 그의 속내를 짐작하고 직언을 올렸다.

"폐하께서는 사마덕문의 일로 근심하시는 것이옵니까?"

정곡을 찔린 유유는 깜짝 놀랐지만 아무 말도 하지 않았다.

전량은 유유가 침묵으로 긍정하는 것을 보고 더욱 대담하게 진언했다.

"사마덕문은 바야흐로 장년이 되었습니다. 비록 지금은 명의와 실권이 없으나 그가 황위를 단념하고 다른 사람에게 이용당하지 않을 것이라 보장할 수 없습니다. 어찌 폐하는 황권을 오래 지키기 위해 그를 없애 후환을 제거하지 않으십니까?"

전량의 말에 유유는 결심을 굳히고 곧바로 군사들을 보냈다. 이들은 사마덕문 왕부의 담을 넘어 들어가 사마덕문의 머리를 이불로 덮어버렸다. 이렇게 사마덕문은 산 채로 숨이 막혀 죽고 말았다.

목숨보다 권력을 아끼는 사람은 못할 짓이 없다
권력을 자발적으로 남에게 넘기는 사람은 없으니
수단 방법 가리지 않고 권력을 다툰다

嗜權逾命者, 莫敢不爲. 權之弗讓也, 其求乃極.

秘　　권력의 무대에서 비극이 펼쳐질지 희극이 펼쳐질지는 무대에
　　　　오른 당사자의 개성과 욕망에 달려 있다. 권력을 하찮게 여기는
고결한 선비는 권력을 멀리하려 안간힘을 쓰는데 어찌 화를 입겠는가. 이
와 반대로 악착같이 권력을 추구하는 사람은 목적을 이루기 위해서라면
못할 짓이 없다. 권력에 대한 집념과 고집은 성격마저 아주 딴사람으로
바꿔놓고 기꺼이 위험을 무릅쓰게 한다.

　마찬가지로 권력은 사람을 사로잡는다. 권력자에게 스스로 권력을 포
기하고 남에게 넘기라고 해봐야 씨알도 안 먹힌다. 설령 권력을 다툰 결
과가 벼랑 끝이더라도 개의치 않는다. 그렇기에 권력을 빼앗으려는 자와
권력을 가진 자는 머리를 쥐어짜가며 치 떨리게 무서운 음험하고 악랄한
독수毒手를 수도 없이 생각해냈다.

소란 부자의 살인술

　남북조南北朝시대, 남제南齊의 세 번째 황제 소소업蕭昭業은 몇 번이나
당숙인 소란蕭鸞을 죽이고자 했으나 망설이다가 다른 사람의 만류로 뜻
을 이루지 못했다. 494년, 운 좋게 살아난 소란은 정변을 일으켜 소소업
을 죽이고 그의 아우인 소소문蕭昭文을 황제로 세웠다. 그로부터 넉 달
뒤, 소란은 소소문마저 죽이고 스스로 황제가 되었다.

소란은 남제를 건국한 황제 소도성蕭道成의 형의 아들이었기에 당시 종법제도로 보면 제위를 계승할 자격이 없었다. 게다가 그는 황제를 둘씩이나 연달아 죽였기에 사람들은 더더욱 그의 자질을 의심하고 반대의 목소리를 높였다.

소란은 자신의 권력 기반을 다지기 위해 황실 자손을 모조리 죽여버렸다. 그는 사람을 죽일 때 몹시 괴이한 행동을 했는데 사람을 죽이기 전날 밤에 꼭 향을 사르고 기도를 올리며 대성통곡하면서 아무도 알아듣지 못할 헛소리를 떠들어댔다. 아무튼 그러고 나면 틀림없이 이튿날 피바람이 불어 수많은 사람이 목숨을 잃었다.

하지만 그중에서도 가장 절묘했던 살인술은 따로 있었다. 한번은 먼저 친왕親王 열 명을 죽인 뒤에 사람을 시켜 그들이 모반을 꾀했으니 극형에 처해달라고 청하게 했다. 소란은 짐짓 아무것도 모르는 척, 참형을 허하기는커녕 친왕들을 고발한 자를 호되게 꾸짖으며 이미 죽은 친왕들을 변호했다. 그러자 형옥을 책임지는 대신이 나서서 법으로 엄히 다스려야 한다는 주장을 굽히지 않았다. 그렇게 몇 번 옥신각신한 끝에야 소란은 간언을 받아들이면서도 마지못해 하는 듯이 친왕들의 처형을 명했다.

소란이 죽자 열여섯 살 난 아들 소보권蕭寶卷이 제위를 이었다. 소란은 평소 아들에게 소소업이 자신을 죽이지 않고 머뭇거리다가 결국 죽임을 당한 이야기를 자주 들려주었다. 사람을 죽일 때는 '남이 손쓰기 전에 먼저 움직여야 한다'는 경험에서 우러나온 훈계를 했는데, 소보권은 이를 마음 깊이 새겨두었다. 그래서 어린 나이에도 사람 죽이는 일을 장난처럼 여겨 출궁할 때마다 사람을 죽였고 임신한 여인조차 살려주지 않았다. 아무런 기색도 비치지 않다가도 살심이 들면 그 자리에서 당장 죽여버렸다. 2년 동안 대규모 군사 정변이 무려 네 번이나 일어났다. 마지막 정변이 일어났을 때는 도성이 포위되고 성안의 수비군이 내응하면서 소보권은 목이 잘렸다. 이로써 그는 마땅히 받아야 할 벌을 받았다.

시기가 매우 중요하니 맞지 않으면 자멸한다
일은 극단적으로 할 수 있으며
인륜도 모질게 버릴 수 있다

機爲要, 無機自毀. 事可絶, 人倫亦滅.

秘　　　 일을 성공하려면 시기를 잘 파악해 유리할 때 움직여야 한다.
　　　　 권력을 얻으려 할 때는 더욱 그러하다. 만약 정세를 읽지 못하고 무턱대고 움직인다면 혼신의 힘을 다한다고 해도 따르는 이가 없을 것이다.

권력자가 큰 과실을 저지르지 않았거나 스스로 충분한 힘을 갖추지 못했다면 아직 권력을 빼앗을 시기가 아닌 것이다. 때를 잘못 선택하면 실패를 피할 수 없다. 권력을 빼앗기 위해서라면 온갖 몹쓸 짓을 서슴지 않고 인정과 의리마저 내팽개치는 일도 비일비재하다. '독하지 않으면 대장부가 아니다'라는 말은 그들을 위한 말이다. 이는 봉건시대 관직사회에서 높이 올라가려면 반드시 넘어야 할 산이었다. 착하고 너그럽게 굴면 공든 탑이 무너져 권력을 얻지 못하게 되는 경우가 다반사였다.

인간이기를 포기한 무측천

무측천은 권력을 얻기 위해 온갖 악랄하고 무자비한 짓을 서슴지 않았다. 무측천은 이런 자신을 두둔한 바 있다.

"사람들이 다 나를 업신여겼고 내 가족조차 예외가 아니었다. 그래서 그들이 했던 그대로 돌려줬을 뿐인데 왜 사람들은 나만 비난하는가? 아마도 내가 높은 자리에 앉은 탓이겠지!"

사실 무측천도 날 때부터 그렇게 악독했던 것은 아니다. 어린 시절, 무씨武氏 일족은 무측천과 그녀의 어머니를 몹시 괴롭히고 더없이 야박하게 굴어 어린 그녀에게 큰 상처를 입혔다. 황궁에 들어가서도 출신이 비천한 탓에 여러 차례 비방과 박해에 시달렸다.

이 때문에 무측천은 성격이 크게 변했고 마음도 뒤틀어졌다. 게다가 권력에 대한 관심이 지대해 목적을 이루기 전에는 결코 그만두지 않겠다고 맹세했기에 사람들 앞에 나타난 무측천은 지난날의 순진하고 유약한 어린 소녀가 아니었다. 무측천은 사람을 죽이는 악마가 되어 누구에게든 일말의 주저 없이 독수를 뻗쳤으니 이미 인간이기를 포기한 상태였다.

처음에 무측천은 당 태종唐太宗의 일개 재인으로 지위가 비천했기에 전혀 대단할 게 없었다. 이에 만족할 수 없었던 무측천은 기회를 노리다 당시 진왕晉王이었던 이치李治를 몰래 유혹해 훗날을 위한 길을 닦았다. 이는 무측천의 인생에서 가장 중요한 포석이었다. 그 당시 이치를 좋게 보고 그가 황위를 이을 것이라고는 생각하는 사람은 아무도 없었기에 그를 찾는 사람이 드물었다. 이처럼 이치가 쓸쓸하게 지내고 있을 때 무측천이 그 품에 파고드니 감동한 그는 절대로 그녀를 저버리지 않겠다고 맹세했다.

모두의 예상을 깨고 황제의 자리에 오른 이치는 과연 지난날 무측천에게 했던 약속을 잊지 않고 비구니 절에서 궁으로 데려와 후궁에서 세 번째로 지위가 높은 소의昭儀로 삼았다.

무측천은 이미 다른 사람은 꿈꿀 수조차 없는 자리에 올랐지만 만족할 수 없었다. 가장 높은 자리를 바라며 황후를 끌어내리고 자신이 그 자리에 오르고자 했다.

이는 거의 불가능한 일이었다. 고종의 정비 왕王 황후는 그와 어려운 시절을 함께한 조강지처로 두 사람은 서로를 몹시 은애했다. 게다가 왕 황후는 인자하고 현숙해 이치조차 그녀를 몹시 존경했다. 무측천은 몇 번이나 고종을 떠봤지만 그가 꿈쩍도 하지 않자 잠시 황후 욕심을 내려놓고 때를 기다렸다.

무측천이 딸을 낳자 고종은 몹시 기뻐하며 공주의 탄생을 축하하는 연회를 베풀라고 명했다. 왕 황후는 자식이 없었기 때문에 어린 공주를 무척 예뻐하며 자주 와서 들여다보았다. 왕 황후가 딸을 어르는 모습을 본 무측천은 문득 잔인한 계책을 떠올렸다. 어느 날, 왕 황후가 돌아간 뒤 무측천은 제 손으로 딸을 목 졸라 죽이고 이불로 덮어두었다. 잠시 후 고종이 찾아오자 무측천은 그와 함께 딸을 보러 갔다가 딸이 죽은 것을 보고 몹시 놀라는 척하며 발을 동동 구르면서 통곡했다. 가슴이 찢어지게 슬펐던 고종은 시녀들에게 어찌 된 영문인지 추궁했고 시녀들은 이곳을 찾은 사람은 황후밖에 없다고 고했다. 고종은 진위를 따지지도 않고 황후를 살인범으로 단정해 폐위시켰다. 마침내 무측천은 딸의 목숨으로 황후 자리를 얻어냈다.

통계에 따르면 무측천이 모략을 꾸며 죽인 친척은 스물세 명이고 삼족三族과 오대五代 안에서 그녀가 죽이지 않은 사람이 없었으니, 아들, 딸, 손자, 손녀, 형제, 언니, 외조카에 그 아들까지 죽었다고 한다. 그녀는 이처럼 악독함과 매정함으로 자신에게 유리한 기회들을 하나씩 포착하고 만들어갔다. 그리하여 원래 남자들이 다스리는 천하와 복잡하고 피비린내 나는 권력의 한가운데에서 시뻘건 피가 흩뿌려진 길을 뚫고 나가 중국 역사상 유일무이한 여황제가 되었다.

재물과 작위, 녹봉으로 속박해
그들이 가할 수도 있는 실제 위해를 없앤다
헛된 명예와 지위를 상으로 내려 인심을 매수한다

利祿爲羈, 去其實害, 賞以虛名, 收其本心.

秘 옛말에 '승진하여 부자가 된다'고 하였으니 승진과 부자가 되는 것은 밀접하게 관련이 있었다. 봉건시대에 오랜 세월 애쓴 끝에 관직에 오르는 것은 오직 부자가 되기 위함이었다. 만약 많은 봉록과 충분한 물질적 이익을 얻을 수 없다면 누가 집권자를 위해 목숨 바쳐 일하겠는가? 집권자는 이들의 물욕을 만족시켜주는 한편, 정신적인 표창도 잘 활용해야 했으니 이른바 '봉호'封號, '작위'爵位로 사람들의 충성심과 공명심을 자극해야 했다.

사실 집권자가 이런 수단을 쓰는 데는 더 의미심장한 속셈과 목적이 있다. 재물과 녹봉을 하사해 그들의 가산을 넉넉히 불려주고 근심 걱정 없이 살게 해주면 그들은 문득 걱정이 들기 시작한다. 그래서 가업을 지키고 자손들에게 넘겨줄 일념으로 집권자에게 딴마음을 품지 못하게 된다. 헛된 명성을 내려 명예와 위신을 세워주면 허영심이 만족된다. 그러면 그들은 몹시 흡족해서 더 이상 다른 무엇을 바라지 않게 되므로 집권자를 위협하지 않는다. 어차피 집권자가 하사하는 것들은 모두 백성의 고혈을 짜내 얻은 것인데 인심 쓰듯 베풀지 않을 까닭이 있겠는가?

송 태조의 '관리 부자 만들기'

송 태조宋太祖 조광윤趙匡胤은 천하를 얻은 후에 황권을 지키기 위해 온갖 수단과 방법을 다 동원했다. 그는 역대 그 어떤 왕조보다도 대신들을 후하게 대우하고 관리들을 우대해 그들이 부유해지도록 노력했다.

처음에 관리의 급료를 정할 때, 송 태조는 분명하게 밝혔다.

"국가가 관리를 두는 것은 그들이 다른 생각 하지 않고 조정을 위해 힘껏 일하게 하기 위함이니 그들을 푸대접할 수 없다. 황권을 지키는 데 이롭기만 하다면 그들에게 재물을 좀 더 나눠주어 자신의 자리에 만족하고 다른 뜻을 품지 않도록 하는 게 뭐가 나쁘겠는가?"

그래서 송나라 관리들에 대한 대우는 그전 어느 왕조보다 후해 녹봉이 깜짝 놀랄 수준이었다.

재상이 매달 받는 급료는 30만 전이었고 타지에 나가 있는 절도사節度使의 월 급료는 40만 전이었으며 관직이 가장 낮은 현령도 매달 3만 전의 급료를 받았다. 당시의 곡물 가격으로 계산하면 재상의 한 달 급료로 쌀 15만 근을 살 수 있었으며 현령의 급료로는 1만 5천 근을 살 수 있었다. 매달 받는 본봉 외에 '직전'職錢, 즉 직종에 따른 수당을 받았는데 재상보다 3등급이 낮은 어사대부御史大夫가 매달 받는 직전만 해도 6만 전이 넘었으며 그것도 모두 현금으로 받았으니 녹봉이 얼마나 많았는지 가히 짐작할 수 있다.

이뿐만이 아니었으니 쌀도 나라에서 지급했다. 재상은 매달 100석의 쌀을 받았는데 당시에 1석이 300근이었으니 3만 근을 받은 셈이었다. 절도사는 150석, 현령은 40석을 받았다.

심지어 의복조차 조정에서 지급하니 옷 지어 입느라 돈을 따로 쓸 필요가 없었다. 재상은 매년 봄, 겨울에 비단 20필, 명주 30필씩을 받았고 다른 관리들에게는 품계에 따라 차등 지급되었다.

하사품은 이것으로 끝이 아니었다. 생활용품, 차, 술, 온갖 식자재, 땔감, 소금, 가축사료까지 조정에서 지급해 관리들의 주머니에서 돈 나갈 일이 없었다.

현금과 물건 외에 '직전'職田이라는 토지도 하사했다. 가장 넓은 토지를 하사받은 관리들은 1인당 40경(頃. 1경은 100묘畝 정도) 정도를 받았다.

관리의 하인에게 들어간 옷, 음식, 돈도 조정에 청구해서 돌려받을 수 있었다. 규정에 따라 재상은 70명, 절도사는 100명의 하인을 둘 수 있었고 다른 관리들도 정해진 수의 하인을 둘 수 있었다.

이는 제도에 따라 마땅히 받아야 하는 기본 봉록이었고 상황에 따라 특별히 지급되는 하사품의 규모는 이보다 더 굉장했다. 대신이 변경지역을 수비하기 위해 도성을 떠나게 되면 한 번에 은 1만 냥을 받는 것 외에도 매년 1,000만 전씩 지급받았다.

특히나 관리들을 안심시킨 것은 일시적으로 면직, 정직을 당하거나 나이가 들어 관직에서 물러나게 되더라도 여전히 기존 녹봉의 절반을 지급받았으며 자식들에게 자신의 직위를 물려줄 수도 있었다는 점이다. 지위와 작위를 내림에 있어서도 전혀 인색하지 않았으니 관리의 친척조차 그 덕을 볼 정도였다.

이렇게만 한다면 어떠한 권력이라도
얻을 수 있고 잃지도 않을 것이다

若此爲之, 權無不得, 亦無失也.

㊙ 봉건시대 관직사회는 권모술수를 가장 중시한다. 권모술수를 부려본 사람들은 하나같이 그 대단함을 몸소 느꼈기 때문에 더욱더 중시하고 너도나도 따라 한다. 권모술수에 음모와 속임수가 빠질 수 없으니 그 안에는 세상에서 가장 파렴치한 지혜가 담겨 있다. 그럼에도 실용적이고 효과적이기 때문에 정인군자도 이를 감히 얕보지 못한다.

그러할지니 소인배는 더더욱 이를 금과옥조로 떠받들며 행여나 남에게 뒤처질까 봐 철저하게 궁리한다. 이는 봉건시대 관직사회의 현실과 어두운 면모 탓이었으니 규칙을 따르지 않으면 일을 이룰 수 없었기 때문이다. 관직에 있으면서 이런 '규칙'을 모르고 온갖 수단으로 자신의 이익을 꾀할 줄 모른다면 출세할 꿈은 접어야 한다. 자칫 잘못해서 목숨까지 걸 판이면 게도 구럭도 다 놓쳐 된통 손해만 볼 수도 있다.

영리한 소하

소하蕭何는 한 고조漢高祖 유방에게 가장 큰 힘이 되었던 신하로 일찍이 유방이 패현에서 군사를 일으키기 전부터 가까운 친구 사이였다. 그런데도 유방은 거듭 큰 공을 세우는 소하에게 수시로 의심의 눈길을 보냈다. 이런 상황에서 소하가 굳건히 재상 자리를 지킬 수 있었던 것은 놀랍게도 그가 권모술수를 부렸기 때문이다.

유방이 아직 한왕漢王으로 있으며 형양滎陽에 주둔할 때, 그는 수시로 관중으로 사신을 보내 수비를 하고 있는 소하를 위로했다. 처음에 소하는 이를 대수롭지 않게 생각했으나 그의 식객 포생鮑生이 하는 말을 듣고 크게 깨달았다. 포생은 이렇게 말했다.

"윗사람이 아랫사람을 위로한다는 것은 괴이한 일이니 필시 까닭이 있을 것입니다. 아무래도 한왕께서 대인을 의심하여 이러시는 것 같습니다."

소하는 그 말에 동의해 고개를 끄덕이며 몹시 두려워했다. 포생은 한 가지 방도를 더 일러주었다.

"대인께서 한왕을 안심시키시려면 일가친척 중에서 싸울 수 있는 자를 모두 모아 한왕에게 보내 전투에 나서게 하십시오. 대인의 가족이 그곳에 가 있음은 인질을 잡고 있는 것이나 다름없으니 한왕이 대인의 충심을 의심하지 않을 것입니다."

소하는 포생이 일러준 대로 직접 형제, 아들, 조카를 이끌고 관중에서 형양으로 군량을 호송했다. 과연 포생이 짐작한 대로 유방은 이를 보고 몹시 기뻐하며 소하의 충심을 따를 자가 없다고 거듭 칭찬하면서 소하에 대한 의심도 거두었다.

한신이 유방의 의심을 받자 소하는 자신을 지키기 위해 양심까지 버려가며 그를 돕지 않았을 뿐만 아니라 여후를 도와 한신을 해쳤다. 이 일로 소하는 추가로 벼슬과 식읍을 받게 되었다. 다른 사람들은 저마다 소하를 축하했지만 소평邵平만 '추모'라는 이름으로 경고했다.

"이 벼슬과 식읍을 받는 것은 황제 폐하의 공로를 빼앗는 것이나 다름없으니 이 얼마나 어리석은 짓입니까? 그러면 곧 큰 화가 닥칠 것입니다. 벼슬과 식읍을 거절해야 할 뿐만 아니라 가산을 털어 군비로 바쳐야 할 것입니다."

소하는 소평의 충고를 받아들여 그대로 행하니 유방이 기뻐했다.

"승상이 이토록 겸양하니 내 더 무엇을 걱정하겠소?"

또한 소하는 많은 토지를 사들여 웅대한 포부가 없고 작은 이익만 탐한다는 거짓 인상을 꾸며냈다. 그는 무슨 일이든 거듭 신중을 기하고 기묘한 계책을 끊임없이 생각해낸 덕분에 수많은 난관을 극복하고 권력과 지위를 지킬 수 있었다.

【秘】 권력을 얻으려면 용기와 담력이 있어야 하고 권력을 지키려면 지모와 인내심이 있어야 한다.

【秘】 권력을 얻으려면 먼저 권력을 얻는 데 필요한 능력을 길러야 한다. 그러지 않으면 백해무익하고 사서 고생할 뿐이다.

【秘】 권력을 통제하고 적수를 밀어내려면 정당한 명분을 찾는 것이 가장 중요하다.

【秘】 현명한 권력자는 자신의 이익을 해치지 않으면서 다른 사람도 작은 이익을 얻게 해 인심을 얻는다.

【秘】 음모와 속임수는 실용적이고 효과적이기 때문에 권모술수에서 빼놓을 수 없다. 성인군자도 감히 이를 얕보지 못한다.

비책 2

적을 제압하는 법

적이란 이해관계가 서로 충돌하여 살아서든 죽어서든 절대 용납할
수 없는 상대다. 적을 분간하지 못하면 진정한 친구를 가려낼 수 없
고, 적을 제압하지 못하면 성공할 수 없다. 군자가 소인을 적으로 대
한다면 그 역시 소인이 되는 것이고, 소인이 군자를 친구로 대한다
면 그 역시 군자가 되는 것이다. 명성은 실속 없는 허구이다. 진정
지혜로운 사람은 다른 사람의 비방이나 칭찬에 연연하지 않는다. 이
익이 가장 중요한 법이니 선량하게 행동하는 것은 오직 어리석은
사람뿐이다. 모든 사람의 적이라 해서 나의 적이 되는 것은 아니다.
상관의 적이라면 친구라 할지라도 나에게 적이 된다. 형벌이 걸린
엄중한 상황에서는 친척도 버려야 한다. 눈치채지 못하는 사이에 적
을 현혹시키고 유리한 시기를 기다려라. 적이 행동하지 않을 때 제
압해야 유리한 위치를 점할 수 있다. 반란을 일으켜 상관을 해하려
했다는 죄로 적을 모함하면 효과적으로 옭아맬 수 있다. 적을 모함
할 때는 용서받을 수 없는 죄명을 들어야 한다. 음탕하고 사악한 죄
명으로 공격하는 것은 사람들이 적을 경멸하게 만드는 가장 효과적
인 방법이다. 적이 누구인지 알 수 없는 것보다 더 위험한 일은 없고
적이 친구로 가장한 것보다 더 큰 재앙은 없다.

사람은 누구나 적을 가지고 있다
적이란 이해관계가 서로 충돌하여
살았든 죽었든 절대 용납할 수 없는 상대다

人皆有敵也. 敵者, 利害相衝, 死生弗容.

秘   모든 일에는 이면이 있으며 이는 사람도 마찬가지다. 그러므로
     적을 파악하고 판단하는 것이 무엇보다도 중요하다. 적군과 아
군을 분간하는 것은 인간관계에서 가장 기본이며 중요한 부분이다. 마찬
가지로 일을 할 때도 이성적인 판단을 하지 못하면 정확하게 처리할 수
없어 결국 모든 일에 실패하게 된다.

  이와 같은 결점은 그야말로 재앙이라 할 수 있으니 절대 소홀히 생각
해서는 아니 된다. 사실 적을 파악하는 것은 그리 어렵지 않다. 핵심은 항
상 명확한 판단력을 유지해 표면적인 모습에 현혹되지 않는 것이다. 그러
려면 본성이 가진 약점을 극복하고 이겨나가는 자세가 필요하다. 순간의
탐욕을 이겨내지 못하거나 공명을 좇고 아첨하는 사람을 가까이하며 자
신의 이득만 따지면 판단력이 흐트러져 오히려 적에게 기회를 제공하게
될 수도 있다.

조고의 계략
  조고는 진나라 환관으로 20여 년 동안 궁에서 일했다. 진시황이 사망
하자 이사와 함께 부소扶蘇를 죽이고 호해를 제위에 앉힌 뒤 이사를 죽이
고 진나라 승상이 되어 전권을 휘둘렀다. 호해가 자살한 뒤에는 자영子嬰
을 제위에 앉혔으나 이후 자영에게 죽임을 당하고 삼족三族도 함께 처형

되었다.

조고는 진시황의 막내아들인 호해의 스승이다. 진나라의 간신으로 악명이 높은 그는 여러 악행을 저질러 진나라가 패망하는 데 직접적인 큰 역할을 하였다.

조고는 중국 역사상 대표적인 간신이라 일컬어지는 만큼 수단이나 간교한 마음 역시 남다른 부분이 있었다. 그는 인간의 본성을 파악하는 재주가 있어 상대의 약점을 잘 포착했다. 이 점을 이용해 그는 다른 사람을 현혹시키고 진실과 거짓을 판단하지 못하게 했으며, 친구가 되어 함정에 빠뜨린 뒤 자신의 이익을 위해 상대방을 이용했다.

진시황이 순방길에서 사망하자 권력욕에 사로잡힌 조고는 호해에게 말했다.

"황제는 가장 존귀한 자리입니다. 그러니 겸손하게 사양해서는 안 됩니다. 만약 형 부소께서 황제가 되신다면 왕자께서는 아무것도 가진 것 없이 쫓겨나 모욕을 당하실 것입니다. 그러니 먼저 움직여 주도권을 잡아 대통을 계승하고 후환을 없애야 합니다."

조고의 말에 마음이 흔들린 호해는 고민을 거듭한 끝에 그렇게 하겠다고 답했다.

하지만 호해의 승낙보다도 더 큰 문제는 승상 이사를 설득하는 일이었다. 이사는 명성과 관록을 가장 중시하는 사람이었다. 조고는 그런 사람일수록 일신의 영달을 위해서라면 충심을 버릴 수 있다는 사실을 잘 알고 있었다. 그는 이 점을 이용하고자 간곡한 목소리로 이사에게 말했다.

"큰일이 났으니 이를 어쩝니까. 소인은 정말이지 승상의 안위가 걱정스럽습니다."

이사는 조고가 무슨 뜻으로 그런 말을 하는 것인지 알 수 없어 순간 멍해졌다. 그러자 조고가 바로 이어서 말했다.

"승상께서는 선황제의 총애를 받아 이렇게 높은 자리에까지 오를 수 있었습니다. 하지만 만약 부소가 황제의 자리에 오른다면, 승상께서는 어떻게 되시겠습니까? 부소의 옆을 지키며 총애를 받는 사람은 몽염蒙恬입니다. 그러니 언젠가 몽염이 승상의 자리를 차지하는 것은 불 보듯 뻔한 일이지요.”

조고의 말을 들은 이사는 그 일이 이미 현실로 일어난 것처럼 아연실색하며 아무런 말도 하지 못했다. 그런 이사의 모습을 보고 자신의 판단이 맞았음을 직감한 조고는 회심의 미소를 지으며 본심을 털어놓았다.

“호해는 저의 제자이고, 또 승상을 매우 신임하고 있습니다. 그러니 우리가 힘을 합쳐 그를 황제의 자리에 올린다면 승상께서 걱정할 일이 무엇이겠습니까?”

마음을 바꾼 이사는 조고와 결탁해 가짜 조서를 만들어 부소를 죽이고 호해를 황위에 올렸다. 하지만 목적을 달성하자 조고는 바로 이사를 모함했다.

이사는 고문을 받고 죽을 위기에 처해서야 조고의 본래 모습을 깨닫고 깊이 후회했지만 이미 늦은 뒤였다. 이러한 이사의 후회는 비로소 현실을 깨달은 뒤 느끼는 비통한 심경이었을 것이다.

적을 분간하지 못하면 진정한 친구를 가려낼 수 없고
적을 제압하지 못하면 성공할 수 없다
이는 매우 큰 화근이 되므로 반드시 제거해야 한다

未察之無以辨友, 非制之無以成業. 此大害也, 必絶之.

秘 성공하려면 친구의 도움을 받아 적을 이겨야 한다. 그렇기에 친구가 없는 것보다 친구와 적을 분간하지 못하는 것이 더 위험하다. 얼굴에 적이라고 써 붙이고 다니는 사람은 없다. 그들은 항상 친구의 모습을 가장한다. 그렇기에 누가 친구인지 분간하고 가려내는 것은 성공을 위한 기초이자 전제조건이다.

적은 항상 자신의 이익을 위협하는 가장 위험한 존재이므로 성공하려면 반드시 적을 이겨야 한다. 이는 한 사람의 힘만으로는 해낼 수 없는 일이므로 반드시 적과 친구를 가려 화합해야 한다.

왕안석이 출세한 방법

왕안석王安石은 북송北宋 시대 명신으로 자는 개보介甫이며, 임천臨川 사람이다. 신종神宗에게 중용되어 신법新法을 추진했다. 희녕熙寧 9년에 사직한 이후 은거하다 강녕江寧 종산鍾山에서 병으로 세상을 떠났다. 시호는 문文이며, 이 때문에 왕문공王文公이라 불리기도 한다. 저서로는《임천선생문집臨川先生文集》이 있다.

제상의 자리에 오르기 전 왕안석은 비록 재능은 출중했지만 경력이나 명성이 없었기 때문에 조정의 대신들에게 인정받지도 못했고, 황제의 주목을 끌지도 못했다. 이 때문에 왕안석은 자신의 원대한 포부를 실현할 수 없는 현실에 답답해하곤 했다.

그러던 어느 날 왕안석은 친구와 함께 술을 마시던 중 자신의 어려운 상황에 대해 털어놓았다. 그러자 친구가 말했다.

"자네의 하소연은 모두 자질구레한 일에 불과하네. 자네는 스스로 왜 이렇게 되었다고 생각하는가?"

왕안석은 조심히 말했다.

"나는 모든 사람들에게 진실하게 대하지만 그 사람들은 고마워하지 않네. 아마도 이 사회가 너무 혼란스럽기 때문이겠지. 이런 세상에서 어떻게 진심이 통할 수 있겠나?"

그러자 친구가 왕안석의 말을 끊으며 말했다.

"일의 당사자는 상황을 잘 파악하지 못한다더니 자네 정말 중요한 핵심을 모르고 있군. 자네가 친구랍시고 사귀고 있는 그 사람들은 모두 전형적인 소인배들이네. 그러니 자네가 그들과 친구가 되고자 많은 공을 들인들 무슨 소용이 있겠는가? 더구나 그들은 자네가 자신보다 더 높은 자리에 오를까 봐 항상 전전긍긍하는 위인들인데, 그런 사람들이 자네에게 좋은 말을 해줄 것 같은가? 자네가 지금 힘들어하는 이유는 바로 적과 친구를 제대로 구분하지 못하기 때문이네."

친구의 지적에 곧 꿈에서 깨어나 현실을 깨달은 왕안석이 연신 고개를 끄덕였다. 그 모습을 본 친구가 계속 말했다.

"한韓씨 가문과 여呂씨 가문은 조정에서도 명문가라네. 천하의 선비들은 모두 한씨 문중 아니면 여씨 문중 출신이지. 두 가문 사람들은 이처럼 기세가 막강하지만 또 공손해서 쉽게 친해질 수 있네. 만약 자네가 그들과 친분을 맺는다면 많은 우정을 나누며 오래도록 관계를 유지할 수 있을 거야. 그들은 자네를 추천해서 자신들의 이익에 손해를 볼까 봐 두려워하는 위인들도 아니니 모든 일들이 쉽게 해결될 걸세."

왕안석은 이때부터 여러 방법을 동원해 한씨와 여씨 집안 자제들과 교분을 쌓기 위해 노력했다. 그리고 한편으로는 이전처럼 무턱대고 모든 사람들에게 환심을 사기 위해 노력하지 않고 조정 사람들과는 거리를 두고 대했다. 얼마 뒤 이 방법은 과연 효과를 보였다. 한씨와 여씨 가문에서 왕안석을 추천하기 시작했고, 다른 사람들은 왕안석의 달라진 태도에 두려워하며, 더 이상 대놓고 그를 무시하지 못했다.

송나라 신종神宗이 영왕潁王이었던 시기에, 한씨 집안의 한지국韓持國은 왕의 스승으로서 신종을 가르쳤다. 한지국이 경전을 해석할 때마다 신종은 강연이 매우 뛰어나다고 감탄하며 거듭 칭찬했다. 그럴 때마다 한지국이 말했다.

"대왕께서 실상을 모르시고 저를 칭찬해주시니 몸 둘 바를 모르겠습니다. 사실 제가 대왕께 알려드린 내용은 모두 제 친구 왕안석의 견해이고, 저는 그저 빌려 사용했을 뿐입니다. 그러니 그가 진정으로 태평성대를 위한 인재이옵니다."

매우 놀란 신종은 왕안석에 대해 깊은 인상을 받았다. 한번은 신종이 한지국의 말에 감탄하며 말했다.

"선생의 고견에 이전부터 감탄해왔소. 그런데 왕안석은 도대체 어떤 인물이기에 선생이 그렇게 높이 평가하는 것이오? 내가 만약 황제의 자리에 오른다면 반드시 그 사람을 중용하도록 하겠소."

이후 황제의 자리에 오른 신종은 왕안석을 중용해 재상의 자리에 올렸다. 이로써 권력과 지위를 모두 손에 넣은 왕안석은 마침내 오랜 기간 준비해왔던 개혁의 꿈을 실행할 수 있었고 역사에 자신의 이름을 남겼다.

군자가 소인을 적으로 대한다면
그 역시 소인이 되는 것이고
반면 소인이 군자를 친구로 대한다면
그 역시 군자가 되는 것이다

君子敵小人, 亦小人也. 小人友君子, 亦君子也.

秘 　군자와 소인은 원래 물과 불처럼 서로 병존할 수 없는 적으로 인식되어왔다. 문제는 군자와 소인에 대한 정의와 견해는 사람들마다 다르다는 것이다. 심지어 완전히 다른 답변이 나오기도 하는데 이는 인간의 사심과 이익의 각도에서 본다면 당연한 결과라 할 수 있다. 허나 군자가 소인을 적으로 대한다면 소인의 눈에도 당연히 상대방이 적으로 보일 수밖에 없다. 자신을 적으로 보는 사람을 어떻게 군자로 보겠는가?

반면 소인이 군자에게 접근해 친구가 된다면 다른 사람의 눈에 소인도 군자로 보이게 된다. 군자와 친구가 되었으니 당연히 군자로 보이는 것이다. 물론 사람들은 누구나 자신을 군자라고 자처하지 소인이라 말하지 않는다. 하지만 대부분은 자신의 좋고 싫은 감정으로 사람을 판단하고, 자신의 이해득실에 따라서 적과 친구를 구분한다. 그래서 진정한 군자의 행동이라도 자신에게 해가 된다면 조금의 망설임도 없이 바로 소인으로 간주하는 것이 현실이다.

이처럼 옳고 그름이 뒤섞여 모호한 현실에서는 군자와 소인의 개념도 완전히 뒤바뀐다. 진정한 군자의 위치는 흔들리게 되는 반면 오히려 소인은 정당성을 얻어 승승장구하게 되는 것이다.

한유가 칭송한 '군자'

한유韓愈의 자는 퇴지退之이다. 당나라 시대 문학가로 고문운동의 창시자이다. 어렵게 벼슬길에 오른 뒤 경조윤京兆尹, 병부兵部, 이부吏部, 형부刑部, 시랑侍郞 등의 관직을 역임하며 정치적으로 많은 족적을 남긴 뒤 57세의 나이로 사망했다.

한유는 당나라 시대 저명한 문학가로 널리 추앙을 받았던 인물이다. 하지만 그는 벼슬길 문턱을 넘기 위해 상당히 오랜 기간 노력해야 했다. 결국 그는 경조윤 이실李實에게 있는 힘껏 아첨한 끝에 겨우 벼슬길 문턱을 넘을 수 있었다. 이러한 과정에서 한유는 이실을 군자 중에 군자라고 평가했는데 그렇다면 이실은 과연 어떤 인물이었을까?

역사에 기록된 바에 따르면 이실은 "경조윤의 자리에 올라 황제의 총애를 믿고 난폭하고 고집스럽게 행동해 사람들의 질타를 받았다. 봄과 여름에 가뭄이 들어 관중 지역에 큰 기근이 들었는데도 과중한 세금을 물리며 백성을 수탈했다. 은혜를 베풀어 보살펴 달라는 백성의 호소에도 조금도 개의치 않았다. 결국 조정에 알려지게 되면서 덕종이 실상을 묻자 이실이 말했다. '올해 비록 가뭄이 들었지만 밭에 곡식은 잘 여물고 있습니다.' 이로써 백성들의 호소는 묻혔고, 가혹한 조세로 인해 집안에 기와와 기둥만 남기고 보리 모종까지 모두 수탈당했다." 기록을 볼 때 이실은 간사하고 아첨을 잘하는 소인이 분명하다.

이러한 사람을 한유는 백성을 자식처럼 아끼는 관리이자 사람들이 칭송하는 보기 드문 군자라고 평가했다. 물론 한유 역시 자신의 본심을 억누르고 한 일이었다. 그는 이실의 추천을 받기 위해서 뻔뻔스럽게 거짓말을 하는 추악한 일도 서슴지 않았다.

한유는 20대 무렵 과거시험을 보기 시작한 뒤 계속 낙방을 거듭하다 네 번째 시험에서 겨우 진사進士에 합격했다. 당시 과거제도를 보면 정식으로 관직을 받기 위해서는 진사에 합격한 뒤 다시 이부吏部 시험을 거쳐야 했다. 여기서 합격해야만 비로소 벼슬길에 오를 수 있었다. 하지만 한유는 연거푸 세 번 시험에서 떨어졌고, 결국 다른 방법을 찾아야 했다. 바로 조정 고위 관리의 추천을 받는 것이었다. 그는 2개월 동안 연이어 세 명의 재상에게 편지를 보냈지만 그의 재능을 눈여겨 봐주는 사람은 없었다. 지방 군벌들에게라도 기대보려 했지만 이마저도 여의치 않았다. 결국 방법이 없어진 그는 경성京城으로 돌아왔다.

이때 경조윤 이실의 악명은 이미 경성에 널리 퍼져서 원성이 자자했다. 한유는 그 모습을 보고 한 가지 방법이 떠올랐다. 바로 남들과 다르게 이실을 칭송한다면 간사한 이실은 분명 감동을 받아 자신을 추천할 것이라는 생각이었다. 즉시 한유는 붓을 들고 빠른 속도로 이실에게 편지를 썼다.

"대인의 명성은 이전부터 들어온 바이지만 경성에 와서 15년 동안 살아보니 더욱 깊이 알게 되었습니다. 만약 오늘날 세상에 진정한 군자가 있다면 바로 대인일 것입니다. 제가 지금까지 공경대신들을 모두 보아온 결과 그들은 모두 공적을 쌓으려 하지 않고 단지 과실만 피하려 하는 범인들입니다. 그러니 어찌 대인과 같이 황제에게 진심으로 충성하고, 나라와 백성을 근심하는 분과 같다고 하겠습니까. 올해 큰 가뭄이 들었지만 도적이 생기지 않고 곡식 가격도 오르지 않았으니 모두 백성을 두루 보살피신 대인의 공로입니다! 하지만 대인께서는 스스로 과시하지 않으셔서 대부분의 사람들이 이 사실을 알지 못하니, 이는 저희와 같이 공부하는 선비들이 힘겹게 추구하는 군자다운 행동이자 성현의 모습이라 할 수 있습니다. 다행스럽게도 소신 대인과 같은 분을 만났으니 뒤에서 따르면서 모든 마음을 다해 충성하고자 합니다."

이 편지를 이실에게 보낸 뒤 한유는 밤낮으로 좋은 소식이 오기를 기다렸다. 그는 이 일에 자신의 모든 희망을 걸면서도 스스로 조금도 자책하지 않았다. 그 모습에 주변에서는 옳고 그름도 구분하지 못한다거나 부끄러움도 모른다고 손가락질을 했지만 그럴 때마다 그는 담담한 표정으로 다음과 같이 말했다.

"내가 스스로 군자라 자처했을 때는 결과적으로 모든 일들이 순탄치 못하고 상을 주는 사람도 없었네. 더구나 나는 현재 상황이 급박하여 옳은 길 나쁜 길 따질 여유도 없네. 그렇다고는 해도 이 일이 잘못이라는 건 알고 있으니 마음대로 욕하시게나."

결과적으로 한유의 편지는 성공했다. 이실은 매우 기뻐하며 한유를 초대해 연회를 베풀었을 뿐만 아니라 직접 조정에 상소를 올려 한유를 추천했다. 이실의 도움이 있자 조정은 과연 그를 주목하기 시작했고, 한유는 얼마 뒤 감찰어사監察御史에 임명되었다. 이로써 한유는 순탄한 벼슬길에 오를 수 있었다.

명성은 실속 없는 허구이다
따라서 지혜로운 사람은
다른 사람의 비방이나 칭찬에 연연하지 않는다

名爲虛, 智者不計譭譽.

㊙ 명성의 좋고 나쁨은 사업이나 벼슬에서의 성공, 이상의 실현보
다 더 큰 영향을 주지 못한다. 이러한 점은 이미 역사에서 증명
된 바 있다. 봉건전제시대에는 비록 인의도덕을 표방하며 선량함과 충효,
신의를 기준으로 인간을 평가하려 했지만 현실에서 진정으로 실현되지
는 못했다. 오히려 명성이 나쁜 간신배들이 고위 관직을 차지하고 총애와
신임을 받은 반면 명성이 높고 칭송을 받은 군자들의 경우 소인들의 모
함에 박해를 받아야 했다. 봉건전제시대에 항상 있어온 이러한 모습들은
봉건사회의 인의도덕이 허구임을 반증하는 것이다. 그리하여 사람들은
수단과 방법을 가리지 않고 공명과 이익을 좇게 되었다.

진회가 사람을 활용하는 방법

남송의 재상인 진회秦檜는 전권을 잡은 시기에 자신의 사람을 모으는
데 힘을 쏟았다. 애초에 간사한 마음을 가지고 사람을 뽑는 만큼 곧은 선
비들은 등용될 수 없었고, 악명이 자자한 사람들만 중용되었다.

당시 궁핍한 생활에 허덕이고 있던 악명 높은 문인 왕차옹王次翁은 몇
번이나 진회를 찾아와 빌붙으려고 갖은 애를 썼다. 하지만 왕차옹의 악명
에 자신의 아버지가 연루될까 봐 걱정한 아들 진희秦熺가 매번 아버지께
알리지 않은 채 막아서서 만날 수 없었다.

나중에 이 사실을 안 진회는 아들을 꾸짖은 뒤 직접 왕차옹을 맞이해 내실로 안내한 뒤 밀담을 나누었다. 왕차옹이 한바탕 자신의 충성심을 표현하자 진회가 말했다.

"자네는 뜻을 이루지 못해 오랫동안 가난에 시달리느라 어쩔 수 없이 불미스러운 일을 한 점이 분명하니 질책할 만한 일은 아니네. 내가 자네를 추천하는 것은 마음을 털어놓을 만한 지기로 생각해서이네. 그러니 앞으로 내 기대를 저버리는 짓을 하지 말길 바라네!"

감격한 왕차옹은 눈물을 흘리며 몇 번이고 진회에게 무릎을 꿇고 감사하다 말한 뒤 큰 소리로 울며 일어났다. 진회는 그의 탐욕스럽고 저속한 모습을 보고 더욱 그를 등용해야겠다는 결심을 굳혔다. 왕차옹이 돌아갈 때 진회는 직접 그를 문밖까지 배웅하며 극진히 대접했다. 그 모습을 본 진회가 물었다.

"저 사람은 행동도 단정치 못하고 용모도 변변치 않으며 사람들에게 평판도 좋지 못합니다. 그런데 어째서 아버님께서는 저런 사람을 중용하시려는 것입니까? 저런 사람과 교분을 맺어 아버지의 명성에 흠이 생길까 두렵사옵니다."

그러자 진회는 미소만 머금을 뿐 아무런 말도 하지 않았다. 이후 오랜 세월이 지난 뒤 그는 하늘을 올려다본 뒤 한숨을 쉬면서 말했다.

"나는 전권을 오래 잡고 있으면서 적도 많이 만들었다. 만약 내가 사람들을 도와 내 편을 만들지 않았다면 어떻게 적을 제압해 사지로 몰아넣을 수 있었겠느냐? 왕차옹은 명성이 좋지 않아 어떠한 일이든 할 것이다. 그러니 적을 사지로 몰아넣는 일에 왕차옹보다 적합한 인물은 없다."

진회는 왕차옹을 추천해 이부원외랑吏部員外郎의 자리에 올린 뒤 계속해서 밀서소감祕書少監, 기거사인起居舍人, 중서사인中書舍人으로 승진시켰다. 이와 같은 파격적인 조치들을 마음속에 새긴 왕차옹은 항상 진회에게 보답하기를 바랐다. 이에 조정 대신들은 거세게 반발했지만 진회는 아무런 대응도 하지 않고 왕차옹에게 이렇게 말했다.

"내가 자네를 발탁한 것에 많은 사람들이 반대하고 있네. 만약 앞으로 이들이 조정에서 결탁해 나에게 대항한다면 자네는 어찌 되겠나?"

이 말에 진회에 대한 충성심이 더욱 깊어진 왕차옹은 그를 위해서라면 어떤 일이라도 하겠다고 굳게 맹세했다.

이후 진회의 투항 정책이 실패하면서 송나라는 금나라의 공격을 받게 되었다. 이에 나라를 사랑하는 애국지사들이 연이어 상소를 올려 진회의 죄를 성토했고, 진회의 위치는 풍전등화처럼 위태로워졌다. 이때 진회가 예비하였던 왕차옹의 역할이 무엇인지 드러났다. 왕차옹은 진회를 변호하기 위해 몰래 고종에게 찾아가 없던 일까지 꾸며내며 애썼다.

"대신들은 승상께서 인재를 찾아 등용하는 것을 시기하여 이전부터 불만을 품고 있었습니다. 그래서 승상의 정책이 작은 실패를 하자 국가의 생사에는 신경도 쓰지 않은 채 이 기회를 빌려 자신의 불만을 털어놓고 있는 것입니다. 폐하께서는 어찌 저런 소인배들의 말을 믿으려 하십니까? 만약 승상을 바꾼다면 조정 대신들이 서로 자기 사람을 천거하려 할 텐데 이 위급한 상황에 혼란만 가중되지 않겠습니까? 폐하께서는 절대 소인배들의 음모가 이루어지게 놔두셔서는 안 됩니다! 저는 이 목숨을 걸고 폐하에 대한 승상의 충성심을 보장할 수 있습니다!"

왕차옹이 적극적으로 호소하자 어리석은 고종은 그의 말에 일리가 있다고 믿었다. 이로써 진회는 자리를 보존하게 된 반면 정직한 대신들은 죄를 받고 일부는 조정에서 쫓겨나야 했다.

이후 왕차옹의 공로를 인정한 진회는 그에게 상을 주고 부승상으로 발탁했다. 진회는 훗날 아들 진회에게 이 일을 두고 이렇게 말했다.

"좋은 사람은 좋은 사람대로 단점이 있고, 나쁜 사람은 나쁜 사람대로 장점이 있다. 명성이란 아무짝에도 쓸모없는 것인데 큰일을 할 사람이 그런 자잘한 것에 휘둘려서야 되겠느냐?"

이익이 가장 중요한 법이니
선량하게 행동하는 것은
오직 어리석은 사람뿐이다

利爲上, 愚者惟求良善.

秘　　개인의 관점에서 이익은 항상 선량함보다 실용적이다. 선량함
　　을 추구하며 사익을 따지지 않는 사람은 융통성 없이 공정하게
만 일을 처리하려 하기 때문에 자신의 이익만 챙기는 이기적인 사람들에
게 공공의 적이 되어 모함을 받기 마련이다.

봉건전제시대 관료사회는 이익에 따라 관계를 맺었을 뿐 진정으로 우
정을 맺는 경우는 없었다. 이익이 일치하면 함께 호형호제하면서 서로 친
밀한 관계를 맺었지만 갈등이 생겨 이익이 충돌하면 조금의 주저함도 없
이 서로를 비방하며 치열하게 싸웠다. 그리하여 이긴 쪽은 곧바로 패자를
공공의 적으로 매몰차게 몰아붙였다. 아무리 좋은 명성과 민심을 쌓아온
사람이라도 패자가 된 이상 역적으로 몰리는 운명을 피할 수는 없었다.
중요한 것은 청렴함과 신중함으로 화를 줄일 수는 있지만 없앨 수는 없
다는 것이다.

여이간의 함정

여이간呂夷簡은 송나라 시대 정치인으로 자는 탄부坦夫이다. 수주壽州
사람으로 집안 대대로 벼슬을 지냈다. 진종眞宗 연간에 형부낭중刑部郞中,
권지개봉부權知開封府을 지냈으며, 이후 인종仁宗이 어린 나이에 즉위하
자 재상에 올라 보좌하며 직무와 책임을 다해 청렴한 정치를 펼쳤다. 경

력慶曆 20년 병으로 세상을 떠났으며, 시호는 문정文靖이다.

송나라 인종 때 재상이었던 여이간은 모든 일을 독단으로 처리하는 거만한 인물이었다. 조정 대신들은 그의 권세를 두려워해 감히 반대하지 못했다. 항상 언행에 신경 쓰고 매우 청렴한 인물이었던 부재상인 임포任布만이 홀로 여이간에 맞서 잘못을 질책하고 반대되는 의견을 주장했다. 이 때문에 그에게 앙심을 품은 여이간은 시시각각 임포를 조정에서 쫓아낼 기회를 엿보았다. 임포의 안위를 걱정한 정직한 대신들이 그에게 몰래 말했다.

"굳이 힘겨운 일을 자처하며 여승상과 정면으로 충돌할 필요가 있겠는가? 분명 갖은 방법을 동원해 자네를 해치려 할 것이네. 만약 자네가 조정에 없다면 모든 게 그의 손에 놀아나지 않겠는가? 그러니 자네도 대처 방법을 강구할 필요가 있네."

항상 공정하게 일을 처리하고, 거짓을 말하지 않았던 임포는 대신들에게 이렇게 말했다.

"나는 평생 선량함만 좇으며 그 어떤 사사로움도 추구하지 않았으니 여이간도 내 허물을 잡아내지 못할 것이네. 여이간의 악랄함에 대해서는 나도 잘 알고 있으나 만약 보복이 두려워 조심히 행동한다면 그는 더욱 거만해질 것이네. 내가 지금처럼 행동해야 그가 조금이라도 겁을 내고 조심하지 않겠는가."

한편 여이간은 여러 방법을 고심했지만 임포에게 죄를 씌울 만한 과실을 찾아낼 수 없었다. 그러자 여이간은 자신의 심복을 보내 임포를 설득하도록 했다.

"자네와 승상은 모두 대신들을 이끄는 자리에 있는 사람일세. 그러니 서로 손을 잡고 합심한다면 송나라의 큰 복이 아니겠는가? 이런 무의미한 싸움이 자네에게 무슨 이득이 되겠는가? 게다가 자네의 명망이 높은들 결국에는 여승상의 아랫사람에 불과하니 무슨 소용이 있겠는가? 싸움에서 패해 모든 것을 다 잃는다면 그것이야말로 천하에서 가장 바보 같은 짓이 아닌가?"

그의 말에 분노한 임포는 쫓아내며 말했다.

"세상의 도가 혼란스러우니 추함을 아름다움으로 가장하고, 간사함을 충성으로 치장하는구나. 내가 만일 이런 더러운 무리들과 어울린다면 하늘의 도가 어찌 존재할 수 있겠느냐!"

그런데 방법을 찾지 못하던 여이간의 머릿속에 갑자기 임포의 아들 임손任遜이 정신이 정상이 아니라 평상시 미친 소리를 하고 다닌다는 사실이 떠올랐다. 여이간은 임손에게 다가가 조정에 잘못을 간하는 상소를 올리라고 부추겼다.

정신이 정상이 아니었던 임손은 재미있어 하며 조정의 대신들을 욕하는 상소를 썼다. 더구나 여이간에 대해 쓸 때는 자신의 아버지가 하나도 옳은 점이 없다고 욕했던 점을 떠올리며 그대로 써 넣었다. 임포는 그 상소를 보자 바로 압수했는데, 이로써 여이간의 계략에 걸려들고 말았다. 여이간은 다시 임손을 시켜 상소를 숨긴 인물을 질책하는 내용의 상소를 쓰게 했다. 그리고 여이간은 이 상소를 인종에게 올리며 임포가 몰래 상소를 숨기는 큰 죄를 저질렀다고 일러바쳤다. 진노한 인종이 임포를 불러 꾸짖자 그는 어쩔 수 없이 자초지종을 설명했다.

"정신이 온전치 않은 아들이 터무니없는 말을 해서 조정을 욕되게 할까 봐 두려워 폐하께 보여드리지 않은 것입니다."

인종이 사람을 시켜 진상을 조사하자 사람들이 모두 임손이 미쳤다고 진술했다. 이에 인종도 더 이상 이 일을 문제 삼지 않았다. 하지만 여이간의 비방은 계속되었고 결국 임포는 조정에서 쫓겨나 수도를 떠나야 했다.

모든 사람의 적이라 해서
나의 적이 되는 것은 아니다
하지만 상관의 적이라면
친구라 할지라도 나에게 적이 된다

衆之敵, 未可謂吾敵, 上之敵, 雖吾友亦敵也.

秘 적은 각기 다른 시간, 장소, 상황, 형세에 따라 결정되는 것이지 불변하는 것이 아니다. 투기하는 사람은 항상 이익의 크기에 따라 적이 파악하고, 자신에게 가장 유리한 선택을 한다. 관료사회에서 형세에 따라서 신의를 저버리는 소인의 행동을 하는 것은 매우 당연한 일이었다. 상관의 위엄에 굴복한 사람들은 세상의 정의 따위는 거들떠보지도 않은 채 도둑을 아버지라 섬기며 자신의 이익을 위해서 친구를 배신했다. 이때 그들에게 적이란 어떠한 사악한 무리가 아니라 자신의 승진을 막는 모든 것이었다. 그래서 만약 그들은 자신의 승진을 막는 불미스러운 일이 생길 경우 기존의 관계를 씻어내려 애썼다.

소지충의 진짜 얼굴

당나라 중종中宗 시기 소지충蕭至忠은 거짓된 청렴함으로 사람들의 인정을 받아 재상의 자리에까지 올랐다. 그는 항상 몸가짐에 신경 쓰며 불의를 보면 참지 못하는 의로운 사람인 척 행동했다. 그러면서 항상 이치에 맞는 간언을 하며, 중종의 건강과 같은 사소한 일까지 세심하게 신경썼다. 이러한 그의 모습에 완전히 속은 중종은 여러 번 조정의 대신들에게 말했다.

"짐을 정말 위하는 사람은 누구인가? 내가 보기에 정말 짐을 걱정하고

위하는 사람은 소지충뿐이네. 자네들이 모두 그와 같이만 해준다면 짐은 아무것도 걱정할 게 없을 걸세."

그 당시 중종의 건강이 좋지 않은 탓에 위후韋后 모녀가 전권을 잡고 있었다. 이에 일부 정직한 대신들이 소지충에게 위후가 나라를 어지럽히지 못하도록 황제에게 간언하자고 말했다. 하지만 이미 마음속에 다른 꿍꿍이가 있었던 소지충은 핑계를 대며 응하려 하지 않았다. 그러자 대신 중 한 사람이 화를 내며 말했다.

"위후가 조정의 기간을 흔들 것이 분명한 이 상황에 그 누구보다 나라를 위한다는 분께서 어찌 책임을 미루려 하십니까. 혹시 다른 계획이 있는 것 아니시오?"

이미 마음속에 결심을 굳혀 대중들의 분노도 더 이상 두렵지 않았던 소지충은 위후를 위해 변명하며 말했다.

"왕후와 함께 나라를 걱정하는 것이 잘못된 일이오? 어찌 윗사람을 모함하는 일에 함께할 수 있겠소?"

이 일을 알고 소지충에게 감격한 위후는 그를 자신의 편으로 만들어야겠다고 생각했다. 위후는 자신의 사촌 남동생과 소지충의 딸을 결혼시켰고, 이로써 소지충의 지위는 더욱 공고해졌다.

더욱이 사람들의 눈길을 끌었던 일은 위후가 소지충을 위해서 이미 세상을 떠난 자신의 동생과 소지충의 딸을 합장해 성대한 '영혼결혼식'을 거행한 것이었다. 소지충은 주변 사람들의 비웃음과 비난에도 아랑곳없이 이 일을 위해 모든 정성을 쏟아부었다. 자연히 조정의 중요한 일들은 돌보지 않게 되었다.

하지만 얼마 뒤 위후가 살해당하자 소지충은 바로 입장을 바꿔 위후의 죄를 폭로했다. 그는 표면적으로 위후와 연루되지 않기 위해서 직접 합장한 무덤을 파서 딸의 관을 다른 곳으로 이장했다. 이로써 소지충의 추악한 모습을 보게 된 사람들은 모두 경악하며 그를 경멸하게 되었다.

친척이라고 해서
나와 가장 가까운 사람이라고 말할 수는 없다
형벌이 걸린 엄중한 상황에서는 친척도 버려야 한다

親之, 故不可道吾, 刑之, 故向吾親亦棄也.

㊙ 　사람들은 적과의 싸움에서 이기기 위해 수단과 방법을 가리지 않고 혈육 간의 정도 따지지 않는다. 사람들이 이렇게 잔혹한 행동도 서슴지 않는 이유는 목숨을 부지하기 위한 궁여지책이기도 하지만 권력을 위해서라면 양심도 저버리는 본성 때문이기도 하다.

과거 관료사회에서 형세에 따라 친구를 배신하거나 친척을 희생시키는 것은 적에게 대항하기 위한 하나의 전략으로 종종 활용되었다. 하지만 단지 적에게 아첨하기 위해서 친척을 버릴 경우에는 멸시를 받아왔다. 이와 같은 인륜적으로 발생해서는 안 되는 참극이 역사적으로 계속 반복되어왔던 것은 인간 본성의 타락과 무자비한 경쟁이 초래하는 결과를 설명해주는 것이자 또 봉건전제시대의 특권사상이 얼마나 참혹한 결과가 가져왔는지를 보여주는 것이다.

부끄러움을 모르는 곽헌가

무측천 시기 계속되는 관리들의 잔혹한 수탈에 사회 분위기는 갈수록 흉흉해졌다. 사람들은 자신을 보호하고 화를 피하기 위해서 다른 사람을 모함했고, 때로는 인간의 가장 어두운 본성을 드러내기도 했다. 사람들은 두려움에 떨면서 아무도 믿지 못했다.

이때 시어사侍御史 곽헌가霍獻可의 외삼촌인 사예경司禮卿 최선례崔宣禮

가 탐욕스런 관리 내준신의 모함을 받아 반역을 꾀했다는 죄명으로 감옥에 갇히게 되었다. 외삼촌이 누명을 썼다는 사실을 알면서도 곽헌가는 자신도 연루될까 두려워하며 누명을 벗겨줄 생각은 하지 않고 관계를 끊으려 했다. 그는 상소를 올려 조정이 역적을 잡은 것을 경축한 뒤 최선례를 욕하며 능지처참으로 처벌할 것을 주장했다.

무측천은 나중에 최선례가 무고함을 알고 사형시키지는 않았지만 여전히 의심이 풀리지 않아 그를 이릉夷陵으로 귀향 보냈다. 이에 최선례의 가족들이 곽헌가에게 억울함을 씻을 수 있도록 도와달라고 요청하자 그가 말했다.

"외삼촌의 모반죄는 곧 조정에서 낱낱이 조사할 것입니다. 그런데 아직 사형을 당하지 않았으니, 저희까지도 모두 연루될까 그게 걱정입니다."

그는 조정에서 실상을 밝히려 하기보다는 오히려 거듭해서 최선례를 죽여 없애야 한다고 주장했다. 이런 그의 행동을 수상쩍게 생각한 측천무가 그를 불러 물었다.

"외삼촌인 최선례에게 무슨 원한이 있느냐?"

곽헌가가 고개를 저으며 아니라고 답하자 무측천은 차가운 미소를 지으며 말했다.

"원한이 있는 것도 아니면서 이미 내가 죽이지 않고 용서해주기로 결정하였음에도 왜 죽이라 말하는가?"

측천무의 추궁에 곽헌가는 큰 소리로 말했다.

"소신, 폐하의 깊은 은혜에 충성하고자 하는 마음밖에 없습니다. 비록 저의 외삼촌이라 하더라도 폐하께서 의심을 품고 계시는 이상 저의 적입니다. 그러니 제 보잘것없는 마음을 바쳐 폐하께 보답하고자 한 것입니다."

혈육 간의 정마저 끊는 곽헌가의 모습에 쇠처럼 냉정한 무측천도 오싹

한 기분이 들었다. 그녀는 아무런 답도 하지 않은 채 그를 돌려보냈다. 그러자 곽헌가는 궁전 앞 돌계단에 자신의 머리를 찧으며 소리쳤다.

"최선례를 죽이시옵소서! 그렇지 않으면 제가 이 자리에서 죽겠사옵니다!"

주변에 피를 흩뿌리며 소리치는 그의 모습에 놀란 무측천은 빨리 그를 끌어내라고 명령했다.

이후 최선례는 이 일을 부끄러워하기는커녕 오히려 영광으로 여겼다. 사람들이 모두 그와 연루되어 화를 당할까 두려워하며 피했지만 그는 그 사실을 모르는 듯 항상 사람들에게 이 일을 자랑했다. 그리고 조정에 나가서도 일부러 두건을 비스듬히 써 상처를 드러내며, 무측천이 자신의 충심을 알아주기를 바랐다.

눈치채지 못하는 사이에 적을 현혹시키고
유리한 시기를 기다려라

惑敵於不覺. 待時也.

秘　주변 사람들의 실언이나 실수를 포착해 이용하려는 사람들이
　　있다. 그들은 이러한 자료를 증거로 삼아 상대방의 반격을 막고,
결국에는 승복을 받아낸다. 물론 이러한 방법은 정직하지 못한 비열한 방
법이지만 매우 효과적이라서 가끔 적을 사지로 몰아넣어야 할 때 사용하
면 주변 사람들의 선망을 단번에 받을 수 있다. 특히 관료사회에서는 이
런 수법이 더욱 일반적이었다. 관료들은 이해관계에 따라서 자신의 태도
를 바꾸어야 했기 때문에 상관이나 권력을 잡은 사람 앞에서 고분고분하
게 행동하면서도 뒤에서는 실언이나 실수를 포착해 공격할 기회를 엿보
았다.

　이 방법이 성공하려면 반드시 친구나 심복으로 위장해야 한다. 서로
믿는 사이가 되어야 비로소 속마음을 털어놓으며 자신도 모르는 사이에
약점을 드러내기 때문이다. 일단 적의 약점을 잡는다면 제압하는 건 식은
죽 먹기이니, 유리한 기회가 왔을 때 공격하면 반드시 성공한다.

여혜경의 비밀무기

　속셈을 알 수 없는 음험하고 악독한 소인이었던 여혜경呂惠卿은 왕안
석이 재상으로 있을 때 아첨하며 신임을 얻기 위해 노력했다. 이에 여혜
경을 믿게 된 왕안석은 변법을 실시하면서 송나라 신종에게 여혜경을 자

신을 도울 사람으로 추천했다. 더욱이 왕안석은 그를 마음을 털어놓을 수 있는 친구로 생각하며 거리낌 없이 모든 것을 말했다.

왕안석의 정적인 사마광은 이 모습을 보고 신종에게 말했다.

"여혜경은 왕안석을 우롱하고 있습니다. 훗날 세상 사람들이 왕안석을 비난한다면 여혜경이 가장 먼저 그를 배신할 것입니다."

사마광은 또 제3자의 입장에서 날카로운 분석을 내놓았다.

"사람은 모두 어리석을 때가 있다. 왕안석은 영리한 인물이지만 여혜경 같은 인물을 곁에 두는 것은 분명 잘못되었다. 여혜경이 내놓은 나쁜 방법들을 왕안석이 믿고 실행하고 있으니 그 책임은 모두 왕안석이 짊어질 것이 아닌가? 이것이 여혜경의 가장 음흉스러운 점이다!"

결국 여혜경에게 배척당해 수도를 떠나게 된 사마광은 왕안석에게 편지를 써서 여혜경을 조심하라고 다음과 같이 충고했다.

"여혜경이 지금 자네에게 아첨하는 것은 일시적인 수단에 불과하네. 그는 자네를 이용할 대로 이용한 뒤에 시기를 봐서 배신하려 할 테니 조심하도록 하게."

하지만 이러한 충고에도 고집이 세고 독선적이었던 왕안석은 자신의 안목이 틀렸다는 사실을 인정하려 하지 않았다. 게다가 연기력이 뛰어났던 여혜경은 왕안석이 자신을 의심하지 못하도록 일부러 술자리에서 자신의 은밀한 비밀을 털어놓으며 믿음을 샀다. 그렇게 두 사람은 항상 같이 다니며, 깊은 밤까지 이야기를 나누었다.

믿음이 쌓이면서 왕안석은 해서는 안 되는 말까지도 서슴없이 여혜경에게 털어놓게 되었다. 그는 여혜경이 겉으로는 공손하게 행동하며 뒤에서는 자신의 실언들을 머릿속에 새기고 있다는 사실을 전혀 알지 못했다. 심지어 여혜경은 왕안석이 보낸 편지에서도 해서는 안 될 실언들을 찾아내 따로 책으로 엮어 몰래 보관했다.

이처럼 아무도 모르게 일을 꾸미던 여혜경은 자신의 입지가 공고해지자 왕안석을 모함해 그의 자리를 차지할 결심을 하고 몰래 황제를 찾아가 말했다.

"제가 은인이신 왕안석을 함부로 고발한다는 것은 있을 수 없는 일이옵니다. 하지만 이번 일은 사태가 심각하여 대의를 위해서라도 밝혀야 한다고 생각했습니다."

그는 왕안석의 실언을 모아둔 책을 바치며 말했다.

"소신, 죽음을 무릅쓰고 말씀 올리옵니다. 왕안석이 만일 이 사실을 알게 된다면 분명 저를 죽여 입을 막으려 할 테니 폐하께서는 결단을 내려주시기 바랍니다."

여혜경의 말에 진지한 표정으로 밀서를 보고 난 신종은 가볍게 웃으며 말했다.

"너의 충성심은 알겠지만 이것들은 모두 큰 잘못이라기보다는 자잘한 실수에 불과하지 않으냐. 짐은 천하를 다스리기 위해서 왕안석이 필요하다. 그러니 이 일을 이쯤에서 덮어두어라."

신종은 가볍게 일을 넘기면서도 왕안석을 의심하게 되었다. 하지만 안타깝게도 왕안석은 이러한 사실을 알지 못한 채 계속 여혜경을 신뢰했다. 그는 외부의 압력에 재상직을 내려놓으면서도 적극적으로 여혜경을 추천해 부재상의 자리에 올렸다.

이로써 목적을 달성한 여혜경은 가면을 벗어 던졌다. 그는 황제가 차마 왕안석을 벌하지 못하는 것을 보고 왕안석의 두 동생에게 죄를 뒤집어씌워 멀리 외지로 좌천시켰다. 그제야 왕안석은 자신의 잘못을 알고 발을 구르며 슬퍼했지만 어찌해볼 도리가 없었다.

적이 행동하지 않을 때 제압해야
유리한 위치를 점할 수 있다

制敵於未動, 先機也.

秘   속담에 먼저 행동하면 유리하고 뒤늦게 행동하면 손해를 본다
     는 말이 있다. 적을 상대할 때 가장 피해야 할 점은 이것저것 생
각하며 우유부단하게 행동하는 것이다. 그럴 경우 유리한 기회를 잃고 이
리저리 끌려다니게 된다. 그러니 기선을 제압하는 것이 무엇보다 중요
하다.

먼저 기선을 제압하려면 정확한 판단력이 필요하다. 상황을 무작정 낙
관적으로만 보고 무모하게 움직인다면 자신의 단점만 드러내기 때문에
절대 성공할 수 없다. 또 다음으로 치밀한 계획과 일정한 힘이 필요하다.
적이 미리 대비하지 못하도록 준비가 충분히 갖추어지기 전까지는 몰래
힘을 비축하면서 겉으로는 내색하지 말아야 한다. 그래야만 비로소 계획
을 성공할 수 있다. 반대로 무턱대고 행동할 경우 오히려 자신이 적에게
제압당하고 만다.

이세민의 위장

당나라 제2대 황제인 태종太宗은 이세민李世民이다. 이연李淵의 둘째
아들로, 일찍이 아버지를 따라 전쟁에 참가해 탁월한 공적을 세웠다. 현
무문玄武門 정변으로 황위에 오른 뒤에는 뛰어난 통치력으로 '정관지
치'貞觀之治를 이루며 당나라 번영의 기반을 다졌다.

고조高祖 이연이 당나라를 건립한 뒤 태자太子 이건성李建成은 제齊나라 왕 이원길李元吉과 결탁해 개국 공신인 진秦나라 왕 이세민을 여러 차례 모함하려 했다. 이로써 형제는 생과 사를 가르는 치열한 싸움을 피할 수 없게 되었다.

이 사태를 주시한 주변 사람들이 이세민에게 먼저 계획을 세워 움직여야 한다고 여러 차례 진언하자 이세민은 괴로운 표정으로 한숨을 쉬며 말했다.

"나를 모함했다고 해서 어떻게 한 배에서 태어난 형제들에게 모질게 대할 수 있겠는가? 그냥 나 혼자 억울하고 말아야지. 시간이 지나면 그들도 자신들의 잘못을 알게 될 테니 모든 것이 나아질 것이네."

주변 사람들은 이세민이 너무 낙관적으로 상황을 판단해 좋은 기회를 놓치게 될까 봐 전전긍긍했다. 하지만 속셈이 있었던 이세민은 겉으로는 태평하게 행동하면서 몰래 장군 위지경덕尉遲敬德 등 심복들을 불러 말했다.

"내가 어찌 자네들의 마음을 모르겠는가. 하지만 모든 게 준비되지 않은 상태에서 경솔하게 행동했다가는 어떻게 되겠는가. 오히려 일이 발각되면 상대방 측에서 먼저 공격을 해올 것이네. 그러니 각자 세밀하게 계획을 세우되 발각되지 않도록 조심해야 하네."

이세민은 몰래 계획을 준비하면서 겉으로는 일부러 약점을 노출하며 유유자적하게 행동했다. 이러한 모습에 속은 이건성과 이원길은 더욱 득의양양해졌다. 그들은 때가 오기만 한다면 손쉽게 이세민을 제거할 수 있다고 생각했다.

그러던 중 돌궐족이 국경을 침범해 들어왔다. 이건성은 이원길을 지휘관으로 추천해 직접 병력을 이끌고 적을 공격하도록 했다. 그러자 이원길은 고조 이연에게 이세민의 병마를 자신이 지휘하게 해달라고 요청해 승낙을 받아냈다. 그들의 의도를 눈치챈 이세민의 주변 사람들이 분에 겨워하자 이세민이 괴로워하는 표정으로 그들을 달래며 말했다.

"폐하께서 이미 승낙하셨으니 그저 가만히 앉아 죽음을 기다리는 수밖에 없네. 이것이 하늘의 뜻인 것을 어쩌겠나?"

이세민의 모습이 진짜라고 생각한 몇몇 사람들이 눈물을 흘리며 황제의 뜻을 거절하고 맞서 싸워야 한다고 말했다. 하지만 진짜 내막을 아는 심복들은 서로 눈빛을 주고받을 뿐 아무런 말도 하지 않았다.

이때 누군가가 이세민에게 다가와 태자와 제나라 왕은 병사를 몰래 잠복시켜놓고 이세민이 제나라 왕 출정을 배웅할 때 이세민과 심복들을 모두 죽이려는 계획을 세워놓은 상태라고 넌지시 알렸다. 그러면서 이미 태자는 황위에 오르고, 제나라 왕은 태제太弟에 오를 계획까지 세워놓은 상태라고 말했다.

이 소식을 들은 심복들은 치미는 분노에 어쩔 줄을 몰라 했다. 때가 되었음을 직감한 이세민은 길게 탄식하며 말했다.

"이제 어쩔 수 없게 되었다는 것을 모두가 알 것이오. 일이 이렇게 된 이상 우리가 먼저 움직여 제압해야만 적의 뿌리를 뽑고 우리의 목숨을 보존할 수 있소."

이세민은 병력을 나눈 뒤 현무문에 잠복하도록 했다. 다음 날 이건성, 이원길이 그곳을 지나자 매복해 있던 병사들이 나와 그들을 공격했다. 갑작스런 공격에 놀란 그들은 아무런 저항도 하지 못했다. 이건성은 이세민이 쏜 화살을 맞아 죽었고, 이원길은 위지경덕의 칼에 죽었다.

이후 얼마 뒤 이연은 이세민에게 황위를 물려주었다. 그렇게 그는 마침내 황제의 자리에 오르며 자신의 꿈을 이루었다.

반란을 일으켜 상관을 해하려 했다는 죄로
적을 모함하면 효과적으로 옭아맬 수 있다
용서받을 수 없는 죄명이므로
옭아매면 벗어날 수 없다

構敵於爲亂, 不赦也.

秘 반란을 일으켜 상관을 치려는 모반죄는 매우 중대한 죄이다. 그래서 이 죄명을 뒤집어쓸 경우 누구든 화를 피하지 못한다. 실제로 죄를 지었을 경우 엄벌에 처하는 것은 물론이요, 설사 모함을 받은 것이라 하더라도 화를 피하기 어렵다. 권력자는 일단 의심이 생긴 이상 죄가 있다고 생각하지 아예 없다고 생각하지는 않기 때문이다. 적대적인 양측은 모두 이 죄를 상대에게 뒤집어씌우려고 노력한다. 특히 음험한 소인은 사실을 날조해 상대방에게 벗어날 수 없는 죄명을 뒤집어씌운 뒤, 자신의 행위를 정의라는 이름으로 포장해 세상을 속인다.

반란을 꾸민 사마휼

진晉나라 혜제惠帝는 황후에게 아들이 없자 후궁 사謝씨의 아들 사마휼司馬遹을 황태자로 삼았다. 당시 전권을 잡고 있던 황후 가남풍賈南風은 이 일에 앙심을 품고 항상 사마휼을 죽일 기회를 엿보았다.

하지만 사람들이 수긍할 만한 큰 죄를 뒤집어씌우지 않는 이상 황태자를 폐위시킬 수는 없었다. 더구나 경솔하게 잘못 움직였다가는 도리어 자신이 화를 입을 수도 있었다. 가남풍은 오랜 시간 궁리한 끝에 악랄한 계책을 하나 생각해내었다.

그녀는 황제의 명으로 사마휼을 궁중으로 불러들인 뒤 시녀를 시켜 억지로 독한 술 세 되(한 되에 약 1.8리터)를 단숨에 마시게 했다. 황제의 명이란 말에 어쩔 수 없이 독한 술을 들이마신 사마휼은 취기가 올라 머리가 깨질 듯이 아팠다.

이때 가남풍은 어둠 속에 몸을 숨긴 채 상황을 지켜보고 있었다. 그녀는 취기에 비틀대는 사마휼을 보고 시녀에게 종이와 붓을 준비하게 하게 했다. 시녀는 가남풍이 지시한 대로 사마휼 앞에 종이와 붓을 가져다 놓고 말했다.

"폐하께서 이 조서를 한 자도 틀리지 않게 베껴 쓰라고 명하셨습니다."

취기에 정신이 몽롱한 사마휼은 제대로 앉아 있기도 힘들었다. 시녀의 부축을 받아 책상에 앉은 그는 겨우 조서를 베껴 쓰기는 했지만 내용이 무엇이었는지는 전혀 알 수가 없었다. 조서를 다 베낀 뒤 그는 인사불성이 되어 바로 쓰러졌다.

다음 날 조회에서 우둔한 황제였던 혜제는 가남풍의 지시에 따라 사람을 시켜 전날 사마휼이 쓴 문서를 대신들 앞에서 읽게 했다. 몇 글자 읽지도 않았는데 대신들의 표정이 급격히 어두워졌다. 문서에는 황제를 핍박해 퇴위시킨 뒤 사마휼을 황위에 올려야 한다는 대역무도한 내용이 강경한 어조로 담겨 있었다.

모두가 당황하자 가남풍이 바로 소리쳤다.

"반역이다! 반역이야! 이는 분명 태자가 폐하를 죽이고 황위를 차지하려는 반역서입니다! 어떻게 이렇게 극악무도한 반역자가 황태자 자리에 있을 수 있단 말입니까? 당장 사형시켜야 합니다."

하지만 대신들은 평소 인자하고 유약한 성품인 사마휼이 어째서 이런 일을 벌였는지 믿을 수 없었다. 그래서 가남풍의 말에 동의하지 않고 고개를 숙인 채 가만히 있었다. 이러한 대신들의 모습에 가남풍은 속으로 회심의 미소를 지었다. 그녀는 그 글을 대신들에게 돌려 보도록 하는 한편 사마휼이 평소에 썼던 십여 장의 글들을 꺼내 보였다. 그러고는 일부러 분개하며 말했다.

"태자의 거짓 가면에 우리 모두 속았습니다. 처음에는 나도 이 일을 믿을 수가 없었습니다. 하지만 필적을 대조한 뒤 현실을 깨달았지요. 모두들 자세히 대조해보시오. 태자가 누명을 쓴 것이 아니라는 걸 알 수 있을 테니."

대신들이 면밀히 대조해보니 과연 필적이 똑같았다. 분명 사마휼이 쓴 글이었다. 내막을 알지 못하는 대신들은 사마휼이 극악무도한 악행을 저질렀다고 비난하면서 더 이상 의문을 품지 않았다. 결국 사마휼은 모반죄로 사형에 처해졌으며, 사람들은 모두 조정의 반역자를 제거했다고 안도하며 기뻐했다.

음탕하고 사악한 죄명으로 공격하는 것은
사람들이 적을 경멸하게 만드는
가장 효과적인 방법이다

害敵於淫邪, 不恥也.

秘　　적을 사회적으로 매장시켜 무너뜨리는 것은 싸움에서 중요한
　　　전략이다. 이는 가장 잔인한 방법이었지만 그럼에도 적을 이기
기 위해서 자주 사용되었으며, 특히 관료사회에서는 더욱 그러했다.

　봉건전제시대에 도덕은 허구에 불과했다. 관원들에게 성인군자와 같
이 양심을 지키라는 요구는 형식적인 것에 불과했고, 실제로 정직한 관원
들은 매우 적었다. 이것은 봉건전제시대에 고질병이자 위에서부터 아래
까지 부패한 정권의 필연적인 결과였다.

궁궐을 더럽힌 소관음

　소관음蕭觀音은 요遼제국 도종道宗 야율홍기耶律洪基의 황후인 의덕 황
후懿德皇后이다. 추밀사樞密使 소혜蕭惠의 딸로 명문가 출신인 그녀는 아
름다운 외모에 시문과 음악에도 뛰어났다. 그래서 청녕淸寧 원년(1055년)
황후로 책봉된 그녀는 황제의 사랑을 한몸에 받으며, 청녕 4년에 야율
준耶律濬을 낳았다. 야율준은 8세 때 황태자로 봉해졌고 소관음은 단숨에
황제의 가장 큰 총애를 받게 되었다.

　하지만 초기에 나라를 부강하게 만들 방법을 모색하던 야율홍기가 갈
수록 음주와 사냥에 빠져 정사를 멀리하면서 문제가 생겼다. 소관음은 야
율홍기가 점차 아첨하는 간신들의 말에만 귀를 기울이는 혼군이 되어가

자 진언을 자주 하게 되었고, 야율홍기는 겉으로는 알았다고 하면서도 속으로는 불쾌해하며 그녀를 점점 멀리하게 되었다.

소관음은 황제의 마음을 되돌리기 위해 〈회심원回心院〉 10수를 지어 사람들에게 연주를 시켰다. 그중에 궁녀 단등單登의 연주는 형편없었지만 악공 조유일趙惟一의 연주는 생동감이 있어 소관음의 칭찬을 받았다. 궁녀 단등은 원래 반역자 야율중원耶律重元의 집안사람이었다. 아율중원이 죽은 뒤 집안이 몰락하자 그녀는 궁에 하녀로 들어왔다. 야율홍기가 과거 단등에게 옆에서 시중을 들게 하려 했는데 소관음이 그녀가 반역자 집안 출신인 것을 알고 강력히 반대했다. 이 때문에 단등은 소관음에게 원한을 품게 되었고, 소관음이 조유일을 칭찬하자 더욱 강한 원한을 갖게 되었다. 그녀는 사실이 아닌 말을 꾸며서 여동생 청자淸子에게 말했다.

"황후가 이유 없이 나를 꾸짖고 악공 조유일만 아끼는 걸 보면 분명 이상한 관계임이 틀림없어."

청자는 원래 유부녀였지만 북원北院 추밀사이자 위魏나라 왕인 야율을신耶律乙辛과 간통하고 있었다. 청자의 말을 들은 야율을신은 눈을 번쩍이며 빛냈다. 그는 잠시 생각에 잠기더니 청자에게 말했다.

"존경과 총애를 한몸에 받고 있는 황후가 악공과 무슨 관계일 리는 없겠지만, 우리가 이 기회를 이용한다면 황후를 제거할 수 있을 것이네. 그리고 그렇게 된다면 황태자를 제거하는 것은 일도 아니지."

원래 간악한 사람이었던 그는 이전부터 황태자를 없애고 조정을 독차지하려는 야심을 품고 있었다. 하지만 황태자를 없애는 것이 쉽지 않은 만큼 함부로 움직이지 않고 기회만 엿보던 때에 기회가 찾아온 것이었다. 그는 단등에게 음탕한 애정시를 주며 소관음을 속여 베껴 쓰게 하라고 시켰다. 내막을 모르는 소관음은 단등의 부탁에 시를 베껴 쓴 뒤 직접 〈회고懷古〉라는 시를 한 수 지어주었다.

궁중에서 오직 조씨 집안의 아름다움만 쫓으니 宮中只數趙家妝

흩어진 비구름이 한漢 왕을 망쳤구나. 敗雨殘雲誤漢王

오직 한 조각의 달만이 그 뜻을 알 뿐이니, 惟有知情一片月

비연飛燕을 엿보았는지 소양궁昭陽宮에 드리우네. 曾窺飛燕入昭陽

단등이 가져온 시를 본 순간 야율을신은 마음속으로 매우 기뻐했다. 그는 급히 야율홍기를 찾아가 일부러 머뭇거리며 말했다.

"어느 사람이 밀고하기를 황후께서 교방의 악공인 조유일과 함께 궁궐을 더럽힌다고 합니다. 소신 여러 번 고민을 거듭하였으나 이런 말을 듣게 된 이상 폐하께 고할 수밖에 없었습니다."

이 말을 들은 야율홍기는 몹시 격분했다. 그 모습에 야율을신은 바로 소관음이 베껴 쓴 애정시를 올리며 소관음이 지은 것이라 모함했다. 그는 또 소관음이 추가로 지은 〈회고〉의 몇 구절을 지적하며 말했다.

"'궁중에서 오직 조씨 집안의 아름다움만 쫓으니'에 적힌 '조'趙 자, '흩어진 비구름이 한 왕을 망쳤구나'에 적힌 '유'惟 자와 '일'一 자를 보십시오. 이 글에 담긴 진정한 의미를 폐하께서는 모르시겠습니까?"

야율을신이 지적하는 곳을 보니 과연 '조유일' 석 자가 나타났다. 이에 야율홍기는 소관음의 해명을 들으려고도 하지 않고 야율을신과 재상 장효걸張孝傑에게 알아서 이 사건을 심사해 처리하라고 명령했다.

같은 무리였던 장효걸과 야율을신은 조유일과 그의 친구인 고장명高長命을 잡아다 가혹하게 고문했다. 두 사람은 고문에 못 이겨 거짓으로 자백할 수밖에 없었다. 고장명은 중간에서 자신이 관계를 맺어주었다고 자백했고, 조유일은 소관음과 간통한 것이 사실이라고 자백했다. 결국 궁지에 몰린 소관음은 결국 자살로 생을 마쳤고, 조유일과 고장명 역시 사형당했다. 이후 야율을신은 태자를 모함했고 야율홍기는 태자를 서인으로 강등시키고 유배 보냈다.

적이 누구인지 알 수 없는 것보다 더 큰 위험은 없고 적이 친구로 가장한 것보다 더 큰 재앙은 없다

敵之大, 無過不知, 禍之烈, 友敵爲甚.

秘　　　보이는 적은 미리 알고 단호하게 대처할 수 있지만 보이지 않는 적은 표적이 불분명하고 상황도 명확하지 않아 제대로 대처할 수가 없다. 더욱 무서운 것은 그들이 주변에 머물면서 치명적인 일격을 가할 수 있다는 점이다. 진정한 적은 항상 어둠 속에 숨어 모습을 위장하고 있으니 분간할 줄 알아야 한다. 그렇지 않으면 적을 친구로 믿은 채 진짜 내 사람에게 상처를 주고 적을 즐겁게 해주는 잘못을 저지를 수 있다. 이는 자신에게 손해일 뿐만 아니라 적을 도와주는 꼴이니 더 큰 재앙을 불러오게 된다.

충성과 위선을 구분하지 못한 항우

항우項羽의 성은 항項, 이름은 적籍, 자는 우羽이며 서초패왕西楚覇王이라 불린다. 초楚나라 명장 항연項燕의 손자로서 용맹함으로 천하를 호령했다. 원대한 뜻을 품고 진나라 말기 강동江東에서 군사를 일으켜 관중 지역을 점령했다. 이후 다섯 제후를 거느리며 막강한 권력으로 세상에 위엄을 떨쳤지만 결국 유방에게 패해 오강烏江에서 자결했다.

항우가 실패한 데에는 많은 원인이 있다. 그는 용감했지만 지모가 없었고, 안목이 좁았다. 더욱이 진위를 가릴 줄 몰라서 충성과 위선을 구분하지 못했다. 이 때문에 여러 중요한 순간마다 그는 자신의 우매함과 사람을 쉽게 믿는 단점 때문에 스스로 자신의 날개를 꺾고 적을 강하게 만드는 실수를 저질렀다. 바로 이런 치명적인 실수들이 반복되었다.

더욱이 항우에게는 전략을 조언해주는 책사가 범증范增 한 명밖에는 없었다. 범증은 항우에게 진심으로 충성했기 때문에 유방과 같이 항우와 대적하는 사람들은 항상 범증을 가장 큰 적으로 여기고 제거하기 위해 고심했다.

당시 유방은 궁지에 몰려 힘겹게 영양滎陽을 지키고 있었다. 이에 그는 항우에게 화친을 요구했고, 항우는 거절의 뜻을 전하기 위해 사신을 보냈다. 그러자 유방과 진평陳平이 하나의 계획을 세웠다. 바로 초나라 사신을 맞이할 때 유방이 술에 취한 척 연기를 하고 진평이 사신을 대접하는 것이었다. 진평은 사신을 객사로 안내한 뒤 매우 공손하게 대접했다. 그러면서 범증의 근황을 물으며 은근슬쩍 그의 서신을 가져왔냐고 물었다. 그러자 사신이 의아스러워하며 말했다.

"저는 항왕께서 보내서 온 것이지 범증의 명을 받고 온 것이 아닙니다. 대인께서 무언가 잘못 아신 것 같습니다."

진평은 실망하는 듯한 표정을 지으며 쌀쌀맞게 말했다.

"그럼 진작 범증의 사신이 아니라고 말하지 그러셨소."

그러고는 맛있는 음식들을 물리라 명한 뒤 거친 음식을 내놓게 했다. 사신이 마지못해 입에 넣는데 음식에서 쉰 냄새까지 났다. 형편없는 대접에 매우 화가 난 사신은 급히 항우에게 달려가 말했다.

"범증이 유방과 몰래 내통하고 있습니다. 저는 범증의 사신이 아니라는 이유로 심한 굴욕까지 받고 왔습니다. 그러니 대왕께서는 이 일을 그냥 넘겨서는 아니 되옵니다."

그 말에 분개한 항우는 자세히 내막을 따져보지 않은 채 범증을 찾았다. 좌우 수행원들이 진정시키려 애썼지만 항우는 욕을 하며 더욱 분개했다. 마침 그때 범증이 항우를 찾아왔다. 상황을 모르는 그는 유방이 해결법을 찾기 전에 빨리 영양을 공격해야 한다고 진언했다. 그러자 항우는 펄펄 날뛰며 범증에게 소리쳤다.

"자네의 말에 일리가 있군! 영양을 공격하기 전에 내 목을 치려 하는 것이겠지!"

항우가 자신을 믿지 않자 일을 망칠까 걱정되기도 화가 나기도 했던 범증은 늙었다는 핑계로 사직한 뒤 고향으로 내려가버렸다. 항우도 그런 그를 막지 않고 떠나도록 내버려두었다. 범증은 고향으로 돌아가던 길에서 세상을 떠났고, 항우는 그렇게 자신의 유일한 책사를 잃고 말았다.

범증이 사라진 뒤 항우는 숙부인 항백項伯과 모든 일을 의논했다. 그런데 항백은 사실 유방의 내부 첩자였다. 그는 이미 몰래 유방과 혼사를 약속해두었고, 장량張良과도 친구 사이로 지내고 있었다. 그는 홍문의 연회에서도 유방이 화를 피할 수 있도록 도와주었다. 이처럼 바로 옆에 적을 두었으면서도 항우는 전혀 그 사실을 몰랐다.

유방과 항우가 광무廣武에서 대치하고 있을 때 유방은 항우의 공격을 지연시키기 위해서 화친을 제안하며, 그의 부친과 아내를 풀어달라고 요청했다. 항우는 아무 생각 없이 항백을 불러 이 일을 상의했다. 항백은 먼저 항우에게 아부해 기분을 좋게 한 뒤 본론을 말했다.

"대왕께서 인자함으로 천하를 통일시킬 수 있느냐는 이번 일에 달려 있습니다. 만약 이번에 유방의 부친과 아내를 풀어주어 화친을 맺는다면 대왕은 명성을 떨칠 뿐만 아니라 휴식하며 힘을 비축할 수도 있습니다. 그렇게 민심을 얻고 군대를 강하게 만든다면 앞으로 있을 전투에서 승리해 천하를 통일할 것이 분명하니, 소신 미리 대왕께 경축 드립니다."

항우는 아무 의심 없이 항백의 말을 믿고 화친을 승낙한 뒤 유방의 부친과 아내를 돌려보냈다. 뒷걱정이 없어진 유방은 즉시 모든 전력을 동원해 항우에게 맹공을 퍼부었다. 결국 한신의 십면매복十面埋伏 작전에 걸려 전군을 잃은 항우는 자결로 생을 마감했다.

**만약 세상 사람들을 모두 강도로 취급하고
친한 사람을 모르는 사람처럼 대하며
우정을 나눈 친구를 원수보다 더한 사람으로 여긴다면
모든 사람에게 미움을 받게 될 것이다**

使視人若寇, 待親如疏, 接友逾仇, 縱人之惡余, 而避其害, 何損焉.

秘　　간사한 사람들은 항상 자신에게 이익이 된다면 어떠한 대가든 내놓는다는 원칙을 가지고 일을 처리한다. 역사적으로 간사한 사람에게 주변 사람들은 이용 가치가 없어지면 버려지는 도구로 취급받았으며, 관료사회에서는 특히 그러했다. 이익과 권력에 의해서 모든 관계가 결정되는 관료사회에서는 자신에게 유리할 경우 누구와도 친구가 될 수 있었지만 불리할 경우엔 혈육이라 할지라도 적이 되었다. 마음이 약한 사람들도 처음 관료사회에 진입해 몇 번 고초를 겪고 나면 자연히 이 규칙을 받아들여 실행했다. 사람들이 비난하고 손가락질을 해도 그들은 자신의 승진이나 이익에 영향을 주지 않는다면 조금도 신경 쓰지 않았다.

대의를 위해 혈육을 배반한 탈탈

원元나라 말년 백안伯顔은 모든 권력을 독점하고 있었다. 그는 원나라 순제順帝를 감시하고 통제하기 위해서 양자로 들인 조카 탈탈脫脫을 궁으로 보내 황제의 친위대를 장악하게 만들었다.

반면 전권을 쥐고 방자하게 구는 백안의 모습에 자신의 안위가 걱정된 순제는 백안을 제거할 인물을 모색하고 있었다.

그러던 중 탈탈이 순제에게 찾아와 국가를 위해 가족도 희생시킬 수 있다는 뜻을 내비쳤다. 탈탈이 백안과 혈육이라는 사실을 아는 순제는 반신반의하면서 탈탈에게 물었다.

"백안은 그동안 나라를 위해 헌신하며 많은 공을 세웠소. 그리고 여전히 국가를 위해 많을 일을 해주어야 한다고 생각하는데, 그대 생각은 어떻소?"

황제가 자신의 진심을 알려 한다는 사실을 눈치챈 탈탈이 답했다.

"이는 모두 신하로서 당연히 해야 할 본분인데 어찌 공을 세웠다고 해서 교만하게 행동할 수 있겠습니까? 폐하께서 명을 내리신다면 소신 죽음을 불사하고 반드시 해내겠습니다."

탈탈의 대답에 더욱 의심이 든 순제는 혹시 백안의 계략이 아닐까 몹시 걱정되어 쉽게 그를 받아들이지 못했다. 그는 몰래 자신의 심복인 세걸반世傑班과 아로阿魯한테 탈탈에게 접근해 진심을 알아보라고 시켰다.

사실 탈탈은 백안에게 큰 은혜를 입었지만 권력을 믿고 안하무인으로 행동하며 황제의 미움을 사는 것을 보고 배신해야겠다고 마음을 먹고 있었다. 그는 자신의 부친인 찰마아태紮馬兒台에게 속마음을 털어놓으며 말했다.

"백부께서 너무 거만하게 행동하시니 폐하께서 눈엣가시로 여기십니다. 그러니 우리도 스스로 살길을 모색해야만 합니다. 지금 폐하께서는 믿고 의지할 수 있는 사람을 찾고 있으니 우리가 만약 충성을 바친다면 분명 감격하시고 중용해주실 것입니다. 그렇게 된다면 화를 걱정할 필요도 없고 영원토록 부귀영화를 누릴 수도 있습니다. 이것이야말로 가장 영리하게 상황을 해결하는 방법이 아니겠습니까?"

탈탈은 바로 이러한 생각을 품고 순제에게 접근한 것이었다.

세걸반과 아로가 찾아오자 탈탈은 바로 그들의 방문 이유를 알아챘다. 그는 두 사람과 함께 즐거운 시간을 보내면서 은밀히 자신의 심정을 털어놓았다.

"지금과 같은 부귀영화를 누리는 것은 폐하의 큰 은혜 덕분입니다. 백안은 지금 자신의 공로만 과시하고 있는데 폐하가 안 계셨다면 어디 가당키나 한 일입니까? 가죽이 없는데 어떻게 털이 있을 수 있단 말입니까?"

속마음까지 털어놓을 만큼 오랜 시간 교분을 쌓으면서 세걸반과 아로는 그가 진심으로 백안을 배신할 마음이 있다고 보았다. 이에 다시 순제를 알현하게 했다. 순제는 매우 기뻐하면서 탈탈을 격려하며 상을 내렸다. 이로써 한편이 된 그들은 백안을 공격할 기회를 엿보았다.

반면 백안은 탈탈의 충성심에 대해서 조금도 의심하지 않았다. 누군가가 탈탈이 의심스럽다고 말해도 쓸데없는 헛소리라고 질책하며 조금도 귀 기울이지 않았다.

이후 어느 날 백안이 성 밖으로 사냥을 나간 틈을 타서 탈탈은 아로와 함께 성문의 열쇠를 모두 압수한 뒤 성문을 지키는 병사들을 모두 자신의 심복으로 바꿔 백안이 성에 들어오지 못하도록 막았다. 동시에 조정에서는 백안이 저지른 죄목을 밝히고 그를 좌천시켜 하남河南으로 보내기로 결정했다. 이렇게 자신이 가장 믿었던 탈탈의 배신을 당한 백안은 후회와 분노에 사로잡혔다. 결국 그는 정신적 충격을 이기지 못하고 하남으로 가던 도중에 길 위에서 세상을 떠났다.

【秘】 적은 자신의 진짜 모습을 보여주지 않는다. 가장 위험한 적은 항상 우정을 나누는 친구로 가장하기 마련이다.

【秘】 이기적인 사람은 명성보다 이익을 더 중시한다.

【秘】 투기하는 사람은 항상 이익의 크고 작음에 따라서 적을 분간하며, 자신에게 가장 유리한 선택을 한다.

【秘】 핵심은 적의 약점을 잡는 것이다. 약점을 파악한다면 적을 쉽게 제압할 수 있다.

【秘】 적을 상대할 때 가장 피해야 할 일은 이것저것 고려하며 우유부단하게 행동하는 것이다. 그러다 기회를 놓치면 이리저리 끌려다니게 된다.

비책 3

전략을 세우는 법

군주가 전략 없이 신하를 통제하려면 다스릴 수 없고, 부하가 전략 없이 군주를 대하려면 승진할 수 없으며, 관료가 전략 없이 동료를 대하려면 적을 제거할 수 없다. 관료사회에서 영원한 친구는 없으며, 화는 잠시뿐이다. 적을 섬멸시키는 데 가려야 할 전략은 없다. 군주를 속이는 큰 죄를 적에게 뒤집어씌우면 빠져나오지 못한다. 법을 위반하는 것은 용납할 수 없는 행동인 만큼 내버려두면 스스로 화를 초래해 벌을 받게 된다. 군주는 권세에 기대 신하를 다스리고, 권세가 약할 때는 권모술수에 기대야 한다. 아랫사람은 권모술수에 기대 군주를 대하고, 권모술수가 없을 때는 실력에 기대야 한다. 신하는 지략으로 동료를 대하고, 지략이 통하지 않을 때는 직접 해친다. 일은 비밀을 지키는 게 매우 중요하니, 비밀을 지키지 못한다면 자신이 화를 입게 된다. 행동은 신속하고 민첩하게 하는 게 중요하니, 행동이 늦춰지면 상대방에게 선수를 빼앗긴다. 적이 세운 공로를 잘못이라 모함하면 가장 완벽하게 근간을 제거할 수 있다. 잘못된 말을 꾸며서 적이 말했다고 뒤집어씌우면 사람들에게 더욱 미움받게 할 수 있다. 전략을 끊임없이 내놓는다면 무적이 아니겠는가.

군주가 전략 없이 신하를 통제하려면 다스릴 수 없고
부하가 전략 없이 군주를 대하려면 승진할 수 없으며
관료가 전략 없이 동료를 대하려면 적을 제거할 수 없다

上不謀臣, 下或不治, 下不謀上, 其身難晉, 臣不謀僚, 故者勿去.

秘　　관료사회에서 복잡한 관계를 잘 처리하려면 전략을 갖추어야
　　　한다. 관료사회에서는 실패하면 만회하기 힘들기 때문에 자신
의 무기를 드러내고 단순하게 행동하기보다는 전략을 세워 신중하게 움
직여야 한다.

군주가 전략을 세우지 않고 무작정 권력으로만 신하를 다스리려 한다
면 오히려 충성심을 떨어뜨려 악영향을 초래한다. 비록 신하는 두려움에
공개적으로 반항하지는 않지만 적극 나서서 일을 처리하려고도 하지 않
는다.

반면 신하가 군주에게 인정을 받고 싶다면 뒤에 숨지 말고 적극 전략
을 세워 나서야 한다. 그렇지 않다면 군주의 인정을 받고 승진할 기회를
잡을 수 없다. 또 관료사회에서 경쟁자들을 뚫고 주목을 받으려면 정확한
전략을 세워서 상대를 공격해야만 한다.

송나라 태조의 혼인 관계

송나라 태조 조광윤이 진교병변陳橋兵變을 통해 황제가 되었지만 천하
는 여전히 어지러웠다. 게다가 당시 주변국이 호시탐탐 송나라의 영토를
노리고 있었다. 서쪽에 위치한 촉蜀나라, 남쪽에 위치한 남한南漢, 동남쪽
에 위치한 남당南唐과 월越나라, 북쪽에 위치한 북한北漢, 게다가 거란족

까지 모두들 중원을 빼앗을 기회만 엿보았다.

한번은 송 태조가 대신들과 국사를 논하던 중 말했다.

"도처에 적들이 널려 있으니 짐이 편히 쉴 수가 없소. 적들을 소탕해 나라를 안정시킬 방법이 없겠소?"

대신들이 각자 다양한 의견을 내놓았지만 마음에 들지 않았던 송 태조가 말했다.

"싸울 때는 친형제처럼 힘을 합치고, 전장에 나갈 때는 부자처럼 단결해야 한다고 했소. 적을 소탕해 나라를 안정시키려면 뛰어난 병사와 용맹한 장수가 있어야 하오. 뛰어난 병사야 얻기 쉽지만 용맹한 장수는 흔치 않고, 더욱이 자신의 주군에게 충성하는 용맹한 장수를 얻기란 더욱 쉽지 않소. 이것이야말로 나의 가장 큰 고민이오."

고민에 빠진 송 태조는 대신들이 목숨을 걸고 자신에게 충성할 수 있도록 하기 위해 온 힘을 기울였다.

한편 진교병변에서 큰 공을 세운 고회덕高懷德은 대군을 이끄는 뛰어난 장수였다. 그를 주목하고 있던 송 태조는 그가 다른 마음을 품지 않도록 관계를 공고히 하려고 했다. 송 태조는 고회덕을 궁으로 불러 한바탕 격려를 해준 뒤 말했다.

"큰 공을 세우느라 노고가 많았소. 원하는 것이 있다면 무엇이든 들어줄 테니 말해보시오."

"폐하께서 지금까지 베풀어주신 은혜만으로도 만족합니다. 소신은 그저 충심을 다해 보국하고 싶을 마음밖에는 없사옵니다."

고회덕이 물러간 뒤 송 태조는 답답한 마음에 후궁에게 하소연했다.

"고회덕이 바라는 것이 없는 게 가장 큰 걱정이오. 이리저리 생각해봐도 무얼 주어야 그의 마음을 얻을 수 있을지 모르겠소."

후궁이 말했다.

"그가 황실 사람이었다면 폐하께서 이렇게 고민하지 않아도 될 텐데.

안타깝습니다."

이 말을 듣는 순간 송 태조는 정신이 번쩍 들었다. 그가 손뼉을 치며 말했다.

"그래, 그 말이 맞소! 한 집안사람이 된다면 딴마음을 품을까 걱정하지 않아도 되오. 게다가 이 일은 어려운 일도 아니니 얼른 사람을 시켜 중매 자리를 알아보라고 해야겠소."

송 태조에게는 과거 주복덕朱福德에게 시집을 갔으나 남편이 일찍 죽어 젊은 나이에 과부가 된 여동생이 있었다. 송 태조는 여동생을 고회덕에게 시집을 보내기로 결정했다.

송 태조가 자신의 생각을 어머니인 두태후杜太后에게 알리자 그녀가 고개를 저으며 말했다.

"여자는 정조를 지키는 것이 무엇보다 중요합니다. 공주를 다시 시집 보낸다면 우선 그 아이의 명성이 더럽혀질 것이고, 폐하의 위엄도 실추될 것입니다. 그러니 이 일은 가당치 않사옵니다."

송 태조는 두태후를 설득하기 위해 자신의 뜻을 설명했다.

"황위를 공고히 하고, 신하들이 온 몸을 바쳐 충성하게 할 수 있다면 무슨 일이든 동원해야 합니다. 큰일을 하는데 어찌 작은 이유로 막으려 하십니까? 또 여동생에게도 나쁜 일은 아니지 않습니까? 그러니 천하의 안정을 생각해서 허락해주시기 바랍니다."

그렇게 두태후의 승낙을 받아내자 여동생도 순순히 응했다. 송 태조는 곧장 조보趙普와 두의竇儀에게 중매를 서게 했다. 고회덕은 황제의 은혜에 감복해 매우 기뻐하며 바로 혼사를 받아들였다. 송 태조는 태사太史가 정한 길일에 두 사람의 혼례를 치러주었다. 그리고 혼인 후 이튿날 송 태조는 고회덕에게 병사를 이끌고 적을 소탕하라 명령했다. 그러자 고회덕은 불평하기는커녕 기꺼이 군대를 이끌고 전장에 나섰다. 그러고는 죽음을 두려워하지 않고 용감히 적과 싸우며 송 태조를 위해 많은 공을 세웠다.

관료사회에서 영원한 친구는 없으며
화는 항상 잠시 동안 존재한다
이러한 형세는 필연이니
지혜로운 사람은 이 점을 소홀히 해서는 아니 된다

官無恒友, 禍存斯須, 勢之所然, 智者弗怠焉.

秘 　　모든 것이 이해득실에 따라서 결정되는 관료사회에서 사람들은 지위와 환경 그리고 상황 변화에 따라서 자신의 입장을 바꾸곤 한다. 이처럼 복잡하고 잔혹한 관료사회에서는 모든 것이 이익에 의해 좌우되기 때문에 영원한 친구란 현실적으로 불가능하다.

　정을 중시하고 개인의 이익을 신경 쓰지 않는 청렴한 사람들은 스스로 화를 자초할 수밖에 없다. 그들은 상황의 흐름을 읽지 못한 채 원칙대로만 일을 처리하므로 '무리에 해를 끼치는 존재'로 공격받는다. 그래서 이 점을 아는 총명한 사람은 자신의 이상만 좇거나 맹목적으로 선을 추구하려 하지 않는다. 또 일을 처리할 때도 항상 긴장을 풀지 않고 다양한 기지를 발휘한다. 이처럼 앞일을 예측해 뛰어난 전략을 세운다면 실패해 화를 초래하지 않을 수 있다.

침착하게 복수를 준비한 유수

　한나라 광무제光武帝는 동한東漢시대 첫 번째 황제로 이름은 유수劉秀이다. 서한西漢 경제景帝의 후예이며 고조 유방의 9대손이다. 왕망王莽에게 반기를 들고 군사를 일으켜 한나라를 회복한 뒤 번영으로 이끌었다. 진중하고 검약한 모습을 보였으며, 태학을 설치해 유학을 중흥시켰다. 역사적으로 현명한 군왕이라 불린다.

유수는 형인 유연劉繽과 함께 왕망의 신新왕조를 공격하기 위해 군대를 일으키면서 약한 세력을 보충하기 위해 신시新市의 왕봉王鳳과 평림平林의 진목陳牧 등 농민군과 연합했다.

유연이 왕봉과 진목 등 농민군들과 거리낌 없이 지내자 동생인 유수가 충고했다.

"왕봉, 진목 등의 무리들은 거칠고 교활합니다. 그러니 제가 보기에 그들은 진정한 친구가 될 수 없습니다. 하물며 우리의 세력이 커지면 분명 권력을 두고 부딪치게 될 텐데, 그때 서로 양보하려 하겠습니까? 그때를 대비해 일정한 거리를 유지해야 합니다."

그러자 솔직하고 호탕한 성격이었던 유연은 오히려 유수를 질책하며 말했다.

"함께 연합해 적과 싸우고 있는 이때 진심으로 대하지 않고 계략을 꾸미려 한다면 마음이 흩어져 와해되어버릴 것이다. 그럼 어찌 승리를 바랄 수 있겠느냐? 나는 너처럼 뒤에서 잔꾀나 부리면서 시기하지 않는다."

이후 신왕조를 무너뜨린 뒤 황제를 세울 때가 되었다. 본래 유연이 가장 적합한 인물이었지만 왕봉과 진목 등의 무리들은 유연을 황제로 앉히면 자신들의 권력을 빼앗길까 봐 두려워했다. 그래서 별다른 재능이 없는 경시제更始帝 유현劉玄을 황위에 앉혔다. 실망한 유연이 유수에게 불만을 털어놓았다.

"알고 보니 모두들 자기 이익만 챙기는 소인이었구나. 관료사회에서는 친구가 없다더니 함께 우정을 나눌 때는 언제고 어찌 저렇게 무정할 수가 있단 말이냐?"

그러자 유수가 형을 타이르며 말했다.

"일이 이렇게 되었으니 더 이상 불만을 드러내시면 안 됩니다. 만약 그들이 이 사실을 알게 된다면 분명 화를 입게 될 것입니다."

하지만 고집이 강했던 유연은 동생의 충고에도 불구하고 억울한 마음을 참지 못해 불만을 드러냈다. 결국 왕봉, 진목 등의 무리들이 그에게 원한을 품고 유현에게 유연을 죽이라고 종용했다.

당시 유연의 곁을 떠나 역사적으로 유명한 곤양대전昆陽大戰을 치른 유수는 완성宛城으로 돌아온 뒤에야 유연의 사망 소식을 듣게 되었다. 그 소식에 충격을 받고 슬픔에 힘겨워하면서도 유수는 결코 이성을 잃지 않았다. 그는 급히 복수를 하려 했다가는 오히려 죽음만 자초하게 된다는 사실을 잘 알고 있었다.

사람들이 유연의 복수를 할 것이라는 예상을 깨고 유수는 유현을 찾아가 자신을 질책하며 말했다.

"형님께서 벌을 받으신 것은 저의 불찰이옵니다. 평소 형님께 제대로 충고해드리지 못해 폐하께 심려를 끼쳐드린 것이 한스럽사옵니다. 그러니 소신도 법에 따라 처벌해주시기를 청하옵니다."

유수가 유연의 무고함을 주장할 것이라 생각했던 왕봉, 진목 등의 무리들은 이 기회를 빌려 유수를 처리하고 후환을 없애려 했었다. 그런데 예상치 못하게 유수가 고분고분하게 행동하며 진심으로 뉘우치는 모습을 보이자 어쩔 수 없이 그를 놓아주었다.

유연의 장례를 치른 뒤 유수는 의심을 피하기 위해 평상시와 다름없이 행동했다. 그는 낮에는 사람들과 웃고 떠들며 지낸 뒤 밤에 남몰래 눈물을 흘리며 이를 악물고 복수를 맹세했다. 이처럼 밤마다 슬퍼하느라 제대로 잠을 자지 못한 그는 점점 야위어갔다. 그 모습에 부하 풍이馮異가 안타까워하며 조용히 말했다.

"장군, 치욕을 참으며 버티는 것은 잠시 화를 피하는 방법일 뿐 근본적인 해결책은 아닙니다. 함정에서 벗어나 세력을 키울 수 있는 방법을 찾아봐야 하지 않겠습니까?"

풍이가 정말로 자신을 걱정하고 있다는 사실을 알게 된 유수는 비로소 진심을 털어놓았다.

"아직 기회가 오지 않았는데 섣불리 움직일 수는 없네."

그렇게 힘겹게 인내하던 유수는 유현이 하북을 발전시킬 사람을 찾으면서 비로소 기회를 잡게 되었다. 자진해서 하북으로 떠난 그는 마침내 감시하는 세력에서 벗어나 마음 편히 병력을 키우고 선비들을 모집했다. 그렇게 그는 인심을 두루 살피고 세력을 키우면서 동한 건국의 기초를 다지게 되었다.

적이 먼 곳에 다다를 것을 예상한 뒤
바로 전략을 세워야 하며
적을 섬멸시키는 데 가려야 할 전략은 없다

料敵以遠, 須謨於今, 去賊以盡, 其謀無忌.

秘　목적을 이루기 위해선 미리 내다보고 대비하며, 수단과 방법을 가리지 말고 전략을 세워야 한다. 그러지 않는다면 효과적인 전략을 세우지 못해 도리어 자신이 곤란한 상황에 빠질 수 있다. 그래서 지혜로운 사람은 항상 일이 모호할 때 미리 방향과 결과를 예측해 알맞은 전략을 세운다. 이처럼 미리 상황을 예측해 진략을 세운다면 적이 미처 대비하지 못한 사이에 공격해 승리할 수 있다. 반대로 위급한 상황에 처한 뒤에야 행동에 나선다면 아무리 좋은 전략을 세워도 손실을 줄일 수 있을 뿐 모든 것을 지킬 수는 없다.

한편 사람들은 모든 공을 혼자 독차지하기 위해서 비열한 방법이나 잔혹한 수단도 서슴지 않는다. 이는 이익을 우선시하는 사람의 이기심이 낳은 결과이자 '승자는 왕이 되고 패자는 반역자가 된다'는 잔혹한 현실이 초래한 어쩔 수 없는 결과이다.

요숭이 남긴 전략

요숭姚崇의 자는 원지元之이다. 무관 가문 출신으로 포부가 크고 직언을 잘했으며, 지략에 뛰어나 권력 투쟁에서 나아가고 물러날 줄 알았다. 요숭은 무측천, 예종睿宗, 현종玄宗 3대에 걸쳐 재상을 지낸 당나라 시대 중요 정치 인물이었다.

요숭이 죽기 전 자식들을 불러 말했다.

"나와 장설張說은 항상 서로를 적으로 여기며 지내왔다. 현재 장설은 외지에 나가 있지만 내가 죽은 뒤 반드시 다시 중용되어 권력을 장악할 것이다. 그럼 그가 분명 너희에게 원한을 갚으려 할 테니 나는 그게 걱정이다."

요숭의 아들이 울면서 말했다.

"그것은 저희가 어떻게 할 수 없는 일이오니, 아버지께서는 너무 걱정하시 마십시오. 힘겨운 일을 당하더라도 절대 아버지를 원망하지 않을 것입니다."

요숭이 탄식하며 말했다.

"화를 마주하고도 대책을 강구할 생각은 하지 않고 그저 순리에 따르려 한다면 배운 선비라 할 수 있느냐? 내가 대책을 알려줄 테니 잘 기억해두었다가 그대로 하도록 하거라."

아들들이 숨죽이고 요숭을 쳐다보자 그가 다시 입을 열었다.

"내가 죽거든 영전 앞에 귀중한 보석들을 놓아두도록 해라. 만약 장설이 조문을 와서 그것들을 본 체 만 체한다면 화해할 수 없는 것이니 보복을 피해 바로 시골로 도망쳐야 한다. 하지만 만약 장설이 그것들에 탐을 낸다면 이익이 원한보다 중요한 인물이니 회유할 수 있을 것이다. 그러니 너희들은 나의 유언이라 하고 묘지명을 부탁하면서 사례로 그 보석들을 주도록 해라. 명심해야 할 것은 그가 묘지명을 쓰면 바로 폐하께 그 글을 보여드리는 것이다. 또 이 모든 일들은 '신속하게' 진행되어야 한다는 점을 잊지 말거라. 만약 장설이 후회를 하고 입장을 바꾼다면 모든 일들은 수포로 돌아가 화를 피할 수 없을 것이다."

얼마 뒤 요숭이 세상을 떠나자 아들들은 부고를 알렸다. 마침 일 때문에 경성이 있던 장설은 이 소식을 듣고 겸사겸사 요숭의 집을 찾았다. 그는 영정 앞에 놓인 보석을 보자마자 눈을 떼지 못하며 말했다.

"이처럼 좋은 물건을 죽어서는 가져갈 수 없으니, 참으로 안타깝네."

그러자 요숭의 아들이 급히 다가와 요숭이 생전에 당부한 대로 장설에게 말했다.

"대인의 문장이 천하에서 가장 으뜸이라 알고 있습니다. 그래서 아버님께서 생전에 묘지명을 대인께 부탁하라고 말씀을 남기셨습니다. 만약 대인께서 응해주신다면 저 보물들을 사례로 드리겠습니다."

보석에 눈이 먼 장설은 매우 기뻐하며 고민 없이 바로 승낙했다. 그는 집으로 돌아가자마자 바로 비문을 썼고, 완성할 무렵 요숭의 집에서 보물을 보내왔다. 장설은 비문을 내주고 보석을 받은 뒤 너무 기뻐 어쩔 줄을 몰랐다. 요숭의 공적과 은덕을 칭송하는 내용으로 가득한 장설의 비문을 받은 아들은 바로 그날 밤 석공을 불러 비석에 새기게 했다. 그리고 비문의 원고를 현종에게 바쳐 올렸다. 현종은 아름다운 문체를 보고 크게 칭찬하며 말했다.

"요숭의 덕망을 이처럼 아름다운 문장으로 설명하니 운치마저 있구나."

현종이 자신의 비문을 칭찬했다는 소식을 들은 장설은 순간 요숭과의 원한이 떠올랐다. 하지만 온갖 미사여구를 사용해 그를 칭송한 이상 그의 집안사람들에게 복수할 수가 없었다. 만약 이 상태로 복수를 하게 된다면 황제는 분명 그를 겉과 속이 다른 사람이라고 생각할 것이었다. 그는 급히 사람을 시켜 원고를 되찾아오게 했다. 하지만 요숭의 집에서는 이미 황제께 허락을 받고 비석을 세웠으니 원고를 돌려줄 수 없다고 말했다. 그제야 요숭의 계략에 걸려든 것을 깨달은 장설이 바닥을 치며 후회했다. 이후 중용되어 조정에 돌아온 장설은 요숭의 자제들에게 복수할 마음을 품었지만 그가 쓴 비문을 세상이 다 아는 이상 그럴 수 없었다. 오히려 비문의 내용과 행동을 같이하기 위해서 어쩔 수 없이 요숭의 자제들을 등용해야 했다.

군주를 속이는 것은 매우 큰 죄인 만큼
적에게 죄를 뒤집어씌울 경우 빠져나오지 못한다
법을 위반하는 것은 용납할 수 없는 행동인 만큼
내버려두면 스스로 화를 초래해 벌을 받게 된다

欺君爲大, 加諸罪無可免, 枉法不容, 縱其爲禍方懲.

秘 　전략의 수법과 내용은 긴밀한 연관성이 있다. 그래서 내용이 바
　　　뀌면 수법도 바뀌게 되고 효과도 달라진다.

　제멋대로 행동해 화를 초래하는 경우도 다른 사람이 설계한 계략에 걸
려든 것이라 할 수 있다. 이러한 방법은 음흉해서 적이 쉽게 눈치챌 수 없
다. 이에 걸려든 사람은 이것이 자신에게 유리한 일이라 착각하지만 사실
은 그렇지 않다. 결국 큰 화에 직면한 뒤에야 사태를 파악하지만 그때는
이미 늦은 뒤이다. 일단 죄명이 분명해져서 모두가 알게 되면 벗어날 수
없기 때문이다.

이완의 잘못된 선택

　당나라 고조 이연의 손자인 이완李緩은 무능한 사람이었다. 하지만 황
족이라는 이유로 이연은 그를 유주幽州 도독都督에 임명했다.

　반면 이완의 부하인 왕군곽王君廓은 원래 도적이었으나 당나라에 투항
한 뒤 많은 공적을 세운 인물이었다. 왕군곽은 무예가 뛰어났을 뿐만 아
니라 꾀도 많은 사람이었기 때문에 그를 눈여겨본 이연은 이완의 옆에
두고 그를 돕도록 했다.

　능력이 없었던 이완은 자신을 돕는 왕군곽을 중시하며 심복이라고 생
각했고, 그렇기에 자신의 딸을 그와 혼인시켰다.

그러던 중 이세민이 '현무문의 정변'을 일으켰다는 소식이 들렸다. 어찌할지를 몰라 허둥대던 이완은 왕군곽을 찾아가 다급히 말했다.

"조정에 변고가 생겼는데 어떻게 해야 할지 모르겠소. 만약 이번에 잘못 처신한다면 분명 큰 화를 입게 될 것이오. 어떻게 하면 좋겠소?"

불안해 떠는 이완을 보면서도 왕군곽은 태연하기만 했다. 그의 머릿속은 어떻게 하면 정변을 틈타 이완을 제거하고 그의 자리를 차지할 수 있을지에 대한 생각으로 가득했다. 잠시 뒤 그가 침착하게 말했다.

"이처럼 큰일이 발생했을 때는 경솔하게 행동해서는 안 됩니다. 좀 더 상황을 지켜본 뒤에 결정해도 늦지 않을 것입니다."

일리가 있다고 생각한 이완은 그대로 따랐다.

왕군곽은 부하를 수도로 보내 상황을 알아보게 했다. 이세민의 지위가 굳건해졌다는 소식을 들은 그는 한 가지 계략을 생각해내었다. 그러던 중 조정에서 온 사신이 이완에게 공무를 논의해야 하니 수도로 올라오라는 명령을 전해왔다. 이완이 바로 채비를 마치고 길을 나서려 하자 뜻밖에도 왕군곽이 길을 막아서며 눈물로 호소했다.

"대인, 어째서 스스로 호랑이 굴에 들어가려 하십니까? 폐하의 친아들이신 태자와 제나라 왕이 모두 죽임을 당했는데, 대인께서 무사하실 수 있겠습니까? 대인은 10만 대군을 이끌고 국경을 지키라는 명령을 받으셨으니, 이때 공을 세우고 조정의 기강을 바로잡아야 합니다. 그런데 어찌 아무것도 하지 않고 죽으려 하십니까? 만약 대인께서 사람들에게 도의를 호소하신다면 부하들과 장수들은 모두 죽기 살기로 싸울 것입니다."

왕군곽의 음흉한 속셈을 모르는 이완은 그가 자신을 구해주었다고 생각해, 껴안고 눈물을 흘리며 고마워했다.

"정말 나를 위해주는 사람은 자네뿐이군. 자네의 충고가 아니었다면 속수무책으로 죽임을 당하고 세상 사람들에게 웃음거리가 될 뻔했네."

이완은 조정에서 보낸 사신을 잡아 가두라 명령을 내린 뒤 북연주北燕

州 자사刺史 왕세王洗를 불러 군사 참모로 임명한 뒤 난을 진압할 준비를 했다. 이 사태를 지켜보던 왕리섭王利涉은 비로소 사태의 심각성을 깨닫고 이완을 찾아가 말리며 말했다.

"대인, 폐하의 명령 없이 멋대로 군사를 일으켰다간 반란이 됩니다! 그런데 어째서 이렇게 위험한 일을 벌이시는 것입니까? 만약 사람들이 명령을 듣지 않는다면 어쩌시겠습니까?"

하지만 이미 왕군곽의 꾐에 넘어간 이완은 왕리섭의 충고를 들으려 하지 않았다. 그러자 왕리섭은 생각을 바꿔 이완에게 돌궐족과 두건덕竇建德의 남은 부대와 연락해 함께 군사를 일으키자고 건의했다.

이 소식을 들은 왕군곽은 마음이 불안해졌다. 그는 원래 이완에게 반역죄를 씌운 뒤 그 공로로 도독 자리를 차지할 작정이었다. 그런데 만약 왕리섭의 제안대로 힘을 모은다면 이완의 세력이 커져서 오히려 자신이 해를 입을 수 있었다. 그는 다급히 이완을 찾아가 말했다.

"왕리섭은 군사에 대해서 알지 못합니다. 지금 상황이 급박하게 돌아가고 있으니, 힘을 모으기보다는 먼저 공격해야 승리할 수 있습니다."

왕군곽의 음흉한 속셈을 모르는 이완은 오히려 그에게 고마워하며 말했다.

"자네가 이렇게 신경 써주니 내가 무슨 걱정이 있겠소. 모든 병력을 그대에게 맡길 테니 알아서 해주시오."

군사 지휘권을 넘겨받은 왕군곽은 바로 왕세를 불러들여 죽인 뒤 조정에서 온 사신을 풀어주고 이완을 가두었다. 이렇게 반란을 진압해 큰 공을 세운 왕군곽은 이완 대신 유주의 도독이 되었다. 그리고 왕군곽의 계략에 넘어간 이완은 서인으로 강등되었다. 이에 이완은 억울해했지만 왕군곽의 계략에 걸려들어 한 잘못된 선택이 모두 반란에 대한 명백한 증거가 되어 빠져나올 수 없었다.

군주는 권세에 기대 신하를 다스리고
권세가 약할 때는 권모술수에 기대야 한다

上謀臣以勢, 勢不濟者以術.

秘　사람들은 권력을 두려워한다. 그래서 권력을 손에 넣으면 설사 능력 없는 사람이라 할지라도 사람들은 모두 순순히 따른다. 하지만 권력은 항상 상황에 따라 변화한다. 그러니 군주는 지위를 잃지 않기 위해서 변화하는 상황에 따라 알맞은 전략을 활용해야 한다. 특히 권력이 약해진 군수는 전략을 통해서 신하들을 통제히고 또 화를 피할 수 있다. 즉 전략을 사용해 위기를 극복하고, 전횡을 휘두르는 신하를 제거한 뒤 다시 권력을 회복하는 것이다.

반대로 강력한 권력을 가진 군주라 할지라도 전략 없이 막무가내로 전횡을 휘둘러서는 아니 된다. 일단 권력을 잃은 뒤 화를 당할 수 있기 때문이다. 그래서 지혜로운 사람들은 항상 이 점을 유념해 변화하는 상황에 따라 전략을 활용함으로써 세력을 유지했다.

환제의 최후의 일격

한나라 환제桓帝의 본명은 유지劉志이며, 장제章帝의 증손자이다. 동한의 제10대 황제로 21년 동안 제위를 지켰다. 146년 외척 양기梁冀가 질제質帝를 독살함으로써 황위에 오른 환제는 이후 양씨 일가를 축출하기 위해 환관들과 연합했다. 하지만 이후 권력을 잡은 환관들은 양씨 일가보다 더욱 심한 전횡을 휘둘렀고, 결국 나라의 국력이 약해지는 결과를 초래했다.

환제는 간신 양기가 조정을 장악하기 위해 세운 나약한 황제였다. 고작 15세의 어린 나이에 황위에 오른 환제를 양기는 조금도 신경 쓰지 않다. 그렇게 그는 실권 없는 꼭두각시 황제가 되었다.

하지만 점차 성장해감에 따라 환제는 자신이 처한 환경을 바꾸고 싶어 했다. 그는 전횡을 일삼는 양기가 너무 미웠지만 그의 세력이 너무 막강해 어찌해볼 방법이 없었다. 조정과 민간에는 온통 양기의 사람들로 가득했고 심지어 자신의 옆을 지키는 친위대도 모두 양기가 보낸 사람들이었다. 그래서 환제는 양기의 전횡을 참고 지켜볼 뿐 함부로 나서지 못했다.

이후 28세가 되었을 때 환제는 더 이상 참지 않고 권력을 되찾아올 방법을 고심하기 시작했다. 어느 날 그가 자신의 심복인 환관 당형唐衡에게 말했다.

"황제이면서도 병력을 움직일 수도 없고, 나라의 일에 관여할 수도 없으니 어찌하면 좋겠소?"

황제의 뜻을 알지 못한 당형이 조심스레 말했다.

"폐하께서는 자유롭게 쉬시면서 즐겁게 지내시면 되지 않습니까? 더구나 이 말을 양기가 알게 된다면 의심을 품을 것이니 조심하셔야 합니다."

그러자 환제가 고개를 쳐들고 껄껄 웃으며 말했다.

"짐은 자네를 내 사람이라 생각해 말한 것인데, 자네마저도 나와 진심을 털어놓으려 하지 않는구나. 이제 보니 황제란 자리만큼 외로운 자리는 없소! 이럴 거면 차라리 양기에게 달려가 고자질하고 상이나 받으시오!"

환제의 질책에 놀란 당형이 급히 무릎을 꿇으며 말했다.

"소인이 어찌 폐하를 배신할 수 있겠습니까? 만약 폐하께서 양기와 그의 무리를 없애고자 하신다면 저에게 방법이 있사옵니다."

그 말에 환제의 눈이 번쩍였다. 그는 바로 당형을 부축해 일으키며 말했다.

"짐은 교활한 양기와 싸워 이길 수 없다는 것을 알기 때문에 지금까지 목숨만 연명하며 죽은 듯이 살아왔소. 하지만 이제는 최후의 대적을 해보려 하니 무엇이든 말해보시오."

당형이 놀라 떨리는 목소리로 말했다.

"폐하께서는 세력이 약하시니 전략으로 승부를 보는 수밖에 없습니다. 지금 양기의 세력이 막강해 모두가 아부하며 그를 따르고 있으니 외부인은 쉽게 믿을 수 없습니다. 폐하의 주변 사람들 중 단초單超, 좌관左悺, 서황徐璜, 구원具瑗은 양기와 사이가 좋지 않아 배신하지 않을 사람들입니다. 더구나 만약 폐하께서 친히 그들을 불러 이야기하신다면 그들은 온 마음을 다해 충성할 것입니다. 이렇게 사람을 모아 세밀하게 전략을 세운다면 분명 양기를 제거할 수 있습니다."

이 말을 들은 환제의 얼굴이 밝아졌다. 그는 바로 당형에게 단초 등 사람들을 불러오라고 명했다. 그들은 당형의 말처럼 환제의 제안을 수락하며 죽을힘을 다해 애쓰겠다고 말했다. 환제는 그들이 진심으로 충성하도록 하기 위해서 일이 성공하면 후하게 포상하겠다고 약속했다.

양기는 환제가 암암리에 일을 꾸미는 것을 알지 못했다. 오랜 기간 권력을 독차지해왔던 그는 나날이 거만해져서 모든 일에 무관심했다. 그래서 환제를 신경 써야 한다고 주변에서 조언할 때마다 오히려 쓸데없는 걱정을 한다면서 그들을 질책했다. 그가 웃으며 말했다.

"평생 아무 힘없이 살고 있는 사람을 뭐하러 신경 쓴단 말인가?"

이처럼 양기가 방심한 틈을 타서 환제는 침착하게 일을 진행했다. 결국 환제가 보낸 사람들이 습격하여 양기의 집이 포위당했다. 당황한 양기는 살길이 없음을 알고 독약을 먹고 자살했으며, 양씨 일가도 모두 멸족을 당했다.

아랫사람은 권모술수에 기대 군주를 대하고
권모술수가 없을 때는 실력에 기대야 한다

下謀上以術, 術有窮者以力.

秘 관직에 있는 사람이라면 정치적 수단으로 권모술수를 활용할
줄 알아야 한다. 그렇지 못하다면 관료사회에서 살아남아도 힘
들 뿐만 아니라 승진과 같은 기회도 얻기 힘들다. 아랫사람이 군주의 종
잡을 수 없는 변덕에 대비하고, 아첨하는 사람들과 경쟁해서 살아남으려
면 권모술수가 매우 중요하다. 이처럼 권모술수에 능한 사람만이 다른 사
람을 제치고 군주의 마음을 얻어 중용될 수 있다. 물론 권모술수를 생각
해내지 못하거나 다른 사람에게 간파당해 효과를 보지 못할 수도 있다.
그럴 때 영리한 사람들은 생각을 바꿔 자신의 실력을 키우는 데 집중한
다. 자신의 실력으로 중요한 사안을 해결한다면 군주도 신임할 수밖에 없
기 때문이다.

장량의 조언

장량張良의 자는 자방子房이며, 유방의 중요 책사이다. 원래 대대로
한韓나라에서 재상을 지낸 집안 출신인 그는 귀족들과 함께 한나라 복원
에 힘썼다. 그러던 중 한왕이 죽자 뜻을 버리고 유방에게 의탁했다. 이후
한漢나라가 건립되고 나서는 유후留侯에 봉해졌다. 한신, 소하蕭何와 더
불어 한초삼걸漢初三傑이라 불린다.

황제의 자리에 오른 유방은 여후와의 사이에서 낳은 아들인 유영劉盈

을 태자로 세웠지만 시간이 지날수록 성격이 유약한 유영을 탐탁지 않게 생각했다. 반면 척戚부인이 낳은 아들인 유여의劉如意는 총명한 데다가 어렸을 때 자신을 닮아 더 귀히 여겼다. 게다가 아끼는 척부인이 매번 자신의 아들을 태자로 삼아 달라고 간청하자 유방은 유영을 폐위시킬 마음을 먹었다. 이에 유방은 대신들을 불러 모은 뒤 태자를 폐위시킬 일을 논의했다.

"유영은 나약해서 큰일을 믿고 맡길 수 없을 것 같소. 반면 조趙나라 왕인 유여의는 장차 큰일을 할 인물이니, 짐은 유여의를 태자로 삼았으면 하오."

이 일의 중요성을 잘 아는 대신들은 어떻게 대응해야 할지 몰라 아무 말도 못했다. 다만 어사대부 주창周昌만이 유방이 척부인의 종용에 넘어갔다는 사실에 답답해하며 앞으로 나아가 말했다.

"태자의 폐위는 국가의 중대한 문제인데 폐하께서는 어째서 이처럼 쉽게 결정하려 하십니까? 태자에게 허물이 있는 것도 아닌데 폐위시키는 것은 당치도 않은 일이옵니다. 생각을 거두어주시옵소서!"

주창의 말이 끝나자마자 다른 대신들도 연이어 유방에게 유영을 폐위시켜서는 안 된다고 간청했다. 자신의 입장에 찬성하는 사람이 없자 유방은 하는 수 없이 잠시 일을 미루고 차후에 다른 방법을 사용해야겠다고 생각했다.

반면 여후는 아들의 지위가 위태로워지자 매우 불안해졌다. 그는 이 일로 유방과 다투기도 하고, 또 그를 회유하려고도 해봤지만, 이미 유여의에게 기울어진 유방의 마음을 되돌릴 수 없었다.

방법이 없어진 여후는 마지막으로 장량을 찾아가 유방을 설득해달라고 부탁했다. 그러자 장량이 거절하며 말했다.

"저는 이미 오래전에 자리에서 물러난 사람인데 어찌 조정의 일에 관여할 수 있겠습니까. 더구나 폐하께서 이미 오래전에 마음을 정하신 이상 설득할 방법이 없습니다."

장량의 거절에 실망한 여후가 눈물을 흘리며 말했다.

"척부인이 폐하의 총애를 믿고 갈수록 거만해지고 있습니다. 만약 유여의로 태자가 바뀐다면 저희 모자는 살아남을 수 없을 것입니다. 게다가 유영은 대인의 제자가 아닙니까. 그런데 어찌 그렇게 모질게 대하십니까?"

그러자 장량이 길게 탄식한 뒤 말했다.

"제가 직접 나서지 못하는 것을 황후께서는 용서해주십시오. 허나 해결 방법이 없는 것은 아니니 한번 고민해보겠습니다."

그 말에 여후의 얼굴이 밝아졌다. 그녀는 지모가 뛰어난 장량이 도와주기만 한다면 위기를 극복할 수 있다는 것을 알고 있었다. 이후 장량은 여후의 오빠인 여석呂釋을 찾아가 '상산사호'商山四皓에게 태자의 편이 되어줄 것을 요청하라고 말하며 다음과 같이 강조했다.

"과거 혼란을 피해 상산商山에 들어가 은거하고 계시는 분들입니다. 폐하께서 과거에 찾아가 벼슬을 맡아 달라 청했지만 그분들은 완곡히 거절했습니다. 폐하께서 매우 존경하는 분들이니 만약 태자의 편이 되어준다면 태자의 지위도 더 이상 흔들리지 않을 것입니다."

장량의 조언을 들은 여후는 그대로 실행에 옮겼다. 유방이 태자를 폐위하려 할 때 마침 '상산사호'가 유방의 앞에 나타났다. 예상치 못한 등장에 유방은 놀라면서도 무척 기뻤다. '상산사호'가 그런 유방에게 말했다.

"과거 저희는 폐하께서 선비들을 등한시하시는 모습에 실망해 명을 어기고 산에서 나오지 않았습니다. 하지만 지금의 태자가 어질고 효성이 깊다는 명성이 자자하니 보필하고자 하는 마음에 세상으로 나오게 되었습니다."

유방은 놀라면서 유영의 세력이 이미 커졌으니 함부로 해서는 안 되겠다고 생각했다. 그렇게 해서 유영은 태자 자리를 보존할 수 있었다.

신하는 지략으로 동료를 대하고
지략이 통하지 않을 때는 직접 해친다

臣謀以智, 智無及者以害.

秘 관료사회에서 동료와의 경쟁은 항상 잔혹하고 치열했다. 신하들은 서로 이익을 차지하기 위해 치열하게 다투고, 군주의 총애를 받기 위해서 상대방을 폄하하고 공격했다. 게다가 군주 역시 신하들이 힘을 합치지 못하게 하기 위해 일부러 서로 분열하고 공격하도록 분위기를 조성했다. 이러한 여러 가지 원인으로 신하들은 서로를 모함하고 공격할 수밖에 없었다. 특히 전략이 통하지 않을 때는 앞뒤 가리지 않고 직접 공격해야 했다. 물론 이것은 좋은 방법이 아니었지만 상대방이 예상하지 못했을 때 공격한다는 점에서 효력을 무시할 수는 없었다.

자살을 강요받은 한비

한비韓非는 전국시대 말기 한나라의 공자公子로 법가사상을 창시한 인물이다. 말 더듬이였지만 뛰어난 문장력으로 법가사상을 집대성했다. 저서로는 《한비자韓非子》가 있다.

한비와 이사는 순자荀子 밑에서 함께 공부한 사이였다. 한비는 말을 더듬어 유창하게 말하지 못하는 반면 이사는 말이 유창하고 변론에 뛰어났다. 순자는 과거 두 사람의 재능을 보고 말했다.

"이사의 재능은 밖으로 드러나지만 한비의 재능은 안에 숨어 있으니 훗날 이사가 높은 관직에 오를 것이다."

그 말을 들은 이사는 매우 만족했다. 하지만 순자는 한비자를 따로 불러서 말했다.

"나의 학문을 진정으로 계승할 사람은 너뿐이다. 학식에서 이사는 절대 너의 적수가 될 수 없다. 하지만 그럼에도 내가 공개적으로 너를 칭찬하지 않는 것은 이사가 너를 미워하게 되어 나중에 네가 불이익을 받을까 걱정해서이다."

또한 순자는 한비에게 이사와 함께 일을 하지 말라고 충고했지만 한비는 스승의 말을 믿지 않았다.

이후 이사는 진나라로 유세를 떠났다. 그곳에서 뛰어난 언변으로 진나라 왕인 영정贏政의 인정을 받은 그는 승상의 자리에 올랐다. 그러던 중 어느 날 우연히 한비의《고분孤憤》을 읽게 된 영정은 크게 감탄했다. 이에 한비를 얻기 위해서 군대로 한나라를 위협하며 한비를 내놓으라 요구했다.

한비가 어쩔 수 없이 진나라로 오자 이사는 자신의 자리를 빼앗길까봐 걱정되었다. 이사는 영정 몰래 한비를 찾아가 말했다.

"진나라 왕이 자네를 높이 칭찬하는 것은 그저 겉모습에 불과하고, 사실은 한나라의 인재를 없애기 위해서이네. 허나 내가 어찌 같은 스승 밑에서 배운 친구로서 자네가 죽는 꼴을 볼 수 있겠는가. 그러니 자네가 이곳을 벗어나고 싶다고 말만 한다면 내가 도망갈 수 있도록 도와주겠네."

단숨에 이사의 속셈을 간파한 한비는 그제야 순자의 말이 옳았음을 깨달았다. 그는 일부로 격양된 목소리로 말했다.

"내가 진나라에 온 것은 진나라 왕의 요청을 받아서가 아니라 한나라를 위험에서 구하기 위해서이네. 진나라 왕이 대규모 병력으로 한나라를 치려 하는데, 내가 어찌 목숨을 지키기 위해 조국을 버릴 수 있겠나? 자네의 마음은 고맙지만 받을 수 없네."

이사는 한비가 자신의 속셈을 알아채고 응하려 하지 않자 아예 그를 없애야겠다고 생각하고 영정을 찾아갔다.

"한비는 한나라의 공자입니다. 대왕이 화를 낼까 두려워 말을 하지 못하고 있을 뿐 그는 항상 한나라로 돌아가려는 생각만 품고 있습니다. 그러니 아무리 노력해도 그의 마음을 얻을 수 없을 것입니다. 하지만 그렇다고 그를 한나라로 돌려보낼 경우 장차 진나라에 크나큰 화근이 되지 않겠습니까. 자고로 호랑이는 키워 화를 입는 것보다는 죽여서 없애는 게 낫사옵니다."

이사의 설득에 넘어간 영정은 바로 한비를 감옥에 가두라 명령했다. 한비가 영문을 모른 채 이사에게 영정을 만나게 해달라고 요청했다. 그러자 이사는 알겠다고 답한 뒤 몰래 심복을 불러 말했다.

"한비를 일단 감옥에 가두었지만 대왕께서 후회하며 결정을 미루시니 걱정이다. 무슨 방법이 없겠느냐?"

이전부터 이사의 마음을 알고 있었던 심복이 작은 목소리로 말했다.

"대인께서는 권력을 쥐고 계시니 직접 한비를 죽이실 수 있습니다. 더구나 이 일을 폐하께서 알게 되셔도 이미 그를 죽이겠다고 결정한 이상 무고한 사람을 죽였다고 대인을 탓하지는 못할 것입니다."

심복의 말에 이사는 바로 한비에게 독주를 주며 자살하라고 강요했다. 한비는 독배를 들고 탄식하며 말했다.

"지금에야 스승님의 말씀이 과연 옳았음을 알겠다. 부끄러움을 모르는 소인이 지략 없이 막무가내로 나를 죽이려 드니 어쩔 수가 없구나."

영정이 뒤늦게 후회하며 그를 풀어주라고 명령했지만 이미 한비가 죽은 뒤였다. 그 소식은 들은 영정은 안타까워하며 매우 슬퍼했지만 돌이킬 수 없었다.

일은 비밀을 지키는 게 매우 중요하니
비밀을 지키지 못한다면 자신이 화를 입게 된다
행동은 신속하고 민첩하게 하는 게 중요하니
행동이 늦춰지면 상대방에게 선수를 빼앗긴다

事貴密焉, 不密禍己. 行貴速焉, 緩則人先.

秘　　　전략은 항상 예상을 벗어난 기발한 방법으로, 미처 적이 대비하지 못할 때 빠르게 진행시켜야 진정한 효과를 볼 수 있다. 아무리 좋은 전략이라도 시기와 상황이 맞지 않으면 효력이 떨어지는 법이다. 전략이 노출되면 오히려 적에게 역공을 당해 자신이 손해를 보게 되며, 행동이 빠르지 못하면 적에게 선수를 빼앗기고 불리한 상황에 빠지게 된다. 그러니 시기와 상황에 맞춰 비밀리에 움직이는 것은 전략의 성공을 결정하는 가장 중요한 요소이다.

반란에 실패한 유흠

유흠劉歆은 유향劉向의 아들로 서한의 황족이다. 경학經學에 능통하고, 문장이 뛰어나 학자로서 명성을 떨쳤으며, 황문랑黃門郎의 자리에 올랐다. 한나라 성제 때 아버지 유향과 함께 많은 서적들을 교정했으며, 애제哀帝 때에는 아버지의 유업을 계승해 서적들을 교정하고 정리했다.

신나라를 건국한 왕망은 고대 예의를 매우 좋아해서 경학의 대가인 유흠을 매우 신뢰했다. 왕망은 유흠에게 《주례周禮》를 근거로 고대 제도를 모방해 많은 제전祭典과 제단을 건설하게 했다. 그리고 이러한 공로를 치하하며 그를 홍휴후紅休侯에 봉했다. 하지만 왕망이 만든 시대와 뒤떨어진 제도들은 사회 혼란을 일으켰다. 곳곳에서 반란이 일어나 신나라는 바람 앞에 놓인 등불처럼 위태로워졌다. 상황이 이렇게 되자 불안을 느낀 대신들은 모두 자신의 목숨을 보존할 방법을 찾는 데 혈안이 되었다. 한번은 대사마大司馬 동충董忠이 유흠의 집에 찾아와 한담을 나누며 말했다.

"나라가 이처럼 혼란스러운 것은 지금과 맞지 않은 옛것을 모방하려 했기 때문입니다. 대인은 이 사태에 대해 잘못이 없다고 생각하십니까?"

예상치 못한 동충의 질책에 유흠이 말했다.

"폐하의 명을 누가 거역한단 말입니까? 대인께서 이처럼 무례하게 말씀하시니 더 이상 함께 마주 앉아 이야기를 못하겠군요. 양해해주시기 바랍니다."

동충은 자신을 내쫓으려는 유흠을 보면서도 흔들림 없이 계속 말했다.

"대인께서는 사태를 너무 쉽게 보고 계십니다. 만약 폐하께서 이 일의 책임을 모두 대인에게 돌린다면 대인은 죽음 목숨이나 마찬가지입니다. 대인께서는 목숨을 보존할 방법을 생각해두셨습니까?"

불안해진 유흠이 방법을 묻자 동충이 그제야 진심을 말했다.

"대인은 누구보다도 깊은 학식을 가지고 계십니다. 더구나 나라의 대세가 이미 기운 이상 우리도 군대를 일으켜야 합니다. 그래야 목숨을 보존할 수 있고, 새로운 왕조가 건설된 뒤에도 계속 부귀영화를 누릴 수 있습니다."

공개적으로 반란을 일으키자는 동충의 말에 유흠의 얼굴이 창백해졌다. 너무 놀라 한동안 아무런 말도 하지 못하던 유흠은 애써 정신을 가다듬으며 입을 열었다.

"대인께서 저를 믿고 말해주신 만큼 다른 사람에게는 알리지 않겠습니다. 하지만 이 일은 경솔하게 해서는 안 될 일인 만큼 시간을 두고 다시 이야기하는 게 좋겠습니다."

유흠이 바로 승낙하지 않자 동충도 잠시 일을 덮어두기로 결정했다.

그러던 중 유흠의 두 아들이 견풍甄豊과 왕망의 싸움에 연루되어 목숨을 잃는 일이 발생했다. 자식을 잃는 슬픔을 겪은 유흠은 그제야 동충과 반란에 대해 논의하기 시작했다. 이야기를 마치고 헤어지려 할 때 동충이 유흠에게 말했다.

"선량하신 대인께서 쉽게 다른 사람을 믿고 일을 누설하실까 걱정입니다. 더구나 일단 일이 결정되면 바로 움직여야 하니 그때가 되어서 핑계를 대며 사양하시면 안 됩니다."

유흠은 흔쾌히 알겠다고 대답했다. 하지만 그는 동충 몰래 도처에서 사람을 끌어들였다. 게다가 계획이 다 세워진 뒤에도 몇 번이나 몸을 숨기면서 미루려고만 했다. 그러자 조급해진 동충이 유흠을 큰 소리로 나무라자 그가 말했다.

"아직 힘이 부족하니 사람들을 더 끌어모아야 합니다. 완벽하게 준비되지 않았는데 함부로 나설 수는 없습니다. 저는 대인보다 책을 많이 읽어 계획을 더 잘 세울 수 있으니, 믿고 기다리십시오."

이렇듯 자신의 학식만 믿고 자만했던 유흠이 상황을 너무 낙관적으로 보고 미룬 탓에 결국 비밀이 새어 나가 좋은 기회를 놓치고 말았다. 왕망이 먼저 움직여 유흠과 동충 등을 한꺼번에 공격한 것이다. 결국 유흠은 자살로 생을 마감했고, 동충 등 나머지 사람들은 모두 죽임을 당했다.

적이 세운 공로를 잘못이라 모함하면
가장 완벽하게 근간을 제거할 수 있다
잘못된 말을 꾸며서 적이 말했다고 뒤집어씌우면
사람들에게 더욱 미움받게 할 수 있다

其功反罪, 彌消其根, 其言設謬, 益增人厭.

秘 전략과 방법의 수준에 따라서 미치는 영향과 효과도 매우 큰 차
이가 있다. 가장 이상적인 결과는 기본을 공략해 모두의 적이
되게 만드는 것이다. 이렇게 하면 상대방에게 회복할 수 없는 악명을 뒤
집어씌울 수도 있고, 자신의 공정함을 드러내 보일 수 있다. 더구나 공로
를 잘못으로 만들고, 잘못된 말을 꾸며 상대방에게 씌우는 것은 공격한
상대만 정한다면 특별히 어려운 일도 아니다.

더욱이 봉건전제시대 소인들에게는 상대를 모함해 죄를 뒤집어씌우는
것은 당연하고 간단한 일이었지만 강직한 선비에게는 양심을 저버리는
부끄러운 일이었다. 그래서 이런 전략에 당해서 변명할 수 없는 상황에
처할 경우 참을 수 없는 증오와 두려움에 사로잡혀 헤어날 수 없었다.

설도형의 죄명

설도형薛道衡은 수隋나라 시대 시인으로, 자는 현경玄卿이다. 북제北齊,
북주北周시대에 벼슬을 지냈고, 수나라가 건국된 이후에는 내사시랑內史
侍郎, 개부의동삼사開府儀同三司 등 고위 관직에도 올랐다. 이후 양제煬帝
시기에 번주자사番州刺史, 사례대부司隸大夫 등을 지냈으나 모함으로 죽임
을 당했다.

수나라 문제文帝의 노신老臣인 설도형은 뛰어난 문장력으로 명성을 떨

쳤다. 하지만 양제는 그를 시기하고 미워하며 항상 제거하고 싶어 했다.

그러던 어느 날 울적해하던 양제가 우연히 설도형이 최근에 쓴 시문을 읽게 되었다. 수려한 문장에 감탄한 양제는 설도형이 더욱 미워졌다. 화가 난 그는 옆에서 시중을 들던 환관에게 물었다.

"늙은 필부가 자신의 재주만 믿고 오만하구나. 하지만 큰 죄가 없으니 어떻게 하면 그를 벌할 수 있겠느냐?"

양제가 설도형을 죽이고 싶어 하는 것을 눈치챈 환관이 거리낌 없이 자신의 생각을 말했다.

"폐하께서 그의 죄를 묻고 싶으시다면, 그 오만한 재주를 문제 삼으면 되지 않사옵니까? 글 쓰는 재주 말고는 의지할 게 없는 사람이니 그것을 죄로 만드시옵소서."

양제는 그 말을 듣고 웃으며 말했다.

"그래, 맞다! 그렇게 하면 내 뜻대로 그를 죽일 수 있겠다."

얼마 뒤 양제는 설도형이 올린 〈고조문황제송高祖文皇帝頌〉을 받아 보았다. 매우 수려한 문장으로 문제의 공적을 칭송하는 글이었다. 찬찬히 문장을 뜯어 읽어보던 양제의 입가에 미소가 어렸다. 그가 설도형을 불러 물었다.

"선왕의 공적을 칭송하는 글을 쓴 이유가 무엇이오?"

설도형은 양제가 온화한 얼굴로 묻자 가벼운 목소리로 말했다.

"오래도록 모신 선왕이 그립기도 하고 해서 세상 사람들이 선왕의 공적을 기억하길 바라는 마음에서 썼습니다."

설도형의 대답에 한동안 아무런 말이 없던 양제는 주변 대신들을 둘러본 뒤 입을 열었다.

"대신들은 어떻게 생각하시오?"

"설대인이 충심으로 선왕을 그리워하는 마음을 썼으니, 폐하께서는 공로를 치하하심이 마땅합니다."

양제의 의도를 알아채지 못한 대신들이 연이어 아름다운 문장으로 선왕의 공적을 칭송한 설도형에게 상을 내려야 한다고 말했다.

대신들의 말에 미간을 찌푸리던 양제가 결국 참지 못하고 벌떡 일어나 호통을 쳤다.

"그대들은 모두 아름다운 문장만 보고 그 안에 담긴 간사함은 보지 못하는구려. 역적의 문장에 홀려 칭송만 하니 모두 나의 적이 되겠다는 것인가? 그가 지난 왕조를 칭송하는 것은 분명 음흉한 마음을 품고 암암리에 현재 왕조의 무능을 헐뜯는 것이 아닌가!"

예상치 못한 양제의 반응에 놀란 대신들은 어리둥절해하며 아무런 말도 하지 못했다. 그러자 당황한 설도형이 애써 항변했지만 양제는 들으려 하지 않고 계속 질책했다.

"이미 자네가 이전부터 현 왕조에 불만을 품고 내가 황제로서 덕이 없다고 비방했다는 사실을 고발한 사람이 있네. 어찌 이렇게 악독한 사람이 지금까지 내 옆에 있을 수 있었단 말인가!"

이처럼 양제가 터무니없는 말로 설도형을 모함하자 대신들도 동조하며 그를 질타하기 시작했다. 설도형이 어쩔 줄 몰라 하면서 대신들에게 질책을 받자 양제는 마음속으로 흡족해했다. 양제는 대신들의 동의를 받아 설도형을 사법부에서 심리하라고 명령했다. 죄가 내려진 이상 죽음은 피할 수 없는 결과였다. 양제가 명분에 따라 자결하라 명령했다. 하지만 자신의 죄를 인정하지 못했던 설도형은 계속 해명하려 했고, 결국에는 목매달려 살해당했다.

전략을 끊임없이 내놓는다면
무적이 아니겠는가

行之不輟, 不亦無敵乎.

㊙   과거 큰일을 이룬 사람들은 모두 전략을 중시했고, 또 전략을
     세우는 데 탁월한 능력이 있었다. 더구나 그들은 자신의 전략이
성공해도 자만하지 않았고, 전략이 실패해도 포기하지도 않았다. 이것이
바로 그들이 두각을 나타내며 최후의 승자가 될 수 있었던 원인이다. 반
면 패자의 경우 부족한 전략과 계속되는 실책이 실패의 가장 큰 원인이
었다. 그들은 자만해서 자신의 힘을 믿고 무턱대고 싸우려 하거나, 선견
지명이 없어 작은 이익에 연연하거나, 지모가 부족해 다른 사람의 전략에
걸려들었다. 이처럼 전략은 승리를 위해 없어서는 안 될 요소이지만 양날
의 검이기도 하다. 뛰어난 전략을 적절히 활용한다면 적을 이기는 가장
확실한 방법이 되지만, 잘못 사용할 경우 돌이킬 수 없는 결과를 초래하
고 만다.

주도면밀한 서계

명나라 간신인 엄숭嚴嵩은 20여 년 동안 전권을 휘두르면서 수도 없이
많은 충신들을 죽였다. 조정 관원들의 승진과 좌천이 엄숭에게 뇌물을 얼
마나 많이 갖다 바쳤느냐에 따라 결정되었다. 그러자 선비들은 엄숭을 깊
이 혐오했지만 어찌해볼 방법이 없었다.

중신 중 한 명이었던 서계徐階 역시 엄숭의 악행에 울화가 치밀기는 마

찬가지였다. 하지만 상황이 엄숭에게 유리한 만큼 때를 기다려야겠다고 생각하고, 나라 일에는 관여하지 않은 채 일부러 엄숭과 가깝게 지냈다.

한번은 서계와 한담을 나누던 엄숭이 자신을 반대하는 조정의 대신들에 대한 말이 나오자 매서운 말투로 말했다.

"내가 폐하의 근심을 덜어주기 위해 노력하고 있는 걸 모르는 소인배들이 뒤에서 모함을 하고 있으니 정말 괘씸하오. 내 언젠가 그들을 모두 처단할 것이오."

엄숭의 잔혹함을 알고 있는 서계는 강직한 대신들이 조정에서 쫓겨나게 될까 걱정되었다. 그렇게 된다면 이후 그를 무너뜨릴 희망도 사라지는 셈이었다. 서계는 일부러 놀란 듯한 표정을 지으며 말했다.

"대인께 그런 모함을 씌우다니, 가만두고 볼 수 없습니다. 도대체 누가 그런 짓을 벌이는 것입니까?"

엄숭이 한 명씩 이름을 말하자 서계는 진심을 숨기기 위해 숨을 한 번 크게 들이쉰 뒤 안타깝다는 표정을 지어 보였다. 그 모습에 엄숭이 해결 방법을 묻자 서계가 말했다.

"그들은 정말 죽여 마땅한 자들입니다. 하지만 그들을 모두 처벌하는 것은 좋은 방법이 아닙니다. 첫째 폐하께서 의심하실 것이고, 둘째 대인이 정치를 잘못한 것이 되어 권위가 실추될 것입니다. 그럼 대인의 깨끗한 명성에도 큰 손해이지 않습니까."

일리가 있다고 생각한 엄숭이 해결법을 묻자 서계가 낮은 목소리로 말했다.

"제가 대신 나서서 그들을 설득해보겠습니다. 만약 설득해도 입장을 바꾸지 않는다면 그때 죄를 물어도 늦지 않을 것입니다. 그리고 만약 그들이 대인의 편에 선다면 큰 적도 없애고 세력도 키우는 것이 되니 일거양득이 아니겠습니까?"

자신의 말에 엄숭이 동의하자 서계는 대신들의 집을 찾아가 말했다.

"지금은 엄숭의 세력이 너무 강한 데다 폐하께서 도술에 빠져 있어 정사에 무심하시오. 이럴 때 그와 대립한다면 죽음을 초래하는 것밖에 안 되지 않소. 그러니 참고 때를 기다리는 게 어떻겠소? 정말 나라와 자신을 위한다면 관직과 목숨을 소중히 지켜야 하오. 그렇지 않다면 어떻게 훗날 엄숭을 처단할 수 있겠소?"

서계의 말을 들은 대신들은 모두 서계의 충고에 따라 엄숭의 집에 찾아가 사죄하며 입장을 바꾼 척했다. 그러자 엄숭은 매우 기뻐하며 서계를 더욱 신뢰하게 되었다. 이후 서계는 차근차근 계획을 준비해가면서 엄숭이 자신을 의심하지 못하도록 자신의 장녀를 엄숭의 아들인 엄세번嚴世蕃과 결혼시켰다.

그러던 중 가정嘉靖 40년 겨울 가정황제가 머무르던 영수궁寧壽宮에 불이 났다. 이에 황제가 잠시 머물 곳을 의논하게 되었고, 엄숭이 황제에게 남궁南宮에서 머무르는 게 어떻겠냐고 제안했다. 서계는 이 기회를 놓치지 않고 몰래 가정황제에게 찾아가 말했다.

"남궁은 선왕이신 영종英宗께서 경제景帝에게 감금을 당한 곳으로 매우 불길한 장소입니다. 이 일을 알고 있으면서도 엄숭이 그런 제안을 한 것을 보면 분명 음흉한 속셈을 품고 있는 것이 틀림없습니다. 과거 많은 대신들이 그에 대해 탄핵상소문을 올렸지만 소신은 믿으려 하지 않았습니다. 하지만 오늘 행동을 보니 그는 대신들을 억압할 뿐만 아니라 폐하까지도 해치려 하고 있습니다. 그러니 폐하께서는 부디 이 역적을 제거해 후환을 없애셔야 합니다."

서계가 아픈 곳을 건드리자 가정황제는 바로 엄숭을 제거하기로 결정했다. 서계는 일을 확실하게 마무리 짓기 위해서 가정황제가 도교에 빠져 있는 점을 이용해 엄숭을 제거하는 것은 선신인 옥황상제의 명이라는 말까지 지어냈다. 그러자 가정황제는 한 치의 망설임도 없이 엄숭을 파면하고 아들인 엄세번을 처형하라고 명령했다.

【秘】 이익을 최우선으로 하는 관료사회에서 영원한 친구는 없다.

【秘】 일은 모호할 때 미리 전략을 세워두고 그 추세와 결과를 예측해 행동에 옮겨야 한다. 그래야 비로소 가장 많은 이익을 얻을 수 있다.

【秘】 전략은 예상을 벗어난 기발한 방법으로, 미처 대비하지 못할 때 빠르게 진행시켜야 진정한 효과를 볼 수 있다.

【秘】 적이 모르는 사이에 전략을 세워 공격하는 것이 묘책이지만, 전략이 통하지 않을 때는 앞뒤 가리지 않고 직접 공격하여야 한다. 이것은 많은 사람들이 최후에 선택하는 방법이다.

비책 4

세력을 지키는 법

행운과 불행은 항상 변화무쌍하니 지혜로운 사람만이 불행을 줄일 수 있다. 부귀영화는 운명으로 정해진 것이 아닌 만큼 먼저 계획이 있어야만 이룰 수 있다. 행운과 불행은 자신의 선택에 의해 결정되는 만큼 신중하게 행동해야만 화를 없앨 수 있다. 지혜로운 사람은 부귀영화를 지키기 위해 스스로를 희생시키기도 한다. 부귀영화를 오래 지속하려면 뒤를 따르는 사람이 많아야 하니, 현명한 사람은 스스로 고생을 자처해서라도 후손에게 은혜를 베푼다. 관직에는 정해진 주인이 없다. 군주에게는 총애하는 신하가 있으니, 특별한 이유가 없다 하더라도 그들과 교분을 쌓기 위해 노력해야 한다. 사람마다 현명함과 우매함에 차이가 있다. 하지만 자신이 등용한 사람에게 자신보다 더 뛰어난 기량을 요구해서는 아니 된다. 명성은 사람들의 부러움과 선망을 받는 한편 원한도 가져온다. 윗사람에게 만족하는 모습을 보이고 아랫사람에게 은혜를 베푼다면 원망은 자연히 줄어든다. 큰 원수는 반드시 깨끗이 제거하여야 하고, 부끄러움을 모르는 소인을 무시해서는 아니 되며, 사건을 숨겨서도 아니 된다. 자신의 감정을 드러내지 않고 신중히 생각해 먼 곳까지 시야를 넓힌다면 사람들이 쉽게 모함하지 못한다.

처음에 누렸던 부귀영화를
마지막까지 유지하는 경우는 거의 없다
행운과 불행은 항상 변화무쌍하니
지혜로운 사람만이 불행을 줄일 수 있다

榮寵有初, 鮮有終者, 吉凶無常, 智者少禍.

秘　　'부자는 삼대를 못 간다'는 말이 있다. 역사적으로도 한때 세력을 떨쳤던 가문이 갑자기 망해버리는 경우를 보면 부귀영화를 지켜나가는 일이 얼마나 어려운 것인지 알 수 있다. 이처럼 부귀영화를 잃는 데는 자연적이고 객관적인 원인도 있지만 현실적이고 주관적인 원인도 있다. 예를 들어 창업을 시작했을 때는 원대한 이상과 목표를 가지고 죽기 살기로 일하며 모든 일을 신중하게 처리한다. 하지만 성공해 안정권에 접어들면 대부분의 사람들이 부귀의 달콤함과 부패한 권력의 유혹에 빠져든다. 자연히 발전 동력과 신중함을 잃어버린 채 시대의 요구나 이치와 부합하지 않는 잘못을 저지르게 되는데, 이럴 경우 세상의 원망과 버림을 받게 되는 것은 필연적인 결과이다.

　지혜로운 사람은 시대의 변화에 순응하면서 성공 후 닥쳐올 위험을 미리 예견해 신중히 대비한다. 그렇기에 과거 위인들이 화를 피할 수 있었던 것은 절대 행운이 아니었다.

양효왕의 각성

　동생인 양효왕梁孝王 유무劉武를 매우 신임했던 한나라 경제景帝는 장차 황위를 그에게 물려주겠다고 여러 번 말하곤 했다. 두태후竇太后 역시 양효왕을 끔찍이 아끼며 원하는 것은 뭐든 들어주었다. 양효왕은 갈수록 거만해져갔고 마음속 야심도 커져갔다.

그러던 중 오초吳楚 7국의 난이 일어났을 때 반란군 진압에 큰 공을 세우자 양효왕은 더욱 교만해졌다. 이에 측근인 공손궤公孫詭와 양승羊勝은 양효왕에게 이참에 조정이 황위 계승자로 양효왕을 공표해야 한다고 권했다. 양효왕은 이들의 말에 동의하지는 않았지만 공손궤와 양승이 조정 대신들을 위협하고 반대하는 대신들을 살해해도 막으려 하지 않았다. 그러던 중 조정의 중신인 원앙袁盎이 경제에게 황위 계승자로 양효왕을 추천하지 않았다는 이유로 자객에게 살해당하는 일이 발생했다. 사건을 탐문해 진상을 알게 된 경제는 공손궤와 양승을 잡아들이라 명했다. 하지만 양효왕이 그 둘을 숨겨주어 체포할 수가 없었다.

이 사태를 본 양나라 중대부中大夫 한안국韓安國이 양효왕을 찾아와 눈물을 흘리며 간곡히 말했다.

"공손궤와 양승의 죄는 무겁사옵니다. 그런데 지금 체포되지 않고 있으니 소신 대왕의 안위가 너무 걱정되옵니다. 이것은 모두 저의 불찰이오니 차라리 소신을 죽여주시옵소서."

양효왕이 어리둥절해하며 말했다.

"자네가 무슨 잘못이 있다고 그러시오? 또 나를 걱정한다는 것은 무슨 의미이오?"

그러자 한안국이 말했다.

"대왕은 폐하의 친동생이고 또 태후의 깊은 사랑을 받고 계십니다. 하지만 이것들만을 믿고 안심할 수는 없사옵니다. 그래서 소신은 지금의 영화와 부귀를 눈앞에서 잃게 될까 두렵사옵니다."

양효왕이 버럭 화를 내며 말했다.

"조정을 대신해 나를 설득하려고 일부러 겁을 주는 것이오?"

그러자 한안국이 눈물을 흘리며 간곡히 말했다.

"대왕께 감히 여쭙겠습니다. 대왕과 폐하의 관계가 고조 황제 유방과

유태공劉太公의 관계나 폐하와 임강왕臨江王의 관계와 비교할 수 있겠사
옵니까?"

우물쭈물 망설이던 양효왕이 낮게 말했다.

"그들은 모두 부자관계인데 어떻게 형제지간과 비교할 수 있겠는가."

그러자 한안국이 급히 이어 말했다.

"그렇사옵니다. 하지만 고조 황제께서는 당시 '검을 쥐고 천하를 평정
한 것은 자신이다'라고 말씀하시며 부친이신 유태공께서 함부로 조정에
간섭하지 못하도록 하셨습니다. 또 임강왕은 본래 태자였으나 모친 율
희栗姫의 경솔한 말 한 마디 때문에 폐위되어 자살로 생을 마감했습니다.
천륜에서 보자면 이런 일은 있을 수 없지만 현실에서 벌어지는 것은 사
사로운 정 때문에 공적인 일을 어지럽힐 수는 없기 때문이옵니다!"

양효왕은 순간 마음이 덜컥 내려앉았다. 한안국은 그의 안색이 변하는
것을 보고 타이르며 말했다.

"지금 대왕께서는 간신을 중용해 법도를 어지르는 죄를 저지르셨습니
다. 하지만 폐하께서는 태후의 얼굴을 봐서 잠시 참고 계신 것입니다. 하
지만 태후께서 돌아가신다면 대왕께서는 누구에게 의지해 지금의 부귀
영화를 보존하시겠습니까? 게다가 만약 폐하께서 무정하게 형제의 정을
끊고 원칙대로 일을 처리하려 한다면 황후께서 무슨 힘으로 대왕을 보호
하시겠습니까? 그러니 이 모든 일은 대왕의 손에 달려 있사옵니다. 대왕
께서는 총명하시니 스스로 위험을 자초하지는 않으실 것이옵니다."

한동안 아무 말 없이 고심하던 양효왕의 얼굴빛이 수시로 바뀌었다.
마침내 일어선 그는 붉게 상기된 얼굴로 한안국에게 말했다.

"그래! 자네의 말이 옳소. 하마터면 돌이킬 수 없는 잘못을 저지를 뻔
했군."

잘못을 깨달은 양효왕은 공손궤와 양승을 넘겨주었다. 그리고 양효왕
을 설득해 상황을 해결한 한안국은 경제에게 상을 받았다.

부귀영화는 운명적으로 정해진 것이 아닌 만큼
먼저 계획을 세워야만 이룰 수 있다
행운과 불행은 자신의 선택에 의해 결정되는 만큼
신중하게 행동해야만 화를 없앨 수 있다

榮寵非命, 謀之而後善, 吉凶擇人, 愼之方消愆.

秘 이루고 싶은 성과가 있어도 뛰어난 지략과 방법이 없다면 이루
기 힘든 게 사실이다. 역사적 사건들을 통해서도 이 점은 증명
된다. 지금까지 뛰어난 성과를 이룬 인물들은 모두 지략이 뛰어난 인물들
이었다. 그들은 지략에 뛰어났을 뿐만 아니라 부귀를 얻은 뒤에는 멈춰야
할 때를 알고 신중히 부귀를 보존했다. 또 그들은 인간의 본성적인 약점
을 이겨낼 줄 알았으며 조류에 휩쓸리거나 자신에게 너그럽지 않았다. 하
지만 지략이 부족한 사람들은 다가올 위험에 대처하지 않은 채 성과에
도취되어 마음대로 행동하며 스스로 재앙을 초래해 모든 것을 잃고 말
았다.

어진 인품을 가진 등수

등수鄧綏는 동한 화제和帝의 황후로 여성 정치가이다. 개국 공신 등
우鄧禹의 손녀로 어려서 경전을 배울 만큼 지모가 뛰어났다. 화제가 죽은
뒤 어린 상제殤帝가 제위에 오르자 16년 동안 섭정했다.

등수는 역사상 어진 황후로 유명하다. 그녀는 황제에게 총애를 받았을
뿐만 아니라 대신들에게도 많은 존경을 받았다. 또 황태후로 어린 황제를
도와 20여 년간 섭정을 하면서도 어진 인품으로 세상 사람들에게 칭송
을 받았다.

이러한 등수는 귀인貴人 중 한 명으로 처음 궁에 들어왔다. 동한 개국 공신 등우의 손녀인 그녀는 아름다운 외모에 화제의 마음을 잘 헤아릴 줄 알아 사랑을 한몸에 받았다. 한번은 등수가 병으로 앓아눕자 화제는 상례를 깨고 그녀의 모친과 형제들이 시간의 제한 없이 문병을 올 수 있도록 했다. 그러자 등수는 이러한 특혜를 거절하며 말했다.

"폐하께서 이렇게 저를 아껴주시니 신첩은 더욱 몸가짐에 신경 써야 합니다. 더구나 후궁은 금지된 구역인 만큼 외부인이 오래 머물러서는 안 됩니다."

이에 불만을 가진 등수의 형제가 화를 내며 말했다.

"폐하께서 이미 허락하셨는데 누이는 뭘 그리 걱정을 하시오? 우리는 공신의 자손이고 또 누이는 폐하의 총애를 깊이 받고 있는데 두려울 게 무엇이오?"

등수는 깊이 한숨 쉬며 말했다.

"내가 걱정하는 게 바로 그것입니다. 선대께서 어렵게 얻으신 부귀와 명성을 보존하기 위해서 모든 일에서 조심해야 하지 않겠습니까? 궁 안에서는 항상 많은 일들이 일어나고 또 폐하께서는 의심이 많으십니다. 그런데 우리가 폐하의 총애만 믿고 오만하게 행동한다면 다른 사람들에게 우리를 모함할 구실을 만들어주게 되는 셈이니 어떻게 지금의 부귀와 명성을 지킬 수 있겠습니까? 우리가 미리 대처해 조심하지 않는다면 지금의 부귀와 명성은 오래도록 지속될 수 없습니다."

이처럼 지혜로웠던 등수는 남들과 다르게 행동했다. 그녀는 당시 황후인 음陰씨를 세심히 모셨고, 궁중의 노비들에게도 은혜를 베풀며 심하게 꾸짖지 않았다. 또 항상 소박하게 생활하며 화려하게 치장하지도 않았고, 황후가 그녀를 시기하며 미워할 때도 절대 원망하지 않았다.

등수의 시녀가 너무 여리게 행동해서는 안 된다고 지적해도 그녀는 그냥 웃어넘겼다. 또 다른 후궁들이 그녀를 무시하며 함부로 대할 때도 그녀는 대응하지 않고 피했다. 화제는 그런 그녀의 모습에 크게 감탄하며 말했다.

"그대만큼 어진 품성을 가진 사람은 없을 것이오. 어떻게 그렇게 행동할 수 있소?"

그러자 등수가 공손히 답했다.

"이게 다 폐하의 깊은 사랑 덕분이 아니겠습니까? 폐하께서 현명하시기에 아랫사람도 덕행을 실천할 수 있는 것입니다. 신첩은 그저 폐하께서 작은 일에 마음 쓰지 않기를 바랄 뿐입니다."

이 말에 화제는 등수를 더욱 총애하게 되었다.

이와 같은 등수와 달리 음씨 황후는 가는 곳마다 충돌이 끊이지 않았고 화제 앞에서도 물러서려 하지 않았다. 더 이상 참을 수 없게 된 화제는 음씨 황후를 폐위시키고 등수를 황후로 삼았다. 이 일은 모두가 간절히 바라던 일이었다. 황후가 된 등수는 더욱 신중하게 행동했고, 상황에 따라 물러설 줄도 알았다. 등수는 모친이 그녀에게 찾아가 충고하자 비로소 진심을 털어놓으며 말했다.

"황후가 되었다는 것은 폐하의 사랑을 가장 많이 받고 있다는 뜻입니다. 하지만 과거의 사례를 돌아보면 나중에 사랑을 잃고 화를 초래하는 결과를 얻는 경우가 많지 않았습니까? 저는 제가 잘못 처신해 집안의 명성이 실추될까 두렵습니다."

그러자 모친이 말했다.

"이처럼 밝은 면과 어두운 면을 명확하게 알고 계시면서 무얼 걱정하십니까? 저는 폐하의 뜻을 거슬러 대신들이 실망하게 될까 봐 두렵습니다."

모친의 충고를 받아들인 등수는 스스로를 항상 단속하는 한편 형제와 조카들이 내정에 간섭하지 못하도록 엄격히 막았다. 이로써 그녀의 명성은 더욱더 높아졌다.

부귀영화를 이루는 근본은
군주의 명령을 거역하지 않는 것이다
지혜로운 사람은 부귀영화를 지키기 위해
스스로를 희생시킨다

君命無違, 榮之本也, 智者捨身亦存續.

秘　　봉건전제시대에 군주의 권력은 한 사람의 운명과 생사를 좌우
할 만큼 막강했다. 더욱이 신하들이 두려워했던 것은 죄를 지었
을 때 가족은 물론 구족九族까지도 모두 죽임을 당하는 것이었다. 이와
같은 잔인한 현실 속에서 신하들은 두려움에 떨며 군주의 명령을 거역하
려 하지 않았다. 군주를 모시는 것은 호랑이와 같이 있는 것과 같아서 언
제든지 아무런 이유 없이 화를 당할 수 있었다. 게다가 치열한 권력 다툼
을 하는 관료사회에서는 모함이 빈번했기 때문에 누구의 안전도 보장받
을 수 없었다.

선견지명이 있는 사람은 군주가 죄를 물어도 변명하거나 항거하지 않
았으며, 목숨을 버릴지언정 명을 거역하지는 않았다. 그들은 기꺼이 자신
을 희생시킴으로써 모함에서 가족들을 지키려 했다. 이처럼 그들은 부귀
영화의 씨앗만 지킬 수 있다면 최악의 결과는 막을 수 있지만, 그렇지 않
다면 하나를 잃음으로써 모든 것을 잃게 된다고 본 것이다.

굶어 죽은 조정

조정趙鼎은 남송시대 정치가이다. 휘종徽宗 숭녕崇寧 5년 진사에 합격
한 뒤 하남낙양령河南洛陽令, 개봉사조開封士曹 등을 역임했다. 수도를 남
쪽으로 옮긴 뒤 상서좌복야尙書左僕射, 동중서문하평장사同中書門下平章事

겸 추밀사를 역임했다. 남송시대 저명한 주전파主戰派이다.

조정은 강직한 성품으로 많은 사람들에게 칭송을 받았다. 당시 고종 조구趙構는 아무 생각 없이 금나라와 강화만 맺으려 했다. 조정은 그런 황제의 모습을 가만히 지켜만 볼 뿐 진언하려 하지 않았다. 그러자 올곧은 선비들이 그를 대대적으로 비방했다. 이에 그는 매일 근심에 사로잡혀 한숨지었다.

한번은 조정의 집안사람이 그에게 물었다.

"집안이 이처럼 부유한데 무얼 걱정하십니까?"

그러자 조정이 답했다.

"지금이야 그렇지만 내일 무슨 일이 일어날지는 알 수 없다. 지금 폐하께서 강화를 강력히 주장하시기에 간언하는 것이 좋지 않다고 생각해 침묵한 것인데 이렇게 많은 질책을 받을지 누가 알았겠느냐? 그들 중 누가 나의 고충을 알아주겠느냐? 나 하나는 어떻게 되어도 상관없지만 가문이 화를 입게 될까 걱정이다. 폐하께서 만약 크게 노하신다면 나와 함께 집안도 화를 피하기는 어려울 테니 이게 나의 가장 큰 걱정이다."

이후 진회는 전권을 잡자 강직한 성품인 조정을 배척하며 공격했다. 진회가 황제의 총애를 받고 있다는 사실을 아는 조정은 자신의 안위를 위해 많은 것들을 양보하면서도 나라를 팔아먹는 것과 다름없는 굴욕적인 투항만큼은 완강히 반대했다. 그러자 진회는 조정을 없앨 결심을 하고 밤낮으로 방법을 모색했다.

상황이 점점 나빠지자 조정은 가족들을 불러 당부했다.

"부귀영화가 비록 중요하지만 가족의 목숨을 지키기 위해서라면 버려야 한다. 가족을 지키기 위해 사직을 결심하였으니 너희들도 나의 고충을 이해해주기 바란다. 지금 빨리 행동하지 않는다면 상황이 돌이킬 수 없는 지경에 이르게 되어 조씨 가문의 자손들을 지킬 수 없을 것이다. 일단 지금의 상황을 모면한 뒤 다시 가문을 일으킬 때를 기다려야 한다."

조정이 사직한 뒤에도 소인배들의 공격은 끊이지 않았다. 진회는 그를 서인까지 강등시킨 뒤 현성의 지방 관리에게 그를 감독하게 하고 매달 상황을 보고받았다.

조정은 이 모든 것들은 태연하게 받아들이면서도 진회가 절대 자신을 놓아주지 않을 것임을 직감했다. 그는 다시 가족들을 불러 자신의 결심을 전했다.

"사람은 누구나 끝이 있는 법이다. 이 나이까지 살았으니 나는 삶에 대해 어떠한 미련도 없다. 현재 권력을 장악한 간신이 나를 사지로 몰아넣으려 하고, 나에게는 대항할 힘이 없으니 죽는 것 말고는 방법이 없구나. 내가 지금 죽는다면 너희들은 화를 피할 수 있을 것이다."

가족들이 통곡하며 그를 말렸지만 조정은 눈물을 흘리며 고개만 저을 뿐이었다. 이때부터 금식을 시작한 그는 얼마 뒤 굶어 죽었다.

진회는 조정이 죽었다는 소식을 들은 뒤에야 비로소 긴 한숨을 쉬며 안도했다. 그리고 조정의 가족들은 건들지 않았다. 이렇게 조정은 자기 목숨을 바쳐 가족을 지켰다.

부귀영화를 오래 지속하려면
뒤를 따르는 사람이 많아야 하니
현명한 사람은 스스로 고생을 자처해서라도
후손에게 은혜를 베푼다

後不乏人, 榮之方久, 賢者自苦亦惠嗣.

秘 　사람은 누구나 대대로 부귀영화를 누리며 살아가길 바라며, 특히 부귀영화를 누리고 있는 사람이라면 이러한 바람은 더욱 강하다. 그들은 자신이 누리는 부귀영화가 얼마나 좋은지 잘 알고 있을 뿐만 아니라 얼마나 얻기 힘든 것인지도 잘 알고 있다. 그래서 자손들이 대대로 부귀영화를 이어받기를 바란다.

　하지만 사람마다 자식을 교육시키는 법이 다른 만큼 그 결과 또한 많은 차이가 있다. 탐욕스러운 사람은 자신의 이익을 위해서 남을 수탈하라고 가르치기 때문에 자식들 역시 이익을 위해 움직이는 소인배로 자라기 쉽다. 반면 만족할 줄 아는 현명한 사람은 덕으로써 가르치며 몸소 고생을 자처하는 모습을 보이기 때문에 자식들 역시 책임감을 가지고 가문의 명성을 지키고 더욱 발전시키기 위해 노력한다.

잠문본의 가정교육

　당나라 태종太宗 시기 일개 서생의 신분에 불과했던 잠문본岑文本은 자신의 뛰어난 재능으로 승진을 거듭해 마침내 재상의 자리에 올랐다. 그러자 축하하기 위해 찾아온 대신들로 집안이 문전성시를 이루었다.

　이 모습을 본 잠문본은 걱정하며 사람들에게 말했다.

　"저는 이제 막 부임해서 아직 공적을 쌓지도 않았고 덕을 베풀지도 못했는데, 무얼 축하받겠습니까? 그러니 오늘은 축하보다는 충고를 해주시면 좋겠습니다."

그 말에 마음이 상한 대신들이 화를 내며 가버리자 가족들이 손님들에게 너무 인정 없이 굴었다고 잠문본을 탓했다. 그러자 잠문본이 말했다.

"진심으로 축하해주려는 사람들이 대부분이겠지만 그중에는 분명 나에게 빌붙어 자신의 이득을 취하려는 소인들도 있을 것이다. 폐하께서도 나를 주시하고 계실 터인데 만약 내가 여기서 떠들썩하게 과시한다면 어떤 결과가 펼쳐지겠느냐? 너희들도 반드시 명심하거라. 조그마한 성공에 도취되어 자신의 본분을 잊어서는 안 되며, 더욱이 경각심을 잃어서는 안 된다."

또 한번은 가문의 지위가 높아지자 잠문본의 가족들이 큰 집을 짓고, 부동산을 사서 재산을 불리자고 권했다. 하지만 아내가 여러 차례 설득해도 그는 절대 응하지 않았다.

"이렇게 높은 자리에 있으면서도 어째서 자신과 자손들은 생각하지 않으십니까. 세상 사람들 모두 자신의 가문을 위해 그렇게 하는 마당에 홀로 청렴하게 행동하면서 세상 사람들에게 비웃음을 당하고 자신과 자손들을 고생시킬 필요가 있겠습니까?"

아내의 말에 잠문본은 자식들까지 한자리에 불러 모은 뒤 말했다.

"이것은 가까운 이익만 보고 멀리 있는 재앙은 보지 못하는 소인들의 행동이다. 서생에 불과했던 나는 애초에 아무것도 가진 게 없었기 때문에 고위 관직에 오를 것이라고는 생각해보지 못했다. 이것은 모두 폐하의 은혜이자 내가 항상 성실하게 노력한 덕분이다. 이렇듯 출신보다 중요한 것이 가진 학식을 바탕으로 맡은 바 임무를 충실히 수행하는 것이다. 소인들처럼 집을 사서 재산을 불린다면 어떤 결과를 불러올지 뻔히 아는데 어찌 그럴 수 있겠느냐? 또 만약 그렇게 부유한 환경 속에서 너희들이 자란다면 현 상태에 만족하며 발전하려 하지 않을 것이니, 너희들에게도 좋을 것이 없다. 그러니 모두들 내 뜻을 이해하고 더 이상 원망하지 말길 바란다."

비로소 자식들은 물론이고 아내도 그의 뜻을 이해하자 그는 만족해하며 말했다.

"내가 재산을 쌓지 않는 것은 자손들이야말로 가장 가치 있는 재산이기 때문이다."

이처럼 항상 자신을 경계하는 잠문본의 모습에 태종 역시 그를 더욱 신임했다. 조정은 그가 세상을 떠나자 공로를 치하하기 위해 황제 무덤 근처에 안장할 수 있도록 해주었다. 또 그의 자손들도 당나라 예종睿宗 시기까지 대대로 고위 관직을 역임하며 세상 사람들의 존경을 받았다.

관직에는 정해진 주인이 없다
그러니 기지를 발휘해 다양한 방법으로
군주를 즐겁게 해줘야 한다

官無定主, 百變以悅其君.

秘 　　속담에 천자가 바뀌면 신하도 바뀐다는 말이 있다. 앞날을 예측
　　하기 어려운 관료사회에서 영원히 자신의 자리를 굳건히 지킨
채 부귀영화를 누리는 일은 거의 불가능하다. 더구나 윗사람들은 자신의
개성, 취미, 주장에 맞춰 항상 새롭게 자신의 사람을 등용하려 한다.

　하지만 그럼에도 역사에서는 이와 같은 난관을 극복하고 '오뚝이'처럼
자신의 자리를 지키는 사람들을 볼 수 있다. 그들은 시대의 변화에 뒤처
지지 않고 오히려 항상 앞장서 나아가며 난관을 극복해 사람들의 선망을
받았다. 사실 그들이 이처럼 항상 앞장서 나아갈 수 있었던 이유는 매우
단순하다. 바로 '변화'했기 때문이다. 그들은 고정된 정치적 입장 없이 언
제나 이해득실에 의해서만 움직였다. 심지어 옳고 그름, 선과 악에 대해
서도 신경 쓰지 않은 채 자신의 군주가 어떠한 사람이든 상관없이 갖은
방법으로 아부하며 환심을 사기 위해 노력했다. 바로 이러한 노력 덕분에
그들은 항상 자신의 자리를 지킬 수 있었다. 아첨을 좋아하는 군주 입장
에서 마음을 잘 헤아려주고 순종적인 그들을 멀리하기란 쉬운 일이 아니
었다.

언제나 신임을 받았던 숙손통
　진시황 시기 박사博士였던 숙손통叔孫通은 진나라 조정을 위해 충성을

다했다. 하지만 잔인하고 포악한 진시황의 모습을 보고는 두려워하며 눈에 띄지 않으려 노력했다. 그 모습에 친구가 그에게 말했다.

"나라가 통일되었는데 자네와 같은 박식한 사람이 어째서 앞으로 나가려 하지 않고 뒤에서 몸을 숨기려고만 하는가? 자네같이 승부욕이 강하고 지기 싫어하는 사람이 이러니 더욱 그 이유를 모르겠네."

그러자 숙손통은 난감하다는 표정으로 입을 열었다.

"폐하께서는 다른 사람의 말은 듣지 않고 독단적으로 일을 처리하시네. 더구나 내가 보기에 폐하께서는 우리와 같이 책 읽는 사람들을 좋아하지 않는 것 같네. 그런데 이런 상황에서 어떻게 학식을 뽐낼 수 있겠는가? 혹시라도 그랬다가 변고라도 생긴다면 분명 화를 입을 걸세."

이 말에 실망한 친구는 그를 책임지길 두려워하는 소인이라 생각하고는 다시는 왕래하지 않았다. 숙손통은 그런 친구의 모습에 안타까워하면서도 더욱 언행을 조심하며, 아예 다른 친구들과도 왕래를 줄였다. 그는 이처럼 신중하게 행동한 덕분에 진시황이 분서갱유로 460여 명에 달하는 박사들을 생매장할 때도 화를 피할 수 있었다.

이후 진 2세 시기 진승陳勝, 오광吳廣이 반란을 일으키자 황제는 숙손통 등 박사들을 불러 모아 문제를 상의했다. 그러자 박사들은 한결같이 무력으로 제압해야 한다고 주장하며 자신들끼리 계책을 놓고 싸웠다.

숙손통은 아무 말 없이 이러한 상황을 관찰하던 중 박사들의 계책을 듣는 황제가 어두운 안색으로 불쾌해하는 것을 보았다. 그 순간 그는 황제가 자신의 통치에 문제가 있어 백성들이 반란을 일으켰다는 사실을 인정하고 싶어 하지 않는다는 것을 알아챘다. 숙손통은 황제 앞으로 나아가 큰 목소리로 말했다.

"누가 반란을 일으켰단 말입니까. 단순한 소문에 지나지 않는 말을 누가 믿는단 말입니까. 어질고 총명하신 폐하의 은혜가 사방에 두루 미쳐 관리들은 제 맡은 바 소임을 다하고, 백성들은 편안하기만 합니다. 설사 일부 도적들이 좀 날뛴다고 하더라도 그곳 관리들이 알아서 잡아 처리할 것인데 우리까지 이렇게 호들갑 떨 필요가 있겠습니까?"

숙손통이 자신이 원하는 말을 하자 황제는 다른 박사들을 꾸짖고는 잡아다 처벌하라 명령했다. 그리고 숙손통에게는 상을 주고 승진시켰다. 이에 누군가가 실상을 돌보지 않고 아첨만 하려 한다고 꾸짖자 그가 탄식하며 말했다.

"정세에 순응하지 않고 어떻게 부귀를 보존할 수 있겠는가? 폐하께서 우둔하시고 진언은 들으려 하지 않으시니 이렇게 할 수밖에 없네. 난들 이게 본심이겠는가?"

숙손통은 진 2세를 변화시킬 수 없다는 사실을 깨닫고 밤중에 함양咸陽을 떠나 진승, 오광에게로 도망쳤다. 그리고 진승과 오광이 패배한 뒤에는 계속해서 항량項梁, 의제義帝, 항우項羽에게 투항하며 목숨을 유지했고, 마지막에는 유비의 문하로 들어갔다. 이처럼 대세에 따라 임기응변으로 여러 군주들을 섬기면서도 그는 뛰어난 아첨으로 항상 총애를 받았다. 평생 부귀영화를 누리며 한나라 혜제 때까지 중신으로 있었다.

군주에게는 항상 총애하는 신하가 있으니
특별한 이유가 없다 하더라도
그들과 교분을 쌓기 위해 노력해야 한다

君有倖臣, 無由亦須結納.

秘 인간관계가 복잡하게 얽혀 있는 관료사회에서 자신의 권력과 지위를 유지하기 위해선 두루 좋은 관계를 맺어야 한다. 군주에게 환심을 사는 것도 중요하지만 무엇보다 총애를 받고 있는 사람과 친분을 맺는 것이 중요하다. 군주와 대화를 나눌 기회가 많은 그들에게 미움을 사서 모함을 받게 된다면 설사 신임을 받고 있는 신하라 할지라도 입지가 흔들리게 된다. 더구나 군주의 총애를 독차지하는 사람들은 대개 탐욕스럽고 아첨을 잘하는 사람들이기 때문에 뇌물을 줘서 사전에 그들의 입을 막아야 한다. 이것은 군주의 불미스러운 일을 미연에 방지해 군주의 신임과 부귀영화를 지키기 위해서 오래전부터 널리 활용되었던 방법이다.

뇌물을 바친 두예

두예杜預의 자는 원개元凱이다. 서진西晉 시기 공신으로 세도가 환관 출신이다. 비록 말도 탈 줄 모르고 활로 목간도 뚫을 줄 몰랐지만 책략이 뛰어나 여러 차례 국경을 정비하는 데 투입되었다. 또 그는 재임 기간 동안 50여 항목에 달하는, 국경을 안정시키고 나라를 발전시키는 방법을 건의하였는데 모두 채택되었다.

서진 초기 명신이었던 두예는 오吳나라 정벌을 강력을 주장했던 인물이다. 또 군대를 이끌고 강릉江陵을 정복해 서진 통일에 큰 공을 세우면서 무제武帝의 깊은 총애를 받았다. 이처럼 전장에서 큰 공을 세웠던 그는 또《춘추좌씨경전집해春秋左氏經傳集解》란 글을 통해서 풍부한 학식을 드러내기도 했다. 사람들은 박학다식하고 무예도 출중한 그를 '두무고'杜武庫라고 불렀다.

이처럼 황제의 신임을 받는 권신임에도 그는 매번 명절 때마다 잊지 않고 무제의 총애를 받는 이들에게 선물을 보내주었다. 게다가 항상 친필로 낯간지러운 아부가 가득한 안부편지를 써서 함께 보냈다.

한번은 그 모습을 이상하게 생각한 집안사람들이 물었다.

"높은 지위에서 막강한 권력을 휘두르고 계시는 대인께서 그들에게 잘 보여야 할 것이 뭐가 있다고 항상 선물에 편지까지 보내시는 것입니까? 설마 그들이 두려우신 것입니까?"

그러자 두예는 신경 쓰지 말라며 엄하게 꾸짖을 뿐 아무런 말도 하지 않았다. 가족들은 더욱 의아해하며 못마땅해했다.

한번은 그가 외지에서 일을 처리하던 중에 값비싼 선물들을 구입하기 시작했다. 그 모습에 옆에서 수행하던 측근이 지적했다.

"대인, 어째서 스스로를 깎아내리면서까지 보잘것없는 소인들에게 선물을 보내시는 것입니까? 저희들은 정말 이해할 수가 없습니다. 어째서 그렇게 손해 보는 일을 하시는 것입니까?"

그러자 두예가 웃으며 말했다.

"너희들의 눈에는 폐하처럼 높은 지위에 있는 사람만 유용한 인물로 보이나 보구나. 잘못돼도 한참 잘못되었다."

그리고 그는 인내심 있게 다음 말을 이어 나갔다.

"나는 그들에게 부탁할 게 있어서 이러는 게 아니다. 단지 그들이 아무 이유 없이 나를 모함할까 두려워서이다. 그들은 비록 관직은 높지 않지만 폐하의 신임을 받고 있는 자들이다. 그러니 저들이 만약 나에 대해 험담을 늘어놓는다면 폐하께서도 귀를 기울이시지 않겠느냐? 지금처럼 아무 일도 일어나지 않았을 때 미리 교분을 쌓아두어야 한다. 만일 그들이 내가 자신들을 하찮게 여겨 무시한다고 생각해 앙심을 품고 일을 꾸며대기 시작한다면 그때는 아무리 많은 돈을 들여도 소용없다."

그러자 측근이 감탄하며 말했다.

"대인이 이처럼 멀리까지 내다보시며 신중하게 행동하시는데 저희 같은 사람들이 어찌 따라갈 수 있겠습니까."

이후 무제는 향락에 빠져 갈수록 아둔해졌다. 하지만 공신들이 죄다 모함을 받아 고초를 겪는 와중에도 두예만큼은 무탈했다. 사람들이 비법을 묻자 두예가 에둘러 대답했다.

"미움을 사는 일은 피할 수 없네. 하지만 폐하의 주변 사람들이 나를 좋게 말해주고, 나를 위해 변론을 해준다면 폐하께서도 나를 좋게 생각하지 않으시겠나. 그렇다면 무슨 변고가 생기겠나."

두예의 말을 듣고 깨달은 대신들은 모두 그를 따라 했고, 과연 피바람은 더 이상 일어나지 않았다. 대신들이 두예에게 감사함을 표하자 그가 말했다.

"어렵게 얻은 부귀영화를 지키기 위해서 모든 일에 신중해야 하네. 만약 작은 과오로 모든 것을 잃는다면 너무도 애석한 일이 아닌가."

사람은 누구나 친척과 친지가 있다
그러니 누군가를 처벌할 때는 반드시 먼저
그 가문을 살펴야 한다

人孰無親, 罪人愼察其宗.

秘 　속담에 "개를 때리기 전에 먼저 그 주인의 얼굴을 봐라"라는 말이 있다. 더구나 인간관계가 매우 복잡하게 얽혀 있는 봉건관료 사회에서 표면적인 것만 보고 일을 처리하면 인척들의 원한을 사게 될 수가 있었다. 그래서 화를 입지 않으려면 사람의 배경에 따라서 다르게 대해야 했다.

특히 개인적으로는 별다른 힘이 없는 사람이라도 그 뒤에 감추어진 배경이 있다면 함부로 대해서는 안 되었다. 이 때문에 과거 성격이 너무 강직하거나 주변을 잘 살피지 못했던 많은 사람들이 화를 입어 고초를 당하기도 했다. 이 점은 몇몇 청렴한 관료들의 노력만으로는 해결될 수 없는 봉건제도가 지닌 본질적인 폐단이었다. 그래서 사람들은 화를 피하기 위해 작은 일에도 지나치게 신중하게 행동하거나 때로는 어리석은 방식으로 일을 처리했다. 이는 당시로서는 자신을 보호하고 부귀영화를 유지하기 위해서 어쩔 수 없는 택해야 하는 방법이었다.

한안국의 임기응변

한안국韓安國의 자는 장유長孺이며, 서한시대 대신이다. 문무에 모두 뛰어났으며, 언변이 탁월했다. 초기 양효왕 밑에서 중대부를 지내며 오초吳楚 7국의 난이 일어났을 때 공을 세워 이름을 알렸다. 무제 때는 어사대부御史大夫를 맡았다. 이후 흉노족이 침입했을 때 출병했다가 패하면서 천여 명의 백성을 빼앗겼고, 이 충격으로 울화병에 걸려 사망했다.

한나라 무제 때 장군 관부灌夫를 처벌해야 할지에 대해서 대신 두영竇嬰과 승상 전분田蚡 사이에 충돌이 일어났다. 애초에 작은 일에 불과했던 이 일은 양측의 특수한 배경까지 얽히면서 커져버려서 무제가 조정에서 공개적으로 의논하기로 결정하였다.

하지만 조정에 모인 대신들은 서로 눈치만 볼 뿐 아무도 나서려 하지 않았다. 대신들은 두영과 전분이 모두 무제와 인척관계라는 사실을 알고 있었다. 두영의 고모가 무제의 할머니인 태황태후였으며, 전분은 무제의 모친인 왕태후의 오빠로 무제의 외삼촌이었다. 사람들은 실수로 말 한마디 잘못 해서 바로 목이 날아갈까 봐 걱정할 뿐 아무도 황실과 인척관계로 얽힌 그들에게 뭐라 하지 못했다.

서로 눈치를 보며 침묵하는 대신들을 본 무제는 기분이 매우 언짢아졌다. 무제가 대신들을 다그치며 말했다.

"나라에는 나라의 법이 있으니 진솔하게 법에 의해서 시비를 가려보시오. 설사 상호간에 날카로운 설전이 오가더라도 절대 죄를 묻지 않겠소."

무제가 이렇게까지 말했음에도 대신들은 입을 열 엄두를 내지 못했다. 조급해진 무제는 감찰과 법 집행을 관할하는 어사대부 한안국을 지명하며 엄하게 경고했다.

"이것은 어사대부가 관할하는 일이오. 나서서 말하려 하는 사람이 없으니 먼저 모범을 보이시오. 만약 이 일에 대해 명확한 해결책이 나오지 않는다면 그대에게 책임을 묻겠소."

무제의 경고에 마지못해 앞으로 나간 한안국은 급히 머릿속으로 어떻게 대답을 해야 할지 생각했다. 그는 이 일이 애초부터 전분의 원한에서 비롯되었다는 사실을 알고 있었다. 죄 없는 두영이 전분의 모함에 걸려든 것이 분명했지만 태황태후가 이미 세상을 떠난 후라 두영에게는 아무런 세력도 없었다. 더구나 만약 사실대로 대답한다면 한창 세력을 키우고 있는 전문에게 원한을 살 것이므로 절대 안 될 일이었다. 하지만 훗날 두영이 세력을 다시 키울 수도 있는 상황에서 무턱대고 전분을 두둔할 수도 없었다.

이리저리 고민하던 한안국은 아무에게도 원한을 사지 말아야겠다고 다짐한 뒤 말했다.

"무관에 불과한 관부가 저지른 일에 두대인과 전승상이 이렇게까지 논쟁하시는 것은 제가 보기에 타당하지 않습니다. 또 시비를 가려야 한다면 그것은 관부 한 사람의 잘못에 대해서입니다. 관부가 술에 취해 잘못을 저질렀지만 개국에 많은 공을 세웠으므로 죽어서는 안 된다고 하신 두대인의 말씀에 일리가 있습니다. 허나 관부가 평소에 자신의 세력을 믿고 백성들을 괴롭히며 횡포를 부렸다는 전승상의 지적 또한 사실입니다. 이러니 현명하신 폐하를 앞에 두고 어찌 제가 감히 결정할 수 있겠습니까. 또 이 일은 폐하의 인척과 관련이 있는 일인데 누가 감히 참견할 수 있겠습니까."

한안국의 대답에 해결법을 찾은 대신들은 모두 황실의 일이므로 황제가 직접 결정해야 한다고 말했다. 그 말이 옳다고 본 무제도 더 이상 대신들을 다그치지 않았다. 결국 이 일은 두영과 관부가 사형되면서 마무리되었다. 이로써 전분은 자신의 세력을 더욱 키우게 되었지만 얼마 뒤 많은 악행을 자행했던 그 역시 병으로 세상을 떠났다. 한안국만이 자신의 총명함으로 조금의 화도 입지 않고 온전히 몸을 보존했으며, 무제의 총애를 받아 계속 승진을 거듭했다.

사람마다 현명함과 우매함에 차이가 있다
하지만 자신이 등용한 사람에게 자신보다
더 뛰어난 기량을 요구해서는 아니 된다

人有賢愚, 任人勿求過己.

秘 권력은 부귀영화의 기초이므로, 권력이 없다면 부귀영화도 이루어질 수 없다. 집안에 재산이 아무리 많다 하더라도 아무 힘 없는 일개 지주에 불과하면 집안의 재산을 확실히 보호할 수 없다. 그래서 권력을 장악한 사람은 영원히 부귀영화를 누리기 위해서라도 자신의 권력과 지위를 유지하려 한다. 그들은 일부러 통제하기 쉽고, 위협이 되지 않는 아둔한 사람을 높은 자리에 앉혀 자신의 지위를 보호한다. 반면 아랫사람의 재능이 윗사람을 능가할 정도로 뛰어나 지위를 위협받는다면 반드시 그에 따른 대비책을 마련해야 한다.

손근의 뜻밖의 승진

송나라 고종 시기 손근孫近은 보잘것없는 인물이었다. 뛰어난 재능이나 학식이 없었던 그는 항상 비굴하게 권력자에게 아첨하며 자리를 유지했다. 그래서 조정 사람들은 모두 그를 무시했고, 강직한 인사들은 종종 상소를 올려 그를 조정에서 쫓아내야 한다고 요청했다.

하지만 손근은 걱정하지 않았다. 오히려 당시 재상이었던 진회에게 환심을 사려 더욱 노력할 뿐이었다. 손근의 그런 모습에 가족들은 쓸데없는 일에 애쓰지 말라고 충고하며 말했다.

"사람들 모두 너를 경시하는데 재상이 너를 눈여겨보겠느냐? 애초에 올라가지 못할 나무는 쳐다보는 게 아니다!"

이렇다 할 재능도 없는 손근이었지만 진회에 대해서만큼은 다른 사람들보다 정확하게 보고 있었다. 그가 말했다.

"진회는 능력과 상관없이 자신이 믿을 수 있는 사람을 등용합니다. 그는 자신보다 뛰어난 인재를 싫어하는 반면 자신에게 충성하고 아첨하는 인물이라면 누구든지 등용하지요. 그러니 제가 사람들의 선망을 받을 정도로 재능이 출중한 인물이었다면 오히려 그에게는 쓸모없는 인물이었을 것입니다. 하지만 제게는 그런 능력이 없으니 그는 분명 안심하고 제게 중책을 맡길 것입니다."

손근은 진회의 환심을 사기 위해서 조정에서 항상 진회를 두둔했다. 진회의 주장에 반대하는 대신들과의 논쟁에서 밀려 무시를 당하는 일도 여러 번이었다. 그러던 중 사람들이 그에게 진회의 간신이라고 비난하자 그가 부인하며 말했다.

"뛰어난 식견으로 먼 곳까지 내다보시는 진승상의 뜻을 소인배들이 어떻게 알 수 있겠소? 그들이 상황을 잘 알지도 못하면서 무작정 승상을 모욕하니 내가 도저히 참을 수 없어 나선 것뿐이오. 나는 승상이 잘못된 주장을 할 때에도 마찬가지로 지적을 할 것이오."

이러한 손근의 변명에도 통찰력이 있는 사람들은 모두 그의 진짜 얼굴을 알고 있었다. 그리고 이것은 진회 역시 마찬가지였다. 그는 자신을 위해서 항상 방패막이가 되어주는 손근을 내심 마음에 들어 했다. 하지만 신중하게 접근하기 위해서 조정에서 일부러 그에게 모욕을 주어 그가 정말로 자신에게 복종할 인물인지 살펴보기로 했다. 진회는 먼저 손근의 못생긴 외모를 지적하며 비꼬듯이 말했다.

"손대인과 같은 외모를 지니신 분은 재능이 있다 하더라도 조정에서 함께 어울리기 쉽지 않습니다. 더구나 손대인께서는 재능도 없으시니 하루 빨리 물러나야 되지 않겠습니까?"

그러자 조정 대신들이 모두 맞장구치며 손근을 놀렸다. 진회가 자신을 시험하고 있다고 생각한 손근은 그 자리에서 사직서를 써서 직접 진회에게 건넸다.

집으로 돌아온 손근은 자신을 탓하는 가족들에게 여유 있게 말했다.

"이제 내 관운이 트였는데 뭘 그리 걱정하십니까? 진승상께서는 분명 나를 마음에 두고 시험해본 것입니다. 내가 그를 거역하지 않았고, 또 공개적인 장소에서 모두들 그 모습을 봤으니 더 이상 나를 의심하지 않을 것입니다."

하지만 며칠이 지나도록 아무런 연락도 오지 않았다. 불안해진 손근은 결국 참지 못하고 상황을 살피기 위해 조정에 들어갔다. 그런데 뜻밖에도 황제가 자신을 부재상으로 임명했다는 소식이 들려왔다. 예상치 못한 승진 소식에 조정의 대신들뿐만 아니라 손근도 믿지 못하고 어리둥절해했다. 그때 진회가 앞으로 나와 설명했다.

"손근은 관직을 위해 아첨하지 않고, 일을 하면서 공로를 과시하지 않으니 폐하께서 나라를 위하는 그의 충심을 헤아려 부재상으로 임명하시었소. 앞으로 대인의 도움을 받게 되어 진심으로 기쁘오."

말을 마친 진회는 매우 만족스러웠다. 이전부터 황제는 비어 있는 부재상의 자리에 어울릴 만한 인물들을 거론한 적이 있었다. 하지만 진회는 그들이 모두 출중한 인재들이라서 자신의 부족함이 드러나거나 권력을 두고 다투게 될까 봐 매우 두려웠다. 그래서 그는 무능한 손근을 적극 추천했고, 진회의 강경한 태도에 황제도 승낙할 수밖에 없었다. 이로써 손근은 쉽게 부재상의 자리에 오르게 되었다. 진회의 안목대로 손근은 이때부터 진회의 말만 따르면서 아첨할 뿐 절대 권력을 넘보지 않았고, 진회는 아무런 걱정 없이 계속 권력을 독점할 수 있었다.

명성은 사람들의 부러움과 선망을 받는 한편
원한도 가져온다
윗사람에게 만족하는 모습을 보이고
아랫사람에게 은혜를 베풀면 원망은 자연히 줄어든다

榮所衆羨, 亦人衆怨. 示上以足, 示下以惠, 怨自削減.

秘 명성이 가져다주는 부정적인 면을 무시해서는 아니 된다. 명성이 높을수록 다른 사람의 시기로 모함에 빠지기 쉽고, 또 윗사람의 의심으로 위치가 흔들릴 수 있다. 이런 문제를 제대로 해결하지 않는다면 명성을 잃게 될 뿐만 아니라 심지어 집안은 풍비박산이 될 수도 있다. 이 때문에 총명한 사람들은 먼저 자신의 자리에 만족한다는 모습을 보여 윗사람이 의심을 거둘 수 있게 하는 한편 넓게 교분을 맺으면서 아랫사람이 실제적인 이익을 얻을 수 있도록 해 불만을 품지 않도록 한다. 이는 매우 중요한 방법이다. 이처럼 위로부터 총애를 받고 아래로부터 굳건한 지지 기반을 얻을 수 있다면 안전하게 자신의 자리를 지킬 수 있다.

이득을 위해 물러설 줄 알았던 위세강

수나라 문제 시기 위세강韋世康은 이부상서를 지내고 있었다. 진중한 성격이었던 그는 윗사람을 공경하고 아랫사람을 예우했다. 일을 처리할 때도 경솔하게 행동하지 않고 항상 심사숙고한 뒤에 결정했다. 그렇기에 문제나 대신들에게 항상 호평을 들었고, 조정에서 큰 풍파가 불어닥쳐도 그는 항상 무사할 수 있었다.

더욱이 위세강은 매번 다른 사람들이 자신을 높이 칭송할 때마다 아무 이유 없이 사직을 청하곤 했다. 이처럼 관직에 연연하지 않는 결연한 그의 태도에 문제는 오히려 그를 더욱 신임하게 되었고, 절대 사직을 허락하지 않았다.

한번은 황제가 칭찬을 하자 위세강이 또 다시 사직을 요청했다. 이에 문제가 물었다.

"자네는 매번 사직을 청하는데, 짐에게 섭섭한 점이라도 있소?"

그러자 위세강이 황송해하며 말했다.

"폐하께서 이렇게 소신을 아껴주시니, 평생 노력해도 받은 은혜를 다 갚을 길이 없습니다. 하지만 폐하의 총애를 받는 만큼 저를 시샘하고 험담하는 사람들도 생길 것이니, 이 때문에 폐하께 걱정을 끼친다면 이 또한 소신의 불충이 아니겠습니까? 그래서 미리 물러나려 합니다."

위세강의 진심에 깊이 감동한 문제는 그를 위로하며 사직을 허락하지 않았다.

한편 부귀를 중요하게 생각하는 위세강의 아들은 아버지가 정말로 관직을 버리고 고생을 자초할까 걱정하며 말했다.

"가난을 스스로 자초하는 사람은 없습니다. 그런데 어째서 아버지께서는 계속 사직을 청하시는 것입니까? 정말 사직하고 관직에서 내려온다면 아무런 일도 없겠습니까? 평민으로 전락해 아무에게나 짓밟히며 계속 화를 당할 것입니다."

묵묵히 아들의 말을 듣던 위세강이 입을 열어 말했다.

"관료사회가 어떤 곳인지 알고 있느냐? 너는 부귀영화가 가져다주는 밝은 면만 보고 그 뒤에 숨은 어두운 면은 보지 못하고 있다. 매번 승진을 거듭해 명성이 높아질수록 화도 그만큼 가까워지는 것이다. 사람들은 모두 앞에서는 웃지만 뒤에서는 시기하니, 이 점을 알지 못한다면 결국 화를 입게 될 수밖에 없다. 그러니 이렇게 해서라도 최선을 다해 화를 피해야 하지 않겠느냐."

한편 위세강의 부하들은 처음에는 그의 엄격한 모습 때문에 함부로 다가가지 못하고 무서워했다.

위세강은 처음 황제에게 받은 상금으로 부하들을 위한 선물을 준비하고 연회도 베풀었다. 연회 자리에서 그가 말했다.

"폐하께서 나에게 상을 주셨으나 이것은 나 한 사람이 이룬 공로가 아닐세. 자네들이 각자 자리에서 최선을 다해준 덕분이니 모두가 함께 이 영광을 즐겨야 하지 않겠나. 그래서 모두에게 선물을 준비했으니 부디 사양 말고 받아주게. 오늘 밤 우리 모두 먹고 마시며 신나게 즐겨보세나."

일부러 잔뜩 취한 그는 부하들과 거리낌 없이 어울려 웃고 떠들었다. 이런 모습에 감동한 부하들은 이후 일을 처리할 때 더욱 최선을 다했을 뿐만 아니라 자발적으로 계책을 내놓으면서 위세강을 위한 든든한 지지 기반이 되어주었다.

그러던 중 형주荊州 총관總管 자리가 비게 되었다. 중요한 자리인 만큼 총 네 곳의 총관 중 세 곳을 문제의 아들들이 맡고 있었다. 하지만 대신들은 모두 형주 총관을 맡고 싶어 했고, 경쟁도 매우 치열했다. 그런데 뜻밖에도 문제는 위세강에게 그 자리를 맡겼다. 문제가 공개적으로 밝힌 이유는 매우 단순했다.

"위세강은 여러 번 사직을 요청할 만큼 야심이 없으니 형주 총관으로 가장 적합한 인물이다. 이처럼 권력을 탐내지 않고 최선을 다해 정사를 돌보는 인물이 또 누가 있느냐? 여기에 불만을 품은 사람이 있다면 나와서 말해보게."

문제의 말에 대신들은 모두 만세 삼창을 외칠 뿐 이견을 제시하지 않았다. 그들 역시 마음속으로 자신보다 위세강이 더 뛰어난 인물이라 생각했고, 그래서 아무도 나설 용기를 내지 못했다.

큰 원수는 반드시 깨끗이 제거하여야 하고
부끄러움을 모르는 소인을 무시해서는 아니 되며
사건을 숨겨서도 아니 된다

大仇必去, 小人勿輕, 禍不可伏.

秘 총애를 받는 사람이 경각심을 잃고 자만해지면 다른 사람의 공격을 받기 쉬운데, 그중에서도 특히 원수와 소인을 조심해야 한다. 원수는 항상 복수할 기회를 엿보고 있기 때문에 총애를 받을수록 약점 잡혀 공격받기 쉽다. 또 소인의 경우에 시기심이 강하고 양심이 없기 때문에 앙심을 품게 되면 수단과 방법을 가리지 않고 모함한다. 그러니 원수를 제거하지 않으면 화를 초래하고, 소인을 무시하면 큰일을 망치게 된다. 역사적으로 많은 사람들이 이 때문에 죽음을 당했으니 반드시 깊이 유념해야 한다.

소인에게 고발당한 영포

영포英布는 진나라 말기에서 한나라 초기에 활동한 명장이다. 진나라 법을 어겨 경형黥刑을 당해 경포黥布라고 불렸다. 항우의 수하로 들어가 패왕의 다섯 제후 중 한 명이 되어 구강왕九江王에 봉해졌다. 이후 초나라를 배신하고 한나라로 귀순해 회남왕淮南王에 봉해졌다. 한신, 팽월彭越과 함께 한나라 초기 삼대 명장이다.

한나라가 건국된 이후 한신, 팽월이 앞다투어 죽임을 당하자 회남왕 영포는 큰 두려움에 휩싸였다. 그는 몰래 군대를 배치하고, 백방으로 사람을 보내 탐문하면서 목숨을 부지할 방법을 모색했다.

이처럼 영포가 정신없이 움직이고 있을 때 그가 아끼는 애첩이 병이 나 의원을 찾아갔다. 그런데 공교롭게도 의원의 집 맞은편에 영포의 측근인 분혁賁赫의 집이 있었다. 분혁은 이 기회에 영포의 애첩에게 환심을 사야겠다고 마음먹고 선물을 주며 아부했고, 그녀가 머무르고 있는 의원의 집에 찾아가 함께 술을 마시기도 했다.

그러자 의원이 영포가 알고 죄를 물을까 겁이 나 분혁을 저지하며 말했다.

"회남왕은 의심이 많습니다. 그런데 대인께서는 어째서 그의 애첩과 왕래하며 의심받을 행동을 하십니까? 만일 이 일이 발각된다면 우리 모두 목숨을 잃을 것입니다."

이전부터 애첩의 미모에 반해 호시탐탐 기회를 엿보고 있었던 분혁은 요즘 영포가 정신이 없어서 알지 못할 것이라고 생각하고 의원을 협박하며 말했다.

"지금 회남왕께서는 머지않아 발생할 큰일에 대비하느라 바쁘셔서 작은 일은 나에게 처리하라 맡기셨소. 그러니 만약 입을 함부로 놀린다면 죄를 물을 것이니 그리 아시오."

그의 권력이 두려운 의원은 더 이상 참견하지 않고 내버려두었다.

분혁의 아부에 호감을 느낀 애첩은 돌아간 뒤 영포 앞에서 분혁을 칭찬했다. 하지만 두 사람의 관계를 의심한 영포는 몰래 사람을 시켜 애첩을 미행하게 했다. 아나나 다를까 두 사람이 의원의 집에서 술을 마시고 있는 모습을 본 부하가 곧장 영포에게 달려가 보고했다.

애첩이 돌아오자 기다리고 있던 영포는 바로 그녀를 질책하며 분혁을 잡아들이라 명령했다. 그러자 애첩이 울며 호소했다.

"저희는 부정한 짓을 하지 않았습니다. 그가 대왕의 측근인 데다 요즘 대왕께서 그에게 많은 일을 맡기시기에 저는 그가 진심으로 대왕께 충성할 수 있도록 마음을 사려 했을 뿐입니다. 만약 이 일을 공론화하신다면 신첩의 순결도 더럽혀질 뿐만 아니라 대왕의 명성도 손상을 입을 것입니다. 또 궁지에 몰리면 개도 주인을 공격하는 법이라 했습니다. 만약 그가 위협을 느껴 예상치 못한 일을 저지른다면 대왕께도 좋을 것이 없사옵니다."

계속되는 설득에 영포는 애써 분노를 삼키며 바로 분혁을 잡아들이지 않았다. 하지만 이 소식을 들은 분혁이 겁을 먹고 도망쳐버렸다. 그는 영포에게 보복하기 위해서 곧장 유방에게 달려가 영포가 모함을 꾸미고 있다고 고발했다. 이 사실을 안 영포는 분노에 치를 떨며 어쩔 수 없이 군대를 일으켰고, 결국 참패해 죽고 말았다.

자신의 감정을 드러내지 않고
신중히 생각해 먼 곳까지 시야를 넓힌다면
사람들이 쉽게 모함하지 못한다

喜怒無蹤, 愼思及遠, 人所難圖焉.

秘 　높은 명성은 지혜로운 사람에 대한 포상이자 포부를 가진 사람에 대한 보답이다. 성공한 사람들마다 성공 방법은 모두 다르지만 한 가지 공통된 특징이 있다. 바로 전체적인 상황을 살필 수 있는 넓은 안목을 가졌다는 점이다. 게다가 그들은 사람들이 쉽게 자신의 의도를 알지 못하도록 감정을 드러내지 않는다.

　이처럼 넓은 안목을 가진 그들은 평범하게 일을 처리하는 것 같으면서도 모두가 탄복할 만한 결과를 만들어낸다. 이러한 앞일을 내다보는 넓은 안목은 모두가 가질 수 있는 능력은 아니다. 그렇기에 성공한 사람들은 다른 사람들이 갖지 못하는 명성을 가질 수 있다. 또 속마음을 드러내지 않는 능력도 매우 중요하다. 사람들에게 자신의 속마음을 들킨다면 아무리 정밀한 계획을 가지고 있더라도 아무 소용없다. 의도를 들키는 순간 계획은 실패할 수밖에 없기 때문이다.

신중하게 처신한 문언박

　문언박文彦博은 북송시대 정치가이다. 증조할아버지, 할아버지, 아버지 모두 연국공燕國公, 주국공周國公, 위국공魏國公에 봉해졌으며, 자손들도 대대로 벼슬길에 올라 주요 관직을 맡았다. 문언박도 네 명의 황제를 모시며 장상將相으로 50년 동안 재임했다.

송나라 인종仁宗 시기 문언박은 유항劉沆과 함께 재상으로 있었다. 간사한 인물이었던 유항은 항상 문언박을 몰아내고 혼자 권력을 독점할 궁리를 하고 있었다.

문언박은 속으로 유항의 의도를 알고 있었지만 겉으로는 호형호제하면서 절친한 친구처럼 지냈다. 그러자 문언박을 걱정한 대신들이 여러 번 그에게 유항을 조심하라고 조언했다. 그는 그때마다 일부러 자신과 유항을 이간질한다고 불쾌해하며, 일부러 유항에게 이 사실을 털어놓기도 했다. 하지만 유항은 속으로 문언박을 비웃으며 좋아했다.

인종이 말년에 정신이 온전치 못해 난폭해지자 주변 사람들 모두 긴장하며 예의주시했다. 그러던 어느 날 인종의 병이 도져서 급박한 사태가 생길 것을 대비해 문언박이 궁궐에 머무르고 있을 때였다. 한밤중에 누군가 궁문을 두드려 열어보니 개봉지부開封知府의 왕소王素가 찾아와 급히 인종을 뵙기를 청했다.

여러 번 고심을 거듭한 끝에 문언박은 예기치 못한 사태를 막기 위해서 바로 만날 수는 없다고 거절했다. 다음 날 아침 그는 왕소를 불러 어젯밤에 찾아온 이유를 물었다. 왕소는 어젯밤에 금위군 병사가 금위군의 우두머리가 모반을 꾀하려 한다고 밀고했기 때문이라고 말하며 자초지종을 세세하게 설명했다.

상황을 들은 문언박은 한동안 고심하던 끝에 대신들의 건의를 물리치고 당사자를 잡아들이지 않았다. 그리고 대신들에게 이유를 설명했다.

"폐하께서 병환으로 누워 계시는데 진위도 따져보지 않고 경솔하게 행동했다가 만일 사태가 악화된다면 돌이킬 수 없습니다. 그러니 신중하게 일을 처리해야 합니다."

그는 우선 금위군 총지휘관인 허회덕許懷德을 불러 금위군 우두머리에 대해 자세히 알아봤다. 허회덕은 그가 충성심이 깊은 인물이기 때문에 모반을 꾀했을 리 없다고 말하며 자신이 그의 결백을 보장해줄 수 있다고 주장했다. 허회덕의 말을 믿은 문언박은 일을 마무리 짓고 민심을 안정시키기 위해서 밀고한 병사를 참수시킬 것을 건의했다.

아무도 반대 의견을 제시하지 않았고 유항은 오히려 적극적으로 찬성했다. 이에 문언박은 형 집행 명령서에 서명한 뒤 유항에게도 서명하게 했다. 그러자 유항이 한사코 사양하며 말했다.

"어젯밤 문대인께서 당직을 서시었고, 또 직접 처리하신 일인데 제가 어찌 문대인의 공을 가로챌 수 있겠습니까? 그러니 저는 서명하지 않겠습니다."

유항의 속내를 알고 있는 문언박이 미소를 지으며 말했다.

"우리 두 사람은 함께 재상으로 있고, 또 형제 같은 사이인데 어찌 서로 공을 가릴 수 있겠습니까? 저 혼자 공을 독차지한다는 것은 절대 있을 수 없는 일입니다."

이처럼 문언박의 단호한 요구에 유항도 어쩔 수 없이 문서에 서명했다. 그 모습을 보던 누군가가 문언박에게 말했다.

"대인께서는 어째서 유항을 그렇게나 배려해주시는 것입니까?"

그러자 문언박은 형식적으로 대응할 뿐 진심을 말하지 않았다. 과연 문언박의 조치는 틀리지 않았다. 얼마 뒤 인종의 병이 호전되자 유항은 바로 황제가 병환으로 누워 있을 때 문언박이 독단적으로 모반을 밀고할 병사를 참수했다고 일러바쳤다. 그의 말에는 문언박이 모반을 눈감아줬을 뿐만 아니라 심지어 모반을 함께 꾸몄다는 의미를 내포하고 있었다.

유항의 고변에 매우 격분한 인종이 바로 문언박을 불러 자초지종을 물었다. 그러자 문언박은 침착하게 유항과 함께 서명한 형 집행 명령서를 꺼내 보였다. 문서를 살펴본 인종은 의심을 풀었고, 문언박을 끌어내리려던 유항의 계획은 완전히 실패했다.

【秘】 뛰어난 지략을 통해 부귀영화를 이룬 뒤에는 멈춰야 할 때를 알아야 영원히 보존할 수 있다.

【秘】 옛 사람을 버리고 새로 자신의 사람을 등용해야 명령이 잘 행해진다.

【秘】 군주에게 환심을 사는 것도 중요하지만 총애받는 사람과 친분을 맺는 것도 매우 중요하다.

【秘】 관료사회의 인간관계는 매우 복잡하게 얽혀 있다. 그래서 인간관계를 면밀히 살펴보지 않은 채 표면적인 것만 보고 일을 처리한다면 다른 사람의 원한을 사게 되어 모든 것을 망칠 수 있다.

【秘】 영광과 번영이 가져오는 위험과 천대와 빈곤이 가져오는 위험을 무시해서는 아니 된다.

비책 5

자신을 보호하는 법

사람은 스스로를 해치지는 않지만 다른 사람을 해치는 것이 세상의 이치이고, 다른 사람에게 용서받지 못해도 스스로를 용서하는 것이 사람의 이치이다. 군자는 명성을 소중히 여기고 소인은 자신을 소중히 한다. 명성을 소중히 하면 행동에 구속되지만 이익을 중시하면 손해를 피할 수 있다. 명성과 덕행을 드러내 보이지 않으면 비방으로도 자신의 명성을 손상시킬 수 없고, 인의를 드러내지 않으면 간사한 사람도 근심이라 생각하지 않는다. 겉으로는 상대방을 칭송해 진의를 알아차리지 못하게 하고, 뒤로는 남몰래 이익을 취하며 상대방의 약점을 공격해 스스로를 보호한다. 백성은 정부와 싸우지 말아야 하고, 부유한 사람은 다른 사람과 원한을 맺지 말아야 한다. 자신을 보호하기 위해서 약자는 잘난 척하며 능력을 뽐내서는 아니 되고, 강자는 완벽만 추구해서는 아니 된다. 스스로 모질게 책망하면 사람들의 연민을 불러일으켜 큰 화를 피할 수 있다. 악에는 정해진 의견이 없으니 악을 악이라 생각하지 않는 사람이 높은 지위에 오를 수 있다. 선에는 정해진 평가가 없으니 선을 선이라 생각하지 않는 사람이 편안할 수 있다. 스스로를 동정하면 다른 사람에게도 동정을 받고 스스로를 미워하면 다른 사람에게도 미움을 받는다.

사람은 스스로를 해치지는 않지만
다른 사람을 해치는 것이 세상의 이치이고
다른 사람에게 용서받지 못해도
스스로를 용서하는 것이 사람의 이치이다

世之道, 人不自害而人害也, 人之道, 人不恕己而自恕也.

秘 목숨을 지키고 화를 피하기 위해서는 하늘의 이치와 처세술을 터득해야 한다. 이것은 처신의 기초이고 행동의 지침서이며, 또한 한 사람의 성숙함을 검증하는 지표이다. 더구나 이것이 미치는 영향이 매우 커서 어디에서나 그 영향을 찾을 수 있다. 이러한 의미에서 자신을 지키기 위해서는 행동에서 드러나는 표면적인 의미만 관찰하지 말고, 그 행동에 담긴 원인을 살펴보고 진짜 생각을 간파해내야 한다. 그렇게 해야 비로소 견문을 넓히고 자신을 보호하는 능력을 기를 수 있다.

관직을 거절한 왕운

원나라 초기 간신인 노세영盧世榮은 원 세조元世祖의 총애를 받고 무소불위의 권력을 휘둘렀다. 노세영의 집에는 매일 아첨하기 위해 만남을 청하는 사람들로 가득했고, 일부는 노세영과 만났다는 것을 과시하기도 했다.

반면 왕운王惲은 학식이 풍부했지만 아무런 관직 없이 한가롭게 지내고 있었다. 왕운의 명성을 들은 노세영이 어느 날 직접 측근을 보냈다. 영문을 알지 못한 왕운은 일단 자리를 안내한 뒤 차분한 목소리로 말했다.

"변변치 않은 평민의 집에 노대인께서 관심을 가져주시니 황송합니다. 할 말이 있으시면 솔직하게 말씀해주십시오."

왕운의 인사를 받은 노세영의 측근은 미소를 지어 보이며 왕운에게 축하의 뜻을 표하고는 말했다.

"선생처럼 뛰어나신 분이 이렇게 촌구석에 계셔서 되겠습니까? 노대인께서는 인재를 매우 아끼십니다. 폐하께 이미 선생을 좌사낭중左司郞中에 추천한 상태이니 얼른 올라오시지요."

이 말에 왕운이 매우 감격하며 좋아할 것이라고 생각한 노세영 측근의 예상과 달리 그는 좋아하기는커녕 미간을 찌푸리며 고민에 빠졌다. 예상치 못한 왕운의 반응에 놀란 그는 잠시 망설인 뒤 입을 열었다.

"노대인처럼 높은 자리에 계신 분을 만난다는 것은 매우 힘든 일입니다. 그런데 선생께서는 어째서 큰 행운이 저절로 찾아왔는데도 주저하는 것입니까?"

그러자 왕운이 웃으며 말했다.

"대인이 모르는 것이 있습니다. 초야에 묻혀 아무 이름 없는 사람은 애초부터 세상일에는 관심이 없는 법입니다. 노대인께서 저를 특별히 아껴주시는 것은 감사한 일이지만 자유롭게 살아가던 사람이 어찌 조정에 갇혀 살 수 있겠습니까? 노대인의 마음만 감사히 받겠습니다."

이후 측근이 오랫동안 설득했지만 그는 끝내 마음을 돌리지 않았다. 측근이 가고 난 뒤 왕운의 아내가 볼멘소리로 말했다.

"매일 세상이 자신을 알아주지 않는다고 불평하면서, 오늘 이렇게 좋은 기회가 왔는데 어째서 거절하시는 것입니까?"

그러자 왕운이 말했다.

"천하의 모든 일은 그 내재된 이치에 따라 움직이는 것이오. 눈앞에 있는 행운에 이성을 잃어버린다면 큰 함정에 빠지게 되고, 이익만 보고 손해는 보지 않거나 겉모습만 보고 실상을 보지 못한다면 큰 화를 초래하는 법이오. 그래서 노세영의 요청에 응하지 않은 것이오."

왕운의 뜻을 이해하지 못한 아내가 다시 따져 물었다.

"폐하의 총애를 받고 있는 노세영이 직접 사람을 보내어 요청을 한 것인데 걱정할 게 뭐가 있단 말입니까? 그렇게 몸을 사리면 무슨 일을 할 수 있겠습니까?"

그러자 왕운이 고개를 저으며 단호하게 말했다.

"부족한 능력으로 높은 자리에 오르거나, 사람들이 핍박해 이익을 취하는 사람은 몸을 보전할 수 없는 법이오. 노세영은 비록 아첨으로 높은 자리에 올랐지만 재능도 없고 덕도 부족하니 곧 무너질 것이오. 그런데 내가 만약 그 밑에 들어간다면 그가 무너질 때 나도 같이 무너지지 않겠소?"

왕운의 단호한 모습에 아내도 속으로만 애태울 뿐 더 이상 권하지 않았다.

노세영이 그 뒤로도 몇 번이나 사람을 보내왔지만 왕운은 한사코 거절했다. 이 일을 들은 사람들은 모두 이상하게 생각하며, 왕운이 세상의 흐름을 읽지 못해 바보같이 행동한다고 말했다. 하지만 왕운은 이런 말에 조금도 신경 쓰지 않았다.

그로부터 얼마 뒤 노세영은 실각되어 처형되었고, 그의 밑에 있던 사람들도 모두 처벌을 받았다. 그 소식을 들은 왕운의 가족들은 그제사 안도하며 이미 모든 일을 예견하고 있던 왕운의 선견지명에 감탄했다.

군자는 명성을 소중히 여기고
소인은 자신을 소중히 한다
명성을 소중히 하면 행동이 구속되지만
이익을 중시하면 손해를 피할 수 있다

君子惜名, 小人愛身. 好名羈行, 重利無虧.

秘 군자는 소인보다 자신을 보호하는 능력이 부족하다. 장점과 단점을 구체적으로 말하지 않더라도 소인은 여러 면에서 군자보다 처신을 잘하며 윤택한 삶을 산다. 더구나 군자는 소인을 해치는 데 서투른 반면 소인은 쉽게 군자를 해친다. 또 소인은 종종 음해로 분란을 만들어 개인의 이득을 취하는 반면 군자는 모함을 당해 목숨을 잃는 일이 많다.

이는 모두 명성을 아끼는 군자의 태도에 원인이 있다. 군자는 명성을 더럽히지 않기 위해서 나쁜 무리와 어울리지 않고, 환심을 사려고 아첨하지도 않으며, 개인의 이득을 위해 법을 어기지도 않는다. 이처럼 항상 정정당당하고 합법적이게 행동하려 하기 때문에 모든 면에서 구속될 수밖에 없다. 이것이 바로 군자가 화를 입는 가장 큰 이유이다. 하지만 이러한 모습은 봉건제도시대에 살아남는 데 적합하지 못했다. 오히려 모든 일에서 자신의 이익과 안전을 최우선으로 생각하는 소인이 더 순탄한 삶을 살 수 있었다.

스스로 무덤을 판 개관요

서한 선제宣帝 때 사례교위司隷校尉를 지낸 개관요蓋寬饒는 전형적인 군자였다. 강직하고 청렴한 성격이었던 그는 권력 앞에서도 굴복하지 않고 모든 일을 법대로 처리했다. 일단 법을 위반한 사람이 자신의 손에 들어오면 절대 봐주지 않았다.

사례교위는 관리들의 감찰과 처벌을 담당하는 만큼 자신의 이득을 취하거나 승진하기 좋은 자리였다. 그의 전임자들은 모두 눈감아주는 조건으로 개인의 이득을 취해 승승장구했지만, 그렇지 않았던 개관요는 오히려 고위 관리들의 원한을 사서 오랜 시간 승진도 못한 채 궁핍한 삶을 살아야 했다. 그는 자신이 처한 현실을 불평하면서도 끝까지 군자로서의 도리를 지키려 했다.

이런 개관요가 걱정된 친구인 왕생王生이 편지를 보내 그를 타일렀다.

"군자로서 어려운 점이 바로 세상이 자신을 알아주지 않는 것이네. 특히 관료사회에서 군자가 설 자리는 없네. 백성들이야 군자를 존경하지만 소인들은 군자를 뼈에 사무치게 미워하지 않는가. 하물며 관료사회는 소인들의 세상이네. 만약 자네가 이들과 모두 적이 된다면 백성들이 존경한들 어찌 살아남을 수 있겠는가? 그러니 관직에 있는 이상 현실에 순응하고 자신을 보호할 줄 알아야지 군자의 이름만 지키려 해서는 안 되네. 그런데 자네는 지금 계속 고집만 부리며 주변의 원한을 사고 있으니 자네의 안위가 정말 걱정되네. 대장부가 입신양명을 하려면 융통성을 부리면서 세상의 흐름에 순응해야 할 줄 알아야 하네. 모두들 자신을 위해 사는데 어째서 자네만 그렇게 고집을 부리는가. 계속 이렇게 처신하다가는 분명 결과가 좋지 않을 걸세."

개관요는 자신의 약점을 지적하는 친구의 편지를 몇 번이나 반복해 읽으면서 답답함에 눈물을 흘렸다. 그는 조금은 융통성을 가져야겠다고 마음을 먹으면서도 일단 일에 부닥치면 그러지 못했다. 그는 성격상 잘못된 일을 그냥 지나치지 못했고, 소인배들과도 어울리지 못했다.

한번은 황후의 아버지인 허광한許廣漢이 새집으로 이사하면서 기념으로 대신들을 연회에 초대했고, 개관요도 참석했다. 연회가 무르익자 술에 취한 조정 대신들이 점차 상스러운 말들을 내뱉기 시작했고, 개관요는 역겨워하며 못 견뎌했다. 그러던 중 구경九卿 중 한 명인 단장경檀長卿이 술에 취해 개와 원숭이가 싸우는 모습을 흉내 내면서 사람들을 웃겼다. 더 이상 참을 수 없었던 개관요는 지붕 처마를 쳐다보며 소리쳤다.

"부귀영화란 바람 불면 흩어질 연기에 불과한데 어찌 이성을 잃고 날뛴단 말인가? 모두들 지금은 즐거움에 취해 아무것도 거리낄 게 없다지만 짧은 부귀영화가 지나가면 결국 후회만 남게 될 것을!"

산통 깨는 말에 모두들 그를 노려보며 속으로 욕을 했다. 인사도 없이 자리를 박차고 나간 개관요는 바로 황제에게 이 사실을 알리고 대신으로서 위신을 떨어뜨린 단장경을 처벌해달라고 요청했다. 허광한이 애써 만류한 끝에 황제는 단장경에게 죄를 묻지는 않았다. 이 사실을 들은 조정의 대신들은 개관요를 더욱 원망하게 되었다.

한편 선제는 환관을 신뢰해서 그들의 말이라면 뭐든 믿고 들으려 했다. 조정의 대신들 모두가 이런 선제에게 불만을 품고 있으면서도 자신의 안위를 생각해 감히 진언하지 못하던 중 개관요가 과감히 선제의 잘못을 지적하는 상소를 올렸다. 격노한 선제는 조정을 비방하고 황제를 무시한다면서 개관요를 잡아들였다. 그러자 기회를 엿보고 있던 대신들이 모두 달려들어 개관요가 모함을 계획했다고 음해하며 처형해야 한다고 주장했다. 개관요의 결백을 아는 친척들과 친구들이 각지를 찾아다니면서 도움을 요청했지만 그때마다 사람들은 거절하며 말했다.

"개관요는 항상 군자임을 자처하더니, 세상에 모반을 계획하는 군자도 있단 말인가? 진작 벌을 받아야 했을 사람인 만큼 하늘도 그를 구할 수는 없을 걸세."

결국 개관요는 슬픔과 분노 속에서 울부짖으며 자살로 생을 마감했다.

명성과 덕행을 드러내 보이지 않으면
비방으로도 그 자신의 깨끗한 명성을 손상시킬 수 없고
인의를 드러내지 않으면
간사한 사람도 근심이라 생각하지 않는다

名德不昭, 譭謗無損其身, 義仁莫名, 奸邪不以爲患.

秘 자신을 보호하는 방법에서 가장 중요한 것은 강적을 키우지 않고, 대중의 표적이 되지 않는 것이다. 사람들은 종종 이 부분을 소홀히 해서 화를 자초하곤 한다. 높은 덕망과 어진 성품은 모두가 숭상하고 추구하는 미덕이지만 소인에게는 그렇지 않다. 그래서 그들은 항상 이와 같은 미덕을 가진 사람을 모함하려 한다. 이것은 대비할 수 없는 무형의 적이다.

자신을 보호할 줄 아는 사람은 덕망을 과시하지 않으며, 애써 명성과 미덕을 추구하지 않는다. 그리고 큰 명성을 얻을수록 자신을 억누르고 그 미덕을 감추려 한다.

사지로 걸어간 안진경

안진경顔眞卿의 자는 청신淸臣이며 경조京兆 만년萬年[중국 산시 서안] 사람이다. 개원開元 22년(734년) 26세의 나이로 진사에 합격했으며, 안사安史의 난 때 끝까지 싸워 공을 세웠다. 이후 수도 장안長安에서 이부상서吏部尙書, 태자태사太子太師 등 요직을 맡았다. 덕종德宗 시기 반란을 일으킨 이희열李希烈을 회유하러 갔다가 77세의 나이로 살해당했다. 서예에도 뛰어나서 자신만의 독특한 풍미를 가진 서체를 주로 썼으며, 이후 '안진경 서체'라 불렸다.

안진경은 당나라 현종玄宗이 가장 충직하고 용감한 인물이라 평가할 만큼 많은 공을 세웠다. 안사의 난이 일어났을 때도 하북河北의 20여 군郡이 연이어 투항한 반면 안진경만큼은 죽음을 각오하고 끝까지 적과 싸워 평원군平原郡을 지켜냈다. 이처럼 충신으로서 모범을 보인 안진경은 이후로도 여러 황제들을 모셨고, 덕종 시기에 이르러서는 원로대신으로서 천하에 명성이 자자했다.

그 시기 조정에서는 간신인 노기盧杞가 전권을 잡고, 자기 사람만 등용하며 온갖 악행을 저지르고 있었다. 반면 이미 늙고 병든 안진경은 조정의 일에 별로 간섭하지 않았다. 게다가 안진경은 노기의 부친과 친구 사이였으므로 자신을 해칠 것이라고는 생각하지 않았다. 하지만 일은 예상과 다르게 흘러갔다. 나쁜 짓을 저지를 때마다 안진경의 눈치를 보던 노기가 결국 안진경을 처리해 후환을 없애야겠다고 결심한 것이다.

그러던 중 번진藩鎭 이희열이 대규모 반란을 일으켰다. 두려움에 휩싸인 덕종은 노기에게 방법을 물었다. 그러자 노기는 안진경을 사신으로 보내서 이희열이 투항하도록 설득해야 한다고 말했다.

"안진경은 사람들이 모두 존경하는 조정의 중신입니다. 그가 만약 직접 가서 폐하의 은덕을 알리고 번진을 설득한다면 분명 성공할 수 있을 것입니다. 그럼 병력을 움직이지 않고도 반란을 잠재울 수 있으니 최고의 방법이 아니겠습니까. 폐하께서는 하루 빨리 명을 내리시옵소서."

이는 분명 안진경을 사지로 보내려는 악랄한 계책이었지만 어리석은 덕종은 알아차리지 못했다. 덕종의 명이 내려지자 조정의 대신들은 모두 놀랐다. 그러자 일부 대신들은 덕종에게 상소를 올려 안진경을 사지로 몰아넣는 명을 거두어달라고 요청했다.

노기는 그러한 대신들을 억압하는 한편 덕종에게 안진경이 만약 가지 않는다면 나라의 존망은 신경 쓰지 않은 채 대신들과 한통속이 되어 일을 꾸미는 것이 분명하다고 말했다. 그 말을 믿은 덕종은 안진경에게 빨리 길을 떠나라고 재촉했다.

형세가 이렇게 돌아가자 안진경은 할 수 없이 명에 따랐다. 그는 앞길을 막으며 안타까워하는 대신들을 향해 말했다.

"이것은 내 명성이 초래한 일이네. 소인의 비방은 정말이지 사람을 가리지 않는군. 나라의 존망이 위태로운 상황에 폐하께서 내린 명령을 어찌 거절할 수 있겠는가. 다만 한스러운 것은 소인의 간계를 알아차리지 못해 그가 원하는 대로 당하게 된 것일세!"

대신들은 어쩔 수 없이 눈물을 흘리며 그가 사지로 떠나는 모습을 지켜봤다. 안진경이 이희열의 진영에 찾아가자 이희열은 협박과 회유로 그를 능욕했다. 이희열을 설득시킬 수 없다는 것을 깨달은 안진경은 죽을 마음을 먹고 큰 소리로 욕을 하며 그의 잘못됨을 꾸짖었다.

이희열은 온갖 협박과 회유에도 안진경이 매수되지 않자 결국 그를 잔인하게 살해했다.

겉으로는 상대방이 참아내기 어려울 만큼 칭송해
진의를 알아차리지 못하게 하고
뒤로는 몰래 이익을 취하며
상대방의 약점을 공격해 스스로를 보호한다

陽以讚人, 置其難堪而不覺, 陰以行私, 攻其諱處而自存.

秘   상대방이 방비하지 못한 상태에서 공격하면 종종 가장 기발한
      효과를 볼 수 있다. 게다가 아무도 모르는 사이에 적을 사지로
몰아넣기 때문에 자신은 악명을 피해 스스로를 보호할 수도 있다. 아무런
이유 없이 발생하는 일은 없다. 상대방이 민망할 만큼 과장해서 칭찬하는
것은 사실 약점을 드러내게 하기 위해서이다. 아첨해 치켜세울수록 무너
질 때의 충격도 큰 법이다. 이런 방법은 상당히 은밀하게 진행되어 파급
력도 크고, 부지불식간에 걸려들기 때문에 자연히 그 사람의 진정한 모습
도 볼 수 있다.

이렇듯 겉으로는 칭송하고 뒤로는 다르게 행동하는 사람들은 음흉한
마음을 품은 채 상대방이 가장 꺼리는 급소를 공격해 자신의 목적을 달
성한다.

험담하지 않은 왕부인

한나라 경제의 후궁이었던 왕부인은 꾀가 많았다. 그녀에게는 아들 유
철劉徹이 있었지만 율희栗姬의 아들 유영劉榮이 경제의 장자였기 때문에
먼저 태자로 책봉되었다. 왕부인은 아들의 장래를 걱정하느라 식욕을 잃
을 정도였다.

그러던 중 어느 날 왕부인을 찾아온 가족들이 그녀의 초췌해진 모습에

놀라 물었다.

"마마, 몸이 어디 불편하십니까? 궁궐에서 풍족하게 지내시면서 무엇을 근심하십니까?"

그러자 왕부인이 가족들에게 걱정을 털어놓았다.

"저와 제 아들이 걱정이 되어 마음에 병이 난 것 같습니다. 이런 일은 궁궐 밖 사람들이야 알 수 없을 것입니다."

왜 그런 말을 하는지 가족들이 자세히 묻자 왕부인이 이어 말했다.

"지금이야 아무 일 없이 잘 지내고 있지만 이후의 일을 고민하지 않는다면 아들의 목숨을 보존하기 어려워질 것입니다. 율희는 속이 좁고 무정해서 자신의 아들만 끔찍하게 아낍니다. 그러니 일단 폐하께서 돌아가신다면 우리 모자는 어떻게 되겠습니까? 더구나 권력 다툼이 심한 궁궐 안에서 아들이 이용만 당하다가 내쳐질까 걱정입니다."

왕부인의 가족들은 가만히 고개를 끄덕인 뒤 말했다.

"마마, 안위를 지키는 가장 좋은 방법은 유철을 태자로 올리는 것입니다. 조금만 머리를 쓰면 방법이 없는 것도 아니지요. 우선 폐하께 율희를 고발하십시오. 그녀가 무너지면 지금의 태자도 자리를 보존할 수 없을 것입니다."

깊이 고민해보던 왕부인이 말했다.

"율희를 고발하면 양쪽 모두 피해를 볼 것이니 내 체면도 구겨질 것입니다. 율희는 성격이 불같고, 폐하께서도 후궁들이 싸우는 걸 좋아하지 않으시니 다른 방법을 생각해봐야 할 것 같습니다."

이후 얼마 뒤 경제의 누나인 장공주長公主가 갑자기 일이 있다면서 왕부인을 불렀다. 왕부인이 방문하자 장공주는 반갑게 환대하며 말했다.

"실은 내 딸이 어느덧 성인이 되어 태자와 혼인을 시키려 했는데 율희가 단칼에 거절하지 뭔가. 그래서 여러 번 생각해보니 혼사를 맺기에 자네의 아들 유철이 가장 적당할 것 같더군. 자네 생각은 어떠한가?"

이 말은 들은 왕부인의 머릿속에 순간 경제가 장공주를 매우 공경하므로 사돈지간을 맺는다면 그녀의 도움을 받을 수 있고, 또 장공주는 율희에게 원한이 있으므로 어렵지 않게 율희 모자를 무너뜨릴 수도 있다는 생각이 스쳤다. 그녀는 매우 기뻐하며 바로 혼사를 약속했고, 이후로 수시로 장공주의 집에 찾아가 한담을 나누었다. 그러자 왕부인과 매우 가까워진 장공주는 매번 경제를 찾아갈 때마다 왕부인을 칭찬하면서 율희를 험담했다.

그 말을 들은 경제는 점차 율희를 의심하게 되었다. 그녀의 품행을 관찰하기 위해서 경제는 어느 날 병을 핑계로 그녀에게 말했다.

"인간은 누구나 죽는 법이오. 내가 죽으면 나의 자식들 모두 그대에게 맡길 테니 친자식처럼 돌봐주시오."

그러자 경제의 속마음을 모르는 율희가 쌀쌀맞게 말했다.

"친아들이라면 당연히 그러겠지만 다른 사람의 자식은 다르지요. 남이나 다름없는 그 아이들까지 왜 제가 돌봐야 합니까."

그 말에 애정이 식은 경제가 그녀의 무정함을 질책했다. 하지만 이유를 모르는 율희는 오히려 더욱 고집을 부렸고, 결국 경제는 치를 떨면서 그녀를 깊이 미워하게 되었다.

이 사실을 들은 왕부인은 속으로 몹시 기뻐했다. 그녀는 이 기회를 틈타 황제에게 그녀를 모함해 단숨에 내쫓아야겠다고 생각했다. 하지만 이후 생각을 거듭한 끝에 계획을 바꿔 오히려 조정 대신들을 시켜 율희를 황후로 책봉하라는 상소를 올리게 했다. 왕부인은 자신이 직접 율희를 험담하면 총명한 경제가 자신의 의도를 알아채 의심할 수 있다고 생각했다. 그래서 율희에 대한 황제의 분노가 극에 달해 있을 때 오히려 황후로 추천해 황제의 화를 더욱 키울 속셈이었다. 그러면 불에 기름을 끼얹는 격이니 율희를 더욱 궁지로 몰아넣을 수 있을 것이었다.

과연 왕부인의 예측대로 율희를 황후로 책봉하라는 상서를 본 경제가 노기등등해서 소리쳤다.

"저렇게 천한 계집을 황후로 책봉하라고 말하는 사람도 있다니 천하가 비웃을 일이 아닌가!"

이성을 잃은 경제는 상소를 올린 대신을 죽인 뒤 바로 유영을 태자에서 폐위시키라고 명했다. 이 소식에 충격을 받은 율희는 울부짖다가 화를 이기지 못하고 세상을 떠났다.

이처럼 손쉽게 자신의 목적을 이룬 왕부인은 황후로 봉해졌고, 유철도 태자로 책봉되었다.

백성은 정부와 싸우지 말아야 하고
부유한 사람은 다른 사람과 원한을 맺지 말아야 한다

庶人莫與官爭, 貴人不結人怨.

秘　사람마다 직면한 위험과 대상이 다르기 때문에 사람은 자신의 지위와 환경에 따라서 자신을 보호하는 방법을 결정하여야 한다. 특히 정부는 개인의 운명을 좌우할 만큼 거대한 권력을 가지고 모든 정책과 법률을 해석하고 집행한다. 그러니 개인이 정부와 싸워서 어떻게 이길 수 있겠는가. 마찬가지로 부유한 사람은 권력과 세력을 가지고 있지만 원한을 품은 사람은 그런 것들을 전혀 두려워하지 않는다. 이처럼 죽을 각오로 덤비는 사람을 감당해내기란 쉽지 않다. 쥐도 궁지에 몰리면 고양이를 무는 법이고, 사람도 급하면 위험을 무릅쓰는 법이다. 하물며 부귀영화란 얼마나 무상한 것인가. 일단 권력을 잃고 원수의 표적이 된다면 몇 배로 대가를 지불해야 하니 죽음 말고는 방법이 없다.

위관에게 닥친 불행

서진 시기 강직한 성격으로 모든 일을 공평하게 처리한 위관衛瓘은 명성을 떨치며 사공司空, 시중侍中, 상서령尙書令 등 여러 고위직을 역임했다. 이처럼 위관은 진나라 무제 사마염司馬炎의 신임을 받으며 거리낌 없이 직언을 쏟아내곤 했다. 특히 사마염이 백치인 사마충司馬衷을 태자로 책봉하자 위관은 매우 걱정하며 자주 사마염에게 다른 아들을 태자로 삼으라고 말했다. 그 모습에 위관의 아들 위항衛恒은 자칫 아버지가 다른 사람들에게 원한을 살까 걱정하며 말했다.

"아버님, 부질없는 일에 너무 나서지 마십시오. 태자의 지위는 많은 사람들의 이익과 얽혀 있습니다. 그러니 아버님께서 자꾸 태자를 폐위하시라 주장한다면 주변에 원한을 사게 될 것입니다. 그럼 이 일이 어떻게 되건 결국 아버님만 화를 당하게 될 것이니 나서지 마십시오."

하지만 위관은 국가의 대의가 개인의 존망보다 중요한 법이라고 아들을 훈계하며 황제에게 계속 간언했고, 결국 태자빈 가남풍의 눈 밖에 나고 말았다.

한편 권력에 아첨하지 않았던 위관은 부하들이 잘못했을 때에도 무조건 봐주지 않고 공평하게 처리했다. 한번은 부하인 영회榮晦가 실수를 하자 위관은 그를 포박한 뒤 호되게 야단쳤다. 위관은 간절히 용서를 비는 영회의 모습에도 아랑곳하지 않았다. 보다 못한 주변 사람들이 인정에 호소하며 말렸지만 그는 매질을 멈추지 않았다. 결국 영회는 한동안 누워 일어나지 못했고, 체면도 잃고 말았다.

위관의 아들 위항이 이 일을 듣고 말했다.

"영회가 큰 잘못을 저지른 것도 아닌데 어째서 그렇게 호되게 야단치신 것입니까? 일의 대소를 따지지 않고 엄하게만 처벌한다면 많은 사람들에게 원한을 살 것이니 결코 좋은 일이 아닙니다. 부디 이후의 일을 생각해서 신중하게 행동하십시오."

그러자 위관은 아들에게 대의를 모른다고 꾸짖으며 말했다.

"너의 말인즉 내가 그에게 용서라도 빌란 말이냐? 공평하게 처리한 일로 원한을 가진 걸 나보고 어쩌란 말이냐?"

노발대발하는 위관 앞에서 위항은 더는 반박하지 못한 채 불안해했다.

결국 무제가 사망한 뒤 사마충이 황위를 계승했고 가남풍은 황후가 되었다. 이때만을 기다려온 그녀는 바로 위관에게 보복을 시작했다. 그녀는 위관이 반역을 꾀했다고 모함해 잡아들인 뒤 집안을 몰수했다.

갑자기 모함을 당했음에도 위관은 그저 재수없었다고 생각하며 무사히 빠져나올 수 있길 바랐다. 하지만 조정에서 보낸 책임자가 영회인 것을 보고는 비로소 모든 일이 잘못되었음을 느꼈다. 영회는 속을 알 수 없는 표정으로 위관을 보며 말했다.

"위대인께서 이런 변고를 당하시다니 정말 불행한 날입니다. 게다가 제가 이 일을 맡게 되었으니 더 큰 불행이지요. 과거 폐하의 신임을 독차지하며 인정 없이 위세를 떨쳤을 때는 오늘과 같은 날이 올 것이라고는 예상하지 못하셨지요?"

아무런 대꾸도 못하던 위관이 슬픔에 겨워 아들 위항에게 말했다.

"너의 말을 듣지 않아 집안 모두 연루되어 화를 당하게 되었으니 너무도 후회스럽다."

영회는 즉석에서 위관의 자손 아홉 명을 죽여 원한을 풀었다. 그리고 위관과 위항은 감옥에 갇혀 있다가 얼마 뒤 함께 처형되었다.

자신을 보호하기 위해서
약자는 잘난 척하며 능력을 뽐내서는 아니 되고
강자는 날개를 움츠리고 완벽만 추구해서는 아니 된다

弱則保命, 不可作强, 强則斂翼, 休求盡善.

秘 　자신의 위치와 형세를 정확하게 판단할 경우 스스로를 지킬 수 있지만 그렇지 못할 경우 잘못된 판단으로 화를 초래하게 된다. 세상에는 강자도 있고 약자도 있다. 약자와 강자는 처한 환경이 다른 만큼 상황에 맞춰 다른 방법을 선택해야 한다. 약자의 경우 두각을 나타내며 잘난 척하면 주변의 시기로 모함을 받아 모든 것을 잃게 될 수 있으니 조심해야 한다. 반대로 강자의 경우 만족할 줄 모르고 탐욕을 부린다면 결과적으로 공분을 일으켜 결국 모든 것을 잃고 자신과 집안 모두 지킬 수 없게 된다.

득의양양했던 순요

춘추春秋시대 진나라는 국왕은 허수아비에 불과했고, 순荀씨 가문, 한韓씨 가문, 조趙씨 가문, 위魏씨 가문, 이렇게 4대 가문이 권력을 독점하고 있었다. 그중에서도 순씨 가문의 힘이 가장 막강했다.

순씨 가문을 이끄는 순요荀瑤는 매우 탐욕스러운 사람이었다. 그는 막강한 병력을 내세워 세 가문을 병합하고 진나라의 모든 권력을 독점하려 했다. 하지만 순요의 책사가 아직 때가 되지 않았다고 타이르며 말했다.

"가문의 힘이 아직 세 가문을 모두 병합할 정도로 커지지 못했습니다. 만약 지금 섣불리 움직였다가 세 가문이 힘을 합치기라도 하면 오히려 우리가 위험해집니다. 그러니 일단은 계획을 미루고 힘을 기르며 때를 기다려야 합니다."

그러자 순요가 짜증을 내며 말했다.

"지금 우리 가문의 세력이 가장 막강하지 않은가. 자네 말대로 때를 기다리다가 세 가문의 세력이 강해진다면 그땐 어떻게 하겠는가? 나는 현재에 안주해서 기회를 놓치고 싶지 않네."

순요는 세 가문에게 토지를 내놓으라고 강요했다. 순요의 강요에 한씨 가문과 위씨 가문은 두려움에 반박하지 못하고 토지를 내놓았지만 조씨 가문만은 완강하게 거절했다.

조씨 가문을 이끄는 조무휼趙無恤이 부하들에게 말했다.

"순씨 가문은 다른 가문들을 우습게 보고 무작정 토지를 뺏으려 하고 있다. 그러니 순씨 가문의 요구에 진심으로 응하는 사람은 없을 것이다. 우리는 비록 세력은 작지만 계속 거절하며 한씨와 위씨 가문과 함께 힘을 합친다면 쉽게 순씨 가문을 제압할 수 있다."

하지만 부하들은 조무휼의 말처럼 상황을 낙관적으로 생각하지 않았다. 상황이 심각하다고 판단한 부하 중 한 명이 홀로 순씨 가문과 맞서 화를 자초해선 안 된다며 말했다.

"순씨 가문에게 약간의 땅을 준다면 눈앞의 화를 피할 수 있지만, 거절한다면 화가 바로 닥칠 것입니다. 지금은 우선 목숨을 보호하는 게 중요합니다. 무리하게 맞서다가는 모든 것을 잃고 다시는 일어날 수 없을 것입니다."

그럼에도 조무휼은 자신의 의견을 굽히지 않았다. 순요도 더욱 강하게 압박해왔다. 그는 한씨, 위씨 집안과 연합해 조무휼을 공격하기로 결정하고, 두 집안과 조씨 가문을 무너뜨린 뒤 토지를 나누어 갖기로 약속했다.

세 가문의 공격에 패배를 거듭하던 조무휼은 마지막으로 진양성晉陽城을 지키며 버티었다. 진양성은 매우 견고해서 세 가문이 2년 동안 계속 공격했지만 함락할 수 없었다. 급기야 그들은 분수汾水의 제방을 열어 물을 진양성 안으로 흘려보냈다. 물에 성벽이 잠길 위험에 처하자 조무휼은 한씨와 위씨 가문에 사람을 보내 순씨 집안을 공격하자고 설득했다. 사신이 말했다.

"순요는 자신의 힘만 믿고 약자를 착취한 것이 하루 이틀이 아닙니다. 두 집안에서 화를 피하려고 마지못해 순요를 돕고 있다는 사실을 알고 있습니다. 하지만 만약 조씨 가문이 이렇게 무너진다면 순씨 가문은 세력을 불려 두 가문을 더욱 착취할 것이니, 결국 우리 모두 먹히고 말 것입니다. 양보하고 인내하는 것만으로는 가문을 지킬 수 없습니다. 그러니 지금처럼 밤낮 두려움에 떨면서 눈치를 살피기보다는 차라리 함께 힘을 합쳐 순씨 가문을 없애야 하지 않겠습니까?"

자신들의 근심을 지적하자 한씨와 위씨 가문은 고민 끝에 조씨 가문과 연합해 순씨 가문을 공격하기로 결정했다. 이와 같은 반격을 예상 못했던 순요는 아무런 대책 없이 속수무책으로 당할 수밖에 없었다. 결국 전군이 전멸당한 순씨 집안은 단 한 명도 빠짐없이 모두 몰살당했다.

스스로 모질게 책망하면
사람들의 연민을 불러일으켜
큰 화를 피할 수 있다

罪己宜苛, 人憐不致大害.

秘 인생이라는 긴 여정에서 역경과 모함은 언제든 마주칠 수 있다. 이와 같은 좌절을 만났을 때 총명한 사람은 큰일은 작게 만들고, 작은 일은 조용히 무마하면서 부드럽게 해결해 나간다. 하지만 그렇지 않고 흥분해서 잘못을 인정하려 하지 않는다면 일이 더욱 커져 손해만 보게 된다.

그러니 항변할 수 없는 상황에서는 자발적으로 잘못을 인정하고, 더 나아가 본심을 억누르고 죄를 받아들여야 한다. 이처럼 자신의 실패를 인정하고 여론에 순응하면 일을 더욱 악화시키지 않고 새로운 길을 모색할 수 있지만, 반대로 항변하면서 절대 받아들이려 하지 않는다면 상황이 더욱 악화되어 결국 최악의 결과를 초래하고 만다.

깊이 반성한 소식

소식蘇軾은 미주眉州 사람으로 자는 자첨子瞻이며, 호는 동파거사東坡居士다. 이에 소동파蘇東坡라고도 불린다. 문학 방면에서 천재라 할 만큼 뛰어난 작품을 많이 남겼지만 벼슬길은 여러 차례 좌천되는 등 순탄치 못했다. 사면되어 북으로 돌아온 뒤 병으로 사망했으며, 시호는 문충文忠이다.

소식은 고집이 강하고 강직해서 권력에 아첨하지 않고 직언을 서슴지 않았다. 그러던 중 그는 왕안석의 신법에 반대하는 주장을 했다가 권력자의 눈 밖에 나 조정에서 쫓겨나 지방으로 좌천당했다. 그럼에도 소식은 굴하지 않고 수시로 상소를 올려 불만을 드러냈다. 그리고 또 자신의 시문에서 풍자를 통해 나라에 대한 근심을 은연중에 표현하기도 했다. 이에 보다 못한 조정의 권력자들이 소식의 시문 중 몇 개의 구절을 뽑아 억지로 정치적 잣대에 맞춰 재단하였다. 그러고는 그가 불온한 의도를 가지고 조정을 비방했다고 몰아붙이며 일벌백계로 다스려야 한다고 주장했다.

이와 같은 압박에도 소식은 뜻을 굽히지 않고, 정의를 위해 목숨을 바치겠다는 각오로 절명시絶命詩를 썼다. 소식의 단호함에 너무 놀란 지인들이 목숨을 쉽게 버려서는 안 된다고 설득하며, 잠시 숙인 뒤 때를 기다리라고 권했다. 그러자 소식이 웃으며 무심하게 말했다.

"사내대장부로 태어난 이상 죽음을 두려워하겠는가? 치욕을 견디느니 차라리 죽겠네."

이에 주변 사람들은 소식을 계속 타이르면서도 그가 너무 고집이 너무 세기 때문에 죽음을 피할 수 없을 거라 생각했다. 이때 먼 곳에서 급히 친구가 찾아와 소식에게 말했다.

"자네가 스스로 영광이라 여기면서 죽음을 각오했다기에 너무 창피스러워서 절교를 하기 위해 마지막으로 찾아왔네."

소식이 놀라 급히 물었다.

"자네와 나는 오랫동안 의형제처럼 지낸 사이가 아닌가. 그런데 어째서 소인처럼 구는 겐가?"

그러자 친구가 차갑게 웃으며 말했다.

"자네가 지금 하는 행동은 군자답다고 생각하는가? 군자는 자신이 아니라 세상을 위해서 목숨을 보존하려 하네. 소인이나 굴욕을 이기지 못해 거기서 빠져나오려 죽는 것이지. 자네가 지금 사소한 좌절 때문에 스스로를 버리려 하는 것은 소인들이 원하는 대로 해주는 것이네. 그러니 자네 또한 소인이 아니겠나? 나는 자네와 같은 소인을 내 친구로 두었다는 사실이 창피스러워 견딜 수가 없네.”

순간 소식은 부끄러움에 정신이 번쩍 깨어나는 기분이 들었다. 그는 친구에게 몸을 굽혀 감사함을 표한 뒤 말했다.

“자네가 깨우쳐주지 않았다면 정말 큰 잘못을 저지를 뻔했네. 무슨 묘수가 있다면 나에게 가르쳐주게.”

소식의 부탁에 친구가 다시 입을 열었다.

“자네의 명성이나 성격을 봤을 때 잘못을 인정하고 책임 있는 태도로 나온다면 자네를 모함하던 사람들도 만족할 것이고, 더구나 예상치 못한 태도에 연민을 느껴 더 이상 잔인한 방법을 쓰지도 않을 걸세. 물론 그들이 자네를 쉽게 믿지 않을 것이니, 잠시 체면을 버리고 사실이야 어떻든 간에 모반을 제외한 다른 잘못들은 인정하고 뉘우치는 모습을 보이게.”

소식은 비록 내키지 않았지만 일단 자신을 보호하기 위해 친구의 말대로 했다. 심문을 받을 때 그는 누가 먼저 말하기도 전에 자발적으로 자신의 죄를 시인했다. 그리고 그들이 자신을 믿게 하려고 일부러 이야기를 지어내기도 했다.

“조정에서 오랜 기간 있었으면서도 승진하지 못하던 차에 저보다 젊은 사람들이 빠르게 승진하고, 이득도 더 많이 얻어가는 모습을 보고 원망 섞인 말을 하게 되었습니다. 그들을 압박해 끌어내리고 사람들의 동정을 얻어 높은 관직에 올라 부귀영화를 누리기 위해 그들을 공격한 것입니다. 그런데 지금 아무것도 얻지 못한 채 오히려 보잘것없는 관직마저 잃게 생겼으니 모두 제 잘못입니다. 그러니 벌을 달게 받고, 더 이상 잘못을 저지르지 않겠습니다.”

소식이 눈물까지 흘리며 애달피 말하자 심문하던 사람도 마음이 흔들려 강하게 처벌하지 않았다. 또 조정의 권력자들도 소식의 태도가 변한 것을 보고 만족해하며 그를 죽이지 않고 황주黃州로 좌천시켜 지방관의 감시를 받게 했다. 이로써 소식은 큰 화를 피할 수 있었다.

다른 사람을 처벌할 때
너무 가혹하게 해서는 아니 된다
때로는 작은 은혜가 큰 수확을 가져다주는 법이다

責人勿屬, 小惠或有大得.

秘 　세상의 흐름 속에서 모든 일들은 항상 변화하므로 누구도 순탄
한 삶만 살지는 못한다. 이 때문에 선견지명이 있는 사람은 모든
일에 여지를 남겨둔다. 그래서 성공해도 잘난 체하며 오만하게 굴기보다
는 사람들과 친분을 맺기 위해 노력한다. 또 잘못을 저지른 부하를 엄하
게 처벌하거나 신분이 변변치 않은 사람에게 모욕을 주기보다는 작은 은
혜를 베풀며 도와준다. 이는 어렵지도 않고 많은 힘이 들지도 않는 일이
지만 받은 쪽에서는 매우 큰 도움이 되기 때문에 기회가 있을 때 필사의
각오로 보답하려 한다. 그래서 작은 은혜를 베풂으로써 헤어나기 힘든 곤
경이나 예상치 못한 역경에서 빠져나올 수 있다. 이처럼 작은 은혜를 통
해서 가장 값비싼 보답을 받을 수 있다.

은혜를 베푼 원앙

서한 경제 때 중신이었던 원앙袁盎은 유비劉濞가 다스리는 오吳나라의
재상으로 부임해 있었다. 오나라 왕 유비는 제멋대로 행동하는 인물이었
기에 원앙도 간언하기를 포기하고 매일 연회를 열면서 지냈다.

이처럼 원앙이 정사에 신경 쓰지 않자 자연히 부하의 마음도 풀어지기
시작했다. 그런데 부하 중 한 명이 미모가 뛰어난 원앙의 하녀에게 마음
을 품고 갖은 방법을 동원해 마음을 얻으려 했고, 결국 두 사람은 원앙 몰

래 만나기 시작했다.

　나중에 우연히 이 사실을 알게 된 원앙은 매우 격노했다. 그는 당장 그들을 잡아들여 벌을 주려 했으나 부하가 다른 잘못을 저지른 적이 없고, 또 젊은 마음에 여색을 탐냈다는 생각이 들어 조용히 눈감아주기로 결정했다. 하지만 곧 다른 사람을 통해서 원앙이 사실을 알고 있다는 말을 듣게 된 부하는 처벌이 두려워 도망을 쳤다. 그 소식을 들은 원앙이 직접 그를 붙잡으려 하자 주변에서 말리며 말했다.

　"대인께서 그를 용서하시는 것은 말도 안 되는 일입니다. 음탕해서 교화가 불가능한 인물을 대인께서는 어째서 그리 아끼는 것입니까? 만약 이 일이 세상에 전해진다면 사람들 모두 대인을 비웃을 것입니다."

　하지만 원앙은 고집을 꺾지 않고 말했다.

　"행실이 단정치 못하다 해서 그 사람에게 장점이 하나도 없다고 할 수는 없네. 내가 그의 상관인 만큼 그를 제대로 교화하지 못한 내 책임도 있으니 모든 걸 그의 탓이라 할 수는 없지 않은가. 더구나 얻기 힘든 명성을 위해서 그를 평생 객지에서 떠돌며 살게 할 수는 없네."

　주변의 만류를 뿌리치고 원앙은 직접 말을 몰고 부하를 뒤쫓았다. 이미 성 밖으로 도망친 부하는 원앙이 쫓아오는 것을 보고 죽을 수밖에 없다고 생각했다. 부하는 도망칠 생각을 접고 길옆에 엎드려 머리를 조아리며 용서를 빌었다. 말에서 내린 원앙이 그를 일으키면서 말했다.

　"나는 이미 그 일을 마음에 두고 있지 않은데 자네는 어째서 도망을 가는 것인가? 자네가 지금 고향을 떠나면 가족도 없는 객지에서 처량하게 살 것이 뻔한데 내가 어찌 그것을 두고 볼 수 있겠는가? 어서 나와 함께 돌아가세."

　예상치 못했던 원앙의 태도에 감동한 부하는 큰 소리로 울음을 터트렸다. 원앙은 그를 계속 자신의 밑에 두었을 뿐만 아니라 직접 그와 하녀를 혼인시켜주었다. 원앙에게 감동한 부하는 언젠가 반드시 원앙에게 은혜를 갚겠다고 결심했다.

그러던 중 '오초 7국의 난'이 일어나 조착晁錯이 책임을 지고 사형을 당했다. 이에 원앙은 조정 태상太常의 신분으로 오나라 유비에게 조착의 죽음을 알리고 군대를 거둘 것을 요청했다. 하지만 이미 여러 성을 점령한 유비는 말을 듣지 않고 오히려 원앙의 집을 포위하고 죽이려고 했다.

이처럼 긴박한 때에 마침 원앙의 은혜를 입은 부하가 그 군대에서 사마司馬를 맡고 있었다. 그는 원앙을 구하기 위해서 자신의 모든 의복을 팔아 술 두 섬을 사서 서남쪽을 지키는 병사들을 취하게 만들었다. 그리고 몰래 원앙의 처소로 들어가 잠들어 있는 원앙을 깨우며 급히 말했다.

"오왕께서 내일 아침 대인을 죽이려 하니, 빨리 몸을 피하셔야 합니다."

막 잠에서 깨어나 비몽사몽인 원앙은 자신을 깨우는 사람인지 누구인지 몰라 의심을 품고 말했다.

"조정의 대신인 나를 감히 오왕이 어떻게 죽일 수 있단 말이냐? 그리고 네가 일부러 거짓을 꾸미는 것일지도 모르는데 내가 어떻게 너를 믿겠느냐?"

그러자 부하가 원앙의 두 손을 잡으며 간곡히 말했다.

"대인께서는 과거에 제게 크나큰 은혜를 베푸셨고, 또 하녀와 결혼까지 시켜주셨습니다. 그래서 저는 항상 목숨을 바쳐서라도 대인께 은혜를 보답하고 싶었습니다. 그러니 대인께서는 저를 믿고 빨리 움직이셔야 합니다."

마침내 그가 누구인지 알아본 원앙이 고마워하며 말했다.

"그 작은 은혜로 이렇게 목숨을 구하게 될 거라곤 예상하지 못했다. 하늘이 나를 돕는구나."

그렇게 부하의 도움으로 술에 취해 곯아떨어져 있는 병사들을 지나 정신없이 도망친 원앙은 오나라 국경을 넘은 뒤에야 비로소 안도하며 두려움에 몸을 떨었다.

악에는 정해진 의견이 없으니 악을 악이라
생각하지 않는 사람이 높은 지위에 오를 수 있다
선에는 정해진 평가가 없으니
선을 선이라 생각하지 않는 사람이 편안할 수 있다

惡無定議, 莫以惡爲惡者顯, 善無定評, 勿以善爲善者安.

秘 선과 악에 대한 인식과 활용은 사람이 일을 처리하고, 자신을 보호하는 데 매우 중요한 역할을 한다. 그것은 사람들의 모든 행동을 결정할 뿐만 아니라 가져올 결과에 대해서도 직접적인 영향을 미친다. 모든 득실은 선악 관계와 본질적으로 연관되어 있다. 그리고 반드시 명심해야 할 부분이 사람마다 다른 선악관을 가지고 있으며, 이것이 가져오는 결과 또한 천차만별이라는 점이다. 악한 사람이 권력을 독차지하고 선한 사람은 오히려 모함을 받았던 봉건전제시대에서 높은 자리에 올라 부귀영화를 누렸던 사람들은 한결같이 악을 악이라고 생각하지 않았다. 그렇기에 자신의 이익을 위해서 수단과 방법을 가리지 않고 행동할 수 있었다. 마찬가지로 일생 평안하게 자신을 보호한 사람들은 모두 명성을 탐내지 않았다. 명성을 좇지 않고 맡은 일에 최선을 다했기 때문에 실무적인 계획을 세우고, 성과를 중시함으로써 화를 피할 수 있었다.

소광의 식견

서한 소제昭帝 때 태자태부太子太傅 소광疏廣은 널리 존경받으며 명성을 떨쳤다. 그의 아들 소수疏受도 태자소전太子少傅 자리에 올라 마찬가지로 많은 영예를 누렸다. 하지만 소광은 이러한 명성에 불안해하며 아들에게 말했다.

"우리 부자는 지금 많은 영광을 누리고 있는데, 너는 이것을 어떻게 생각하느냐?"

그러자 아들 소수가 답했다.

"좋고 나쁨에는 정설이 없으니, 핵심은 자기가 어떻게 느끼고 생각하느냐에 있겠지요. 제가 보기에 저희가 행동거지에 조심하며 명예나 공에 너무 연연하지 않는다면 나쁜 일은 아니라고 생각합니다."

아들의 답변에 만족하지 못한 소광이 말했다.

"다른 사람이 보기에 좋은 일이라도 우리에게는 나쁜 일이 될 수 있다. 아무리 공명정대하게 행동해도 사람들이 모함하면 나쁘게 된다. 더구나 우리는 지금 분쟁이 많은 자리에 있으니 어떻게 오래 자리를 보존할 수 있겠느냐. 그래서 나는 나이를 핑계로 사직한 뒤 고향으로 돌아갈 생각이다. 너도 함께 가겠느냐?"

소광의 말에 안색이 어두워진 소수가 에둘러 말했다.

"위기가 닥쳐오기 전에는 항상 징조가 나타납니다. 현재까지는 무탈하니 몇 년 더 지켜보고 사직해도 늦지 않을 것입니다."

그러자 소광이 낮게 탄식하며 말했다.

"그때가 되면 너무 늦을 것이다. 나는 이미 마음을 정했으니, 너는 남고 싶으면 남거라."

소광의 결심이 확고해 보이자 소수는 급히 머리를 조아리면서 말했다.

"제가 어찌 아버님의 넓은 식견에 미칠 수 있겠습니까. 아버님께서 그리 하시겠다면 저는 그냥 따르겠습니다."

두 부자가 함께 병을 핑계로 사직하자 주변에서 모두들 안타까워하며 거듭 만류했다.

"자네 두 부자는 많은 사람들이 원하지만 얻지 못하는 자리에 있지 않은가. 관직을 버리고 고향에 내려가 은거해서 좋을 게 뭐가 있겠는가. 뒤늦게 후회한들 그때는 돌이킬 수 없으니 다시 생각해보게나."

주변의 만류에도 소광 부자는 고향으로 내려가려는 생각을 바꾸지 않았다. 그러자 황제와 태자도 더 이상 붙잡지 못하고 두 부자에게 각각 황금 50근과 20근을 하사했다.

그들이 장안長安을 떠날 때 배웅하러 온 조정 대신들의 마차가 수백 대에 달했다. 그 모습을 본 소광이 탄식하며 말했다.

"조정에서 높은 자리에 올랐던 사람들은 한결같이 마지막에는 상갓집 개처럼 처량하게 떠났다. 누가 우리처럼 이렇게 환송을 받으며 여유롭게 떠날 수 있었단 말이냐. 세상을 살면서 화를 피하고 자신을 보호하는 것보다 더 중요한 일은 없느니라. 아직 세상 사람들은 이런 내 생각을 이해하지 못하지만 두고 보거라, 훗날 모두들 알게 될 것이니."

고향에 돌아간 소광은 하사받은 금으로 날마다 성대한 연회를 열어 사람들을 초대했다. 그가 돈을 물 쓰듯이 쓰는 것을 보고 소수가 물었다.

"집안의 재산이 넉넉한 것도 아닌데 이렇게 돈을 쓰다가는 얼마 안 가 아무것도 남지 않을 것입니다. 차라리 돈을 아껴 땅이나 집을 사서 자손에게 남겨주어야 하지 않겠습니까."

그러자 소광이 말했다.

"부잣집 자제들 중 사치를 부리지 않는 사람이 없느니라. 다른 사람들은 돈을 좋게 보지만 나는 그렇지 않다. 내가 돈을 쓰는 이유는 남에게 보여주기 위해서가 아니라 돈이 가진 해악을 너무나도 잘 알기 때문이다. 더구나 사람들은 부자를 질투하는 법이다. 만일 집에 도둑이 들어와 목숨을 잃는다면 스스로 화를 자초하는 꼴이 아니냐. 나는 그런 일이 발생하지 않도록 하려는 것이다."

아버지의 뜻을 알아챈 소수는 더 이상 말하지 않았다. 그렇게 부자는 세상일에 관여하지 않은 채 즐겁게 살아갔다. 그래서 조정에서는 많은 동료들이 화를 당해 죽어갔음에도 그들만큼은 일생 평안한 삶을 살 수 있었다.

스스로를 동정하면 다른 사람에게도 동정을 받고
스스로를 미워하면 다른 사람에게도 미움을 받는다
또한 생각에 막힘이 없으면 화도 침범하지 못한다

自憐人憐, 自棄人棄. 心無滯礙, 害不侵矣.

秘 자신을 지키기 위해선 개방된 생각과 노력하는 자세가 무엇보다도 중요하다. 옛것을 고집하며 다양한 각도에서 생각하지 않는다면 변화하는 상황을 대처하지 못한다. 자신을 보호할 수 없을 뿐만 아니라 시대적으로도 도태되고 만다. 노력하는 자세도 마찬가지다. 만약 모든 일을 다른 사람에게 의지하며 흘러가는 대로 순응하기만 한다면 화가 닥쳤을 때 아무런 대비 없이 무기력하게 당할 수밖에 없다. 그렇기에 주동적으로 행동하며 노력하는 자세가 매우 중요하다. 스스로 이성적으로 상황을 분석하고 신중하게 처신한다면 어떠한 일이든 해결할 수 있는 법이다.

진평의 묘책

진평은 서한의 개국 공신이다. 진나라 말기 봉기군에 참가한 그는 처음 위魏나라 왕 왕구魏咎 밑에 있다가 모함을 피해 항우 밑으로 들어갔다. 그리고 유방이 삼진三秦을 평정하자 다시 한나라에 귀순해 유방의 책사로 활약했다. 이후 한나라가 건국되고 나서는 승상에 올라 세 명의 왕을 섬기면서 오랫동안 부귀영화를 누렸다.

한나라 고조 유방의 중요한 책사로, 생각이 깊고 모략에 뛰어났던 진평은 한나라가 건국된 이후 위태로운 상황이 펼쳐질 때마다 탁월한 지혜를 발휘해 나라의 안정을 유지했다.

반면 유방은 병이 깊어질수록 정신이 온전치 못해 성격이 포악해졌다. 그러던 중 그는 번쾌樊噲가 자신이 죽은 뒤 조나라 왕 여의如意를 죽이려 한다는 소식을 듣고 격분해 그대로 믿어버렸다. 유방은 진평과 주발周勃을 불러 내막을 간단히 설명한 뒤 명령했다.

"번쾌가 악의를 품고 있다는 사실을 알게 된 이상 살려둘 수 없다. 더구나 지금 밖에서 군사를 이끌고 있으니 곧 병사를 일으켜 간사한 계략을 실행에 옮기려 할 것이다. 그러니 지금 바로 번쾌의 진영으로 가서 주저 없이 그의 목을 쳐라."

주발이 번쾌를 대신해서 두둔하려 하자 진평이 옆에서 하지 말라는 암시를 주며 말렸다. 유방의 처소에서 나온 주발이 진평에게 따져 물었다.

"번쾌가 모반했던 말을 나는 믿을 수 없소. 더구나 병 때문에 정신이 온전치 못한 폐하의 말만 듣고 무고한 신하를 죽인다면 우리도 책임에서 자유로울 수 없소. 그런데 대인께서는 어째서 나를 말리는 것이오?"

그러자 진평이 탄식하며 말했다.

"지금 폐하가 저렇게 격분해 계시는데 무작정 만류하다가는 자칫 우리도 목숨을 잃을 수 있소. 게다가 폐하의 정신이 온전치 못하니 명을 실행하는 것 말고 우리에게 무슨 방법이 있겠소?"

고민을 거듭한 주발은 진평의 말이 일리 있다고 생각했다. 명을 거역하지 못한 그들은 곧바로 길을 떠났다. 길을 가던 주발은 수심이 가득한 진평을 보고 말했다.

"이 일은 폐하의 개인적인 명령이니 우리는 어쩔 수 없이 명을 따를 수밖에 없소. 그러니 번쾌가 화를 당하더라도 대인께서는 너무 걱정하지 마시오."

그러자 진평이 말했다.

"장군께서는 지금의 위태로운 상황이 보이지 않으시오?"

주발이 어리둥절해하자 진평이 계속 말했다.

"이 일은 매우 위험하오. 폐하의 명이니 따를 수밖에 없지만 번쾌는 여후의 사람이 아니오? 그러니 번쾌를 죽인다면 여후의 원한을 사게 될 것이고, 훗날 그녀가 정권을 장악하면 우리는 화를 면치 못할 것이오."

당황한 주발이 말했다.

"폐하의 명령을 거역할 수도 없고, 그렇다고 그를 죽일 수도 없다면 어떻게 해야 하오? 이대로는 사지로 걸어 들어가는 꼴이니 빨리 대책을 생각해보시오!"

진평은 이미 계획을 세워두었지만 이를 위해선 주발의 도움이 필요했다. 그는 대책을 내놓으라고 안달하는 주발을 보고 자신의 계획을 설명했다.

"방법이라면, 번쾌를 죽이지 않고 장안까지 압송한 뒤 폐하께서 직접 처벌하게 하는 것이오. 설사 우리에게 죄를 묻는다 하더라도 번쾌가 공신이라서 함부로 죽일 수 없었다고 말한다면 폐하께서도 느끼는 게 있으실 것이오. 또 여후도 우리가 번쾌를 죽이지 않았다는 것에 감격해 나중에 책임을 묻지는 않을 것이오."

진평의 말을 들은 주발은 기발한 계획이라고 생각했다. 그들은 번쾌를 압송해오는 도중에 유방이 죽고 여후가 정권을 장악했다는 말을 듣고 안도하며 바로 번쾌를 풀어주었다. 이처럼 진평과 주발은 신중하게 해결법을 모색한 덕분에 화를 피할 수 있었다.

【秘】명성을 아끼는 군자의 태도는 현실에서 화를 초래하는 가장 큰 원인이다.

【秘】자신을 보호하려면 강적을 키우지 않고, 대중의 표적이 되지 않는 것이 가장 중요하다.

【秘】상대방이 미처 알아차리지 못할 때 공격하면 종종 기발한 효과를 볼 수 있다.

【秘】항변할 수 없는 상황에서는 자발적으로 잘못을 인정해야 한다. 본심을 억누르고 죄를 받아들일 경우 역경에서 벗어나 새로운 길을 모색할 수 있다.

【秘】항상 모든 상황이 순조로울 수는 없으니, 이 사실을 고려해 선견지명이 있는 사람은 모든 일에 여지를 남겨둔다.

간신을 찾아내는 법

간신은 스스로 죄를 인정하지 않으며, 충신은 스스로 변명하지 않는다. 간신은 국가에 손해를 끼치는 반면 충신은 스스로가 손해를 입는다. 지모가 없는 사람이 간신이 될 수 없는 것은 간신의 지모가 모두 음험하기 때문이다. 선량한 마음을 가진 사람이 간신이 되지 않는 것은 그 양심을 잃지 않았기 때문이다. 지모가 간신보다 뛰어나지 못하면 이길 수 없고, 양심이 깊지 못하면 간신에게 저항하기 어렵다. 충신과 간신은 바뀔 수 있다. 군주에게 신임을 받으면 비록 간신이라도 충신이라 여겨지지만, 군주에게 버려지면 충신이라도 간신으로 여겨진다. 형세의 변화에 따라 사람도 변화하니, 시간에 따라 간신도 달라진다. 좋아함과 싫어함으로 간신이 생겨난다. 사람들이 적으로 여기면 간신이 아니라도 간신이 되고, 사람들이 친구로 여기면 간신이라도 충신이 된다. 도덕에 대한 견해가 서로 같으면 이익을 얻을 수 있지만, 도덕에 대한 견해가 서로 다르면 화를 입을 뿐이다. 간신이 많고 충신이 적은 것은 세상의 진정한 모습이니, 스스로 충신이라 말하며 간신을 싫어하는 것은 세상의 표면적인 모습일 뿐이다. 겉모습을 제거하고 진실을 관찰한다면 간신은 자연히 드러난다.

간신은 스스로 죄를 인정하지 않으며
충신은 스스로 변명하지 않는다
간신은 국가에 손해를 끼치는 반면
충신은 스스로가 손해를 입는다

奸不自招, 忠不自辯. 奸者禍國, 忠者禍身.

秘 충신과 간신을 구분하는 것은 역사적으로 매우 어려운 일이다. 사람들은 모두 스스로 충신이라 자처하며, 적을 간신이라 모함한다. 더구나 간신은 충신보다 더 충신처럼 자신을 위장하는 데 뛰어나기 때문에 분간하기가 쉽지 않다. 충신은 간신보다 처세에 뛰어나지 못하고, 군주에게 아첨하는 것을 매우 꺼리는데, 간신은 이 점을 파고들어 군주에게 아첨해 충신과의 사이를 벌려놓는다. 이 때문에 충신들은 간신에게 자주 모함을 받았다.

사실 말이 아니라 행동을 관찰한다면 충신인지 간신인지 분간하는 건 그리 어려운 일이 아니다. 문제는 이익을 좋아하는 인간의 본성을 극복하기가 너무 어렵다는 점이다. 더구나 부패한 봉건전제시대 관료사회는 본질적으로 뛰어난 인재가 배출되기 어려웠다. 이처럼 간신들이 득실대는 조정에서 충신과 간신을 분간해 걸러내기란 쉽지 않았고, 오히려 충신들만 모함을 받아 비극적 최후를 맞이하곤 했다.

구준이 총애를 잃은 원인

북송시대 유명한 대신인 구준寇準은 평생 충절하며 나라를 위해 헌신했던 인물이다. 반면 간사하고 학문도 깊지 않았던 왕흠약王欽若은 구준을 자신의 적으로 생각하고 호시탐탐 그를 제거하려 했다. 충신인 구준과 간신인 왕흠약은 마치 물과 기름처럼 서로 어울리지 못했다.

이 모습에 구준의 친구가 안타까워하며 말했다.

"자네가 충직한 사람이라는 것은 모든 대신이 다 아는 사실일세. 하지만 폐하께서 간사한 왕흠약을 더 좋아하시지 않나. 그러니 자네가 그를 넘어뜨릴 수 없다면 차라리 그와 친구가 되어서 모함을 피해야 하지 않겠나?"

친구의 말에 구준이 화를 내며 당당한 목소리로 말했다.

"충신과 간신은 함께할 수 없네. 항상 간신을 제거하지 못하는 것을 한으로 생각하고 있는데, 힘이 없다고 해서 어찌 아첨할 수 있겠나? 기회가 온다면 반드시 그를 처단할 걸세."

그러던 중 1004년 요遼나라가 대군을 이끌고 남침하면서 송나라의 국운이 풍전등화처럼 위태로워졌다. 왕흠약이 조정에서 장강長江 이북의 광활한 국토를 버리고 금릉金陵으로 도성을 옮겨야 한다고 주장하며 진종眞宗 황제를 설득했다.

"나라가 이처럼 위태로워지면 비로소 충신과 간신이 드러나는 법입니다. 요나라에 저항해야 한다고 주장하는 사람은 언뜻 보기에 충신인 듯 보이지만 실제로는 폐하를 위태롭게 하는 자들입니다. 진정한 충신은 형식에 구애되지 않고, 여론을 두려워하지도 않습니다. 그러니 지금 오로지 폐하의 안위만을 걱정하며 그 어떠한 모함에도 굴하지 않고 진언하는 사람이 바로 충신인 것입니다."

이 말에는 구준이 주장하는 북진정책을 간접적으로 공격하며, 황제의 안위를 걱정하는 자신은 충신이고 전장에 나가 싸워야 한다고 말하는 구준은 간신이라는 의미가 담겨 있었다.

이후 형세가 매우 급박해지자 구준은 더욱 강력하게 북진을 주장했다. 구준의 주장에 진종도 어쩔 수 없이 북진하기로 결정했다. 전주潭州에서 한 차례 승리한 송나라는 덕분에 강화를 맺고 위기에서 벗어날 수 있었다. 진종은 구준의 공로를 높이 치하하고 그가 퇴청할 때 직접 배웅하면서 매우 총애했다.

구준의 득세를 왕흠약이 불안해하자 진팽년陳彭年이 한 가지 계책을 내놓았다.

"구준의 공로가 높아서 폐하께서 그를 충신으로 생각하십니다. 게다가 북진정책이 성공함으로써 이남으로 퇴각해야 한다고 주장한 저희는 간신이 되고 말았습니다. 이런 상황을 바꾸지 못한다면 대항할 수 없으니, 하루 빨리 구준의 공로를 잘못으로 만들어야 합니다. 이 일이 성공한다면 저희의 상황도 바뀔 수 있고, 구준도 쓰러뜨릴 수 있습니다."

이 말에 왕흠약은 매우 흡족해했다.

다음 날 조정에서 왕흠약은 냉담히 주변을 관망할 뿐 아무런 말도 하지 않았다. 이후 모두가 퇴청할 때까지 기다린 뒤 진종에게 다가가 조용히 말했다.

"소신의 책략이 틀렸으니 폐하께서 구준을 높이 평가하시는 것이 옳습니다."

그러자 진종이 쌀쌀맞은 목소리로 말했다.

"내가 만약 그대의 의견을 따랐다면 지금쯤 강남에 있었겠지 이 자리에 있을 수 있겠는가?"

왕흠약은 스스로 뉘우치면서 말했다.

"소신이 주도면밀하지 못한 것은 사실이지만 구준처럼 간사한 마음을 가지지는 않았습니다. 요나라와 굴욕적인 조약을 맺는 것은 정말이지 치욕스러운 일입니다. 그런데 구준은 오히려 폐하를 부추겨 이 일을 성사시켰습니다. 자신은 승리의 공을 갖고 폐하께는 치욕을 입힌 것입니다. 이처럼 구준은 요행으로 공을 얻은 것뿐인데도 폐하께서는 그 사실을 모르시고 오히려 그를 총애하고 계시니, 이것만 보아도 구준이 얼마나 음험하고 간사한 인물인지 알 수 있습니다. 폐하께서는 부디 다시 한 번 그를 봐주십시오.”

　순간 낯빛이 바뀐 진종은 아무런 말도 하지 않았다. 한동안 침묵하던 그가 차갑게 웃으며 왕흠약에게 말했다.

　“이 일을 다른 사람들에게는 말하지 말게.”

　이후 진종은 구준을 다르게 대하기 시작했다. 황제의 총애를 잃고 당황하는 구준을 보며, 왕흠약 등 조정의 대신들은 뒤에서 회심의 미소를 지었다.

지모가 없는 사람이 간신이 될 수 없는 것은
간신의 지모가 모두 음험하기 때문이다
선량한 마음을 가진 사람이 간신이 되지 않는 것은
그 양심을 잃지 않았기 때문이다

無智無以成奸, 其智陰也. 有善無以爲奸, 其知存也.

秘　　　간신에게는 두 가지 분명한 특징이 있다. 하나는 음모를 잘 꾸
　　　　미는 것이고, 다른 하나는 양심이 없다는 것이다. 그들은 자신의
목적을 달성하기 위해서라면 모든 수단을 다 동원하며 혈육마저도 가차
없이 버린다. 이와 같은 간신의 잔인한 행동들을 정직한 사람들은 감히
예상하지 못하기 때문에 대비하지 못한다. 게다가 간신은 겉으로는 정의
로운 사람으로 위장한 채 뒤에서 은밀하게 행동하므로 사람들이 간신의
진짜 모습을 잘 알아차리란 쉽지 않다.

유근의 계략

　명明나라 시대 환관인 유근劉瑾은 간사함으로 오랫동안 악명을 떨쳤
다. 하지만 유근이 지나온 과정을 살펴보면 그가 단순히 흉악하기만 한
사람은 아니라는 점을 알 수 있다. 그는 보통 사람들은 감히 상상할 수 없
을 만큼 흉악한 지모와 계략으로 항상 기발한 결과를 만들어냈다. 이처럼
그는 자신의 재능을 이용해 황제의 총애를 받으며 높은 자리에까지 오를
수 있었다.

　6세 때 처음 궁이 들어온 유근은 50세가 되어서야 마침내 모두가 부러
워하는 요직을 거머쥘 수 있었다. 바로 3세밖에 안 된 태자 주후조朱厚照
의 시중을 들게 된 것이다. 그러자 주변 환관들이 축하하며 말했다.

"장차 황위에 오를 태자의 시중을 들게 되었으니 출세할 일만 남았네. 그때가 되면 우리를 잊지 말게나."

그러자 유근이 흔쾌히 말했다.

"지금까지는 기회를 잡지 못해 고생만 할 뿐 이름을 알리지 못했네. 허나 이제 기회를 잡았으니 세 살짜리 어린 아이는 말할 것도 없고 어떠한 사람이든 내 계략에서 벗어날 수 없을 걸세."

이후 유근은 각종 즐거운 놀이들로 주후조를 즐겁게 하며 호감을 얻었다. 심지어 잠들기 전에 반드시 자신의 이야기를 듣는 습관을 들여 주후조는 그의 이야기를 듣지 않으면 잠들지 않고 울며 보챘다. 그렇게 오랜 시간을 함께하며 유근을 특별히 좋아하게 된 주후조는 항상 그를 옆에 두었다.

이후 15세 때 황제의 자리에 오른 주후조는 바로 유근에게 종고사鐘鼓司를 관장하게 했다. 그러자 유근은 황제를 보필하는 데 더욱 신경 썼다. 그는 황제의 정사에 관여하지 않고 그저 재미있고 신기한 동물이나, 무용, 잡기들을 보여주었다. 그리고 미녀들을 궁에 들여 젊은 주후조가 여색에 빠지게 만들었다.

주변 환관들이 그 모습을 보고 그에게 말했다.

"폐하께서 매일 즐거워하시니 더 높은 관직을 요청해보지 그런가?"

그러자 유근이 말했다.

"지금은 아직 때가 아니네. 폐하를 편히 모시기만 한다면 자연히 나에게 권력이 들어올 것인데 서두를 필요가 있겠는가? 게다가 먼저 요청을 했다가 폐하의 의심을 산다면 오히려 일을 그르칠 수 있네."

과연 주후조는 유근의 의도대로 움직였다. 그는 유근이 한결같이 충성하면서 아무런 요구도 하지 않자 승진시켜 내궁장인태감內宮掌印太監을 맡게 했다. 궁궐 능묘를 건축, 수리하고 쌀과 소금을 비축하는 자리였으므로 이득을 챙길 수 있는 요직이었다.

유근의 승승장구에 주변 환관들이 연이어 찾아와 부탁했지만 그는 단칼에 거절하며 말했다.

"많은 이익을 얻고 싶다면 눈앞에 있는 이익만 보아선 안 되네. 이제 막 부임했으니 일단 욕심내지 말고 충실하게 수행해야 신임을 얻고 더 높은 관직에 오를 수 있네. 그렇게 되면 내가 나중에 자네들한테도 보답을 하겠네."

주변 사람들은 그가 높은 자리에 오르더니 옛정을 잊어버렸다고 욕했다. 주후조는 이 일을 알고 유근을 더욱 신임하게 되었고, 가장 큰 권력을 지닌 사례감장인태감司禮監掌印太監의 자리에 올랐다.

사례감은 조정 대신들의 상소문을 황제에게 전달하는 자리였다. 유근은 일부러 주후조가 향락에 빠져 있을 때 상소문을 올렸다. 그러면 주후조는 매우 귀찮아하면서 유근에게 대신 상소문을 읽고 결정하게 했다. 이렇게 그는 자신의 계획대로 황제의 이름을 빌려 마음대로 정사를 결정하고 충신들을 박해하며 천하의 모든 권력을 손에 넣었다.

지모가 간신보다 뛰어나지 못하면 이길 수 없고
양심이 깊지 못하면 간신에게 저항하기 어렵다

智不逾奸, 伐之莫勝, 知不至大, 奸者難拒.

秘　　　간신과 싸우는 것은 매우 위험한 일이다. 또 간신의 꾀에 넘어
　　　가지 않는 것도 상당히 어렵다. 간신은 항상 막강한 권력과 뛰어
난 지모를 이용해 상대편을 음해한다. 이 때문에 간신과 싸우려면 더 정
교한 책략을 부릴 줄 알아야 한다. 간신이 도저히 간파해내지 못할 기발
한 책략을 구상해내지 못한다면 도리어 간신의 위상을 더욱 높여주는 제
물이 되고 만다. 또한 간신과의 싸움은 매우 위험한 일인 만큼 굳건한 양
심과 정의감을 가진 사람만이 유혹을 이겨내고 꿋꿋이 나아갈 수 있다.
이처럼 도도한 절개를 가지고 죽음을 불사하고 용감히 싸워 나가는 사람
을 간신들이 가장 두려워했다.

뛰어난 지모와 과감한 용기를 가진 이응

동한 환제桓帝 시기에는 환관들이 전권을 장악한 채 천하를 주물렀다.
더욱이 야왕현野王縣의 현령인 장삭張朔은 조정에서 막강한 권력을 휘두
르는 형 장양張讓을 믿고 마음대로 백성들을 유린했으며, 심지어 임산부
를 잔인하게 죽이기까지 했다.

당시 사례교위司隷校尉였던 이응李膺은 이 일을 알고 장삭을 잡아들이
라고 명했지만 후환이 두려운 부하들이 명에 응하려 하지 않았다. 부하들
이 주저하는 모습을 보고 이응이 질책하자 한 부하가 말했다.

"대인께서는 장양이 누구인지 아시옵니까?"

이응은 부하의 뜻밖의 물음에 어리둥절했다.

"환관이 아닌가."

그러자 부하가 답답해하며 말했다.

"장양은 비록 환관이지만 폐하의 총애를 받고 막강한 권력을 휘두르고 있습니다. 장삭은 장양의 친동생입니다. 그러니 어떻게 그를 건드릴 수 있겠습니까. 개를 때리려면 먼저 주인을 보라고 했습니다. 저희가 만약 장삭을 잡아들인다면 장양이 가만히 있겠습니까? 분명 대인도 화를 입으실 것이고 저희도 무사하지 못할 것입니다."

그러자 이응이 탁자를 치며 소리쳤다.

"내가 그 사실을 모른다고 생각하느냐? 이 기회에 장삭을 처벌함으로써 전횡을 일삼는 장양을 비롯한 환관들에게 경고하려고 하는 것이다. 그들이 폐하의 총애를 믿고 마구잡이로 권력을 휘두르니 나라도 나서야겠다. 만약 아무도 이 일을 바로잡으려 하지 않는다면 결국 간사한 환관들 때문에 나라가 망하게 될 것이다!"

이응이 강력하게 명령하자 부하들도 따를 수밖에 없었다. 미리 이 사실을 알게 된 장삭은 경성으로 달려가 형 장양의 집 벽 틈에 숨었다.

장양은 이응이 매우 충직해서 매수되지 않으리라는 것을 알고 있었다. 하지만 동생을 위해 부하에게 황금을 가지고 이응에게 가서 사정해보라고 시켰다. 이응의 집에 찾아간 부하는 이응을 자기편으로 끌어들이기 위해서 설득했다.

"벼슬길에 오른 이유는 높은 관직에 올라 조상과 가문을 빛내기 위해서가 아닙니까. 저희 대인께서는 폐하의 깊은 총애를 받고 있기 때문에 도움을 드릴 수 있습니다. 그러니 우선 장삭의 죄를 추궁하지 않겠다고 약속하신다면 저희 대인께서 바로 승진을 도와주실 것입니다."

이응은 잠시 고민해보는 듯하더니 장양이 보낸 황금을 받으며 말했다.

"이는 모든 사람들이 바라는 일인데 저라고 어찌 마다하겠습니까."

부하가 간 뒤에 이응은 몰래 사람을 시켜 뒤쫓게 했다. 이로써 장삭이 장양의 집에 숨어 있다는 것을 알아낸 이응은 바로 부하를 시켜 벽 틈에 숨어 있는 장삭을 체포했다. 이에 장양이 노발대발하면서 약속을 지키지 않았다고 이응을 질책하자, 그가 차갑게 웃으며 말했다.

"내가 너의 제안을 받아들인 것은 장삭의 소재를 알아내기 위해서였다. 그럼 내가 너의 음흉한 계략에 걸려들 것이라고 생각했느냐?"

이응은 장양이 황제에게 도움을 요청하면 장삭을 놔줄 수밖에 없다는 사실을 잘 알고 있었다. 그래서 그는 지체하지 않고 바로 장삭을 죽여버렸다.

격노한 장양이 환제에게 이응이 지시 없이 마음대로 사람을 죽였다고 고발했다. 그러자 이응이 환제에게 말했다.

"장삭이 저지른 범죄가 모두 사실로 드러나 사형에 처한 것입니다. 무릇《예기禮記》에는 공인의 가족이 범죄를 저질렀을 경우 비록 가볍게 처벌할 수 있지만 법을 집행하는 관원은 오로지 법에 근거해 처벌을 해야 한다고 되어 있습니다. 지금처럼 세상이 어지러울 때는 무거운 죄일수록 빨리 처단해 무서움을 보여야 안정을 유지할 수 있습니다. 그러니 만약 폐하께서 지금 소신을 질책하신다면 포악한 자들이 나라를 뒤흔들어도 저는 그들을 처벌할 명분을 잃게 됩니다."

이응이 이치를 따지며 엄숙하게 말하자 환제는 불쾌해하면서도 더 이상 질책하지 않았다. 이로써 이응은 천하에 명성을 떨치게 되었고, 환관들은 그의 처벌이 두려워 함부로 궁 밖에 나가지 못했다.

충신과 간신은 바뀔 수 있다
군주에게 신임을 받으면
비록 간신이라도 충신으로 여겨지지만
군주에게 버려지면 충신이라도 간신으로 여겨진다

忠奸堪易也. 上所用者, 奸亦爲忠, 上所棄者, 忠亦爲奸.

㊙ 봉건전제시대 관료사회에서는 오로지 마음이 맞는 사람만 등용
하려 했기 때문에 충신은 언제나 배척당했다. 또한 통치자 역시
겉으로는 충신이 되라고 요구하면서도 실제로는 인재를 뽑거나 일을 처
리할 때 충신은 배척한 채 간신만 활용했다. 힘이 있으면 살아남고 없으
면 버려지는 관료사회에서 사람들은 오직 권력을 손에 쥔 사람에게만 아
첨하고 빌붙었으며, 일단 군주에게 미움받고 버려지면 바로 인정 없이 공
격했다. 군주에게 총애받는 사람은 충신이라 칭송받았으며, 버려진 사람
은 설사 충신이라 할지라도 간신으로 모함받아야 했다. 그렇기에 그들은
봉건전제시대에서 살아남기 위해서 충신이건 간신이건 할 것 없이 모두
들 맹목적으로 군주에게 충성했다.

장방을 바라보는 두 가지 시선

한나라 성제成帝 시기 부평후富平侯 장방張放은 막강한 권력을 쥐고 있
었다. 그는 성제의 고종사촌이었고, 그의 아내는 황후 허許씨의 동생이었
다. 이처럼 가까운 사이였던 성제와 장방은 자주 함께 어울리며 놀러 다
녔고, 조정의 대신들은 모두 장방을 부러워했다.

그러던 중 누군가가 장방이 황제의 총애를 믿고 법을 어지럽힌다고 고
발했다. 그러자 대신들은 오히려 모두 장방을 찾아가 아부하며 말했다.

"천하의 존경을 받는 공명정대한 대인을 어느 소인이 고발했다기에 저희 모두 분개했습니다. 그래서 혹시나 대인께서 염려하실까 싶어 위안을 드리고자 찾아왔습니다."

그러자 장방이 웃으며 말했다.

"이렇게 작은 일로 저를 찾아오실 것 없습니다. 저를 모함한 사람에 대한 처벌도 대신들께서 알아서 해주십시오."

장방의 말에 모두들 고개를 끄덕이면서 다시 이런 일이 있으면 엄벌에 처벌하겠다고 말했다. 이후 아무도 감히 장방을 고발하지 못했다.

이처럼 장방이 득의양양해 있자 선견지명이 있는 아내가 말했다.

"현재 폐하께서 대인을 총애하시기에 조정의 대신들 모두 아첨하는 것입니다. 그들은 형세에 따라 움직이면서 자신에게 이익이 없으면 가차 없이 등을 돌리는 사람들이니 대인께서도 조심해야 하지 않겠습니까. 만일 폐하의 태도가 바뀌기라도 한다면 모두들 대인을 공격할 것이니, 그들의 아부에 쉽게 넘어가시면 안 됩니다."

아내의 말을 들은 장방이 화를 내며 말했다.

"부평후인 내가 사소한 잘못을 저질렀다고 해서 뭐가 대수란 말이오? 그들이 나에게 아부하는 것은 자신들이 원해서 하는 일이오. 게다가 폐하라는 든든한 버팀목이 있는 내가 두려워할 게 뭐가 있겠소?"

아내의 조언에도 장방은 조금도 위축되지 않고 성제의 환심을 얻는 데 더욱 공을 들였다. 그는 아무런 공도 세우지 않고, 오히려 성제를 무질서한 환락에 빠뜨렸지만 대신들은 그를 충신이라 칭송하며 상을 내려야 한다고 요청했다.

장방이 권세는 갈수록 커져서 결국 황태후 왕정군王政君의 가족들이 위협을 느끼는 지경에 이르렀다. 왕정군의 가족이 직접 황태후를 찾아가 황제를 향락에 빠지게 만드는 간신 장방을 축출해야 한다고 요구했다. 황태후는 성제가 노는 데 정신이 팔려 있는 모습을 보고 화를 내며 즉각 장방을 내쫓으라고 다그쳤다. 황태후의 압박을 이기지 못한 성제는 어쩔 수 없이 장방을 변방으로 보내 보잘것없는 관직인 도위都尉를 맡게 했다.

대신들은 하루아침에 장방이 모든 권력을 모두 잃자 바로 태도를 바꿔 장방의 악행을 고발하기 시작했다. 승상 설선薛宣, 어사대부 적방진翟方進 등과 같은 대신들은 더욱 큰 소리로 장방을 사형에 처해야 한다고 요청하며 성제에게 말했다.

"장방의 간사함을 이미 오랫동안 보아왔습니다. 저런 악독한 사람과 함께할 수 없으니 사형에 처해주십시오."

그러자 성제가 차가운 목소리로 말했다.

"어찌 그렇게 단숨에 태도를 바꾼단 말인가! 자네들 모두 장방 한 사람에 대해서 이렇게 다른 태도를 보일 수 있는가?"

그러자 설선과 적방진 등 대신들은 아무런 말도 못한 채 있다가 겨우 얼버무리며 말했다.

"총명하신 폐하께서 직접 그를 내쫓으시기에 저희는 아무런 의심 없이 그를 간신이라 여겼던 것입니다. 저희는 그저 폐하의 결정에 도움을 드리고자 했을 뿐이오니, 노여움을 거두시옵소서."

형세의 변화에 따라 사람도 변화하니
시간에 따라 간신도 달라진다
이처럼 충신과 간신이라는 명성에만 기댈 수 없으니
오직 군주에게 의지할 수밖에 없다

勢變而人非, 時遷而奸異, 其名難恃, 惟上堪恃耳.

秘 충신 또는 간신이라는 명칭은 매우 중요하다. 충신은 사람들에게 널리 존경을 받지만 간신은 욕을 먹기 때문이다. 그래서 극악무도한 간신이라 할지라도 충신으로 위장하고 싶어 한다. 그러나 간신은 이득 앞에서는 충신이라 불리든 간신이라 불리든 별로 신경 쓰지 않는다. 왜냐하면 그들은 충신이나 간신이라는 명칭보다 군주에게 환심을 얻는 것이 자신들의 승진에 더욱 중요하다는 사실을 알고 있기 때문이다. 그래서 간신들은 군주에게 아첨하는 데 열중할 뿐 여론이나 민심은 돌보지 않는다.

오래도록 승진하지 못한 조작

수나라 문제는 대리시大理寺 소경少卿 조작趙綽이 자신을 승진시키지 않는 이유를 묻자 다음과 같이 답했다.

"항상 엄격하게 법을 집행하고 성실히 일하는 자네에게 무슨 다른 불만이 있겠나. 다만 자네의 모습이 부귀영화랑은 어울리지 않아서가 아니겠나."

조작은 마음속으로 원망했지만 겉으로는 고개를 끄덕이며 황제의 말을 받아들였다.

수 문제가 이렇게 말하는 데는 이유가 있었다. 조작은 사법을 책임지는 대리시 소경을 맡으면서 항상 법률에 따라서만 사건을 처리하려 했기 때문에 문제와 부딪치는 일이 많았다.

한번은 형부시랑刑部侍郞 신단辛亶이 빨간 바지를 입고 조정에 나타났다. 그 모습에 문제가 진노하며 연유를 묻자 신단이 누군가가 이렇게 입으면 관운이 형통한다고 해서 그렇게 한 것이라 답했다. 하지만 그의 말을 믿지 않은 문제는 요술로 자신을 저주하려 한다며 그를 사형에 처하라고 조작에게 명령했다.

하지만 조작은 대신들이 모두 있는 자리에서 문제의 명령을 거부하며 조목조목 이유를 설명했다.

"소신은 법을 집행하는 사람이므로 공정하게 일을 처리해야 합니다. 신단이 저지른 죄는 사형에 처할 만큼 크지 않으니, 폐하께서는 명을 거두어주시옵소서."

격노한 문제가 소리쳤다.

"자네가 명을 거역하는 것은 죄가 아닌가! 감히 법을 핑계로 군주를 기만하려 하다니 죽음이 두렵지 않은가?"

화가 난 문제는 조작을 참형에 처하라고 명했다. 하지만 조작은 죽음 앞에서도 두려워하지 않고 큰 소리로 당당하게 말했다.

"법률을 보호하기 위해서라면 죽음도 두렵지 않습니다. 소신은 신단을 풀어주시기를 요청하는 것이지 폐하의 영명함을 모독하려는 것이 아닙니다."

그런 뒤 옷을 벗고 목을 내밀며 형벌을 기다렸다.

아둔하지 않았던 문제는 화가 풀어지자 자신이 지나쳤다는 사실을 깨닫고 다소 누그러진 목소리로 말했다.

"자네가 이렇게 고집을 부리니까 항상 손해를 보는 것이오."

조작이 대답했다.

"소신은 오로지 충성심을 가지고 양심에 따라 부끄럽지 않게 행동할 뿐입니다. 개인의 득실 같은 건 신경 쓰지 않사옵니다."

문제는 여러 번 고민한 끝에 사형에 처하는 것은 이치에 맞지 않다고 보고 조작을 며칠 감옥에 가둔 뒤 풀어주었다. 기존의 관직도 계속 맡도록 했다.

이 일이 있은 뒤 조작의 가족들이 후환을 두려워하며 말했다.

"대인은 법에 따라 일을 처리하지만 폐하는 그것을 충정이라 여기지 않습니다. 만약 폐하가 죄를 묻는다면 목숨도 보존하기 어려울 텐데 충절이 무슨 소용이란 말입니까? 그러니 고집을 버리고 더 이상 폐하와 부딪치지 마십시오."

조작이 웃으며 말했다.

"폐하께서 나를 사면해주지 않았소? 누가 충절이 아무 소용없다 했소? 폐하의 권력을 지켜 나라의 근간을 굳건히 하는 것이 바로 내가 맡은 직무인데 어찌 소홀히 할 수 있겠소?"

결국 얼마 뒤 조작은 다시 문제와 충돌했다. 돈을 위조해 진짜 돈으로 바꾼 죄인들을 문제가 참수하라고 명령하자 조작이 말했다.

"법에 의하면 그들은 장형으로 처벌해야 합당합니다. 그러니 사형은 너무 과중한 처벌이옵니다."

그러자 문제가 손을 내저으며 말했다.

"그럼 이 일은 자네가 알아서 하시오. 그럼 됐소?"

문제가 한발 물러섰는데도 조작은 아랑곳하지 않고 이치를 따지며 지적했다.

"폐하께서 관직을 파면하지 않으시는 이상 법을 집행하는 것은 원래 소신의 일이옵니다."

이로써 죄인들은 사형을 면할 수 있었다. 하지만 융통성 없이 법률만 따지는 조작의 태도에 질려버린 문제는 그를 더욱 싫어하게 되었고, 조작은 평생 승진할 수 없었다.

좋아함과 싫어함으로 간신이 생겨난다
사람들이 적으로 여기면 간신이 아니라도 간신이 되고
사람들이 친구로 여기면 간신이라도 충신이 된다

好惡生奸也. 人之敵, 非奸亦奸, 人之友, 其奸亦忠.

秘　　충신과 간신을 구분하는 데 사람의 이기심과 같은 감정은 매우
　　　큰 영향을 미친다. 옳고 그름이 바뀌고 진실이 왜곡되거나 심지
어는 무고한 사람이 죄를 뒤집어쓰기도 한다. 이처럼 자신의 감정에 따라
충신과 간신을 구분하는 것은 객관적이지 않기 때문에 정확하지 못하다.
그러므로 충신과 간신을 구분할 때는 여론을 믿지 말고, 사실에 입각해서
스스로 이성적인 판단을 내려야 한다. 그래야만 비로소 혼돈에서 벗어나
진실을 발견할 수 있다.

다른 사람의 머리로 위기를 모면한 조조

　조조曹操의 자는 맹덕孟德이다. 삼국시대 활약했던 인물로 문무에 모두
뛰어났다. 의심이 많았고, 지모가 출중했다. 동한 말년 천자를 끼고 제후
들을 호령하며 중국 북방을 통일해 촉한蜀漢, 동오東吳와 함께 대립했다.
조위曹魏를 건국한 이후 '무황제'武皇帝로 추존되었으며 역사적으로 위나
라 무제武帝라 불린다.

　원술袁術이 스스로 황제의 자리에 오른 뒤 조조가 그를 정벌하려 했다.
그러자 원술은 물자를 모두 성안에 쌓아두고서 나와 싸우려 하지 않았
다. 이에 시간이 갈수록 조조의 대군을 유지할 군량미가 부족해졌다.

　꾀가 많은 조조였지만 대군은 후방과 멀리 떨어져 있었고, 현지는 여

러 해 동안 가뭄과 홍수가 이어져 모을 양식이 없는 상황이라서 어쩔 방도가 없었다.

어느 날 조조가 걱정하고 있는데 군량미를 관리하는 왕후王垕가 다가와 물었다.

"양식이 곧 바닥날 것 같습니다. 승상께서는 무슨 방법이 없으신지요?"

그러자 조조가 왕후에게 말했다.

"되를 작게 만들어서 군량미를 나눠주게. 그럼 며칠은 더 버틸 수 있을 테니."

그러자 왕후가 말했다.

"승상, 그렇게 했다가 병사들이 알아채면 더 골치 아픈 일이 생길 것입니다."

조조가 웃으며 말했다.

"일이 생기면 내가 알아서 해결할 테니 자네는 걱정 말게나."

왕후가 다시 반박하려 했지만 조조는 더 이상 상대하려 하지 않았다. 어쩔 수 없이 물러선 왕후는 길게 한숨을 내쉬었다.

이후 왕후가 되를 작게 만들어 군량미를 나눠주자 이를 알아챈 병사들은 조조가 자신들을 속였다고 분노했다. 우려한 대로 상황이 벌어지자 왕후는 어쩌지도 못한 채 발만 동동 구르며 한숨지었다.

이 모습을 지켜본 조조가 다시 왕후를 불러 조용히 말했다.

"상황이 위급하게 되었으니 큰일이네. 원망을 잠재울 좋은 방법이 있는가?"

그러자 왕후가 허둥대며 말했다.

"군량미가 없는데, 저라고 무슨 방법이 있겠습니까. 승상께서 저의 말을 듣지 않으셔서 일이 이렇게 된 것 아닙니까."

조조가 고개를 저으며 말했다.

"자네는 너무 고지식한 게 탈이네. 하지만 그렇다고 이 일이 자네의 잘못인 것은 아니지.”

이어 조조가 왕후에게 머리를 빌려달라고 했다. 그러자 대경실색한 왕후가 급히 말했다.

“저는 충심으로 묵묵히 승상의 명을 따른 죄밖에 없습니다. 그런데 승상께서는 어찌 충신과 간신을 구별하시지 못하고 저를 죽이려 하십니까?”

조조가 진심을 털어놓으며 말했다.

“급한 불을 끄고자 자네에게 작은 되로 군량미를 나눠 주라고 한 것이었네. 그런데 예상보다 일이 이렇게 커졌으니 어쩌겠는가. 자네의 머리라도 빌려서 원성을 가라앉혀야지. 그렇지 않다면 우리 둘 모두 처참하게 죽임을 당할 걸세.”

왕후가 목메어 울며 말했다.

“충심으로 명을 따른 것이 화를 초래할 줄은 몰랐습니다. 천하에 이런 이치가 어디 있단 말입니까?”

그러자 조조는 왕후의 충심에 안타까워하며 말했다.

“이치란 사람에 따라 다른 것이니, 충신과 간신 역시 자네가 단정 지을 수 있는 것이 아니네. 자네는 비록 죄가 없지만 현재로서는 이것 말고는 다른 방법이 없네. 나를 너무 원망하진 말게나!”

조조는 왕후의 말을 기다리지 않고 바로 참수시켰다. 그리고 그의 머리를 내걸고 군량미를 빼돌려 착복한 죄인을 사형에 처했다는 방문을 붙였다.

이 일로 병사들은 모두 왕후를 극악무도한 소인이라 욕할 뿐 더 이상 조조를 원망하지 않았다. 오히려 조조를 간사한 소인을 제거하고 정의를 지킨 슬기로운 군주로 칭송했고, 흔들리던 사기도 순식간에 안정되었다.

도덕에 대한 견해가 서로 같으면 이익을 얻을 수 있지만 도덕에 대한 견해가 서로 다르면 화를 입을 뿐이다

道同方獲其利, 道異惟受其害.

秘 끼리끼리 어울린다는 말이 있듯이 도덕관과 이해관계를 살피는 것은 충신과 간신을 판가름하는 가장 기본이다. 항상 이익에 따라 결탁하는 간신은 서로 이용하고 아부하면서 한편인 것처럼 보이지만 실제로는 각기 다른 생각을 가지고 있다. 그래서 일단 이익이 충돌해 갈라서면 바로 서로를 공격한다.

반면 충신들은 결탁하지 않고 그저 서로를 존경하며 묵묵히 협력한다. 그들은 개인의 이익을 탐하지도 않고, 화를 두려워하지도 않는다. 그래서 간신의 도덕과 정의는 오로지 개인의 이득을 위한 일시적인 방편인 반면 충신의 도덕과 정의는 불변하는 절개이다. 이처럼 서로 다른 도덕과 정의관을 가졌기에 충신과 간신은 영원히 싸울 수밖에 없다.

악비를 모함한 만사설

악비岳飛는 중국 남송 초기의 무장이자 학자이며 서예가이다. 악비岳飛를 제거하는 것은 재상인 진회가 오랫동안 별러온 일이었다. 진회는 만사설萬俟卨을 시켜 악비를 모함하게 만들었다. 그에 그치지 않고 만사설은 악비의 사건을 심리하면서 가혹하게 고문하고 마음대로 죽여버렸다.

이와 같은 악비와 만사설의 관계는 이전부터 얽혀 있었다. 악비가 지키고 있던 호북湖北에서 관직을 맡고 있던 만사설은 그의 용맹함을 보고 아첨하며 빌붙으려 했었다. 하지만 만사설이 간사해 법률을 지키지 않는다는 소문을 들은 악비는 그를 무시했다.

악비에게 빌붙어 이익을 꾀하려 했던 만사설은 악비의 냉담한 태도에도 개의치 않았다. 오랜 시간 방법을 궁리한 그는 마침내 악비에게 면담을 요청했다. 처음에는 악비가 면담을 피했지만 계속되는 요청에 하는 수 없이 그를 만났다. 만사설이 나타나자 악비가 먼저 쌀쌀맞게 말했다.

"군사 일로 정신이 없으니 꼭 필요한 일이 아니면 짧게 말하도록 하게."

만사설이 간사한 웃음을 지으며 말했다.

"저희는 공통점도 많은 것 같은데, 사람들에게 존경을 받고 충성스런 부하들을 거느린 악장군께서 어찌 저를 그렇게 쌀쌀맞게 대하십니까?"

그러자 악비가 진저리를 치며 말했다.

"쓸데없는 공담은 그만두게. 나는 적을 많이 잡아 나라에 보국하고 싶을 뿐이네."

그러자 만사설이 애매한 태도로 말했다.

"장군이라면 모름지기 군권을 장악해 강력한 권력을 휘둘러야 하지 않겠습니까. 병력을 모으고, 군량미를 비축해 혼란을 틈타 일어난다면 조정도 어찌하질 못할 것인데 무얼 걱정하십니까? 또 장군께서는 명령에 따라 목숨을 바쳐 충성하는 부하들도 있지 않사옵니까."

만사설의 제안을 단칼에 거절한 악비는 윽박지르며 말했다.

"이제 보니 자네는 국가에 충성하고 백성을 사랑하고자 하는 마음이 전혀 없는 사람이로군. 어떻게 나라의 녹을 먹는 사람이 그런 말을 꺼내는가? 사람 잘못 찾아왔네. 계속 헛소리를 지껄인다면 나도 더 이상 예로써 대할 수 없네."

이 일로 악비에게 원한을 갖게 된 만사설은 보복을 하고자 진회에게 악비가 모반을 꾀했다고 모함했다. 악비를 제거하지 못해 전전긍긍하고 있던 진회는 매우 기뻐하며 말했다.

"자네는 하늘이 내게 내려준 사람일세. 자네가 악비를 제거해준다면 내 반드시 섭섭하지 않게 보상해주겠네."

그리고 진회는 만사설을 조정에 불러 법을 관장하는 감찰어사로 등용했다. 진회의 은혜를 입은 만사설은 더욱 지독하게 악비를 모함했고, 결국 악비는 그들의 음모에 걸려들었다. 악비가 죽자 진회는 약속했던 대로 만사설을 계속 중용했고, 나중에는 부재상의 자리에까지 올렸다.

간신이 되어 이로운 점이 있다면
사람들은 모두 간신이 되려 한다
반면 충신이 되어 화를 입는다면
사람들이 충신이 되기란 어렵지 않겠는가

奸有益, 人皆可爲奸, 忠致禍, 人難以爲忠.

秘 　통치자의 태도에 따라서 바뀌는 충신과 간신의 운명을 보고 사람들은 자신이 어떻게 행동해야 할지를 결정했다. 즉 충신과 간신이 처한 상황은 사람들의 가치판단과 행동 방식에 영향을 주었다. 더욱이 역사적으로 간신은 충신보다 항상 운이 좋았다. 이것은 당시 봉건전제 시대의 고질적인 병폐로, 충신으로서 살아남기가 얼마나 힘겨웠는지를 알 수 있다. 또한 사람이 명성과 이익에 얼마나 잘 흔들리는지를 보여준다. 그러므로 사람들은 반드시 거시적 관점에서 이성적으로 충신과 간신에 대해 살펴봄으로써 세상의 유혹을 뿌리치고 정확한 판단을 내릴 수 있어야 한다.

죽음을 자처한 왕권

명나라 태조太祖 주원장周元璋 시기 어사御史를 지낸 왕권王權은 항상 공명정대하게 일을 처리했다. 그는 매번 스스로를 충신이라 자처하며 어떠한 사람이든 잘못을 저지르면 사실에 근거해 엄하게 처벌했다.

주원장도 초기에는 그를 매우 아끼며 보기 드문 충신이라고 칭찬했다. 왕권은 황제에게 총애를 받자 기뻐하며 다른 사람에게 말했다.

"영민하신 폐하께서 충신을 좋아하고 간신을 싫어하시니 천하의 복일세."

하지만 주원장의 성격을 잘 아는 친구는 왕권을 걱정했다. 한번은 두 사람이 한담을 나누던 중 친구가 왕권에게 말했다.

"폐하께서는 항상 간신을 싫어한다고 말하지만 사실은 그렇지 않네. 과거의 일들을 돌아보면 충신들은 한결같이 모함을 받아 고난과 굴욕을 당하지 않았나? 그러니 자네도 계속 충신이라 자처하기보다는 행동을 좀 조심하도록 하게."

친구의 조언에 왕권이 반박하며 말했다.

"충신이 화를 당하는 것은 현명한 군주를 만나지 못했기 때문인데, 어찌 충신을 탓할 수 있는가? 나는 아무것도 원하지 않고, 또 간신들처럼 아첨하지도 않지만 폐하께서는 한결같이 나를 아껴주시네. 이처럼 현명한 군주를 만났는데 내가 뭘 걱정하겠는가."

왕권의 친구는 길게 탄식할 뿐 더 이상 아무런 말도 하지 않았다.

한번은 왕권이 업무를 처리하다 주원장과 갈등을 빚게 되었다. 주원장이 여러 차례 타일렀지만 왕권은 결코 물러서려 하지 않았다. 그러자 주원장이 화를 내며 말했다.

"자네는 매번 스스로 충신이라 자처하면서 어째서 내 뜻을 거역하려 하는가?"

그러자 왕권이 당당하게 답했다.

"군주가 잘못을 저질렀는데도 무작정 따르는 것은 간신이옵니다. 충신이라 자처하는 소신이 어떻게 그럴 수 있겠사옵니까? 폐하께서 만약 간언을 들으려 하지 않으신다면 소신은 죽을 각오를 하고 항거할 수밖에 없사옵니다."

대신들 앞에서 난처해진 주원장의 안색이 붉으락푸르락해졌다. 결국 화를 참지 못한 그가 차가운 미소를 지으며 말했다.

"나에게 충신을 해쳤다는 오명을 씌우려 하다니, 이것이야말로 가장 큰 불충이다. 그러니 내가 어찌 자네를 죽이지 않고 천하를 다스리고, 대신들을 훈계할 수 있겠는가?"

이후 주원장은 왕권을 죽이라고 명령했다. 분에 못 이겨하는 주원장을 향해 대신들이 나와 왕권을 살려달라 애원하며 말했다.

"폐하, 왕권을 죽이시면 아니 됩니다. 만약 그를 죽이신다면 대신들이 두려움에 어찌 간언을 할 수 있겠습니까. 왕권은 모든 사람들이 존경하는 충신이옵니다. 폐하께서도 자주 대신들에게 왕권을 본받으라고 말씀하시지 않으셨사옵니까. 그런데 지금 그를 죽인다면 사람들은 두려워하며 충신보다는 간신이 낫다 생각할 것이니, 절대 이와 같은 풍조가 생겨나서는 아니 되옵니다."

화를 참지 못해 죽일 마음을 품었던 주원장도 시간이 지나자 후회가 밀려들었다. 게다가 대신의 지적도 그의 마음을 흔들었다. 그는 다시 왕권을 불러들여 큰 목소리로 말했다.

"자네가 자신의 잘못을 인정하고 고치겠다고 한다면 굳이 죽이지는 않겠소."

하지만 왕권은 꼿꼿한 자세로 잘못을 인정하지 않으며 말했다.

"잘못한 것이 없는데 무얼 고치겠습니까? 폐하께서 소신이 잘못한 것이 있다고 생각하신다면 그냥 죽이시옵소서. 죄가 없는 저에게 죄를 인정하라고 능욕하는 것은 옳지 않사옵니다. 소신도 폐하께서 난처해지는 것은 원치 않으니 빨리 죽여주시길 바랍니다."

한 치도 물러서지 않으려는 왕권을 본 주원장은 또 다시 화가 치밀어 올랐다. 결국 그는 이성을 잃고 소리쳤다.

"짐이 충신을 죽였다는 오명을 쓰더라도 네놈만은 용서할 수 없다!"

결국 주원장은 만류하는 대신들의 간언도 물리치고 죄 없는 왕권을 죽였다. 이 일로 겁을 먹은 대신들은 더 이상 간언하지 않았고, 조정은 간신들로 채워졌다.

간신이 많고 충신이 적은 것은 세상의 진정한 모습이니
스스로 충신이라 말하며 간신을 싫어하는 것은
세상의 표면적인 모습일 뿐이다

奸衆而忠寡, 世之實也, 言忠而惡奸, 世之表也.

秘 　사회의 진정한 모습을 이해하고 관찰하면 사람들이 일상생활에서 간사함을 좇으며 겉으로는 복종하면서 속으로는 배신하려하는 어두운 모습을 쉽게 발견할 수 있다.

사람들은 습관적으로 간신을 미워하고 공격하면서도 실제로는 간신과 함께 행동하려 한다. 또한 사람들은 겉으로는 자신은 간신과 다르다고 강하게 주장하면서도 뒤에서는 간신의 방법을 활용해 일을 처리한다. 이처럼 자신의 겉과 속이 다른 이중적인 모습은 사회에 엄중한 손해를 끼칠 뿐만 아니라 자신에게도 해가 된다. 이러한 현상을 고치지 못한다면 사회는 발전할 수 없고, 더욱이 공정한 인간관계를 맺을 수도 없으므로 더욱 악화되는 상황을 맞이하게 된다.

양설적의 계획

춘추시대 진나라에 기근이 들었다. 게다가 법령도 잘 지켜지지 않아 백성들의 원성이 하늘을 찌르고, 사방에 도적떼가 들끓게 되었다. 이에 순림부荀林父는 걱정에 싸여 도적을 토벌하는 데 온 힘을 기울였다.

한편 극옹郤雍은 도적을 알아보는 재주가 있어 사람들 무리 속에서 한눈에 도적을 분간해내었다. 극옹의 명성을 들은 순림부가 직접 그를 찾아가 도적을 잡는 관원이 되어달라 청하며 물었다.

"대인께서는 어떻게 도적을 분간해내십니까? 일반 사람들과 다른 점이 있습니까?"

그러자 득의양양해진 극옹이 답했다.

"도적과 일반 사람은 겉으로는 다를 게 없습니다. 다만 표정이 다르지요. 도적들은 시장에서 물건을 보면 탐욕스런 표정을 짓고, 시장 사람을 만나면 부끄러운 표정을 지으며, 관원을 만나면 두려운 표정을 짓습니다. 저는 이런 모습을 자세히 관찰해서 도적을 잡아내는 데 한 번도 틀린 적이 없습니다."

곧 부임한 극옹은 많은 도적을 잡아들이며 공적을 쌓았다. 하지만 도적은 줄어들기는커녕 갈수록 많아졌다. 근심에 휩싸인 순림부는 대부 양설적羊舌赤을 찾아가 답답함을 토로했다.

"인심이 예전과 같지 않으니 정말 걱정입니다! 사람들이 도적질을 부끄러워하지 않고, 오히려 너도 나도 배우려 하고 있습니다. 그러니 더욱 엄하게 처벌해서 두려움을 주는 것 말고는 방법이 없겠습니다."

그러자 양설적이 고개를 저으며 말했다.

"그것은 근본적인 해결 방법이 아닙니다. 무작정 억압하려 하는 것은 효과가 없지요. 그랬다가는 도적을 잡는 재주가 있는 극옹 역시 목숨이 위험해질 것입니다."

양설적의 지적에 불쾌해진 순림보는 그의 말을 끊고 들으려 하지 않았다. 그러자 양설적은 하려던 말을 멈추고 물러났다.

과연 얼마 뒤 양설적의 말대로 극옹이 도적들에게 죽임을 당했다. 그 소식에 놀란 순림보는 분노에 차 발만 동동 구르다가 화병으로 죽고 말았다.

이 사실을 알게 된 진나라 경공景公은 양설적을 궁으로 불러 도적을 토벌한 방법을 물었다. 그러자 양설적이 말했다.

"악당이 되고자 하는 사람은 없습니다. 하지만 그럼에도 세상에 악당이 많은 이유가 무엇이겠습니까? 이는 사회 기풍이 나빠져 사람들이 이익만 중요시할 뿐 부끄러움을 모르기 때문입니다. 게다가 선행을 하기는 어렵고, 악행을 저지른다고 해서 반드시 모두 처벌받는 것도 아닙니다. 그리고 자연히 선을 버리고 악행을 저지르려 하는 사람들이 갈수록 많아지는 것이지요. 이런 상태가 계속된다면 백성들에게 해가 될 뿐만 아니라 국가의 안정도 위협받게 될 테니 결국 대왕의 권위도 흔들리게 될 것입니다. 그러니 만약 대왕께서 능력 있는 충신을 등용하시고 간신을 내쫓으시며, 몸소 충신에게 이익을 주고 간신에게 벌을 주는 모습을 보이신다면 누가 악행을 저지르려 하겠습니까? 나빠진 사회 기풍을 바로잡고, 도처에 들끓는 도적떼들을 소탕하고 싶으시다면 반드시 먼저 모범을 보이셔야 하옵니다!"

진나라 경공은 양설적의 조언대로 간신을 멀리하고 충신만 등용했다. 또 도적을 잡는 법을 폐지하고 사람들을 교화시키는 데 힘썼다. 그로부터 얼마 지나지 않아 과연 도적떼들이 점차 줄어들기 시작했고, 사회의 질서도 안정되면서 진나라는 나날이 강대해졌다.

군주에게 아첨하는 것은
오로지 자신의 영달을 위해서이다
겉모습을 제거하고 진실을 관찰한다면
간신은 자연히 드러난다

惟上惟己, 去表求實, 奸者自見矣.

秘 충신과 간신을 구분할 때 표면적인 모습에 현혹되지 말고, 내재된 본질을 관찰해야 한다. 윗사람에게 아첨하며 자신의 이익만을 위하는 모습은 간신들의 공통된 특징이므로 이를 통해 충신과 간신을 구분해낼 수 있다.

사실 간신들이 윗사람에게 아첨하는 것은 자신들의 이익을 얻기 위해서이다. 그렇기에 만약 '윗사람'이 권력을 잃거나 자신의 이익에 아무 도움이 되지 않는다면 그들은 바로 본래의 모습을 드러내고 배신하려 한다. 이것이 바로 간신의 진정한 모습이며, 그들이 가진 사악한 마음이다. 무능하고 어리석은 통치자들은 간신들의 순종적인 모습에 만족하며 그 뒤에 숨겨진 간사함을 알아차리지 못한다. 그래서 항상 자신이 간신을 이용했다고 생각하지 간신에게 자신이 이용을 당했다고는 생각하지 않는다. 심지어는 완전히 간신들을 위한 권력의 도구로 전락했는데도 그 사실을 알지 못한다.

스스로 총명하다고 생각한 조고

진나라 시대 간신인 조고는 음모를 잘 꾸미는 교활한 인물이었다. 그는 부소를 죽이고 진 2세인 호해를 황위에 앉힌 뒤 걸림돌이 되는 승상 이사도 죽였다. 권력을 독점하기 위해 항상 진 2세에게 순종하며 음흉한 마음을 품고 말했다.

"항상 정무를 처리하느라 바쁘시니, 소신 폐하의 몸이 상할까 걱정되옵니다."

자신을 걱정하는 조고의 마음에 감동을 받은 진 2세가 말했다.

"조정의 문무 대신들은 모두 짐이 잠시 쉬는 것도 두고 보지 못하는데, 자네만은 나를 위해주는구나. 자네야말로 진정한 충신이오."

조고가 황송해하며 말했다.

"폐하께서는 아직 젊으시고, 또 천하가 이렇게 태평한데 애쓰실 필요가 있겠사옵니까? 더욱이 폐하께서 대신들과 국사를 의논하시다 부족한 면을 보인다면 대신들이 폐하를 우습게 볼 것이옵니다. 이처럼 스스로 자신의 부족함을 드러내는 것만큼 손해 보는 일은 없습니다. 소신의 보잘것없는 식견으로 보건대 폐하께서는 가장 존귀한 자리에 있으신 만큼 대신들이 폐하의 목소리를 직접 듣는 것은 적당치 않다 생각되옵니다."

우매했던 진 2세는 이때부터 대신들을 직접 만나지 않고 모든 일을 조고와만 상의했다. 그야말로 조고는 전권을 휘어잡았고, 진 2세는 꼭두각시로 전락했다. 진 2세를 통제하는 데 성공했지만 조고는 대신들의 불만이 두려웠다. 대신들을 의식한 그는 사슴을 가리켜 말이라 주장하면서 이를 지적하는 대신들을 모두 죽였다. 그러자 대신들은 조고의 막강한 권력을 두려워하며 아무런 말도 하지 못했다.

그러던 중 반란이 일어나 유방이 이끈 군대가 함곡관函谷關에 이르렀다. 유방의 군대에 목숨을 잃을까 두려워하던 조고는 골몰한 끝에 악랄한 계책을 생각해내었다. 그는 사위 염락閻樂을 찾아가 말했다.

"천하가 혼란스러워 반란군이 이미 함곡관까지 왔네. 하지만 이대로 앉아 죽을 수는 없지 않은가. 반란군들은 진나라에 불만을 품고 황제를 죽이려 하니, 우리가 먼저 손을 써서 황제의 머리를 바친다면 그들이 우리를 해치지는 않을 걸세. 그러면 우리의 부귀도 보존할 수 있지 않겠나."

놀란 염락이 걱정하며 말했다.

"항상 우리를 믿고 중용해주신 폐하를 죽인다는 게 타당한 일입니까?"

그러자 조고가 엄한 표정으로 질책했다.

"옛날 일을 생각할 때가 아닐세. 이미 쓸모가 없는 황제를 살려서 무엇하겠는가? 우리 목숨을 부지하기 위해서는 이것 말고는 방법이 없네. 괜히 인정에 얽매여 일을 그르치지 말게!"

조고의 질책에 염락은 바로 군대를 일으켜 궁을 점령한 뒤 진 2세에게 자결하라고 윽박했다. 그러자 진 2세가 두려움에 사로잡혀 애걸복걸하며 말했다.

"내가 조고를 얼마나 총애했는데, 어떻게 나에게 죽으라고 할 수 있소? 모든 일을 마음대로 주물렀으면서도 부족한 게 있소?"

염락은 진 2세의 애원을 무시하며 계속 자결하라고 윽박질렀다. 결국 죽음을 피할 수 없다고 생각한 진 2세는 자결로 생을 마감했다.

자신의 계획대로 진 2세가 죽자 조고는 안심하며 부소의 아들인 자영子嬰을 황위에 앉혔다. 하지만 그는 자영이 자신을 깊이 미워한다는 사실을 알지 못했다. 자영은 겉으로는 조고에게 순종하면서 몰래 그를 죽일 기회를 엿보고 있었다.

이 사실을 간파한 염락이 조고에게 말했다.

"자영은 황실의 후예입니다. 비록 왕위에 올랐지만 여전히 원망을 품고 있습니다. 그의 얼굴에 불쾌한 기색이 보이니 미리 대비를 해야 할 것 같습니다."

하지만 오랜 시간 전권을 휘둘러 자만해진 조고는 자영을 신경 쓰지 않았다. 오히려 쓸데없는 참견을 한다고 염락을 호되게 질책한 뒤 더 이상 들으려 하지 않았다. 이렇게 조고의 경계가 느슨해진 틈을 타서 자영은 마침내 원한을 풀었다. 이로써 조고는 자신에게 어울리는 합당한 최후를 맞게 되었다.

【秘】 통치자는 항상 사람들에게 충신이 되라고 말하지만 실제로
　　　인재를 뽑는 기준과 일을 처리하는 방식을 보면 충신은 배
　　　척당한 채 간신만 쓰였다.

【秘】 역사적으로 간신이 충신보다 운이 좋았던 것은 부인할 수
　　　없는 사실이다.

【秘】 사람들은 습관적으로 간신을 공격하는 데 도취되어 있지
　　　만, 실제로는 간신과 함께 행동하려 한다.

【秘】 간신이 윗사람을 위하는 것은 일종의 수단에 불과하다. 그
　　　들의 진정한 목적은 자신의 이득을 얻는 데 있다.

사람을 간파하는 법

사람의 욕망은 다양하고 그 본성은 이기적이다. 일이 성공하면 그 공을 누리지만 실패하면 잘못을 회피한다. 성인조차 이 점을 넘어서 지 못하니 이는 사람의 본성 탓이리라. 욕망이 많아지면 탐욕스러워 지고 지나치게 이기적이면 올바르지 못하기 마련이니, 이로써 죄악 이 생겨난다. 백성은 징벌을 무서워하고 관리는 화난을 입을까 두려 워 어쩔 수 없이 자신의 언행을 삼간다. 사람들이 해를 입는 까닭은 대개 사람을 잘 살피지 않은 탓이요, 화난을 당하는 까닭은 어진 마 음을 품고 무르게 행동한 탓이다. 제 환공은 신하를 지나치게 믿은 탓에 목숨까지 잃었으니 실로 애통하구나. 부차는 월나라를 병탄하 지 않아 결국에는 오나라를 망하게 만들었다. 아버지와 아들 사이보 다 가까운 사이는 없지만 양광과 같은 불효자는 항상 있었다. 임금 이 신하에게 베푸는 은덕보다 큰 것이 없으나 예로부터 왕망과 같 은 간신은 끊이지 않았다. 사람의 마음에는 속임수가 너무 많으니 겉모습만 봐서는 안 된다. 세상사는 무정하니 좋은 일을 하고도 결 국 공을 얻을 수 없다. 다른 사람을 믿느니 차라리 자신을 믿고 다른 사람을 경계할 때는 요행을 바라지 마라. 이런 기예를 배우지 않고 서도 지혜로운 자가 될 수 있겠는가.

사람들의 감정은 대개 지어낸 것이고
세상의 습속은 대개 거짓된 것이니
어찌 믿을 수 있겠는가

人之情多矯, 世之俗多偽, 豈可信乎.

秘 　혹리 중의 으뜸이자 중상모략의 달인인 내준신과 만국준萬國俊 같은 무리는 결코 예사내기가 아니다. 물론 행위는 떳떳하지 못하지만 이런 소인배들의 견해와 수단이 실로 '고명'하고 '본질적'이라는 사실은 부인할 수 없다. 이 말은 시대의 폐단을 정확하게 지적하고 있다. 냉담과 거짓으로 점철된 봉건전제시대의 인간관계와 사회현실을 적나라하게 드러내 깊은 상념을 자아낸다.

인간과 사회의 본질에 대한 인식은 개인의 사고방식과 행위규범을 결정하기 때문에 매우 중요하다. 따라서 이에 대한 인식이 불명확하거나 피상적이면 사고방식과 행위규범이 단순하고 미숙할 수밖에 없다. 그러면 결국 하는 일마다 난관에 부딪치고 아무것도 이루지 못한 채 끝맺게 될 것이다.

탐욕스럽고 저속한 척한 동방삭

동방삭東方朔의 본래 성은 장張이고 평원군平原郡 염차현厭次縣 사람으로 한 무제漢武帝가 총애한 신하였다. 동방삭은 태평성세에서 관리 노릇하는 이치를 잘 알고 있었기에 뛰어난 재주가 있음에도 재주를 감추고 드러내지 않았으며 일부러 익살스러운 행동을 해서 무제를 웃겼다. 자신을 일러 '조정에 은거하는 사람'이라고도 했다.

한 무제 시기의 인물인 동방삭은 시대를 풍미한 천재 문인이었다. 동방삭은 벼슬자리에 나아가기 위해 황당하게도 죽간 3천 조각에 자신을 천거하는 글을 써서 올렸다. 한 무제는 그의 뛰어난 재주를 높이 사서 이내 조정으로 불러들였다.

그런데 벼슬을 얻고 난 후, 동방삭은 아주 딴사람으로 변했다. 다시는 나랏일을 논하지 않았고 일부러 탐욕스럽고 저속하게 행동했다. 황제가 연회를 베풀면 늘 남은 음식을 싸 갔고 비단을 하사하면 미인을 부인으로 맞는 데 썼다. 그리고 1년이 지나면 주었던 것을 모두 빼앗고 내쫓은 다음, 새 부인을 맞았다.

이런 동방삭의 기행은 뭇사람들의 비난을 샀다. 어떤 사람은 이렇게 책망했다.

"당신은 고금의 지혜에 통달했고 스스로 훌륭하다 여기면서 어찌 이런 부끄러운 짓을 서슴지 않습니까? 정녕 명성이 땅에 떨어지고 관직을 잃을 것이 두렵지 않단 말입니까?"

동방삭이 대답했다.

"시대는 달라졌지만 세상 물정은 그대로입니다. 춘추전국시대에는 군웅이 사방에서 일어나 천하를 다투었기에 인재의 가치가 몹시 중요했지요. 그러나 지금은 천하가 태평하지 않습니까? 국태민안하여 군주가 현명하든 용렬하든 제자리를 잘 보전하니 인재도 그다지 중요하지 않게 되었습니다. 군주가 인재를 예의와 겸손으로 대하는 것은 필요하기 때문일 뿐인데 내 어찌 진심으로 여기겠습니까? 게다가 현명하고 유능한 사람을 시기하는 자들이 도처에 널렸는데 내 어찌 재능을 드러내겠습니까?"

동방삭은 평생 높은 관직에 오르지는 못했지만 별 탈 없이 평안한 삶을 보냈고 그에 얽힌 지혜로운 고사도 널리 알려졌다.

공자께서 말씀하시길, 듣기 좋은 말을 하고 낯빛을 부드럽게 꾸미고 지나치게 굽실거리는 태도를 좌구명이 부끄럽게 여겼거니와 나도 부끄럽게 여긴다고 했다

子曰 "巧言, 令色, 足恭, 左丘明恥之. 丘亦恥之." 恥其匿怨而友人也.

秘　　사회는 복잡하고 현실은 잔혹하다. 사람들은 자신의 목적과 필요에 의해 가면 뒤로 본심을 감춘 채 거짓으로 믿음을 사고 이익을 도모하니 참으로 씁쓸하고 유감스러운 일이다. 좌구명과 공자 같은 성인들은 이 같은 행위를 부끄럽게 여겼지만 보통 사람들은 근심 걱정 없이 평안하게 살고 화를 피하기 위해 이런 짓을 서슴지 않으며, 더욱이 간사하고 아첨을 잘하는 소인배는 환심을 사고 권력을 휘두르는 데 매우 실용적인 출세 비법으로 여긴다.

장거정의 또 다른 모습

장거정張居正은 명나라 때 내각수보內閣首輔였다. 자는 숙대叔大고, 호 광湖廣 강릉江陵 사람으로 출신이 빈한하여 과거로 한림원에 들었다. 정치적 풍랑에서 장거정은 스승 서계徐階를 모방해 '안으로는 원대한 포부와 출중한 재능을 갖추되 밖으로는 세상 만물과 한데 어울렸다.' 그리하여 기회를 포착해 행동한 끝에 재상의 자리에 올라 최고의 권력을 손에 쥐었다.

장거정은 내각수보를 지낸 10여 년간 일련의 개혁조치를 단행해 기울어가던 국운을 한때나마 일으켜 세웠다.

그런데 장거정이 높은 지위에 올라 큰 뜻을 펼칠 수 있었던 데는 그가 당시 권력을 쥐고 있던 장인태감掌印太監 풍보馮保의 비위를 맞추며 환심을 산 덕분이 컸다.

풍보는 재물과 색을 밝혔고 됨됨이가 바르지 못했기에 장거정은 마음속으로 그를 혐오하였지만 내각수보에 오를 일념으로 수단 방법을 가리지 않고 아첨했다. 풍보의 환심을 사기 위해 장거정은 명금名琴 7대, 진주 주렴 5벌, 황금 3만 냥, 은 10만 냥을 비롯해 갖가지 진귀한 노리개를 아낌없이 바쳤다.

1572년, 융경제隆慶帝가 죽고 열 살밖에 안 된 주익균朱翊均이 황제의 자리에 오르자 풍보는 황제의 생모인 이귀비李貴妃에게 내각수부대신인 고공高拱의 잘못을 거침없이 아뢰며 그 자리에 장거정을 추천했다.

그러나 이러한 내막을 모르는 고공은 풍보를 궁에서 내쫓을 상소를 올릴 계획을 장거정에게 말하고 말았다. 장거정은 일말의 망설임도 없이 자신을 지기로 여기는 고공을 배신하고 비밀리에 풍보에게 고공의 계획을 알렸다.

풍보는 고공이 역심을 품었다고 무고해 조정에서 쫓아냈다. 장거정은 숙적을 제거하고 마침내 내각수보 자리에 오름으로써 숙원을 이루었다.

사람의 욕망은 다양하고
그 본성은 이기적이다

人者多欲, 其性尙私.

秘   소인배들의 인간에 대한 인식은 어떤 면에서 꽤 참고할 만한 가
치가 있다. 재주도 변변찮고 학식이 얕은데도 윗사람과 아랫사
람을 다 속이고 풍파를 일으키기에 함부로 그들을 얕볼 수 없다. 한 가지
분명한 점은 그들이 항상 인간의 약점을 찾아내고 이용해서 자신의 목적
을 이룬다는 사실이다.

사실 인간 사회의 끊임없는 환란은 하나같이 인간의 과욕과 이기심에
서 비롯되었다.

이의부의 전환점

이의부李義府는 당 고종唐高宗시대의 재상으로 겉모습은 부드럽고 공
손했으며 얼굴에 미소가 걸려 있었지만 속마음은 음험하고 악독해서 '웃
음 속에 칼을 숨겼다'는 평을 들었다.

당 고종이 황제에 오를 당시만 하더라도 이의부는 말단 관리인 중서사
인中書舍人에 불과했다. 그런데 당시 재보대신宰輔大臣이던 장손무기長孫
無忌가 그를 싫어하여 멀리 떨어진 벽주壁州의 사마司馬로 좌천시키려 했
다. 마음이 다급해진 이의부는 동료인 왕덕검王德儉에게 도움을 청했다.

관직이 높지 않아 이의부를 직접 도울 수는 없었으나 세상 물정에 밝
았던 왕덕검은 한 가지 방도를 알려주었다.

"사람은 누구나 이기적이라네. 황제 폐하도 예외는 아니지. 지금 황제께서는 무측천을 황후로 세우고 싶어 하시나 대신들의 반대에 부딪쳐 결정을 못 내리고 계시네. 이때 자네가 무측천을 황후로 삼자는 상소를 올린다면 황제께서 틀림없이 흡족해하실 것이야. 그러면 지금 자네에게 닥친 화도 피할 수 있을 것이네."

그 말에 이의부는 크게 기뻐하며 왕덕검이 일러준 대로 지금의 황후 왕王씨를 폐하고 무측천을 새 황후로 세울 것을 청하는 상소문을 써서 서둘러 궁으로 보냈다.

아니나 다를까, 이의부의 상소문은 당 고종의 마음에 쏙 들어 그 길로 황제를 알현하고 진주 한 말까지 하사받았다. 무측천 또한 이 일로 이의부를 다시 보고 특별히 사람을 보내 감사의 인사를 전했다. 그리하여 이의부는 좌천되기는커녕 관직이 올랐고 장손무기를 비롯해 황후 폐위를 반대하던 무리는 결국 죽임을 당했다.

일이 성공하면 그 공을 누리지만
실패하면 잘못을 회피한다
성인조차 이 점을 넘어서지 못하니
이는 사람의 본성 탓이리라

成事享其功, 敗事委其過, 且聖人弗能逾者, 蓋人之本然也.

秘　　사람은 누구나 허영심이 있고, 또 사람은 누구나 책임감이 부족
하다. 사람의 이런 본성은 옳고 그름과 성공과 실패 앞에서 가장 쉽게 드러난다. 이 점을 알면 자신과 타인을 대하는 데 큰 도움이 된다. 환상을 버리게 되어 타인에게는 지나친 기대와 요구를 품지 않을 것이고 자신에게는 지나친 믿음과 자책을 보내지 않을 것이다. 무릇 순리에 따르고 흐름에 맡기면 세상만사와 인간관계를 잘 처리할 수 있으니 남을 탓할 일도 위험에 빠질 일도 없을 것이다.

억울하게 죽은 조조

조조晁錯는 영천穎川 사람으로 한 문제漢文帝 때는 태자가령太子家令, 한 경제漢景帝 때는 어사대부御史大夫가 되었다. 한 경제 때 책사 조조는 나라를 통일하고 중앙의 권력을 강화하기 위해 경제에게 《삭번책削藩策》을 올려 삭번(削藩. 지방 제후의 영지를 삭감하는 것)을 제안했다. 조조의 아버지는 이 소식을 듣자마자 고향 영천에서 도성 장안으로 달려와 아들을 말렸다.

"너는 너무 미숙하고 사리에 어둡구나. 이 일이 이루어지면 그것은 황제 폐하의 공이요, 만약 어그러지면 그 죄는 오롯이 너의 몫이니라. 어찌 되든 헛되이 애만 쓰고 좋은 결과를 바랄 수 없는데 똑똑한 사람이 어찌

이런 어리석은 짓을 하느냐?"

이에 조조가 대답했다.

"이는 나라에 이로운 일이니 원망하는 자들의 마음까지 돌볼 수는 없습니다. 오직 폐하께서만 제 뜻을 알아주신다면 어느 누가 저를 해칠 수 있겠습니까?"

조조의 아버지는 상심이 큰 나머지 눈물을 흘리며 말했다.

"큰 화가 닥쳤는데도 깨닫지 못하는데 더 말해 무엇 할까!"

말을 마친 그는 독약을 마시고 자진했다.

얼마 지나지 않아 오吳왕 유비劉濞를 위시한 '오초吳楚 7국의 난'이 벌어졌다. 그들이 '조조를 죽여 황제의 주위를 깨끗이 하자!'는 명분으로 사방에서 난을 일으키자 천하는 삽시간에 혼란에 빠졌다.

이제 막 황제가 된 경제는 크게 당황했다. 평소 조조를 눈엣가시로 여기던 대신 원앙袁盎은 이때를 틈타 황제에게 진언했다.

"제후들은 조조 한 사람 때문에 반란을 일으켰습니다. 폐하께서 조조에게 속아 제후들의 영지를 빼앗는 삭번을 시행해서는 아니 되는 일이었습니다. 이제 조조를 죽이고 영지를 제후들에게 돌려주고 모반을 일으킨 일곱 제후국의 죄를 용서해주시면 이 일은 가라앉을 것입니다."

이 말에 경제는 한참 동안 침묵을 지키더니 마음의 짐을 내려놓은 듯 소리쳤다.

"조조 하나 때문에 천하의 미움을 살 까닭이 있겠는가!"

곧이어 경제는 승상 도청陶靑 등에게 조조가 황제와 신하 사이를 이간질하고 대역무도하였으며 대신의 예를 다하지 않았으니 마땅히 요참(腰斬, 죄인의 허리를 잘라 죽이는 형벌)에 처해야 하고 그 부모와 처자식, 형제자매까지 살려둬서는 안 된다며 조조를 탄핵하라는 명을 내렸다. 이 추악한 연극은 경제가 직접 각본을 짜고 감독까지 맡았으니 이제 연기만 하면 될 터였다. 경제는 곧바로 행동에 나섰다.

슬프게도 조조는 이때 반란을 진압하느라 정신이 없어 형을 집행하는 사신이 그를 잡으러 왔을 때도 황제가 중요한 일로 자신을 부르는 줄로만 알고 조정에 나갈 때 입는 조복으로 갈아입기까지 했다. 그러다가 자신을 태운 마차가 사형수를 처형하는 장안성 동쪽 시장에 이르러서야 뭔가 잘못되었음을 깨달았다. 조조는 영문을 묻기도 전에 마차에서 끌려 내려와 허리가 잘렸다.

　조조는 숨을 거두는 순간까지도 일의 내막을 알 수 없었다. 경제가 조조를 죽였으나 반란은 평정되지 않았으니 훌륭한 신하의 목숨만 헛되이 끊고 만 셈이 되었다.

욕망이 많아지면 탐욕스러워지고
지나치게 이기적이면 올바르지 못하기 마련이니
이로써 죄악이 생겨난다

多慾則貪, 尙私則枉, 其罪遂生.

秘　　욕심과 이기심은 사람 스스로 떨쳐내기 어려운 결점으로, 욕심과 이기심의 굴레에서 벗어난 사람은 극히 드물다. 이런 의미에서 경중의 차이만 있을 뿐, 사람은 누구나 죄인이다. 따지고 보면 세상의 모든 죄는 사람의 이런 결점에서 비롯된다. 그래서 사람은 자신을 직시해야 한다. 시시때때로 자신의 말과 행실을 살피고 수양을 쌓아야 하며 악을 멀리하고 선을 가까이 함으로써 인간 본성의 약점을 근본적으로 이겨내야 한다. 그러지 않으면 갈수록 나락으로 떨어져 헤어 나올 수 없는 지경에 빠지게 된다.

일사천리로 고관이 된 주보언

주보언主父偃은 한 무제 때 대신이다. 출신이 빈한했던 그는 처음에 종횡술縱橫術을 배우다가 나중에 《주역周易》과 《춘추春秋》 등 백가百家의 사상을 배웠으나 오래도록 뜻을 이루지 못했다. 원광元光 원년에 직접 무제에게 글을 올려 점차 무제의 중용을 받았다.

서한 시기, 출세하기 전의 주보언主父偃은 빈궁하기가 이를 데 없어 돈 빌릴 곳조차 마땅치 않았다. 돈과 권력이 있으면 빌붙고 내세울 것이 없으면 박대하는 세상과 곤궁한 자신의 처지에 주보언은 세상 모든 것을 원망하고 증오하게 되었다. 그는 반드시 입신양명해서 자신을 모욕한 사람들에게 본때를 보여주겠다며 복수의 칼날을 갈았다. 그러나 연燕나라, 제나라, 조나라 등 여러 제후국을 찾아다녔지만 그를 써주는 곳은 어디에도 없었다. 이에 주보언의 원한은 더욱 깊어졌다. 다른 수가 없었던 그는 마지막이라 각오하고 장안으로 가서 한 무제에게 직접 글을 올렸다. 그런데 위험을 무릅쓴 이 행동 덕분에 주보언은 한 무제의 눈에 들어 관직을 제수받았다. 그 후 1년 동안, 주보언은 연달아 네 번이나 승진해 높은 관직에 올랐다.

권세를 쥐게 된 주보언은 곧바로 복수를 시작했다. 지난날 자신에게 미움을 샀던 이들에게 이런저런 죄를 뒤집어씌워 감옥에 집어넣고 죄를 다스린 것은 물론이거니와 단순히 자신에게 차갑게 대했던 사람들조차 가만두지 않았으니, 수단 방법 가리지 않고 복수해 죽음으로 내몰기도 했다. 자신을 냉대했던 연나라, 제나라, 조나라 등 제후국에 대해서는 더욱더 복수심을 불태우며 제후국의 왕들을 처단한 방법을 고심했다.

한 무제의 형인 유정국劉定國은 연나라 왕으로 있으면서 온갖 패악을 저질러 악명이 자자했다. 그는 아버지의 첩을 취해 아들을 낳더니 아우의 아내를 강제로 빼앗기까지 했다. 주보언이 연왕에게 복수할 방법을 고심하던 때, 마침 누군가가 연왕의 악행을 고발했다. 주보언은 옳다구나 싶어 자신이 이 일을 맡겠다고 나서서 허락을 받았다. 공무를 가장해 사욕을 채우려 한 주보언은 연왕이 실제로 저지른 악행뿐만 아니라 저지르지도 않은 '죄'까지 만들어 무제에게 고했고 이에 연왕은 부담을 이기지 못하고 스스로 목숨을 끊었다.

한 무제의 먼 조카 유차창劉次昌은 제나라의 왕이었다. 주보언은 자신의 딸을 그에게 시집보내고자 하였으나 제왕은 이를 거절하였다. 이에 제왕에게 원한을 품은 그는 무제에게 이렇게 말했다.

"제나라는 산물이 풍부하고 인구가 많으며 상업이 번창해 부유한 백성이 많습니다. 이런 큰 나라는 매우 중요하니 마땅히 아끼시는 황자에게 맡겨야 후환을 피할 수 있을 것입니다."

주보언의 말에 마음이 흔들린 한 무제는 그를 제나라 승상에 임명해 제왕의 거동을 살피도록 했다. 그런데 주보언은 재상직을 맡자마자 죄명을 날조해 제왕에게 가혹한 고문을 가하며 자백을 강요하고 멋대로 모함했다. 그러자 제왕은 두려움을 이기지 못하고 목숨을 끊었다.

주보언의 다음 목표는 당연히 조왕이었다. 조왕 유팽조劉彭祖는 이 점을 잘 알고 있었기에 차라리 선제공격을 하기로 마음먹고 한 무제에게 상소문을 올려 주보언이 재물을 탐해 뇌물을 받았으며 제왕을 위협한 죄가 있다고 폭로했다. 창졸지간에 당한 일이라 주보언은 손쓸 겨를도 없이 감옥에 갇혔지만 뇌물을 받은 죄만 인정할 뿐, 제왕을 위협했다는 죄는 끝끝내 인정하지 않았다. 한 무제는 원래 주보언을 죽일 생각이 없었으나 주보언의 정적인 공손홍公孫弘은 그가 제왕을 위협하고 황제의 혈육 사이를 이간질했으니 그 죄가 죽어 마땅하다고 참소했다. 그런 와중에 주보언과 척을 진 사람이 워낙 많아 누구 하나 주보언을 위해 나서지 않았다. 결국 한 무제는 마음을 모질게 먹고 주보언의 일족을 멸하였다.

주보언의 말로가 이렇게 비참하리라는 것은 능히 짐작할 수 있는 일이었다. 일찍이 어떤 사람이 주보언을 타이르며 말했다.

"사람이 너무 포악하고 여지를 주지 않으면 안 되오. 그대의 행동은 실로 지나치니 몹시 걱정되는구려."

그러나 주보언은 충고를 마음에 새기기는커녕 당당하게 대답했다.

"대장부로 태어나 오정식五鼎食을 먹을 수 없다면 오정에 삶아져 죽을 뿐이오. 나는 관직을 구하기 위해 40여 년 동안이나 유세하며 천하를 떠돌아다니며 온갖 모욕을 당했소. 이제 대권이 내 손안에 있는데 어찌 마음껏 누리지 않겠소? 사람은 누구나 욕망이 있고 사심이 있는 법이오. 내가 빈곤할 때는 부모, 형제, 친구 모두 나를 아는 체도 하지 않았소. 그런데 내가 구태여 다른 사람이 하는 말을 신경 쓸 필요가 있겠소?"

백성은 징벌을 무서워하고 관리는 화난을 입을까
두려워 어쩔 수 없이 자신의 언행을 삼간다
그러나 일단 기연에 변고가 생기면
누구도 예측할 수 없다

民之畏懲, 吏之懼禍, 或以斂行. 但有機變, 孰難料也.

㊙   형벌은 분명히 범죄를 억지하는 효력이 있어 역대 통치자들은
          모두 엄격한 제도와 법률로 자신의 치세를 지켰다. 그렇다고 형
벌이 만능은 아니라서 인간의 이기심과 탐욕을 완전히 뿌리 뽑지는 못한
다. 더군다나 이익과 권력은 지나치게 달콤해 어떤 대가를 치르더라도 위
험을 무릅쓰고 목숨까지 돌보지 않는 사람이 있게 마련이다. 그러므로 타
인을 경계하는 한편, 자신의 심신을 힘껏 수양해 유혹을 떨쳐내야지 자신
을 경계하는 데 한 치의 소홀함도 있어서는 아니 될 것이다.

인륜을 저버린 위 황후

위 황후韋皇后는 당 중종唐中宗의 황후다. 처음에는 무삼사武三思 등과
결탁해 조정을 농락하더니 나중에는 아예 친정을 하면서 제2의 무측천
을 꿈꾸었다. 훗날, 이융기가 난을 일으켰을 때 죽임을 당해 서인으로 신
분이 떨어졌다. 당 중종은 유약하고 무능한 데 반해 위 황후는 야망이 넘
치는 인물이라 무측천처럼 여황제가 되길 꿈꾸었다.

위 황후는 음란한 생활을 즐겼고 딸인 안락공주도 선량한 인물은 못
되는지라 자나 깨나 황태녀가 될 생각만 하였다. 두 사람은 국정을 농단
하였고 이에 천하는 공분에 휩싸였다.

정직한 대신이 나서서 중종에게 두 모녀의 악행을 폭로하니 중종 또한

크게 분노했다. 이 사실을 알게 된 위 황후는 내친 김에 안락공주를 찾아갔다.

"네 부황은 우리를 용서하지 않을 것이다. 지금 우리가 누리는 부귀가 어디 쉽게 얻은 것이더냐! 이제 결단을 내릴 때가 왔다."

안락공주는 자신의 죄가 가볍지 않음을 알고 있었으니, 일단 죄를 받게 되면 사는 게 죽느니만 못할 터였다. 게다가 안락공주도 위 황후와 마찬가지로 이미 권력의 단맛을 알고 있었으니 어찌 가만히 앉아서 당하고만 있겠는가! 나이는 어렸으나 심성은 실로 악독했던 그녀가 위 황후에게 말했다.

"지금까지는 꺼리는 바가 있어 현실에 만족할 뿐, 극단적인 행동을 하지 않았습니다. 하지만 부황께서 아직 마음을 정하지 못하신 지금이 우리가 마지막 일격을 가할 절호의 시기라고 생각됩니다."

그리하여 두 모녀는 여황제가 되려는 꿈을 이루기 위해 중종을 없애기로 공모했다. 위 황후는 제 손으로 독이 든 떡을 만들었고 안락공주는 이를 중종에게 가져가 결국 중종을 독살했다.

중종이 죽자 위 황후는 조정에 나와 황제 대신 정무를 보았다. 떳떳하지 못했던 탓에 위 황후 모녀는 작은 일도 엄한 형벌과 법률로 다스렸고 조금이라도 의심이 가면 바로 처벌했다. 심지어 황궁을 호위하는 금군에게까지 고압적인 정책을 실시해 걸핏하면 벌을 내렸다. 이리하여 위씨 일당이 무소불위의 권력을 휘두르니 조정 신료들은 하나같이 분노를 금치 못했으나 두려움에 감히 나서지 못했다.

상황이 이렇게 흘러가자 암암리에 때를 기다리던 이융기李隆基는 속으로 쾌재를 불렀다. 그는 위 황후에게 반대하는 세력을 그러모으면서 위씨와 첨예하게 대립하던 금군의 지지를 업고 정변을 일으켜 단숨에 정권을 차지했다. 이욕에 눈이 멀어 인륜을 저버린 위씨 모녀는 여황제의 꿈에서 깨어나기도 전에 목이 잘리는 비참한 최후를 맞았다.

사람들이 해를 입는 까닭은
대개 사람을 잘 살피지 않은 탓이요
화난을 당하는 까닭은
어진 마음을 품고 무르게 행동한 탓이다

爲害常因不察, 致禍歸於不忍.

秘 　사람은 이익은 좇고 해는 피할 방법을 부지런히도 궁구한다. 그러나 사람의 본질을 제대로 인식하지 못하고 인성을 충분히 이해하지 못하면 아무리 머리를 쥐어짜도 제대로 된 방법이 나올 수 없다. 사람들이 속임수에 넘어가는 까닭은 상대를 주의 깊게 살피지 않았기 때문이다. 혼자만의 착각에 빠져 착하게만 굴면 악인은 이 점을 이용해 사리사욕을 채운다. 인생이 그토록 복잡다단하고 순탄치 않아 보이는 것도, 사회가 그토록 잔혹하고 어쩔 수 없는 일이 많은 것도 다 이 때문이다.

맹상군의 무지

전국시대 제나라 공자였던 맹상군孟嘗君은 많은 식객을 거느린 것으로 유명했다. 그의 문하에 든 식객은 수천 명에 달했는데 맹상군은 하나같이 정성껏 대접했다. 이런 이유로 많은 인재들이 앞다투어 그에게 몸을 기탁하였는데 재주가 없는 무리는 입에 풀칠이라도 할 요량으로 더욱더 그의 너른 그늘 밑으로 들어가려고 기를 썼다.

그런데 맹상군은 가상하게도 그런 자들이 끼어들었다고 해서 차별대우하지 않고 똑같이 귀한 손님으로 대접했다. 그런고로 식객들과 천하 사람들은 모두 입에 침이 마르도록 그 기백과 도략을 칭송하고 경탄을 금치 못했다. 물론 세상에 공짜는 없는지라 맹상군이 아무런 대가도 바라지 않고 식객들을 후하게 대접한 것은 언젠가 그들이 자신이 위해 힘써주기를 바랐기 때문이었다. 아닌 게 아니라 식객들도 맹상군을 위해 적잖은 일을 했다. 널리 알려진 이야기인 '계명구도'(鷄鳴狗盜. 닭 울음소리와 개 도둑질 같은 하찮은 재주를 가진 사람을 이르는 말)가 좋은 예로, 그 덕분에 맹상군은 곤경에서 벗어나고 위험한 고비를 넘길 수 있었다.

옛말에 '하늘에는 예측하기 어려운 바람과 구름이 있다'(天有不測風雲)고 하였다. 맹상군의 명성이 자자하자 제나라 군주는 의심이 일어 그의 관직을 파하고 도성 밖으로 쫓아내버렸다. 그러나 무엇보다도 맹상군의 가슴을 아프게 한 것은 문하에 있던 수천 명의 식객들이 세력을 잃은 자신의 곁을 잇달아 떠나버린 사실이었다.

또 무엇보다도 맹상군의 화를 돋운 것은 훗날 맹상군이 원래의 관직을 회복하자 지난날 그를 버리고 떠났던 식객들도 하나둘 되돌아왔다는 사실이었다. 맹상군은 몹시 화가 나서 줄곧 자신의 곁을 지켰던 풍훤馮諼에게 분통을 터트렸다.

"실로 가증스러운 자들이지 않소! 어질지 못하고 의롭지 못할 뿐만 아니라 염치도 모르고 다시 나를 찾아오다니 나를 바보천치로 여기는 것이 아닙니까! 나는 터럭만큼이라도 그들을 소홀히 대한 적이 없는지 자문했었소. 그런데 나를 그렇게 대하다니, 이 세상에 정녕 도의란 없단 말입니까? 내 반드시 그들에게 더할 수 없는 치욕을 주어 심중의 원한을 풀 것이오!"

풍훤은 긴 한숨을 쉬더니 맹상군에게 물었다.

"모든 일에는 나름의 이치가 있는 법이지요. 선생께서는 그 오묘한 이치를 아십니까?"

맹상군이 고개를 저으며 물었다.

"도무지 모르겠으니 가르침을 주시오."

풍훤은 맹상군의 진실한 태도를 보고 기탄없이 말했다.

246

"인지상정이라는 것은 어느 때나 크게 다를 바가 없습니다. 살아 있는 것은 반드시 죽게 마련이듯이 부귀할 때는 사람들이 따르고 빈천할 때는 친구가 적을 수밖에 없는 것이 모든 일의 정한 이치지요. 선생께서는 장을 보러 시장에 가는 사람들을 본 적이 있습니까? 이른 아침에는 혹여 남에게 뒤질세라 서둘러 장을 찾은 사람들도 날이 어두워지면 설령 시장을 지나게 되더라도 걸음을 멈추지 않습니다. 어째서 그런 것일까요? 그 이치는 매우 간단합니다. 아침 시장을 특별히 좋아해서도 아니요, 저녁 시장을 특별히 싫어해서도 아닙니다. 그저 저녁 시장에는 사람들에게 필요한 물건이 다 팔리고 없기 때문이지요. 그러니 선생께서 권세를 잃었을 때 사람들이 선생을 떠난 것은 아주 당연한 일이지 않겠습니까? 선생께서 이 일을 마음에 두고 계시는 것은 사람들을 깊이 살피지 않은 셈이지 않겠습니까? 아직은 인색하고 방종하게 행해도 될 시기가 아닙니다. 선생의 대업을 위해 더 이상 그들을 탓하지 마십시오. 그러지 않으면 빈객들이 찾아올 수 없게 될 터인데 이는 선생께 백해무익한 일입니다."

맹상군은 이 말을 듣고 풍훤에게 깊이 감사했다. 그 후, 맹상군이 더 이상 이 일을 추궁하지 않자 오히려 스스로 부끄러움을 못 이긴 식객들이 죽더라도 그 은혜에 보답할 마음을 품게 되었다.

제 환공은 신하를 지나치게 믿은 탓에
목숨까지 잃었으니 실로 애통하구나

桓公溺臣, 身死實哀.

秘　　　　권력과 재능, 지혜는 종종 사람을 제 잘난 맛에 사는 독불장군
으로 만든다. 일대 맹주였던 제 환공이 소인배의 농간에 휘둘려
해를 입은 사실은 지나친 믿음의 폐해가 실로 끔찍하므로 결코 가벼이
여겨서는 안 된다는 진리를 일깨워준다. 간악한 소인배가 제 환공을 해쳤
다기보다는 제 환공의 자업자득이라고 해야 옳을 것이다. 어떤 일을 살피
고 분석하는 데 있어 외적인 요인은 부차적인 것이며 내적인 요인이야말
로 일의 성패를 가르는 관건이다. 그러므로 칠칠치 못한 자신을 반성해야
지 하늘을 탓하고 남을 원망할 일이 아니다.

제 환공의 비극

　제 환공齊桓公 강소백姜小白은 관중管仲과 포숙아鮑叔牙 등 현명한 대신
을 중용하여 40년간 천하의 패자가 되었다. 이런 찬란한 업적에 제 환공
은 갈수록 거만해져 말년에는 국정을 소홀히 하고 유흥에 빠져 지냈다.
　관중은 병이 깊은 와중에도 환공에게 수조竪刁, 역아易牙, 위衛나라 공
자 개방開方을 가까이하지 말라고 극구 말리며 그들이 권력을 잡으면 후
환이 끊이지 않을 것이니 절대로 그리 놔둬서는 안 된다고 경고했다.
　관중의 염려에 제 환공은 자신만만하게 말했다.
　"그들은 내게 충성을 바치고 나는 그들에게 은덕을 베푸는데 그들이

어찌 나를 배반하겠소? 걱정이 지나치시구려."

그 말에 관중은 연신 고개를 저으며 진언했다.

"사람의 본성은 바뀌지 않는지라 자신보다 남을 더 사랑하는 사람은 있을 수 없습니다. 수조는 원래 환관宦官이 아니었으나 스스로 궁형을 받았습니다. 자신의 몸도 해하는 사람이 다른 사람의 사정을 봐줄 리 있겠습니까? 자기 자식을 사랑하지 않는 사람은 없음에도 역아는 총애를 받기 위해 세 살 난 자기 자식을 죽여 대왕에게 요리해서 바쳤습니다. 자신의 자식조차 죽이는 모진 사람이 다른 사람이라고 봐주겠습니까? 자기 부모를 사랑하지 않는 사람은 없음에도 개방은 15년째 고향을 찾아 효를 다하지 않고 있습니다. 부모조차 돌보지 않는 사람이 다른 사람을 마음에 두겠습니까? 제가 살아 있는 동안은 그들을 복종시킬 수 있어 감히 난을 일으키지 못할 것입니다. 그러나 제가 죽은 뒤, 대왕께서 충신과 간신을 분별하지 못하시고 그들을 믿는다면 종국에는 대왕과 나라를 망치게 될 것이니 절대로 그냥 둬서는 아니 될 것입니다!"

제 환공은 관중의 부탁을 수락하기는 했지만 진정으로 깨닫지는 못했다. 관중이 죽자 제 환공은 여전히 전처럼 그들을 아끼고 믿었다.

2년 뒤, 제 환공은 병이 깊어 조정에 나가 정사를 돌볼 수가 없었다. 이에 수조와 역아는 제 환공이 더 이상 이용 가치가 없다고 보고 자신들의 부귀를 지키기 위해 태자인 강소姜昭를 죽이고 제 환공의 또 다른 아들인 강무휴姜無虧를 옹립하기로 결심했다. 그들은 아무도 환공의 침전에 들지 말라는 명령을 내렸다. 또 제 환공을 굶겨 죽이기 위해 그를 모시는 사람들까지 전부 쫓아내고 침전 밖에 높은 담장을 쌓아 올렸다. 이리하여 천하에 이름을 떨쳤던 제 환공은 병상 위에서 굶어 죽고 말았다.

더 비참한 사실은 그렇게 굶어 죽은 제 환공의 시신이 부패해 생긴 구더기가 들끓다 못해 담장을 타고 넘을 만큼 많아지고 나서야 사람들이 그가 죽은 지 한참 되었다는 사실을 알았다는 것이다.

부차는 월나라를 병탄하지 않아
결국에는 오나라를 망하게 만들었다

夫差存越, 終喪其吳.

秘 월왕越王 구천句踐이 와신상담臥薪嘗膽한 일화는 줄곧 인고의 모범 사례로 사람들의 입에 오르내렸다. 또 다른 측면에서 보면 이는 오왕吳王 부차夫差가 순간의 어진 마음으로 호랑이를 기른 탓에 환란을 자초한 이야기로 볼 수도 있다. 구천의 연기는 실로 출중했지만 만약 부차가 즉시 결단을 내려 살수를 펼쳤다면 나라가 망하고 목숨을 잃는 일은 없었을 것이며 역사도 다시 쓰였을 것이다. 권력이 있는 곳은 원래 잔혹하고 무정하며 서로 죽고 죽이는 아수라장이라 앞일을 내다보지 못하고 적에게 인정을 베풀면 해를 피하고 목숨을 보전할 수 없다.

식견이 좁았던 부차

기원전 496년 오나라 왕 합려闔廬는 월나라를 공격했으나 대패하고 월나라 군이 쏜 독화살에 맞은 발가락이 썩어 들어가 죽고 만다. 뒤이어 왕위에 오른 합려의 아들 부차는 반드시 복수해서 원한을 씻겠다고 결심했다. 그는 항상 식사를 하기 전에 위병에게 큰 소리로 이렇게 외치라고 했다.

"부차야, 너는 아비의 원수를 잊었느냐!"

이때마다 부차는 큰 소리로 대답했다.

"죽어도 잊지 않겠습니다!"

250

이렇게 복수심을 불태우며 열심히 군대를 키우고 정무에 힘쓴 끝에, 부차는 2년 뒤 월나라와 전쟁을 벌여 큰 승리를 거두고 월왕 구천을 사로잡았다.

마침내 원수를 갚을 수 있게 된 부차는 득의양양해졌다. 그런데 월나라를 처리하는 문제를 두고 오나라 대신들 사이에 논쟁이 벌어졌다. 충성스러운 오자서伍子胥는 월나라를 정복해 후환을 없애야 한다고 주장하며 부차에게 말했다.

"월나라는 야심이 많으므로 결코 관용을 베풀면 안 됩니다. 대왕께서 이 좋은 기회에 월나라를 손에 넣지 않는다면 틀림없이 월나라에 숨 돌릴 틈을 주게 될 겁니다. 일단 월나라가 다시 힘을 되찾기 시작하면 오나라는 위험해질 것입니다. 하물며 오와 월 사이에 이미 원한이 뿌리내렸으니 대왕께서 긍휼히 여긴다 하여도 그들은 감사하지 않을 것입니다."

그러나 이미 월나라에 매수된 오나라의 또 다른 중신 백비伯嚭는 오자서와 전혀 다른 의견을 내 월나라를 오나라의 속국으로 삼자고 주장했다. 이를 위해 백비는 온갖 좋은 말로 부차를 치켜세우는 한편, 월나라를 정복하면 덕 없는 군주로 보일 것이라며 부차를 구슬렸다.

부차는 제가 잘난 줄 알았지만 사실 그는 우유부단하고 헛된 명성을 바라는 자였다. 부차는 경솔하게도 백비의 의견을 받아들여 월나라는 그대로 남겨둔 채 월왕 구천만 인질로 잡아다 고소姑蘇에 머물게 했다.

구천은 온갖 모욕을 견디며 부차의 비위를 맞추려고 노력했다. 한번은 부차가 병에 걸리자 직접 찾아가 부차의 대변을 맛보기도 했다. 부차는 구천의 거짓된 모습에 속아 3년 뒤에 구천을 월나라로 돌려보냈다.

구사일생으로 살아난 구천은 비밀리에 다시 군대를 정비했다. 그는 부차에게 서시를 보내 미인계를 썼다. 서시에게 반한 부차는 주색에 빠져 국사를 소홀히 하게 되었다. 오자서는 그 간계를 꿰뚫어보고 수차례 부차에게 간언을 올렸지만 잘못을 깨닫지 못한 부차는 오히려 오자서에게 자결을 명했다.

기원전 473년, 부차가 구천을 사로잡은 때로부터 딱 20년째 되던 해, 월나라는 모든 준비를 마치고 오나라로 쳐들어갔다. 순식간에 오나라 군대는 패퇴했고 수도 고소는 함락되었다. 양산陽山으로 도망친 부차는 구천에게 20년 전의 일을 들먹이며 오나라를 멸하지 말아달라고 청했다. 그러자 구천은 이렇게 답했다.

"예전에 하늘이 월나라를 그대에게 내렸으나 그대는 받지 않았다. 이제 하늘이 오나라를 나에게 내리니 내 어찌 거절하겠는가!"

상황이 이 지경에 이르자 부차는 땅을 치고 후회하며 스스로 목숨을 끊었다. 죽음을 앞둔 부차는 천으로 얼굴을 가리며 이렇게 말했다.

"지하에 있는 오자서를 볼 낯이 없구나!"

아버지와 아들 사이보다 가까운 사이는 없지만 양광과 같은 불효자는 항상 있었다

親無過父子, 然廣逆恆有.

秘 권력은 사람을 미치게 만들고 인성까지 잃고 온갖 악행을 저지르게 만든다. 역사상 수 양제隋煬帝 양광楊廣이 아버지를 죽이고 황위를 찬탈한 것과 같은 일이 끊이지 않았다. 이는 봉건전제시대의 고질병이었으니 권력은 단숨에 무소불위의 힘을 휘두를 수 있는 자리로 올려놓기 때문에 자연히 이를 탐하는 사람이 생기기 마련이었다. 이에 비하면 봉건사회가 고취한 인의도덕仁義道德과 삼강오상三綱五常은 지극히 무력해 보인다. 권력을 찬탈한 이에게 으뜸가는 것은 권력이므로 골육의 정이 권력을 찬탈하는 데 걸림돌이 된다면 제거하는 것이 마땅했다.

금수만도 못한 수 양제

수 양제 양광은 양견楊堅의 둘째 아들로 음모를 꾸미며 황제의 자리를 차지했다. 수 양제는 재위 기간 동안 호화롭고 사치스러운 행각을 즐겨 과중한 부담을 견디다 못한 백성들이 반란을 일으켰다. 그는 강도江都에서 자신의 부하 장수에게 목 졸려 죽었고 이로써 수나라는 멸망했다.

수 양제 양광은 황음 방탕하고 사치스러우며 잔인하고 악독한 자로 천추에 악명을 남겼다. 아버지를 죽이고 황위를 찬탈한 것은 그저 그가 저지른 숱한 악행 중 하나에 불과했으니 그가 얼마나 악랄했는지 능히 짐작할 수 있다.

양광은 다섯 형제 중에서 둘째였는데 용모가 준수하고 풍채가 남달랐다. 적장자가 황위를 계승하는 봉건사회의 종법에 따라 큰아들 양용楊勇은 태자에 책봉되었고 양광은 진왕晉王에 봉해졌다. 야심이 넘쳤던 간악한 양광은 이에 분개해 밤낮으로 태자를 무너뜨릴 방법을 궁리했다.

한번은 수 문제가 경성 밖 인수궁仁壽宮에 잠시 머무르고 경성에 있던 태자 양용은 동짓날 동궁에서 신하들을 만났다. 봉건사회의 법도에 따르면 태자는 정사에 간여한다는 의심을 사지 않기 위해 군신과 따로 만날 수 없었다. 양광은 서둘러 인수궁으로 달려가 이 일을 알리며 태자가 불온한 거동을 보인다고 소란을 피웠다. 수 문제는 진위를 가리지도 않고 양용을 폐한 뒤, 양광을 태자로 삼았다.

양광에게 태자 자리를 꿰찬 것은 권력 찬탈을 위한 첫걸음에 불과했다. 태자는 이름뿐인 자리로 부황이 건재하면 아무런 실권도 가질 수 없었다. 그래서 양광은 수 문제를 눈엣가시로 여겨 아버지를 없앨 마음을 품었다.

606년, 수 문제가 병으로 쓰러졌다. 양광은 부황의 시중을 드는 척 곁을 지켰지만 속으로는 하루 빨리 문제가 죽어 황위에 오르기를 바랐다. 어느 날, 양광은 정원에서 문제가 아끼는 후궁인 선화부인宣華夫人을 만나 온갖 수작을 걸었지만 선화부인이 죽기 살기로 거부하는 통에 결국 뜻한 바를 이루지 못했다.

이 일을 알게 된 문제는 크게 노해 양광을 금수만도 못한 놈이라고 욕하며 태자를 바꾼 일을 후회했다. 그는 양용을 태자로 복위시키고 양광의 죄를 다스리려고 했다. 그러나 때는 이미 늦었으니, 주변에는 온통 양광의 심복뿐이라 아무도 수 문제의 명을 따르지 않았다. 양광은 자신의 심복인 장형張衡에게 문제를 시해하라고 시켰다.

안타깝게도 일대의 영명한 군주는 병상에서 산 채로 두 다리가 찢겨 비참한 죽음을 맞이하고 말았다.

임금이 신하에게 베푸는 은덕보다 큰 것이 없으나 예로부터 왕망과 같은 간신은 끊이지 않았다

恩莫逾君臣, 則莽奸弗絶.

秘　　봉건시대에 신하의 부귀영화는 모두 임금이 준 것이었으니 그
　　　은혜를 가히 비할 데가 없었다. 간웅의 대명사인 왕망은 깊은
황은을 입었음에도 황위를 찬탈하였다. 역사상 그와 같은 인물은 수두룩
해 별로 특별할 것도 없다. 이로 보아 사람에게 은혜를 베푼다고 꼭 보답
을 받는 것은 아님을 알 수 있다.

중요한 것은 힘이다. 힘이 있으면 야멸차고 박정해도 사람들이 두려워
감히 깔보지 못한다.

배은망덕한 왕망

왕망王莽의 자는 거군巨君이며 한 원제漢元帝의 황후 왕정군王政君의 조
카이며 위군魏郡 원성元城 사람이다. 한나라 제위를 찬탈해 새로운 왕조
를 건국했다. 서기 23년, 녹림군綠林軍과 적미군赤眉軍이 장안을 공격해
들어가면서 죽임을 당하니, 재위 기간은 15년이었다.

서한의 왕망은 시대를 불문하고 세상의 비난을 샀다. 그는 한나라 황
위를 찬탈해 스스로 황제가 되어 천하를 우롱한 간악한 신하의 대표적
인물이다.

그러나 역성혁명을 이룬 수법을 보면 왕망은 결코 예사내기가 아니었
다. 그가 물리력을 전혀 동원하지 않고 오로지 자신의 힘과 지혜로만 황

위를 찬탈하고 새 왕조를 세운 것은 가히 기적이라 할 만하다.

왕망의 성공은 당시 황후로 있던 고모 왕정군의 도움이 있었기에 가능했다. 왕망은 출신이 불우했다. 아버지가 일찍 죽어 어머니와 서로 의지하며 힘겨운 나날을 보냈다. 이런 왕망 모자를 왕정군이 가엾게 여겨 여러모로 보살펴주었으며 친자식보다 왕망을 더 아꼈다. 그녀가 뭇 신료들의 비난과 반대를 무릅쓰고 왕망을 힘껏 밀어준 덕분에 왕망은 서른여덟 살에 조정 중신이 되어 대사마大司馬직을 겸했다.

이런 왕정군에게 누군가가 진언했다.

"왕망은 황후마마의 가까운 친척이니 그에게 은혜를 베풀지 못할 것도 없습니다. 다만 왕망이 겉보기에는 충직하고 온후해 보이나 사실 마음 깊이 감격했다고는 할 수 없습니다. 일단 그 힘이 너무 커지면 황후마마께서 괜한 수고를 하심이 될 뿐만 아니라 한나라의 강산도 위태로워질 것입니다."

그러나 왕망의 위장 능력은 가히 천하제일이라 할 만했다. 이런 말을 들었음에도 왕정군은 왕망에게서 어떠한 불충한 기운도 느끼지 못했다. 왕정군은 남몰래 왕망을 불러 말했다.

"오늘의 네가 있음은 이 고모의 공이 아니라 망극한 황은 덕분이다. 우리 왕가는 한 황실의 큰 은혜를 입었으니 항상 직분을 다하고 황제 폐하께 보답해야 할 것이다."

이에 왕망이 지극히 충직한 척 눈물 콧물을 쏟아내니 왕정군은 그에 속아 더욱 힘껏 왕망을 밀어주었다.

왕정군이라는 뒷배가 있는 데다 황제의 나이가 어리고 무지하므로 왕망은 모두를 속이고 자신의 세력을 심었다. 결국에는 안한공安漢公에 봉해져 삼공三公의 위에 올라서 조정을 쥐락펴락하게 되었다.

조정에서 가장 높은 관직에 올랐으나 왕망은 만족하지 않았다. 왕망은 황제가 되고 싶었으나 한 황실의 황후인 왕정군은 당연히 반대했다. 유劉

씨가 세운 한 왕조가 사라지면 그녀도 발붙일 곳이 없어지기 때문이었다. 왕정군은 호되게 꾸짖을 요량으로 왕망을 불렀으나 그녀 앞에 선 왕망은 지난날의 공손한 태도는 싹 지우고 오만하기 짝이 없는 말투로 먼저 입을 열었다.

"나는 이미 뜻을 정했으니 고모는 쓸데없는 말씀을 하지 마십시오. 한 황실은 이미 기운이 다했고 하늘의 뜻이 나에게 있으니 고모께서 눈치가 있으시다면 이제 그만 옥새를 넘기십시오."

왕정군은 더 이상 자신이 어찌해볼 수 없을 정도로 왕망의 힘이 커졌음을 깨닫고 몹시 후회했다. 분을 참지 못한 왕정군은 옥새를 바닥에 던졌고 이에 옥새는 한쪽 귀퉁이가 깨지고 말았다.

이로써 왕망은 그동안 쓰고 있던 가면을 완전히 벗어던지고 황제의 자리에 올라 새 왕조를 세웠다.

사람의 마음에는 속임수가 너무 많으니
겉모습만 봐서는 안 된다

是以人心多詐, 不可視其表.

秘 겉모습만으로 사람을 판단하고 가벼이 믿은 탓에 속임수에 넘어가 화를 입은 사례는 셀 수 없이 많다. 사실 겉모습 너머의 진위를 식별하고 충심과 간심을 구별하기란 매우 어려운 일이다. 그러려면 먼저 경계심을 높이고 요행을 바라지 말아야 한다. 다음으로 자신의 약점을 극복해 겉만 번지르르한 아첨하는 말에 홀리지 말고 언제 어느 때라도 정신을 또렷이 차리고 있어야 한다.

충직한 말은 귀에 거슬리고 아주 간사한 사람은 충신과 비슷해 보인다는 말이 있다. 만약 자신의 호불호에 따라서만 행동하고 사람을 판단하면 단편적인 탓에 잘못된 부분이 많을 수밖에 없다. 이럴 때는 자신과 타인을 기만해서도 안 되고 자신의 뜻대로만 판단해서도 안 된다.

은혜를 저버린 진회

진회는 남송의 재상으로 강녕江寧 사람이다. 북송 말년에 어사중승御史中丞을 역임했으며 휘종徽宗과 흠종欽宗 두 황제를 따라 금나라에 포로로 끌려갔다. 다시 남송으로 돌아온 뒤, 예부상서禮部尙書를 역임했으며 두 차례 재상이 되어 총 19년 동안 집권했다.

북송이 금나라에 망할 때 포로로 잡혔던 진회는 적국의 앞잡이가 되어 남송으로 돌아왔다.

처음에 진회는 남송 조정의 신뢰는커녕 많은 대신들의 의심을 샀다. 포로로 잡힌 수많은 대신들 중 진회처럼 처자식까지 모두 데리고 무탈하게 돌아온 사람은 거의 없었기 때문이다.

속을 끓이던 진회는 문득 남송의 재상 범종윤范宗尹을 떠올렸다. 범종윤은 서른세 살의 젊은 나이에 이미 군권과 정권을 손에 쥐고 황제의 두터운 신임을 받았다. 그래서 진회는 선물을 잔뜩 챙겨 범종윤을 찾아가기로 했다.

범종윤은 젊었지만 결코 만만한 사람이 아니었다. 기회를 포착하고 모략을 꾸미는 재주가 탁월했으며 그 품행이 진회보다 나을 바가 없었다. 북송 시기, 범종윤 또한 송나라를 배반하고 금나라에 장방창張邦昌을 새로운 황제로 추대하였으나 장방창이 너무 빨리 무너지는 바람에 다시 송고종宋高宗 조구趙構에게 의탁했다. 범종윤은 아첨하는 재주로 다른 사람들을 제치고 백관의 우두머리가 되었다.

여태껏 자신이 세상에서 제일 똑똑한 줄 알고 살았던 범종윤은 뜻밖에도 자신보다 더 대단한 호적수를 만나게 되었다. 범종윤을 만난 자리에서 진회는 더할 나위 없이 공손하게 행동하면서 소박하고 간곡한 모습을 꾸미며 범종윤의 호감을 샀다. 게다가 진회가 바친 선물들이 실로 귀한지라 범종윤은 그를 지기로 여기고 고종에게 힘껏 천거했다. 1년도 되지 않아 진회는 부재상의 자리에까지 올랐다.

범종윤은 진회에게 이토록 큰 은혜를 베풀었지만 진회는 범종윤을 재상의 자리에 오르는 데 방해가 되는 걸림돌로 여겼다. 그래서 겉으로는 여전히 범종윤의 비위를 맞추며 아첨하면서도 뒤로는 항상 그를 무너뜨릴 궁리만 했다.

한번은 범종윤이 은밀히 진회를 찾아가 중요한 일을 상의했다.

"황제 폐하께서 대사령을 내리고 모든 관리들의 관직을 한 등급씩 올리려고 하시는데 나는 이 일을 막고 싶네. 하물며 아직 조정에는 지난날의 간신 채경蔡京 등이 발탁한 잔당이 남아 있는데 이자들은 더욱이 조정에서 쫓아내야 할 것이야. 이는 몹시 중요한 일인데 자네 생각은 어떠한가?"

진회는 이것이 결코 범종윤의 속셈이 아님을 알고 있었다. 범종윤은 이미 뭇 신료들의 우두머리로 더 이상 오를 관직이 없어 다른 사람들의 관직이 오르면 자신에게 이롭지 못할 것을 염려하는 것뿐이었다. 또 채경의 잔당을 제거하면 범종윤은 이를 기회로 자신에게 반대하는 무리를 없애면서 민심을 얻어 명망을 높일 수 있었다.

범종윤의 머리 꼭대기에 앉은 진회는 그의 저의를 꿰뚫어봤을 뿐만 아니라 이를 주장하면 해를 입은 만조백관이 모두 들고 일어나 범종윤을 고립시킬 것을 알았다. 이는 범종윤을 무너뜨릴 수 있는 절호의 기회였다. 그래서 진회는 적극적으로 찬성해 좋은 생각이라고 소리치면서 호언장담했다.

"재상께서 이토록 저를 중히 여기시는데 온힘을 다해 도우기만 하겠습니까? 섶을 지고 불로 뛰어들라 하셔도 기꺼이 따르겠습니다!"

단호한 진회의 태도에 범종윤은 더욱 결심을 굳혔다. 이튿날 범종윤이 입궐해서 이 같은 주장을 내놓자 진회의 예상대로 문무백관이 반대하는 것은 물론이고 고종조차 마땅찮아했다.

두렵고 초조해진 범종윤은 진회가 나서서 자신을 지지해주기를 바랐지만 뜻밖에도 진회의 입에서 쏟아진 말은 강력한 반대였다. 심지어 그 말투가 다른 누구보다도 매서웠다. 자연히 진회의 이 같은 거동은 대신들의 지지를 얻었고 고종도 몹시 흡족해했다. 오직 범종윤만이 말문이 막힌 채 진회의 간계에 속았음을 깨달았다. 사면초가에 빠진 범종윤은 어쩔 수 없이 사직을 청했다. 그리하여 진회는 재상의 자리를 이어받으면서 뜻을 이루었다.

세상사는 무정하니
좋은 일을 하고도 결국 공을 얻을 수 없다

世事寡情, 善者終無功.

秘 순박함은 버린 지 오래며, 권세가 있으면 아첨하고 몰락하면 냉대하는 세상 인심에 사람들은 종종 비관하고 낙심하다 못해 차라리 선을 버리고 악을 좋게 되기도 한다. 이로 보아 간악한 무리들도 꼭 그런 성품을 타고나는 것은 아니다.

속담에 이르기를 붉은 색을 가까이하는 사람은 붉게 물들고 먹을 가까이하는 사람은 검게 물든다고 했다. 사회 환경은 사람에게 지대한 영향을 미친다. 악한 사람이 권세를 누리고 선한 사람이 화를 입는 봉건전제시대에, 시비곡직을 가리지 않고 토대가 미약한 사람들은 자연히 착하게 사는 것보다 악하게 사는 게 낫다는 생각을 품게 된다. 이는 비록 성현의 가르침에는 어긋나지만 일단 악행의 단맛을 알게 되면 어느 누가 선행을 권고하는 그런 말들을 신경 쓰겠는가.

부견의 잘못

부견苻堅은 전진의 황제로, 자는 영고永固이며 묘호는 세조世祖다. 힘껏 나라를 다스린 지 20여 년 만에 기본적으로 북방 지역을 통일했다. 서기 383년, 동진을 공격했으나 비수에서 패하면서 국력이 기울어갔고 385년 요장에게 살해당했다.

전진의 황제 부견은 평민 출신의 왕맹王猛을 재상에 임명해 중국 북방

지역을 통일하는 큰 공을 세웠다. 비수의 전투에서 패한 뒤, 전진은 순식간에 무너졌으며 부견은 후진後秦의 요장에게 죽임을 당하면서 파란만장했던 일생을 마쳤다.

부견은 마음이 착하고 탁 트여 사람을 의심하지 않았다. 투항하거나 포로로 잡힌 왕후장상도 예로써 대하고 함부로 죽이지 않았다. 심지어 선비족鮮卑族의 친왕 모용수慕容垂와 강족羌族의 수장 요장姚萇과 같은 사람들도 지기로 여기고 높은 관직을 내리고 강한 병권을 부여했다.

왕맹은 생전에 부견에게 간언했다.

"황제께서 아무리 마음이 선하시더라도 적과 나를 구분하지 않으면 안 됩니다. 우리 나라의 숙적은 진나라가 아니라 나라 안 곳곳에 자리 잡은 선비족과 강족입니다. 더욱이 그들의 지도자가 모두 조정에서 요직을 차지하고 있고 그중에는 병권을 쥔 자도 있으니 일단 변고가 일어나면 국가가 위태로울까 걱정입니다."

그러나 부견은 남을 진심으로 대하면 상대방도 반드시 진심으로 대해줄 것이라고 굳게 믿어 왕맹의 간언을 마음에 담아두지 않았다. 왕맹이 죽자 부견은 이들을 더욱 신임하여 총애가 날로 깊어졌다.

비수淝水의 전투에서 패한 부견은 낙양洛陽으로 달아났고 아직 비수에 이르지 못한 대군도 그 소식을 듣고 뿔뿔이 흩어졌다. 선비족을 이끌던 모용수는 그 기회를 틈타 역심을 품었다. 그는 황하 이북의 민심이 흔들리고 있으니 민심을 달래기 위해 자신을 보내달라고 부견에게 청했다. 그러자 부견은 아무런 의심 없이 그의 청을 수락했을 뿐만 아니라 직접 감사의 뜻을 전하기까지 했다. 모용수는 황하를 건너자마자 전연前燕의 선비족 유민을 불러 모아 후연後燕을 세웠다.

그 후, 관중으로 옮겨간 선비족은 모용홍慕容泓의 지휘 아래 서연西燕을 건국했다. 부견은 자신의 아들과 강족 출신 장수 요장에게 서연을 토벌하라고 명했지만 전쟁에서 크게 패해 부견의 아들은 전장에서 죽고 요장은 죄를 받을까 무서워 북방으로 도망쳤다. 그 후 요장도 반란을 일으켜 후진을 건국했다.

선비족과 강족의 모반으로 전진은 위태로운 지경에 빠졌다. 얼마 후 수도 장안이 포위되자 부견은 포위를 뚫고 서쪽으로 향했으나 오장산五將山에서 후진의 병사에게 사로잡혀 요장에게 보내졌다.

일이 이 지경에 이르렀는데도 부견은 여전히 살아날 수 있다는 희망을 품었다. 원래 요장은 20년 전 죄를 지어 처형될 처지였다. 그런데 결박당한 채 형장에 선 그 모습이 몹시도 영민하고 용맹스러워 보이는지라 당시 친왕이었던 부견은 가엾은 마음에 그의 목숨을 살려주었다. 부견은 이토록 큰 은혜를 베풀었으니 틀림없이 요장이 은혜를 갚기 위해 그를 살려줄 것이라고 생각했다.

그러나 뜻밖에도 요장은 먼저 전국새(傳國璽. 나라에서 나라로 전해지는 옥새라는 뜻으로, 황제를 상징)를 내놓으라고 독촉하더니 온갖 수단으로 부견을 모욕했다. 절망한 부견은 요장을 배은망덕하다고 욕했지만 요장은 더 이상 상대하지 않고 부견을 목 졸라 죽였다. 이 같은 참혹한 광경에 후진의 장수들은 모두 눈물을 흘렸다.

다른 사람을 믿느니 차라리 자신을 믿고
다른 사람을 경계할 때는 요행을 바라지 마라

信人莫若信己, 防人毋存幸念.

秘　　사람은 이기적이고 탐욕스러운지라 오롯이 다른 사람의 처지를
　　고려할 수 없다. 설령 다른 사람을 위해 희생하더라도 거기에는
조건과 한계가 있다. 게다가 사람은 수시로 변하는 탓에 이런 불확실성이
더 높아졌다. 그러므로 자신을 믿는 것이 가장 중요하며 타인을 대할 때
는 반드시 경계해야 한다. 다른 사람을 쉽게 믿지 않으면 자기 자신을 잃
고 타인에게 휘둘릴 일이 없다. 또 타인을 경계하면 아무런 대응도 못하
고 무력하게 당할 일이 없다.

송 고종의 방어술

송 고종宋高宗은 남송의 황제로, 성명은 조구趙構, 자는 덕기德基다. 옛
영토를 되찾을 생각은 하지 않고 진회만 총애해 악비岳飛를 죽여 천추에
악명을 남겼다. 북송이 망한 뒤, 남경에서 제위에 올라 36년 동안 재위
했다.

남송 고종 때, 오랜 세월 재상의 자리를 지킨 진회의 권세는 하늘을 찔
렀다. 나라 안팎의 일을 모두 좌지우지하는 진회를 두고 사람들은 고종
이 진회를 더할 나위 없이 총애하고 터럭만큼도 의심하지 않는다고 생각
했다.

그러나 사실은 겉으로 보기에만 그러했다. 진회가 오랫동안 권력을 독

점하면서 조정과 재야에 그의 무리가 득시글거렸고 그의 심복들이 조정의 요직을 모두 차지했다. 심지어 고종 곁에서 시중드는 자들과 어의까지 모두 진회의 사람들이라 그들은 수시로 고종의 일거수일투족을 진회에게 보고했다.

고종은 이런 상황이 원망스러우면서도 두려웠다. 그는 진회를 치려면 엄청난 위험을 무릅써야 하는데 성공할 가능성이 낮다는 사실을 잘 알고 있었다. 하물며 진회의 뒤에는 금나라가 버티고 있었기 때문에 더욱 손을 쓰기가 어렵고 두려웠다. 이러지도 저러지도 못하는 상황에서 고종은 지난날 경솔하게 믿음을 주고 진회를 중용한 자신을 탓하며 원망을 마음 깊이 숨긴 채 경계심을 높였다.

고종은 조정에 들 때마다 만일의 사태에서 자신을 지키기 위해 신발 속에 단도를 숨겨놓았다. 진회가 음식을 바치면 앞에서는 받는 척하다가 입에도 대지 않고 몰래 버렸다. 병에 걸려 약을 복용해야 할 때는 항상 다른 사람에게 먼저 맛보게 해서 독이 없음을 확인하고 나서야 복용했다. 그렇게 세월이 흐르는 동안에 고종은 한시도 긴장의 끈을 놓지 않았다. 내막을 모르는 비빈들은 고종이 괴상한 병에 걸렸다고 생각할 정도였다.

1155년, 예순여섯 살에 중병에 걸린 진회는 죽음이 멀지 않았음을 깨닫고 아들 진희에게 재상 자리를 물려주고자 하였다.

진회가 죽음을 앞두고 있다는 사실에 고종은 내심 몹시 기뻤다. 그러나 만일에 대비해 여전히 진회를 매우 아끼는 척하며 의원과 약을 보내고 살뜰히 위로하고 안부를 물었으며 그가 죽기 하루 전에는 직접 진회의 집을 찾아가 병세를 살피기도 했다.

진회는 직접 찾아온 고종에게 자신의 생각을 전하고자 안간힘을 썼으나 숨만 끊어지지 않았을 뿐, 이미 말을 할 수 없는 지경이었다. 이때 아버지의 뜻을 알아챈 진희가 고종에게 다음 재상으로 누구를 염두에 두고 있는지 묻자 고종이 차갑게 답했다.

"이는 나라의 대사이니 그대는 물을 자격이 없다."

진회의 집을 나선 그날 밤, 마침내 고종은 결심을 하고 진회와 그의 아들, 손자를 파면한다는 조서를 쓰게 했다. 이튿날 이 조서를 천하에 공표하니 이 사실을 안 진회는 그날 밤 마음속에 치미는 화를 못 이겨 절규를 내뱉으며 죽고 말았다. 그 소식을 전해 들은 고종은 크게 기뻐하며 마침내 마음속의 큰 짐을 내려놓은 듯 신발 속의 단도를 꺼내 바닥에 버리며 큰 소리로 외쳤다.

"그 늙은이가 죽었으니 짐도 더 이상 이것이 필요 없겠구나!"

이런 기예를 배우지 않고서도
지혜로운 자가 될 수 있겠는가

此道不修, 夫庸爲智者乎.

秘　　사람을 알아보는 재주는 예로부터 지혜로운 자의 지혜를 증명
하는 상징이었으며 동서고금을 막론하고 큰일을 이룬 사람이
반드시 갖춰야 하는 중요한 덕목이었다. 인간의 본성을 이해하고 장단점
을 바로 보고 사람의 심리를 파악해야만 타인을 설복시키고 제압할 수
있다. 이는 보통 사람에게도 살아가는 데 꼭 갖춰야 할 재주다.

사람은 무리 안에서 살아가며 시시때때로 다른 사람과 만나게 된다.
그런데 사람을 깊이 이해하지 못하고 제대로 인식하지 못한다면 어떻게
상황에 자연스럽게 대처하고 해는 피하면서 득을 취하고 성공을 거둘 수
있겠는가? 가당치도 않은 소리다.

범려의 선견지명

월왕 구천이 오나라를 정복하고 나라를 다시 일으키는 데는 범려范蠡
와 문종文種의 공이 컸다. 지난날 구천이 오나라와의 전쟁에서 패하자 범
려는 구천에게 몸을 낮추는 법을 가르쳐 한때의 치욕을 참고 견디게 하
였으며 구천을 따라 오나라에 인질로 잡혀가 온갖 고초를 겪었다. 문종이
오나라를 무너뜨릴 일곱 가지 방법을 알려주자 구천은 이 책략에 따라
마침내 오나라를 무너뜨리고 천하의 패자가 되었다.

월나라 사람들이 너 나 할 것 없이 승리의 기쁨을 만끽할 때, 범려는 홀

로 미간을 찌푸리며 우울한 마음을 감추지 못했다.

과연 범려는 지혜로운 자였다. 오랜 세월 구천을 곁에서 살피고 파악한 바에 따라 범려는 머잖아 큰 화가 닥칠 것을 직감하고 도망쳤다. 월나라를 빠져나간 범려는 문종에게 서신을 보냈다.

"교활한 토끼가 죽고 나면 사냥개는 삶아 먹고, 새를 다 잡으면 활은 거두어들이며, 적국을 무너뜨리면 일을 꾸민 신하는 죽게 된다네. 월왕은 목이 길고 입은 까마귀 주둥이같이 툭 튀어나와 생김새가 흉악하고 속임이 많으며 그 마음을 헤아릴 수 없어 고난은 같이할 수 있어도 영화는 같이 누릴 수 없는 인물이니 서둘러 그 곁을 떠나지 않으면 필시 화를 입을 것이네."

문종은 자신의 공이 큰 것만 믿고 범려와 같이 사람을 알아보는 재주는 부족해 범려가 괜한 걱정을 사서 한다고 여겼다. 문종은 범려의 충고를 따르지 않으면서도 행동을 조심하기 시작해 병을 핑계로 두문불출하며 국사에 간여하지 않았다.

구천은 사람됨이 간사하고 음험하며 의심이 깊었다. 구천은 문종의 재주가 비범해 만약 그가 반란을 일으키면 자신은 그의 적수가 못 됨을 잘 알고 있었다. 게다가 오나라가 이미 망해 더 이상 그가 필요할 일이 없었으므로 구천은 문종을 없애기로 마음먹었다.

월왕이 이렇게 마음을 굳히면서 문종의 비극적 운명이 결정되었다. 구천은 문병을 핑계로 문종의 집을 찾아가 차갑게 물었다.

"선생이 내게 가르쳐준 오나라를 무너뜨릴 계책 일곱 가지는 실로 훌륭했습니다. 나는 그중 단 세 가지만으로 오나라를 무너뜨렸는데 선생께서는 남은 네 가지 방법으로 누구를 상대할 생각입니까?"

구천의 속내를 모르는 문종은 솔직하게 대답했다.

"오나라가 이미 무너졌으니 이제 쓸모가 없겠지요."

구천은 냉소를 띤 채 음험하게 말했다.

"아니면 먼저 지하에 가신 내 선조를 모실 사람이 필요하니 재주 많은 선생께서 이 일을 맡음이 가할 듯합니다."

구천은 '촉루'屬鏤라는 이름의 보검을 남긴 채 말을 마치고 자리를 떠났다. 그제야 문종은 구천이 자신을 살려둘 생각이 없음을 알아차렸다. 통한의 눈물을 흘린 문종은 지난날 범려의 충고를 떠올리며 사람을 제대로 살피지 못한 탓에 오늘의 화를 당함을 한스러워하며 비통한 마음을 감추지 못했다. 그는 한참 흐느껴 울다가 다른 방도가 없음에 결국 스스로 목을 베어 죽었다.

【秘】 속임수에 넘어가는 까닭은 상대를 주의 깊게 살피지 않았기 때문이다. 혼자만의 착각에 빠져 착하게만 굴면 악인은 이 점을 이용해 사리사욕을 채운다.

【秘】 앞일을 예측하지 못하고 인정사정을 봐주면 결국 해를 입고 만신창이가 되는 것은 자기 자신이다.

【秘】 은혜를 베푼다고 꼭 보답을 받을 수 있는 것은 아니다. 힘을 가지는 것이 중요하다.

【秘】 타인을 쉽게 믿지 않으면 정신이 흐려져 남에게 휘둘릴 일이 없다. 타인의 호불호를 잘 파악해서 이용해야 타인이 기꺼이 자신을 따르게 만들고 통제할 수 있다.

비책 8

윗사람 섬기는 법

윗사람이 의심이 많으면 아랫사람은 두려움이 많아진다. 윗사람과
아랫사람의 마음이 맞지 아니하면 반드시 화가 생긴다. 높은 자리에
앉은 사람은 거만하니 순종하면 안심시킬 수 있다. 높은 자리에 앉
은 사람이 근심하면 충성을 바쳐 걱정거리를 없앨 수 있다. 순종함
에 있어 아첨을 꺼리지 말고 충성함에 있어 이치에 맞지 않음을 피
하지 말아야 하니, 비록 다른 사람의 비난을 사더라도 덜 해서는 아
니 된다. 윗사람이 주는 것은 당연히 받아야 한다. 생사가 남의 손에
달렸는데 어찌 거스를 수 있겠는가. 지혜로운 사람은 윗사람의 뜻을
잘 알아차리지만 어리석은 사람은 자신의 견해를 고집한다. 주인 된
자로서 신하의 세력이 지나치게 강함을 반기는 사람은 없으므로 신
하 된 자는 분수에 맞지 않는 마음을 품지 않도록 경계해야 할 것이
다. 신하의 권세가 지나치게 크면 죽을 화를 불러들일 것이고 생각
이 황당무계하면 죽음을 맞게 될 것이다. 윗사람치고 똑똑하지 않은
자가 없고 아랫사람치고 덕이 지나치게 높은 자가 없다. 공은 윗사
람에게 양보하고 죄는 자신에게 돌린다. 조심하고 경계하는 마음을
잃지 말고 똑똑함과 용감함은 드러내지 마라. 아무리 가까운 사람이
라도 모질게 끊어내고 사악한 일이라도 피하지 마라.

윗사람이 의심이 많으면
아랫사람은 두려움이 많아진다

爲上者疑, 爲下者懼.

秘   예로부터 많은 사람들이 존귀한 지위와 무소불위의 권력을 얻어 사람들 위에 군림하기 위해 애썼다. 역사를 돌이켜보면 권좌를 얻기 위해 죽음도 불사한 사람이 부지기수다. 이 점을 고려하면 윗사람이 혹여 아랫사람이 모반을 꾀할까 의심한 것도 쉽게 이해할 수 있다. 아랫사람치고 공을 세우고 싶어 하지 않는 사람은 없다. 이는 승진을 위한 디딤돌이자 많은 사람들의 인생 목표다.

문제는 공이 크면 윗사람의 두려움을 일으킨다는 것이다. 교활한 토끼가 죽고 나면 사냥개를 삶아 먹는다는 이야기는 언제나 두려움을 일으킨다. 그런 탓에 그들의 두려움이 얼마나 클지 가히 짐작이 간다. 그러니 아랫사람으로서 첫째는 윗사람을 본질적으로 깊이 인식해야 하고, 둘째는 자신의 위치를 명확히 해야 한다. 삼가야 할 바를 모르고 내키는 대로 행동하면 위태로운 상황에 빠지게 된다.

주발의 행운

주발은 서한의 개국 공신이다. 유방을 따라 군사를 일으켜 군공으로 장군의 자리에 올라 수많은 전공을 쌓았다. 한 고조 6년, 강후絳侯에 봉해졌다. 유방이 죽은 뒤, 여후呂后가 권력을 독점했다. 여후가 죽기를 기다려 주발은 진평 등과 모의해 문제를 황제에 옹립하였으며 관직이 우승상右承相에 이르렀다.

주발은 한 고조 유방의 동향同鄉 사람으로 유방을 따라 많은 전공을 세워 강후에 봉해졌다.

유방이 죽고 여후가 권력을 독차지하면서 한 황실은 심각한 위기에 빠졌다. 당시 태위太尉 자리에 있던 주발은 병권을 쥐고 있었으나 여씨 일족의 견제로 힘을 행사할 수 없었다. 그러나 주발은 낙심하지 않고 남몰래 여씨 일족을 몰아낼 계획을 세웠다.

여후가 죽자 주발은 기회가 왔음을 깨닫고 결연히 군대를 일으켰다. 그는 군영에 이르러 군사들에게 말했다.

"선황께서 밀지를 남기시어 역당을 없애라고 하셨다. 나는 선황의 부탁을 받들어 그대들이 나를 도와 간악한 무리를 몰아내길 바란다. 유씨에게 충성하는 자는 왼쪽 어깨를 벗고 여씨에게 충성하는 자는 오른쪽 어깨를 벗어라!"

덕망이 높은 주발이 이렇게 높이 올라 외치니 따르지 않는 군사가 없었다. 그리하여 주발은 군대를 이끌고 여씨 일당을 모조리 토벌하고 유방의 다섯 번째 아들인 유항劉恒을 황제로 세웠으니 그가 바로 한 문제이다.

이처럼 큰 공을 세운 탓에 주발은 한 문제의 의심을 사게 되었다. 문제는 주발이 자신을 황제로 옹립하지 않았으면 자신이 황제가 될 일은 결코 없었을 것이란 사실을 잘 알고 있었다. 그러나 바로 그러한 이유 때문에 시종일관 그를 위협거리로 여겼다.

그래서 겉으로는 주발의 관직을 높여주면서도 뒤에서는 근심 걱정으로 침식을 잊을 정도였다.

이때 주발의 가족 중 하나가 주발에게 은밀히 말을 올렸다.

"대인이 역당을 뿌리 뽑아 큰 공을 세운 것은 틀림없으나 황제께서는 감격하면서도 의심을 품을 것입니다. 어찌 스스로 나아가 물러날 것을 청해 황제를 안심시키지 않으십니까?"

주발은 웃어넘기며 말했다.

"황제께서는 어질고 너그럽기가 보통 사람에 비할 바가 아니다. 네가 소인의 마음으로 군자의 심중을 헤아리려 하다니 참으로 우습지 않느냐?"

주발은 한 황실을 부흥시켜 새로운 공을 세울 야심에 불탔다. 그러나 이러한 그의 거동은 한 문제의 의심만 부추길 따름이었다. 문제는 제후에 봉해진 자들은 모두 자신의 영지로 돌아가야 한다는 이유로 주발을 조정에서 쫓아냈다.

그제야 주발은 황제가 자신을 경계한다는 사실을 깨닫고 조정에서 사람이 찾아오면 만일의 사태에 대비해 갑옷을 걸쳐 입을 정도로 두려움에 빠졌다. 그토록 조심하였는데도 결국에는 음모에 걸려들고 말았다. 누군가가 주발이 모반을 꾀한다고 아뢰자 한 문제는 해명할 기회도 주지 않고 주발을 잡아다 감옥에 가두고 참형에 처하려고 했다.

주발은 절망에 빠져 옥리獄吏에게 많은 뇌물을 바쳤다. 뇌물을 받은 옥리가 좋은 계책을 하나 알려주자 주발은 꿈에서 깨어난 듯 크게 깨달으며 연신 고마움을 표했다.

사실 옥리는 그저 죽간의 뒤편에 '공주를 증인으로 삼으라'고 써주었을 뿐이다. 공주는 한 문제의 딸이자 주발의 큰며느리였다.

주발은 옥리가 가르쳐준 대로 공주를 시켜 황태후가 나서게 했다. 그제야 문제는 황태후의 체면을 생각해 어쩔 수 없이 주발을 풀어주었다.

그 후, 주발이 직접 옥리를 찾아가 감사를 표하자 그 옥리는 이렇게 말했다.

"대인은 참으로 운이 좋으셨습니다. 제가 이 옥문을 지키면서 모반죄로 잡혀온 사람치고 멀쩡히 살아서 나간 사람이 없었으니까요. 대인이 운 좋게 살아난 것은 모두 공주의 공입니다."

주발은 감개무량하여 연신 고개를 저으며 말했다.

"나는 내가 큰 권세를 누린 줄 알았는데 그대만큼 인심과 세상 물정에 통달하지는 못했소. 지난날 내 가족이 한 충고를 듣지 않아 이런 화를 불러왔소이다. 이제 그대의 계책으로 간신히 곤경에서 벗어난 바, 참으로 큰 가르침을 얻었소. 내가 죽지 않았다니, 참으로 천만다행이오."

윗사람과 아랫사람의 마음이 맞지 아니하면 반드시 화가 생긴다

上下背德, 禍必興焉.

㊙ 고금을 살펴보면 왕조의 흥망과 사회의 동요가 모두 윗사람과 아랫사람의 뜻이 맞지 않음에서 시작되었다. 무슨 일이든 잘하려면 우선 윗사람과 아랫사람이 한마음 한뜻으로 임해야 한다. 이를 위해서 윗사람은 자신을 성찰하고 예의와 겸손으로 인재를 대하고 충언을 겸허히 받아들여야 한다. 또한 아랫사람은 심신을 수양하고 참고 견디며 비방과 칭찬을 따지지 않고 무슨 일이든 대국을 중시해야 한다. 윗사람과 아랫사람이 각기 자신의 이익만을 꾀하고 겸양의 마음이 전혀 없으며 각기 자신의 명성만을 생각하고 행실을 고치지 않는다면 결국 도저히 수습할 수 없는 상황으로 발전해 윗사람과 아랫사람 모두 낭패를 보게 되니 누구에게도 이로울 것이 없다.

하증의 경각

진晉나라 건국 초기, 입궐했다가 돌아온 재상 하증何曾은 깊은 수심에 잠겼다. 그 까닭을 모르는 아들이 연유를 물으니 하증이 대답했다.

"나라가 처음 세워지면 마땅히 윗사람과 아랫사람이 모두 힘껏 노력하여 생기가 넘쳐야 할 것이다. 그런데 내가 보니 하나같이 '청담'을 능사로 여기고 말 한 마디 잘못해 해를 입을까 두려워 어전회의에서도 누구 하나 나라의 큰일을 입에 담지 않더구나. 앞으로도 이러하다면 누구 하나

화를 피할 수 있을 것 같은가? 이는 좋은 징조가 아니다. 지금은 화를 면할 수 있을지 모르나 자손들은 틀림없이 화를 입을 것이야."

조위曹魏의 대권이 사마씨의 수중에 들어간 것은 사마의司馬懿 부자 때부터다. 사마의 부자는 자신들의 잇속을 채우기 위해 황제에게 충성을 바치거나 그럴 것으로 의심되는 사대부를 모조리 죽였는데 그 수단이 잔인하기 짝이 없었다. 심지어 조위의 네 번째 황제 조모曹髦도 그들에게 죽임을 당했다. 이런 상황에서 사대부들이 화를 피하기 위해 국사를 논하지 않고 완전히 현실을 벗어난 말만 하고 어떤 일에 대해서도 언급하지 않는 것을 일러 '청담'淸談이라고 했다.

진나라가 세워진 후에도 이런 '청담' 풍조는 바뀌지 않았다. 이로 인한 직접적인 폐단은 사람들이 하나같이 응당 해야 할 일을 하지 않는 것을 영예로 여겨 관료들은 정무를 돌보지 않고 장수들은 군사를 생각하지 않으며 하나같이 제 직분을 다하지 않는다는 것이었다. 사람들은 향락을 누릴 방법만 궁리할 뿐, 더 이상 숭고한 이상을 품지 않았다.

하증의 경각은 실로 갸륵했지만 그의 아들은 그렇게 생각하지 않았다.

"아버님은 괜한 걱정을 하시는군요. 지금 사람들이 모두 그러한데 구태여 그런 쓸데없는 걱정을 하실 필요가 있겠습니까? 게다가 천하는 황제의 것이고 황제조차 이런 상황을 바꿀 생각이 없는데 아버님이 무슨 힘이 있어서 이를 바꿀 수 있겠습니까? 또 앞으로의 일을 누가 내다볼 수 있겠습니까?"

하증은 길게 탄식하며 말했다.

"위기는 눈앞에 닥치기 전에 징조를 보이게 마련이고 처음 마각을 드러냈을 때는 흔적을 남기게 마련이다. 지금의 상황은 그다지 오래가지 않을 것이다."

과연 하증의 판단은 틀리지 않았으니 얼마 지나지 않아 '팔왕八王의 난'이 일어나 진나라는 급격히 쇠락의 길로 들어섰다. 317년, 진나라 황제 사마업司馬鄴은 전조前趙에 포로로 붙잡혔고 이로써 서진은 역사에서 이름을 감추었다. 사마업의 당숙인 사마예司馬睿는 건강建康에서 즉위하여 동진東晉을 세움으로써 천하의 한 귀퉁이를 차지했다.

높은 자리에 앉은 사람은 거만하니
순종하면 안심시킬 수 있다

上者驕, 安其心以順.

秘   예로부터 높은 자리에 앉은 사람은 대개 허영심이 강하고 자만
        심이 지나치다. 그들은 충성스럽고 정직한 자를 좋아하고 소인
배를 멀리한다고 자처했지만 사실 진정으로 그런 사람은 거의 없다. 옛적
에 충신의 운명이 대개 좋지 않았음이 이 점을 잘 설명해준다. 그렇기에
소인배가 판칠 여지가 생겨났다. 이들은 윗사람의 뜻을 조금도 거스르지
않고 온 힘을 다해 떠받드니 오히려 바르고 어진 사람들이 불충한 마음
을 품은 것처럼 보였다. 이런 탓에 봉건전제시대 아랫사람의 처세 원칙은
'윗사람에게 무조건 복종하라'가 되었다.

하언이 화를 입은 까닭

하언夏言은 명나라 가정嘉靖 연간의 이름난 신하로 네 번이나 내각수
보가 되어 권력의 정점에서 천하에 이름을 떨쳤다. 그러나 그의 말로는
실로 처참했으니 극형에 처해져 목이 잘려나갔다. 그가 인생의 정점에서
나락으로 떨어진 까닭을 궁구해보면 하언의 강직한 성격이 화를 불러왔
음을 알게 된다.

하언의 학문이 높고 능력이 출중했기 때문에 황제는 어쩔 수 없이 그
의 도움을 받아야 했다. 하언은 제 재주가 훌륭함만 믿고 오만하다 할 정
도로 강직해서 황제의 의견에도 맞서며 따르지 않는 경우가 적지 않았

다. 이에 황제는 여러 번 언짢은 마음을 느꼈으나 그저 가만히 기회만 기다렸다.

당시 예부상서禮部尙書로 있던 엄숭嚴嵩은 황제의 속내를 꿰뚫어보고 이 기회에 하언을 끌어내리고 자신이 내각수보의 자리에 올라야겠다고 마음먹었다.

한번은 도교에 심취한 가정제가 도복과 비슷한 의복을 지어 대신들에게 나눠주면서 그것을 입고 조정에 들라고 하였다. 그런데 하언은 나라의 예의를 해친다는 이유로 황제의 명을 따르지 않았다. 엄숭은 가정황제가 이 일로 몹시 분개한 것을 보고 때는 이때다 싶어 하언을 헐뜯었다.

"하언은 폐하를 안중에 두지 않고 대소신료가 보는 앞에서 폐하의 뜻을 거역하니 신이 보기에도 몹시 지나치다 사료됩니다. 하언은 늘 충직하고 올바른 체하지만 이토록 폐하를 공경하지 않으니 그 탐욕스러운 야심을 백일하에 드러낸 것이 아니고 무엇이겠습니까?"

가정제는 엄숭의 말이 몹시 옳다 여겨 그 뒤로 하언을 멀리하였다. 하언과 달리 엄숭은 가정제 앞에서 매우 공손하고 순종적이었다. 무슨 일이든 황제의 뜻에 따랐고 설령 황제의 잘못이 분명하더라도 무조건 그 뜻을 지지했으며 남들의 비웃음을 사더라도 개의치 않았다. 그러다 보니 가정제는 날이 갈수록 엄숭을 좋게 보아 결국 그를 재상으로 삼았다.

하언이 세 차례나 내각수보 자리에서 파면됐다가 네 번째로 내각수보 자리에 오르자 그의 친구가 찾아와 축하하는커녕 탄식을 쏟아내며 연신 고개를 내저었다.

의아하게 여긴 하언이 그 까닭을 물으니 친구는 이렇게 말했다.

"대인께서 세 번이나 재상 자리에서 물러나게 된 까닭을 아십니까?"

하언이 대답했다.

"폐하께서 나를 멀리하심은 소인배들이 농간을 부린 탓이네. 이제 하해와 같은 성은을 베푸시니 폐하가 영명하신 덕일세."

그 말에 친구가 대답했다.

"대인이 강직함은 천하가 다 아는 사실입니다. 폐하가 그런 대인을 세 번이나 받아주셨는데 다음에 또 받아주시겠습니까? 소인배들이 대인을 세 번이나 모함하였는데 이제 와서 그만둘 리 있겠습니까? 대인께서 이를 경계하지 않으시면 화를 예측하기 어려울 것입니다!"

친구의 말을 경청하던 하언은 단호히 말했다.

"대장부라면 나라에 충성을 바쳐야 하거늘 어찌 몸을 사려 뜻에 어긋나는 일을 하겠는가. 내게 한 점의 사심도 없음을 폐하께서 아실 터인데 어찌 화를 입겠는가?"

하등 달라진 바 없는 하언의 태도에 가정제는 더욱 그를 싫어하게 되었다. 훗날 몽고인이 점령한 하투河套 지역을 수복하는 문제를 두고 하언은 또 다시 가정제와 논쟁을 벌이며 그의 심기를 거슬렀다. 이런 와중에 엄숭이 곁에서 참언을 올리니 마침내 가정제는 하언을 죽이기로 결심하고 참형을 내렸다. 형을 앞두고서야 하언은 깨닫는 바가 있는 듯 비통하고 분한 마음에 외쳤다.

"강직함을 훌륭한 것으로 여겼는데 윗사람은 유순함을 좋다 하는구나! 오늘 이런 화를 당하니, 내 누구를 탓하겠는가!"

높은 자리에 앉은 사람이 근심하면
충성을 바쳐 걱정거리를 없앨 수 있다

上者憂, 去其患以忠.

㊙ 예로부터 윗사람에게 불충한 것은 용서할 수 없는 큰 죄였다. 이는 통치자의 마음속 깊이 자리한 병으로 시도 때도 없이 발작을 일으켰다. 그래서 간악한 소인배들은 다른 사람을 해할 때 수단 방법을 가리지 않고 반역을 도모한 불충한 죄를 뒤집어씌워 윗사람의 민감한 신경을 건드리려고 했다. 그러니 역사상 탐관오리와 아첨을 일삼은 무리들이 윗사람들에게 받아들여진 것도 당연했다. 조금 탐욕적이고 능력이 없어도 충직하고 순종적으로 보이기만 하면 통치자에게 눈엣가시로 여겨질 일은 없다.

그러나 아무리 청렴하고 올곧으며 재주가 출중하더라도 불충을 저질렀다는 의심을 사면 아무짝에도 쓸모없어진다. 봉건 통치자들은 사람을 쓸 때 '충'忠을 근본으로 여겼다. 이는 또한 아랫사람이 늘 마음에 새겨야 할 출세의 법칙이었다.

옹정제가 신하를 부리는 법

청淸나라 옹정雍正은 강희제의 네 번째 아들로 전하는 말에 따르면 유서를 위조해 황위를 차지했다고 한다. 권모술수가 뛰어났고 정무에 힘썼다. 그러나 옹정제는 수차례 문자옥을 일으켰고 특무기관을 세웠으며 매우 엄격하게 통치했다.

옹정황제는 냉혹하고 의심이 많은 황제로 유명하다. 그는 신하에 대한 의심이 깊어 충신과 간신을 구분하려고 수단 방법을 가리지 않고 신하들의 일거일동을 살폈다. 이를 위해 옹정제는 모든 관리들의 곁에 간자를 심어 수시로 대신들의 언행을 보고하게 했다.

한번은 이런 일이 있었다. 장원壯元 출신 관리 왕운금王雲錦이 정초에 집에서 친구들과 투전놀이를 하는데 어느 순간 지패紙牌 한 장이 모자랐다. 이상하기는 했지만 왕운금은 이 일을 마음에 두지 않았다.

어느 날 조회에서 옹정제가 갑자기 왕운금에게 정초에 집에서 무엇을 하였는지 물었다. 왕운금은 황제가 왜 갑자기 그런 것을 묻는지 몰라 솔직하게 대답했다.

"집에서 투전놀이를 하였습니다."

그런데 뜻밖에도 옹정제는 이 말을 들자마자 웃으며 말을 이었다.

"지패가 한 장 부족하지 않던가?"

왕운금은 크게 놀라 황급히 대답했다.

"맞습니다."

옹정제는 가볍게 고개를 끄덕이더니 소매 속에서 지패 한 장을 꺼내 왕운금에게 던졌다. 그것을 본 왕운금은 대경실색했다. 그날 아무리 찾아도 끝내 찾을 수 없었던 지패가 분명했기 때문이다.

옹정제는 왕운금이 황제를 속이지 않고 사실대로 고한 것을 칭찬했지만 왕운금은 너무 놀라 식은땀만 줄줄 흘릴 따름이었다. 그가 거짓을 고했다면 심히 위태로운 일이 벌어졌을 것이기 때문이었다. 이처럼 별것 아닌 일조차 다 알고 있는데 이 세상에 황제가 모를 일이 어디 있겠는가.

이 일이 알려지자 신하들은 모두 두려움에 떨었다. 그 후로 신하들은 혹시라도 발각되어 화를 입을까 두려워 더욱 행실을 조심했다. 사람들은 모두 충성을 다했으며 사석에서도 감히 경솔하게 행동하지 못했다. 옹정제는 이런 식으로 신하들을 손아귀에 틀어쥐었다.

순종함에 있어 아첨을 꺼리지 말고
충성함에 있어 이치에 맞지 않음을 피하지 말아야 하니
비록 다른 사람의 비난을 사더라도
덜 해서는 아니 된다

順不避媚, 忠不忌曲, 雖為人訴亦不可少為也.

사람이 강호에 있으면 그 몸이 제 것이 아니라는 말이 있다. 남의 비위를 맞추려 아첨하는 데 수단 방법을 가리지 않는 것은 소인배의 짓거리로 멸시 당했다. 그러나 만약 관직에 나아가 출세하려고 한다면 이는 곧 권모술수가 되니, 반드시 알아야 할 뿐만 아니라 필히 실천해야 한다. 그러지 않으면 어떤 일도 제대로 해낼 수 없으니 그야말로 어쩔 수 없이 그리 해야만 한다.

기꺼운 마음으로 다른 사람의 비위를 맞추는 사람은 없다. 윗사람을 기쁘게 하는 데도 깊은 지혜가 필요하니 상식적으로만 행동해서는 안 될 일이다. 관료사회에서 가장 중요하게 따지는 것은 실질적인 이익이다. 윗사람의 환심을 사고 출세할 수 있다면 다른 사람이 이러니저러니 입방아를 찧는 게 대수겠는가.

양재사가 관직에 오른 비결

단 몇 년 만에 일개 현위縣尉에서 재상의 자리에 오른 것은 가히 기적이라 할 만하다. 무측천 통치 시기의 양재사楊再思가 바로 이 기적을 일궈낸 주인공이다.

어떤 사람이 그 비결을 묻자 양재사는 이렇게 대답했다.

"윗사람의 환심을 사는 것이 가장 중요하니 절대로 자신의 신분이나 체면을 염려해서는 안 되오. 나는 윗사람이 좋아하기만 한다면 아무리 비열한 짓이라도 기쁜 마음으로 서슴지 않을 것이오."

그는 말뿐이 아니라 행동도 그렇게 했다. 심지어 그로 인해 사람들의 멸시를 받았지만 그런 소리가 들리지 않는 듯 조금도 마음에 담아두지 않았다.

당시 무측천의 남총男寵이었던 장역지張易之, 장창종張昌宗 형제의 권세가 하늘을 찌름에 양재사는 그들에게 잘 보이고 싶은 마음이 간절했으나 기회가 없어 고심했다. 그러던 차에 그들이 여는 연회에 참석했는데 장역지의 형인 장동휴張同休가 양재사를 보고 고려高麗 사람처럼 생겼다고 놀렸다. 그 소리에 사람들이 큰 소리로 웃어젖혔지만 양재사는 부끄러워하기는커녕 오히려 좋아하며 사람들 앞에서 고려 사람의 춤을 추고 눈을 찡긋거리며 일부러 우스꽝스럽게 행동했다. 그러고 나서는 직접 장동휴에게 감사의 뜻까지 전하며 한껏 알랑거렸다.

누군가가 장창종에게 연꽃처럼 아름답다고 아첨을 떨자 양재사는 한 술 더 떠 이렇게 말했다.

"그 말씀은 틀렸소. 육랑(六郞. 장창종을 이름)이 연꽃을 닮은 게 아니라 연꽃이 육랑을 닮았지요."

이 같은 양재사의 행동은 그 집 하인조차 두고 볼 수 없는 지경이었다. 한번은 양재사의 하인이 마음을 굳게 먹고 물었다.

"대인께서는 이미 높은 관직에 계시는데 구태여 다른 사람의 환심을 살 필요가 있습니까?"

하인의 말에 잠시 침묵하던 양재사가 말했다.

"하인인 너는 왜 나를 무서워하느냐?"

하인이 답을 하기도 전에 양재사가 말을 이었다.

"그 이치는 매우 간단하다. 내게 잘 보이지 않으면 내가 너를 쫓아낼 것이고 그러면 너는 배를 곯게 되겠지. 마찬가지로 내가 권세가의 환심을

사지 않으면 그들이 나를 가만두지 않을 테고 그러면 나는 아무것도 없
는 신세가 될 것이다. 듣기 좋은 말 몇 마디를 해주고 추태를 조금 보이는
것으로 부귀영화를 얻고 평안해질 수 있다면 못할 까닭이 무엇이냐? 어
리석은 사람만이 나를 비웃을 텐데 그들을 신경 쓸 필요가 있겠느냐?"

윗사람이 주는 것은 당연히 받아야 한다
생사가 남의 손에 달렸는데 어찌 거스를 수 있겠는가

上所予, 自可取, 生死於人, 安能逆乎.

秘   봉건전제시대에 권력은 윗사람이 부여하는 것이고 윗사람의 희
로애락이 한 사람의 운명을 결정짓는다는 이치는 관리된 자라
면 누구나 반드시 깨우쳐야 할 사실이었다. 이로써 벼슬아치들을 자세히
살펴보니 그들의 일거일동은 모두 이를 금과옥조로 여긴 전제하에 하는
것이었고 결단코 선을 넘는 짓은 하지 않았다. 그러지 않으면 말로가 심
히 비참했다. 사실 윗사람을 세심히 모셔도 꼭 그의 환심을 산다는 보장
이 없는데 거스른다면 어떻게 되겠는가. 절대권력 시대에 '거스름'은 관
리된 자로서 가장 금기시해야 할 일이었다.

곽광 일족의 몰락

곽광霍光은 곽거병霍去病의 이복 아우로 한 무제 시기의 중요한 모사였
다. 무제가 세상을 뜨자 소제가 여덟 살의 나이로 등극하니 곽광이 보정
대신輔政大臣이 되었다. 소제가 죽자 유하劉賀가 황제로 즉위하였는데 황
음무도했기 때문에 곽광이 뭇 신료들과 함께 유하를 폐위시키고 유순劉
詢을 황제로 옹립했다. 평생 곽광은 한나라 황실의 세 황제를 보좌했고
거의 20년 동안 섭정했다.

곽광은 오랫동안 권력을 독점하고 자신의 가족과 친척들을 관리로 삼
았는데 그 수가 이루 헤아릴 수 없이 많고 하나같이 높은 자리를 차지했

다. 한때 곽씨 일족의 권세는 하늘을 찌르고도 남을 지경이었다.

곽광이 죽자 그의 아들 곽우霍禹가 대장군, 대사마大司馬직을 이어받았고 질손 곽산霍山이 승상이 되었으며, 외손녀 상관씨上官氏가 황태후가 되었고 작은딸 곽성군霍成君이 황후가 되었다. 상황이 이와 같았으니 곽씨 일족의 권세는 곽광이 살아 있을 때보다 더했으면 더했지 결코 못하지 않은 듯하여 곽씨 일족은 더욱 두려움을 모르고 갈수록 오만방자함이 더해갔다.

곽광의 아내 곽현霍顯은 악독하기가 비길 데가 없었다. 그녀는 훗날 딸이 낳은 아들을 태자로 삼기 위해 딸에게 한 선제漢宣帝가 다른 비와의 사이에서 낳은 태자를 죽이라고 시켰다. 비록 뜻한 대로 태자를 죽이지는 못했지만 이것만 보아도 곽현이 얼마나 함부로 날뛰었는지 알 수 있다.

흥미로운 사실은 곽광이 죽기 전에 무릉茂陵에 사는 서생徐生이 곽씨 일족이 틀림없이 결딴날 운명이라고 예언했다는 것이다. 당시 서생은 절친한 벗이 그 말을 믿지 않자 그 까닭을 자세히 설명했다.

"만약 너무 자만하여 자신을 잊으면 나아갈 방향을 잃고 본말이 전도되게 된다네. 신하 된 자가 아무리 큰 권력을 쥐고 있더라도 삼갈 줄 모르고 황제의 은혜에 감사할 줄 모르면 근본을 잊고 원망을 사게 되며 사람들의 질시를 받게 되지. 곽광은 양보할 줄 모르고 그 일족이 하나같이 관직에 있으니 황제께서 불만을 느껴 시기하는 것이 당연하네. 또한 곽씨 일족은 교만하고 무도하니 필연코 뭇 사람들의 격분을 사게 되지. 윗사람은 원망하고 분노하며 아랫사람은 오랜 원한을 품고 있는데도 그들은 대역무도한 일을 서슴지 않으니 어찌 무탈할 수 있겠는가!"

과연 상황은 서생의 예상대로 흘러갔다. 곽광이 죽은 지 얼마 지나지 않아 그에 반대하는 대신들이 들고일어났다. 가장 먼저 행동에 나선 사람은 어사대부御史大夫 위상魏相으로, 그는 곽씨 일족의 악행을 탄핵했다. 한 선제는 위상을 승상으로 삼고 곽씨 일족의 권세를 누를 조치들을 잇달아 취했다. 먼저 곽우가 누리던 상소문을 심사하여 비준하는 권한을 박탈하고 병권을 쥔 곽씨 일족을 조정에서 쫓아냈다. 한 선제의 이 같은 움직임에 곽씨 일족은 큰 화가 닥쳤음을 깨달았다. 다급해진 그들은 죄를 빌 생각은 하지 않고 오히려 역심을 일으켜 위상을 죽이고 선제를 폐한 뒤, 곽우를 황제로 세울 음모를 꾸몄다.

그러나 이 같은 음모는 금세 발각되었고 곽씨 일족은 모두 죄인의 신분으로 떨어졌다. 곽우는 허리가 잘려 죽었고 곽현의 시체는 길에 버려졌으며 황후 곽성군은 폐출되었다가 나중에 스스로 목숨을 끊었다. 한 황실을 틀어쥐고 장장 60년 동안 무소불위의 권력을 휘두른 곽씨 일족은 하룻밤 사이에 세상에서 자취를 감추었다.

지혜로운 사람은 윗사람의 뜻을 잘 알아차리지만
어리석은 사람은 자신의 견해를 고집한다
그들의 화와 복이 서로 다름은 모두 이 때문이다

是以智者善窺上意, 愚者固持己見, 福禍相異, 咸於此耳.

秘 관운이 형통한 사람은 대개 윗사람의 뜻을 잘 헤아리는 심리 전
문가이다. 이들은 사람을 살피는 데 뛰어나 윗사람의 일거일동
에서 내심을 적확하게 읽어내 한발 앞서 윗사람의 근심을 덜어내준다. 이
처럼 사람의 심중을 잘 헤아리는 사람을 싫어할 윗사람은 거의 없을 것
이다.

이와 반대로 관운이 막힌 사람들은 대개 윗사람의 마음을 살필 줄 모
르고 제 잘난 줄만 알고 자신의 의견을 피력하길 좋아한다. 그러다 보니
말이나 행동이 윗사람의 뜻에 어긋나고 윗사람의 미움까지 사게 되기도
한다. 그로 인해 화를 입을지 복을 받을지는 불문가지다.

모두가 사랑한 배구

배구裴矩는 수나라 시대의 명신으로 북제, 수, 당에서 모두 관직에 올
랐고 총 일곱의 군주를 모셨다. 역사서에 "배구는 여든에도 총명함이 쇠
하지 않았으며 지난날 모셨던 모든 군주에게서 총애를 받았고 옛일을 잘
기억해 종종 자문을 받았다"는 기록이 있는, 한 시대를 풍미한 전설적인
인물이었다.

배구는 관료사회에서 이름난 '오뚝이' 같은 사람이었다. 그는 평생 북
제北齊, 수 문제, 수 양제, 우문화급宇文化及, 두건덕竇建德, 당 고조唐高祖,

당 태종 등 세 왕조의 일곱 주인을 모셨다. 가장 놀라운 점은 배구가 그들 모두에게 총애를 받으며 권세를 누렸다는 사실이다. 그 까닭은 별다를 게 없으니, 바로 사람의 마음을 헤아리는 데 뛰어났던 덕분이다.

배구는 수 양제 밑에서 일하며 주인의 기색을 세심히 살핀 끝에 수 양제가 공 세우기를 좋아하고 향락을 탐하는 성품임을 알아차렸다. 이에 배구는 온갖 방법을 동원해 양제에게 변경을 개척하고 영토를 넓히기 위해 전쟁을 벌이라고 부추겼다. 이를 위해 배구는 스스로 나서서 서역西域의 많은 나라를 자세히 시찰한 끝에《서역도기西域圖記》를 지어 수 양제에게 바쳤다. 그러자 수 양제는 당연히 크게 기뻐하며 배구에게 큰 상을 내렸을 뿐만 아니라 날마다 불러들여 서역의 상황을 물었고 황문시랑黃門侍郎으로 삼아 서북 지역과 서역 각국의 사무에 관한 전권을 부여했다.

수 양제가 서북을 순시할 때, 배구는 각고의 노력을 기울여 서역 각국의 수장이 지극히 화려한 복색으로 수 양제를 맞이하도록 설득했다. 어떤 사람이 그 연유를 이해할 수 없어 말했다.

"그렇게 하려면 비용이 대단히 많이 들 터인데 만약 이 일로 폐하께서 죄를 내리시면 뒷수습이 어려울 것입니다."

속으로 뜻한 바가 있었던 배구가 말했다.

"폐하는 원래부터 격식을 따지고 위엄을 중시하는 분입니다. 만약 우리가 돈이 아까워 위의威儀를 해친다면 폐하께서는 체면이 깎였다 여기실 것입니다. 우리가 폐하의 이런 마음조차 헤아리지 못하면 그때는 정말로 벌을 받게 될 것입니다."

과연 수 양제는 각국의 수장이 온갖 장신구로 치장한 채 배알하고 화려한 차림새로 꾸민 현지 백성들이 구름처럼 몰려든 것을 보고 크게 기뻐했다. 수 양제는 배구의 탁월한 일솜씨를 칭찬하며 그를 은청광록대부銀靑光祿大夫로 올려주었다.

배구는 또 수 양제에게 각종 잡기에 능한 예인들을 모두 동도東都 낙양洛陽으로 불러 모아 서역 각국의 수장들과 사절단에게 그 기예를 구경시키고 낙양 거리에 장막을 치고 외국인들이 마음껏 먹고 마실 수 있게끔 성대한 주연을 베풀어달라고 주청을 올렸다. 수 양제가 연유를 물으니 배구가 이렇게 대답했다.

"우리는 천자의 나라이고 황제 폐하의 위명이 드높으니 이렇게 하지 않으면 천자 나라의 풍유로움을 드러내지 못할 것이고 그들은 황제 폐하의 성덕에 감읍하지 않을 것입니다."

황당무계한 말이었지만 헛된 명성을 지극히 좋아하는 수 양제의 마음에는 꼭 들었으니, 양제는 연거푸 배구를 칭찬했다.

"그대가 여기저기 마음을 쓰는 것이 모두 짐의 뜻에 꼭 맞으니 참으로 충신이로다!"

수 양제는 배구에게 사십만 냥을 하사하고 온갖 보물을 상으로 내렸다.

훗날 당 태종의 신하로 있을 때도 배구는 당 태종이 뇌물이라면 이를 갈고 간언을 좋아함을 헤아려 곧바로 아첨하는 방법을 바꾸었다. 한번은 당 태종이 일부러 사람을 시켜 관리들에게 뇌물을 줘봤는데 하필 궁문의 경비를 맡은 말단 관리가 뇌물을 받았다. 그 사실을 안 태종이 그를 죽이려고 하자 배구는 짐짓 당당하게 막아서며 뇌물을 받은 관리를 변호했다.

"폐하께서 먼저 죄를 짓도록 유인하였으니 이는 예의에 맞지 않습니다. 따라서 신은 절대로 그를 벌해서는 안 된다고 생각합니다. 만약 이와 같은 선례를 남긴다면 부패를 다스리지도 못하고 오히려 폐하의 영명함만 해칠 것입니다. 또한 작은 뇌물을 받았다고 사형에 처하는 것은 지은 죄에 비해 너무 큰 벌을 내리는 것으로 법에 어긋납니다."

그 자리에 있던 사람들은 모두 배구가 이미 앞일을 내다보았음을 모르고 배구의 대담한 언사에 마음을 졸였다. 아니나 다를까, 당 태종은 배구의 의견을 받아들였을 뿐만 아니라 그를 크게 칭찬하며 뭇 신하들의 본보기로 치켜세웠다.

주인 된 자로서 신하의 세력이 지나치게
강함을 반기는 사람은 없으므로
신하 된 자는 분수에 맞지 않는 마음을
품지 않도록 경계해야 할 것이다

人主莫喜強臣, 臣下戒懷妄念.

秘 　　가지 많은 나무에 바람 잘 날 없다고 했다. 아랫사람의 명망과
　　　힘이 윗사람을 위협하는 지경에 이르면 윗사람은 결코 그를 가
만두지 않는다. 그러므로 권력이 지나치게 큰 것은 결코 좋은 일이 아니
며 아랫사람 된 자라면 일단 본분을 지키고 터무니없는 생각을 품어서는
안 될 것이다. 만약 망령된 생각이 일면 냉정함을 지키며 기꺼이 아랫사
람으로 거하기 어려워지니 틀림없이 대역무도한 일을 저질러 치명적인
화를 입게 된다. 그러나 슬프게도 신하 된 자는 누구나 강한 힘을 갖고자
하는데 정작 힘을 갖게 되면 그 재주를 감출 줄 모른다. 또 사람은 누구나
터무니없는 생각을 하는데 일단 기회가 오면 그 생각을 이루려고 시도한
다. 이런 비극은 끊임없이 반복되고 있다.

사회의 젊은 치기

　서른 살의 나이에 사회謝晦는 이미 남북조시대 유송劉宋 왕조의 좌위
장군左衛將軍직에 올라 있었다. 황제 유유劉裕가 그를 깊이 신임하다 보니
스스로 대단하다 여겨 거만해졌다.
　높은 관직에 있다 보니 그에게 아첨하려는 자가 적지 않았다. 한번은
가족을 만나러 고향집을 찾았는데 일가친척에 옛 친구는 물론이고 한 마
을에 사는 이웃들까지 다들 그를 보러 왔고 아무 상관도 없는 사람들까

지 연줄을 대려고 하니 집 앞 골목이 사람과 수레로 발 디딜 틈이 없을 지경이었다.

의기양양해진 사회는 중서시랑中書侍郎직으로 있는 형 사첨謝瞻에게 말했다.

"사람이 세상에 태어나 어찌 공명이 없을 수 있겠습니까? 그렇지 않다면 이토록 많은 사람이 내 비위를 맞추려고 하겠습니까? 내 권세가 아직 크지 않음이 한스럽군요. 그랬다면 더 많은 사람들이 나를 찾아왔을 테니까요."

그러나 사첨은 근심을 감추지 못하며 아우를 타일렀다.

"그들이 너를 보러 온 것은 진심에서 우러나온 참된 감정 때문이 아니라 네 권세를 흠모해서다. 만약 네가 평범한 백성이라면 그들은 결코 오지 않았을 것이다. 우리 가문은 줄곧 평범하게 지내왔고 너 또한 이렇다 할 큰 공을 세운 바 없다. 그렇게 해서 얻은 자리는 아마 오래 가지 못할 것이다. 지금은 네가 의기양양하다만 언젠가 곤경에 빠지게 되면 너는 그로 인한 치욕을 참지 못할 것이다. 그러니 지금 네가 이토록 잘된 것이 우리 가문에는 꼭 복이라고 할 수 없구나."

사첨은 좋은 뜻에서 한 말이었으나 사회는 들은 척도 하지 않았다. 이에 사첨은 자신의 집과 아우 집 사이에 울타리를 세운 뒤 다시는 왕래하지 않았다. 뿐만 아니라 황제 유유에게 상소를 올려 훗날 사회가 화를 일으켰을 때 가족들이 말려들지 않게 아우의 직위를 낮춰달라고 청했다.

사회는 이 일로 형에게 원한을 품었고 유유도 사첨의 청을 받아들이기는커녕 오히려 사회에게 더 큰 권력을 부여했다. 사첨은 근심이 깊어 병이 되었는데 차라리 얼른 죽어버리는 게 낫겠다고 여겨 병을 치료하지도 않았다. 죽기 전, 그는 사회에게 편지를 써서 간곡하게 일렀다.

"나는 이제 죽지만 여한이 없다. 오히려 참형을 당해 죽지 않는 것을 다행으로 생각한다. 다만 아우가 잘못을 깨닫고 바른 길로 돌아오길 바랄 뿐이다. 높은 자리에 연연하지 말고 헛된 생각을 품지 말 것이며 신중하고 멈출 줄 알아야 한다. 나라와 가문을 위해 결코 머뭇거려서는 안 된다!"

그러나 사리사욕에 눈이 먼 사회는 형의 충고를 듣지 않고 오히려 날이 갈수록 야심만만해졌다. 결국 사회는 황제를 죽이는 역모에 가담했으나 실패하여 죽임을 당했다. 사씨 일족은 이 일에 연좌되어 수많은 사람들이 억울하게 목숨을 잃었다. 사첨의 근심과 두려움은 결국 현실이 되고 말았다.

신하의 권세가 지나치게 크면
죽을 화를 불러들일 것이고
생각이 황당무계하면 죽음을 맞게 될 것이다

臣强則死, 念妄則亡.

秘　　자리가 바뀌고 지위가 높아지면 사람은 오만방자해지기 쉬운데
　　　무슨 일이든 신중하고 조심하지 않으면 자연히 문제가 생긴다.
달콤한 유혹에 빠지기 쉽고 의지가 약한 사람은 종종 순간의 판단 착오
로 돌아오지 못할 길을 가게 된다. 따라서 아랫사람 된 자는 늘 제 몸을
아껴야 할 뿐만 아니라 스스로를 반성하고 단속하는 데 힘써야 할 것이
며 절대로 한때의 득세로 함부로 행동해서는 아니 된다. 그래야만 근심
걱정 하지 않고 편안히 지낼 수 있다.

신중에 신중을 기한 장안세

　서한에서 가장 오랫동안 권세를 누린 가문으로는 단연코 장안세張安世
일가를 꼽지 않을 수 없다. 서한이 망할 때조차 장씨 가문은 흔들리지 않
고 권세를 이어갔으니 역사상 매우 드문 사례였다.

　장안세는 혹리로 유명한 장탕張湯의 아들이다. 장탕이 죽자 한 무제는
그가 음모의 희생양이 되었음을 가엾게 여겨 특별히 장안세를 발탁해 살
뜰히 은혜를 베풀었다. 장안세는 세 명의 황제를 모시면서 황제의 깊은
신임을 받았다. 비록 조정의 중신이었으나 결코 교만하지 않았고 오히려
매사에 살얼음을 걷듯 신중을 기했다.

　그의 아들이 아버지를 비겁하다고 여기자 장안세는 그 까닭을 일깨워

주었다.

"네 할아버지는 너무 강경한 탓에 죽임을 당하셨고 많은 권신들이 야심이 너무 큰 탓에 목숨을 잃었다. 이 가르침을 반드시 가슴 깊이 새겨야 한다. 내가 이토록 조심하는 것은 첫째는 나를 위함이요, 둘째는 너희 후손들을 위함이다. 높은 자리에 있다고 의기양양해져서 교만과 사치, 방종과 방탕을 가까이하고 만천하에 자랑한다면 제 발로 죽을 자리를 찾아가는 셈이 아니겠느냐? 나중에 너는 내 행동이 옳았음을 알게 될 것이다."

장안세는 확실히 생각하는 바가 깊은 사람이라 무슨 일이든 심사숙고하여 갖은 계책을 생각해냈으니, 그중에 군이 필요가 없어 보이는 일이 있더라도 장안세는 고민을 거듭하며 한 치의 소홀함도 보이지 않았다. 황제와 국정을 의논하고 결정을 내린 뒤에는 항상 병을 핑계로 조정에 나가지 않아 사람들의 이목을 가렸다. 그러다가 정령政令이 반포되면 어찌된 일인지 모르는 척 승상부로 사람을 보내 자세한 사정을 알아오게 했다. 이리하여 조정 신료들을 모두 속여 넘겨 누구 하나 그가 정책을 결정하는 데 참여했다는 사실을 알지 못했다.

곽광이 죽자 어떤 사람이 나서서 장안세를 다음 대장군으로 삼아달라고 주청을 올렸다. 이 사실을 안 장안세는 좋아하기는커녕 몹시 걱정하며 극구 거절했다. 그러나 한 선제가 거절을 불허하니 어쩔 수 없이 받아들이기는 하였으나 대장군 행세는 하지 않았다. 오히려 처세는 전보다 더 겸손하고 공손했다.

장안세의 처신이 불만스러운 어떤 사람이 한 선제에게 말했다.

"장안세가 대장군의 위명을 욕보이니 대장군직을 맡길 수 없습니다. 이토록 비굴한 대장군이라니, 실로 나라의 치욕입니다."

그러자 한 선제는 그 사람을 크게 꾸짖었다.

"장안세는 큰 힘을 쥐고도 위세를 부리지 않고 높은 자리에 있음에도 과시하지 않으니 장안세와 같은 사람이 어디 있겠는가! 짐은 이처럼 현명하고 덕 높은 사람을 가장 신뢰하고 그가 있음은 이 나라 조정의 큰 행운이다!"

장안세는 현명한 인재를 선발하는 권한까지 가지고 있었다. 원래대로라면 이는 큰 이익이 생기는 자리였지만 장안세는 선발된 사람들이 자신이 천거했다는 사실을 결코 모르게 했다. 혹여 소문을 들은 누군가가 그에게 감사의 선물을 보내올 때도 한사코 거절하며 그런 일이 없다고 딱잡아뗐다. 그래서 종종 일도 하지 않으면서 자리를 차지하고 앉아 봉록만받아 챙긴다는 오해를 받기도 했다.

장안세는 가족에 대해서는 더욱 엄격했다. 그는 늘 자손들에게 교만한태도를 경계하고 세력을 믿고 사람을 업신여기지 말라고 가르쳤다. 만약이를 어기는 사람이 있으면 장안세는 직접 엄히 다스렸다. 아들이 광록훈光祿勳이 되자 장안세는 부자가 모두 높은 관직에 올라 한 조정에서 일을 하는 것은 온당치 못하다고 여겨 아들을 경성 밖으로 보내달라고 청했다.

그의 조카 장팽조張彭祖는 한 선제와 함께 학문을 닦은 사이이고, 그의형 장하張賀는 한 선제의 목숨을 구하고 길러준 공이 있었다. 그래서 장하가 죽자 한 선제는 그를 은덕후恩德侯에 봉했다. 장팽조는 양도후陽都侯에 봉해졌고 손자인 장패張覇는 관내후關內侯에 봉해졌다. 장안세는 여러번 사양하고 계속해서 그 뜻을 밝혔는데도 도저히 물리칠 수 없자 그 이름만 받고 봉록은 받지 않았다.

이보다 더 기특한 사실은 장안세가 지극히 검소한 생활을 했다는 것이다. 장안세의 부인은 직접 옷감을 짰고 하인들은 땅을 경작해 자급자족했다.

이토록 잘 관리하고 심혈을 기울여 궁리하였으니, 장안세가 오래도록부귀를 누리고 화를 불러오지 않은 것은 결코 행운이라고만 할 수는 없다.

주공 희단조차 이를 두려워했는데
다른 사람은 말해 무엇 하겠는가

周公尙畏焉, 況他人乎.

秘 　지혜로운 사람은 출사하지 않고 은거하며, 혹여 출사하여 공을
　　이룬 다음에는 곧바로 물러난다. 요행을 바라고 부귀를 탐하는
사람은 큰 화가 코앞에 닥친 뒤에야 비로소 물러나려 하지만 이미 후회
해도 때는 늦었다.

도망친 희단

　주 공단周公旦의 이름은 희단姬旦이고 문왕의 넷째 아들이며 무왕의 동
복 아우다. 무왕이 세상을 떴을 때, 성왕의 나이가 어렸기 때문에 섭정을
하며 주 왕조의 통치기반을 다지고 발전시키는 데 매우 중요한 역할을
했다. 《상서尙書》에서 그가 남긴 글 몇 편을 확인할 수 있다.

　기원전 1116년, 주나라의 첫 번째 왕인 희발姬發이 죽자 그의 아들 희
송이 왕위를 이었다. 그때 희송의 나이 겨우 열두 살이라 정무를 살필 수
없는 탓에 숙부인 희단이 나라를 다스리는 중임을 맡게 되었다.

　그 당시 주나라는 세워진 지 얼마 되지 않아 처리해야 할 일이 산더미
처럼 쌓여 있었다. 상나라의 남은 세력들이 언제라도 난을 일으킬 수 있
어 조금이라도 변고가 생기면 천하가 큰 혼란에 빠지고 애써 이룬 것들
이 다 허사가 될 터였다.

　희단은 침식도 잊은 채 밤낮으로 국사에 매달렸다. 탁월한 능력을 지

닌 희단은 주나라의 예법, 정치제도, 종법제도까지 모두 직접 정했다.

그러나 바로 그 출중한 능력 탓에 사람들은 그에게 왕위를 찬탈할 야심이 있다고 의심하기 시작했고 삽시간에 사방에서 유언비어가 나돌았다. 멀리 동쪽 지역에 있던 네 제후국은 이를 구실로 반란을 일으켜 주나라의 동쪽 영토를 모두 차지해버렸다.

희단은 치욕을 참아가며 중임을 맡아 직접 대군을 이끌고 반란을 평정하러 갔다. 3년에 걸친 악전고투 끝에 마침내 반란을 진압해 주나라가 당면한 최악의 위기를 무사히 넘겼다.

그렇게 전쟁을 승리로 마무리했을 때, 희단의 조카이자 심복 장수가 그에게 자리에서 물러날 것을 권하며 말했다.

"아직 대왕의 나이가 어리고 천하가 평안한 지금이 물러나기에 가장 좋은 시기입니다. 대인께서는 이미 사람들의 의심을 산 바 있으며 앞으로는 비방이 더욱 심해질 것입니다. 이러다가 대왕이 장성하시면 대인처럼 큰 공을 세운 숙부를 가만두겠습니까?"

희단은 한동안 말이 없더니 대답했다.

"나 자신을 생각하면 지금 물러남이 마땅하나 나라를 생각하면 아직 조정에 남아 대왕의 근심을 덜어드려야 하네. 게다가 나와 대왕은 골육지친이니 나를 죽이시지는 않을 것이야."

희단은 그의 우려를 뒤로하고 계속해서 나라를 위해 힘썼다. 기원전 1109년, 열아홉 살이 된 희송은 갑자기 희단을 모든 직무에서 해임한다는 명을 내리고 그의 모든 권력을 박탈했다. 2년 뒤에는 후환을 없애기 위해 희단을 죽이려 했다. 그제야 희단은 어쩔 수 없이 나라를 등질 결심을 하고 야반도주해 아들 희백금姬伯禽이 다스리는 노魯나라로 달려갔다. 그로부터 2년 뒤, 희단은 가슴속에 맺힌 응어리가 병이 되어 노나라에서 죽고 말았다.

윗사람치고 똑똑하지 않은 자가 없고
아랫사람치고 덕이 지나치게 높은 자가 없다

上無不智, 臣無至賢.

秘 　앉은 자리가 상하관계의 본질을 결정한다. 봉건전제시대의 폐
단이었는데, 관직이 더 높으면 아랫사람을 죽일 수도 있었던지
라 윗사람은 한없이 신격화되었다. 윗사람은 절대적으로 옳았고 아무런
잘못도 있을 수 없었다. 만약 일이 잘못되면 그것은 오롯이 아랫사람이
일을 제대로 못하고 능력이 부족한 탓이었다. 이런 생각으로 행동하지 않
고 무슨 일이든 시비곡직을 가리려는 사람은 관료사회에서 용납되지 않
았고 온갖 비난에 시달리며 변명의 기회도 얻지 못한 채 이리저리 끌려
다닐 수밖에 없었다.

죄 없이 죄를 받은 백기

백기白起는 전국시대 진秦나라의 장군으로 37년 동안 전쟁터를 누비
면서 단 한 번도 패한 적이 없고 백만이 넘는 적을 섬멸해 싸울 때마다
늘 이긴다는 뜻으로 '상승장군'常勝將軍이라고 불렸다. 훗날 적국의 반간
계로 의심을 사 진왕에게 자결을 명 받는다.

백기는 평생 충직하고 용맹했으며 탁월한 전적을 쌓았다. 거의 40년을
전쟁터에서 보내며 말단 군관에서 시작해 진나라의 군통수권자가 될 수
있었던 것은 출중한 군사 능력과 뛰어난 지혜 덕분이었다.

백기는 무장 출신답게 성정이 진솔해 가리는 말이 없었다. 스스로 옳

302

다고 믿으면 결코 바꾸는 법이 없었으며 변칙을 허용하는 일이 거의 없었다. 백기는 이 점에 대해 자부심을 느꼈으나 훗날 이 때문에 화를 불러와 목숨을 잃을 거라고는 생각조차 하지 못했다.

기원전 266년, 진나라는 조나라 도성 한단邯鄲을 에워싸고 공격했다. 오랜 공격에도 도성을 함락시키지 못하자 진 소왕秦昭王은 왕릉王陵 대신 백기에게 군대를 맡기며 계속해서 공격하게 했다. 당시 형세를 분석한 백기는 진 소왕에게 말했다.

"지금은 시기가 아니니 더 이상 전쟁을 계속해서는 안 됩니다. 조나라가 비록 장평長平에서 크게 패했으나 이제 나라의 존망이 달려 있으니 죽기를 각오하고 싸우려 들 것입니다. 또한 다른 나라가 원군을 보내 조나라를 도우니 형세가 우리에게 불리합니다. 하오니 대왕께서는 전쟁을 멈추시는 것이 좋을 듯합니다."

그러나 진 소왕은 고집을 꺾지 않았다.

"우리 나라는 전쟁으로 세워졌고 장군은 백전백승의 명장이니 지금 전쟁을 멈추는 것은 당연히 좋은 계책이 아니오. 내 보기에 다시 전쟁을 해도 가할 듯하니 장군은 거절하지 마시오."

백기가 군대를 맡지 않겠다고 거절하자 진 소왕은 몸소 백기의 집을 찾아가 부탁했다. 그런데도 백기가 병을 핑계로 전쟁에 나서지 않으니 진 소왕은 몹시 화를 내며 돌아갔다. 걱정스러운 마음에 백기의 집사가 말했다.

"장군께서 이토록 대왕의 체면을 돌보지 않음은 장군께 이롭지 않습니다!"

하지만 백기는 집사를 꾸짖었다.

"대왕이 어리석으니 신하 된 자로서 어찌 충언을 삼가고 대왕의 뜻을 따라 환심을 사겠느냐! 내 수많은 전쟁을 겪어 형세를 보는 눈이 틀림이 없다. 훗날 우리 군이 다시 패한다면 대왕은 자신이 현명하지 못했음을 알게 될 것이다."

백기의 단호한 말에 집사가 다시 말했다.

"장군의 영명하심을 천하가 다 칭송하는 바입니다. 그러나 대왕은 주인 된 자로서 설령 전쟁에서 지더라도 체면 때문에 잘못을 인정하지 않을 것입니다. 그러나 장군께서는 먼저 하신 말씀이 있으니 그때가 되면 앙심을 품은 대왕이 장군께 해를 입힐까 두렵습니다."

얼마 후, 진나라 군대가 또 졌다는 소식이 들려오자 백기가 말했다.

"대왕께서 내 충고를 듣지 않아 전쟁에서 졌으니 이제 대왕도 잘못을 깨닫고 고칠 것이다."

마침 패전 때문에 화가 나 있던 진 소왕은 백기가 한 말을 전해 듣고 끓어오르는 화를 참을 수가 없었다. 결국 진 소왕은 백기를 일개 병졸로 강등시키고 도성 밖으로 쫓아냈으나 그럼에도 화가 풀리지 않아 백기가 도성을 떠난 직후에 사람을 보내 자진을 명했다. 백기는 스스로 목을 베기 전에 격노를 감추지 못했다. 그러나 임금의 명을 거스를 수는 없고 시비를 가리기 어려운지라 결국 죽을 수밖에 없었다.

공은 윗사람에게 양보하고
죄는 자신에게 돌린다

功歸上, 罪歸己.

秘　　벼슬살이의 도리에는 종종 인생의 깊은 지혜가 숨어 있다. 출세하는 법, 처세하는 법, 화를 피하는 법 등 이런 경험과 방법을 깨우치는 것은 모두에게 매우 중요하다.

자신의 공은 윗사람에게 양보하고 윗사람의 잘못을 자신이 떠안는 것은 결코 단순한 겸양이 아니라 벼슬살이의 본질을 꿰뚫어본 사람만이 해낼 수 있는 일이다. 자신이 취하고 싶은 것은 먼저 남에게 주라는 말처럼 이는 또한 서로 이용하고 이익을 교환하는 것이다.

무엇 하나 희생할 생각이 없고 특히 윗사람과 이해관계가 충돌하는 부분에서 이득을 보려고 한다면 아무것도 얻을 수 없다.

이필의 정치 경험

이필李泌은 당나라 중·후기에 활동한 중요한 정치인으로 현종玄宗, 숙종肅宗, 대종代宗, 덕종德宗 등 네 명의 황제를 모셨고 관직이 재상에 이르렀다. 젊어서는 도가를 배웠는데 전하는 바에 따르면 이필은 오랜 시간 곡기를 끊고 황로黃老 곡신穀神의 요체를 수양했다고 한다.

이필은 당나라 중후반 정치 무대에서 이름난 인물이었다. 그는 네 명의 황제에게 총애를 받았고 대신들의 존경까지 한몸에 받았다. 복잡하고 흉흉했던 당시 정치 환경을 고려하면 이는 결코 쉬운 일이 아니었다.

이필의 성공은 결코 우연이 아니었으며 모두 그의 풍부한 정치 경험과 처세술에서 기인했다. 한 가지 사례만 보더라도 그가 필승할 수 있었던 까닭을 알 수 있다.

당 덕종 때, 이필은 재상직을 맡고 있었다. 서북 변방의 회흘(回紇. 위구르족)은 당나라와 강화를 맺고 싶었으나 어린 시절 회흘인에게 치욕을 당한 바 있는 덕종이 한사코 강화를 거절했다.

그러나 강화는 양측에 모두 이로운 일이었기에 이필은 강화를 성사시키기 위해 애썼다. 그는 조급해하지 않고 여러 차례 강화의 이해득실을 설명했으나 원한이 깊었던 덕종의 태도는 단호하기만 했다. 심지어 수차례 이필을 질책하기까지 했다.

조정 대신이 나서서 이필에게 말했다.

"폐하의 뜻이 저토록 완강하신데 굳이 사서 고생하실 필요가 있겠습니까? 더 이상 회흘과의 강화를 거론했다가는 화를 입으실 수 있으니 그만두시지요. 우리는 대인께서 그럴 가치가 있는 일이 아니라고 봅니다."

이필이 말했다.

"폐하께서도 강화의 이점과 필요성을 알고 계시나 한때의 분을 삭이지 못해 윤허하지 않는 것뿐이오. 오히려 내가 이 일을 힘써 이루지 않으면 폐하께서 언젠가는 나를 탓할 것이오."

아니나 다를까, 시간이 흐르자 덕종은 화를 삭이고 이필의 권고를 받아들였다. 또한 이필은 회흘의 우두머리를 직접 만나 교섭과 설득을 반복한 끝에 당나라의 다섯 가지 조건을 받아들이고 당 황제의 아들이자 신하가 되겠다는 약속을 받아냈다.

이토록 어려운 과업은 오롯이 이필의 힘으로 이루어냈다. 그러나 덕종이 이필에게 회흘이 이토록 순종한 까닭을 묻자 이필은 자신의 수고에 대해서는 한 마디도 꺼내지 않고 덕종의 덕으로 돌렸다.

"폐하의 위명이 멀리까지 퍼져 회흘인이 몹시 두려워한 덕분에 이런 성과를 거두었습니다. 폐하께서 어질고 너그러운 마음으로 지난날의 원한을 따지지 않고 은혜를 베푸시니 짐승도 감읍할 터인데 하물며 사람이 어찌 아니 그러겠습니까. 소신이 직접 보고 들을 수 있으니 이 얼마나 큰 행운이겠습니까!"

이 말에 덕종은 몹시 기뻐하며 이필의 두 손을 꼭 잡고 오랫동안 놓지 않았다. 그 후, 덕종은 이필의 말이라면 모두 따를 정도로 더욱 총애했다.

조심하고 경계하는 마음을 잃지 말고
똑똑함과 용감함은 드러내지 마라

戒惕弗棄, 智勇弗顯.

秘　　모든 일에는 양면성이 있다. 지금은 이로운 일도 시간과 장소가 바뀌면 해로운 일이 될 수 있다. 봉건시대의 관직사회만큼 인성을 파괴하고 지혜를 훼손하는 곳은 없었으니, 두둑한 배짱과 높은 식견보다는 고분고분 순종하는 태도가 더 쓸모 있었다. 그렇기 때문에 벼슬살이를 하는 사람은 절대로 방심해서는 안 되며 항상 긴장의 끈을 놓아서는 안 된다.

이적의 기지

당 고종 때, 이적李勣은 장손무기, 저수량褚遂良과 같이 선황에게서 국사를 부탁받은 고명대신顧命大臣으로 당 고종의 깊은 신임을 받았다. 바로 이 때문에 당 고종이 무측천을 황후로 세우려고 할 때, 장손무기와 저수량은 아무 거리낌 없이 극렬하게 말렸던 것이다.

고종은 이 일로 두 사람에 대한 마음이 바뀌었지만 겉으로는 지난날과 다름없이 행동했다. 고종의 속내를 알 수 없는 두 사람은 여전히 고종의 총애를 받고 있다고 착각해 새 황후를 옹립하는 데 반대의 뜻을 굽히지 않았다.

그러나 유달리 똑똑했던 이적은 고종의 태도를 보고 이 일에 반대했다가는 필시 화를 입을 것을 간파했지만 한편으로는 소심해서 힘껏 반대하지 않았다는 소리를 듣고 싶지도 않았다. 진퇴양난의 상황에서 이적은 피하는 길을 택했다. 그래서 새 황후를 세우겠다는 고종의 뜻에 반대하지도 않으면서 장손무기 등이 자신의 관점을 주장하는 데 반대하지도 않았다.

한번은 장손무기와 저수량 등 원로중신들이 함께 입궐해서 간언을 올리자고 하자 그러마하고 약속했다가 후에 병을 핑계로 나가지 않았다. 그랬다가 그들이 뜻을 거절당하고 돌아오자 이렇게 위로했다.

"지금 당장은 폐하의 뜻을 바꾸기 어려우나 낙심하지 않고 뜻을 견지한다면 언젠가는 바라는 바를 이룰 수 있을 것입니다."

사람들은 이적의 지모가 탁월함을 존경해왔던 터라 그에게 좋은 계책을 내달라고 청했으나 이적은 딱 잘라 거절하며 말했다.

"군자가 사람을 대함에도 진심을 다해야 하거늘 황제 폐하를 대함에 교묘한 계책을 쓴다면 오히려 황제 폐하의 의심을 사서 일만 그르칠 것입니다. 진실로 대해도 되는 일에 어찌 다른 방도를 쓴단 말입니까?"

사람들이 돌아간 후, 수심이 가득한 얼굴로 홀로 탁상 옆에 앉아 있는 이적을 보고 그의 아들이 다가와 물었다.

"아버님은 늘 지혜롭고 계책이 많으셨는데 이 일은 정말로 해결할 방법이 없습니까?"

이적은 길게 탄식하며 말했다.

"장손무기 등은 교만하고 두려움이 없으나 화가 눈앞에 닥쳤다. 내 한 몸도 지키기 어려운 마당에 어찌 함부로 지혜를 드러내겠느냐!"

훗날 당 고종이 이적과 독대한 자리에서 이 일에 대해 묻자 이적은 이 일은 폐하의 집안일이므로 외부인과 상의할 필요가 없다고 답했다. 이 말은 황제의 뜻에 맞으면서도 다른 사람이 보기에 문제 될 거리가 없었으니 이적의 지혜를 능히 가늠할 수 있다.

그 후, 장손무기와 저수량 등은 무측천이 황후가 된 후에 잇달아 박해를 받았지만 이적만은 해를 입지도, 비난을 사지도 않았다.

아무리 가까운 사람이라도 모질게 끊어내고
사악한 일이라도 피하지 마라

雖至親亦忍絶, 縱爲惡亦不讓.

秘 　잔혹하고 무자비한 것이 관직사회의 특징이다. 역사를 살펴보면 권력과 지위를 위해 골육상잔도 마다하지 않고 서슴없이 악행을 저지른 사례가 비일비재하다. 이는 봉건시대 관직사회의 본질이 빚어낸 결과이자 사람의 목표와 관련이 있다.

권력을 인생의 목표로 삼는 사람은 권력과 혈육의 정, 양심이 충돌하면 서슴없이 권력을 선택한다. 그러지 않으면 권력을 잃게 된다. 두 마리 토끼를 모두 손에 쥘 수는 없는 노릇이다. 잔인한 현실은 항상 어쩔 수 없이 잔인한 선택을 해서 양심을 버리고 악행을 저지르게 만든다.

무정한 오기

오기吳起는 전국시대 초기의 정치가로 탁월한 군사 지도자였다. 원래 유가를 배웠으나 나중에 병가를 배웠다. 처음에는 노나라에서 벼슬살이를 했으나 훗날 위나라로 건너갔고 그 다음에는 초나라에서 일했는데 어디에서건 많은 공적을 쌓았다. 주안왕周安王 21년, 초도왕楚悼王이 죽자 초나라 귀족들이 정변을 일으켜 오기를 활로 쏘아 죽이고 거열형에 처했다.

전국시대 군사가인 오기의 권력에 대한 집착은 경악스러울 정도였다.

원래 노나라의 관리였던 오기는 더 큰 공명을 바라고 노나라의 권세가에게 빌붙어 온갖 아부를 떨었다. 오기의 남달리 출중한 재능을 아낀 노나라 왕은 제나라와의 전쟁을 오기에게 맡길 생각이었다.

그러나 오기를 시기한 사람이 왕에게 참언을 올렸다.

"오기의 아내는 제나라 사람입니다. 이제 우리 나라와 제나라가 전쟁을 앞두고 있는데 오기가 제나라와 결탁해 대왕에게 이롭지 못한 짓을 하지 않을 거라는 보장이 있습니까? 그는 권력을 목숨처럼 생각하는 사람이라 무슨 짓이라도 할 수 있으니 대왕께서는 그에게 이런 중임을 맡겨서는 안 됩니다."

이 말에 노나라 왕은 망설였다. 이 소식을 들은 오기는 서둘러 왕을 찾아가 입이 닳도록 설득했지만 왕은 그를 대장군으로 삼겠다는 명을 내리지 않았다.

오기는 분노가 치밀었다. 그는 이것이 천재일우의 기회로 결코 놓쳐서는 안 된다고 생각했다. 이리저리 궁리하던 오기는 잔인한 방법을 생각해냈다. 바로 아내를 죽여 신뢰를 얻는 것이었다.

오기는 아무 내색도 하지 않고 아내에게 말했다.

"눈앞에 좋은 기회가 찾아왔는데 이루어지면 대장군이 될 터요, 어그러지면 상황이 어찌 될지 짐작할 수 없소. 당신은 내가 뜻을 이루기를 바라오?"

오랜 시간 남편과 환난을 함께했던 아내는 깊이 생각할 것도 없이 바로 대답했다.

"당신은 포부가 원대하신데 뜻을 이룰 수 있다면 참으로 기쁘고 축하할 일이겠지요."

하지만 오기는 차갑게 말했다.

"다만 그대가 괴로울 일이오. 그러나 이 일은 아니 행할 수 없으니 내가 부부의 정을 저버렸다고 원망치 마시오!"

오기는 아내가 무슨 일인지 채 깨닫기도 전에 그녀를 죽여버렸다.

오기는 아내를 죽이면 노나라 왕의 경계심을 풀 수 있을 것이라고 생각했지만 그의 예상과 달리 노왕은 여전히 그를 믿지 않고 대장군직을 내리지 않았다. 그런데도 오기는 조금도 후회하지 않았다.

"남자라면 마땅히 출세를 제 일로 여겨야 할 터인데 어찌 가족의 정으로 손발을 묶을 수 있겠는가. 희생은 불가피한 것이니 다만 이번에는 내 운이 나빴을 따름이다."

오기의 이 같은 악행은 사람들의 멸시를 불러왔지만 그는 조금도 개의치 않았다. 더 이해할 수 없는 점은 자신을 낳아준 어머니가 병으로 죽었을 때도 장례를 치르러 고향에 돌아가지 않았다는 것이다. 이를 두고 사람들이 비난을 퍼붓는데도 오기는 당당하게 말했다.

"지난날 나는 장군과 재상이 되지 않으면 결코 고향에 돌아가지 않겠다고 맹세했다. 남아일언중천금이니 어머니가 돌아가셨다고 내 맹세를 저버릴 수는 없다."

훗날 오기는 바라는 대로 공명을 얻었지만 그 끝이 비참하였으니 쏟아지는 화살에 맞아 죽고 말았다.

정말로 이렇게 할 수 있다면
윗사람이 더욱 아낄 것이며
총애가 줄지 않을 것이다

誠如是也, 非徒上寵, 而又寵無衰矣.

관리라면 누구나 윗사람에게 끊임없는 총애를 받기를 간절히 바란다. 그러기가 어려운 까닭에 오랜 세월 사람들은 그 오묘한 이치를 궁리하고 성공한 사람들의 경험을 본받으며 그 비결을 알아내고자 했다.

그러나 성현의 가르침과 정인군자의 행동은 실제로 아무짝에도 쓸모가 없는 반면 소인배의 수단과 권모술수는 필승을 부르는 데 아주 유용하다는 사실이 참으로 실망스럽고도 이해할 수 없다. 이는 아마도 봉건시대 관직사회의 어두운 본질을 반영한 것이리라. 그러므로 사람은 반드시 시비곡직을 명확히 가리는 능력을 길러 겉으로 보이는 현상에 미혹되어 정의로운 입장을 잃지 않도록 해야 한다.

구사량의 경험담

구사량仇士良은 당나라 후기의 환관으로 온갖 못된 짓을 서슴지 않았지만 시종일관 총애를 받았다. 그는 20여 년간 권세를 누리다가 말년에 병으로 물러날 때, 배웅을 나온 환관들에게 말했다.

"천자를 모시면서 시종일관 총애를 받는 법에 대해 이 늙은이의 경험담을 들어보겠는가?"

구사량이 이렇게 물은 까닭은 지난날 젊은 환관들이 수차례 이 문제로 가르침을 청했으나 당시에는 마음에 꺼리는 바가 있어 매번 답을 주지 않아서였다. 하지만 이제는 물러나는 처지이니 더 이상 숨길 필요가 없다고 생각한 것이었다.

구사량은 말단 환관일 때 온갖 모욕을 다 당했고 조금만 잘못해도 고참 환관에게 흠씬 두들겨 맞았다. 처음에 그는 이에 대해 불만을 품었는데 훗날 한 늙은 환관이 그에게 이렇게 말했다.

"네 모습을 보니 정인군자와 다름없구나. 그렇게 해서 어찌 궁중에서 살아갈 수 있겠느냐? 분노하지 말고 불공평하다 여기지 말며 아무 일도 없는 것처럼 꾹 참아라. 내가 이렇게 말하는 까닭은 나 또한 너와 같이 자신을 굽히지 않다가 하마터면 목숨을 잃을 뻔했기 때문이다. 사람답게 살아가려면 이런 일은 어쩔 수 없이 겪어야 한다. 네가 지금 가장 배워야 할 것은 남을 원망하는 것이 아니라 윗사람의 환심을 사는 방법이다."

구사량은 매우 똑똑했던 터라 늙은 환관의 가르침을 마음 깊이 새겼다. 차츰차츰 구사량은 윗사람의 비위를 맞추는 데 온 마음을 쏟으면서 본인만의 방법을 다수 찾아내 거리낌 없이 행한 끝에 결국 환관의 우두머리가 되었다.

이제 구사량의 입에서 뭇 환관이 오래전부터 듣고 싶었던 비결을 들을 수 있게 되었으니 모두들 한 자라도 놓칠까 봐 숨을 멈추고 들었다. 구사량은 득의양양해서 말했다.

"황제 폐하는 우리의 주인이시니 폐하를 모심에 묘안이 없어서는 안 될 것이다. 무조건 비위를 맞추는 것은 누구나 할 수 있으니 특별할 것이 없다. 이 늙은이는 식지 않는 권세를 누리려면 근본적인 데서부터 손을 써야 한다고 생각한다. 그럼 어떻게 해야 하냐고? 간단하지. 유흥에 빠져 정사를 돌보지 않게 하고 한가할 일이 없도록 해야 한다. 황제께서 한가해서 책을 읽고 학식 있는 대신들과 만난다면 지혜가 깊어져 더 이상 먹고 놀고 마시는 데 시간을 보내지 않을 테고 우리도 황제를 미혹할 수 없게 된다. 그러니 그 심지를 미혹시키는 것이 가장 중요하고 향락으로 이끄는 것을 멈추어서는 안 되며 우매하게 만들어야 한다. 그리하면 황제의 모든 것을 손아귀에 틀어쥘 수 있는데 부귀가 오래가지 않을까 걱정할 일이 있겠느냐?"

【秘】 예로부터 높은 자리에 앉은 사람은 대개 허영심이 강하고 자만심이 지나치다. 그들은 충성스럽고 정직한 자를 좋아하고 소인배를 멀리한다고 자처했지만 사실 진정으로 그런 사람은 거의 없다.

【秘】 조금 탐욕적이고 능력이 없어도 충직하고 순종적으로 보이기만 하면 통치자에게 눈엣가시로 여겨질 일은 없다.

【秘】 기꺼이 다른 사람의 비위를 맞추는 사람은 없지만 윗사람의 비위를 맞추는 데도 뛰어난 지혜가 필요하다. 여기에는 상식이 통하지 않는다.

【秘】 관운이 트이는 첫 번째 비결은 윗사람이 감춘 의향을 헤아리는 것이다.

【秘】 관료사회는 무슨 일이든 시비곡직을 가리려는 사람을 용납하지 않으니, 이런 사람은 온갖 비난을 사게 마련이다.

비책 9

아랫사람 다스리는 법

윗사람이 아랫사람을 관리하는 데 책략이 없다면 아랫사람은 윗사람에게 맞서거나 그 권력을 빼앗는다. 윗사람이 위엄이 없으면 아랫사람은 난을 일으킨다. 위엄은 예의에서 세워지며 형벌에 의존하며 방임하면 곧 잃게 된다. 비밀스러운 일에는 다른 사람을 참여시키지 말고 계략에 참여한 사람은 반드시 제거해야 한다. 한 사람만 총애하지 말라. 한 사람이 권력을 독점하면 틀림없이 화를 불러온다. 아랫사람이 탐하는 바가 있으면 그는 자연히 위로 올라가고자 한다. 끌어올림에 있어서 마땅히 천천히 해야 하니 너무 빠르면 곧 만족해버린다. 이렇게 하지 않으면 아무도 그를 돕지 않는다. 사람은 누구나 좋아하는 것이 있으니 그 좋아하는 것으로 꾀면 굴복시키지 못할 것이 없다. 사람은 누구나 두려워하는 것이 있으니 그 두려워하는 것으로 옥죄면 받아들이지 않을 것이 없다. 재능이 있어 쓸 수 있는 사람은 크게 해롭지만 않으면 넌지시 용인해라. 굴종시킬 수 없는데 재능이 출중하다면 죽여야 한다. 상을 내림에 인색하지 말아야 하니 이로써 그들의 의지를 깎아내야 한다. 벌을 내림에 시의적절해야 하니 이로써 그들이 경계심을 품도록 해야 한다.

기꺼이 아랫사람이 되려는 사람은 드물다
윗사람이 아랫사람을 관리하는 데 책략이 없다면
아랫사람은 윗사람에게 맞서거나 그 권력을 빼앗는다

甘居人下者鮮. 御之失謀, 非犯, 則簒耳.

秘 관리들이 서로 티격태격 싸우는 까닭은 모두 높은 자리에 오르기 위함이다. 밑 빠진 독처럼 채워지지 않는 허영심의 꼬드김에 넘어가, 사람들은 수단 방법을 가리지 않고 더 큰 권력을 얻으려 평생 아등바등한다. 권력을 쥔 사람이라면 반드시 이런 심리를 확실하게 이해해야 한다.

사실 관료사회에서 윗사람과 아랫사람은 원래 이해가 서로 부딪치는 모순적이고 대립적인 관계다. 윗사람은 아랫사람을 이용하면서도 경계해야 하고 아랫사람은 어쩔 수 없이 윗사람을 따르면서도 틈만 나면 기회를 봐서 음해하려 한다. 따라서 윗사람은 아랫사람을 관리할 때 첫째로 방임하고 방심해서는 안 되며, 둘째로 그 방식과 방법에 주의해야 한다.

지혜로 권신을 무너뜨린 손휴

오 경제吳景帝 손휴孫休는 손권의 여섯 번째 아들이자 오나라의 제3대 황제다. 태평太平 3년에 손림孫綝이 정변을 일으켜 손량孫亮을 폐위시키고 손휴를 황제로 세웠다. 황제가 된 손휴는 좋은 제도를 반포하고 어진 정치를 펼쳤다. 영안永安 7년에 요절하니 그의 나이 겨우 서른이었다.

삼국三國시대 오나라의 권신 손림은 오왕 손량을 폐위시키고 손휴를 황제로 세웠다. 손림은 이를 자랑으로 여겨 오만하기가 짝이 없었다. 한번은 그가 손휴에게 좋은 술을 바쳤는데 손휴가 이를 받지 않았다. 당황한 손림은 좌장군左將軍 장포張布에게 말했다.

"만약 내가 없었다면 폐하께서 어찌 황제가 되실 수 있었겠나? 오늘 내가 황제께 선물을 드렸는데 뜻밖에도 이런 치욕을 당했다네. 아무래도 지난날 스스로 황제가 되라는 사람들의 말을 따르지 않은 것이 큰 실수였던 듯하네!"

손휴의 측근이었던 장포는 이 말을 듣자마자 당장 손휴에게 달려가 고했다. 이미 손림의 불충한 마음을 알고 있었던 손휴는 이 말을 듣고 손림을 없애기로 마음먹었다. 원래 손휴는 바로 손을 써서 심중의 원한을 풀려고 했으나 일단 마음을 가라앉히고 나서 잠시 참기로 했다. 그는 장포에게 말했다.

"역적 손림은 야심이 크니 반드시 없애야 하오. 그러나 이 역적이 조정에 적을 둔 지 오래라 따르는 일당이 많으니 지금은 없애기에 좋은 시기가 아닌 듯하오. 또한 짐의 기반이 다져지지 않은 지금 경솔하게 위험을 무릅쓸 수는 없는 노릇이오. 그러니 지금은 일단 그를 달랬다가 후일을 도모해야 하오. 부디 장군께서는 이 일을 발설치 마시오."

손휴는 몰래 일을 꾸미면서도 겉으로는 손림에게 친한 척하며 많은 상을 내렸다. 더 나아가 누군가가 손림이 모반을 꾸민다고 고발하자 손휴는 오히려 그 고발자를 손림에게 넘겨주며 마음대로 처분하라고 했다. 이에 손림은 더욱 의기양양해졌다.

그런데 조정 신료 중에 손림과 절친하고 기지가 뛰어난 자가 의심쩍은 기운을 느끼고 손림에게 경고했다.

"황제께서 대인을 총애하시기는 하나 모반과 같은 큰일이 거론되었는데도 별다른 말 한 마디 없이 그냥 넘어가다니 너무 의심스럽습니다. 대인께서는 깊이 살피시기 바랍니다."

손림은 거만하게 말했다.

"나는 오랜 세월 관직에 있으며 권세가 천하를 덮고도 남음이니 황제께서 나에게 은혜를 베푸는 것은 당연한 일이네. 또한 황제는 지모라고는 쥐뿔도 모르는 작자이니 더 이상 허튼소리를 했다가는 가만두지 않을 걸세!"

손휴는 이렇게 손림을 안심시켰다. 모든 준비를 마치고 나서, 손휴는 납팔(臘八. 음력 12월 8일)에 대신들이 명절을 축하하기 위해 입궐한 기회를 이용해 손림을 사로잡으라고 명했다. 그리고 손림을 참형에 처함으로써 마음속 후환거리를 없앴다.

윗사람이 위엄이 없으면
아랫사람은 난을 일으킨다

上無威, 下生亂.

㊙ 　　높은 자리에 앉은 사람은 행동이나 옷차림, 말투에도 신경 써서 위엄을 갖출 필요가 있다. 아랫사람이 보기에 윗사람이 위엄이 없으면 만만하니 업신여겨도 된다고 여긴다. 아랫사람이 두려움이 없어지면 자연히 일을 할 때 규율을 따르지 않고 윗사람의 결정도 제대로 시행하지 않으니 이 같은 불상사를 막을 수 없다.

제 위왕의 묘책

전국시대 시기, 막 왕위에 오른 제 위왕齊威王은 왕다운 위엄이 없어 보였다. 그는 국사를 돌보지 않았고 행실이 나빴으며 술과 여자에 빠져 밤새 흥청망청 즐기면서 술이 떡이 되도록 마셔댔다.

이런 자가 왕으로 있으니 이웃 나라들이 업신여기고 끊임없이 제나라를 침략했다. 대신 중에도 왕은 만만한 자라고 여겨 두려움 없이 뇌물을 탐하고 국법을 어기고 직분을 게을리하는 사람들이 부지기수였다.

충직한 대신이 여러 차례 제 위왕에게 간언을 올렸으나 위왕은 들은 척도 하지 않았다. 그로부터 3년 뒤, 순우곤淳于髡이라는 자가 큰 새에 비유해 진언하니 그제야 위왕은 본모습을 드러냈다.

순우곤이 말했다.

"왕궁에 큰 새가 있는데 날지도 않고 울지도 않아 사람들이 모두 근심하고 있습니다. 왕께서는 이 새가 무슨 새인지 아십니까?"

제 위왕이 큰 소리로 답했다.

"이 새는 날지 않으면 그만이지만 한번 날면 하늘로 솟구칠 것이요, 울지 않으면 그만이지만 한번 울면 사람을 놀라게 할 것이다."

제 위왕은 곧바로 전국의 현령 72명을 도성으로 불러들여 공무를 논했다. 이 자리에서 그는 즉묵현卽墨縣의 대부에게 말했다.

"내가 비밀리에 그대가 다스리는 현으로 사람을 보내 알아보니 백성들의 삶은 풍족했고 관리들은 정사에 힘써 모든 것이 편안했소. 그런데도 항상 그대에 대한 험담이 들려왔던 걸 보면 그대가 내 주변 사람들에게 뇌물을 주지 않은 모양이오."

제 위왕은 즉묵현의 대부를 치켜세우며 그 자리에서 만호萬戶를 상으로 내렸다. 이어서 제 위왕은 엄한 목소리로 아성阿城의 대부를 부르더니 호되게 꾸짖었다.

"내가 아성으로 사람을 보내 알아보니 논밭은 잡초가 우거지고 백성들의 삶은 곤궁했으며 적국에게 많은 땅을 빼앗기기까지 했더군. 그런데도 날마다 그대에 대한 좋은 말이 들려왔으니 필시 그대가 뇌물을 써서 나를 우롱하였음이라!"

제 위왕은 곧바로 명을 내려 아성 대부를 처형하고 그에 관해 좋은 말을 했던 사람들도 삶아 죽였다. 뿐만 아니라 국법을 어기고 기율을 위반하고 백성을 해친 관리들의 이름을 빠짐없이 열거하더니 전부 엄한 벌을 내렸다.

변화는 한순간이었다. 사람들은 너무 놀라 감히 그를 업신여기지 못했고 이웃 나라들도 감히 침범하지 못했다. 알고 보니 우매한 군주인 척했던 것은 모두 제 위왕의 계책이었다. 그는 진짜 자신의 모습을 감춰 간사한 무리가 모습을 드러내게 한 뒤, 모조리 제거해버렸다.

위엄은 예의에서 세워지며 형벌에 의존하며 방임하면 곧 잃게 된다

威成於禮, 恃以刑, 失之縱.

秘 관직사회의 예의가 번다하고 계급이 엄격한 것은 모두 아랫사람이 두려워하도록 해 윗사람의 권위를 지키기 위함이었다.

'위존자휘'(爲尊者諱. 존귀한 자의 잘못이나 수치는 감춘다)는 관직사회의 불문율로 절대로 어겨서는 안 되는 것이었다. 이는 어느새 윗사람의 지위를 높였고 아랫사람에게 심리적 부담으로 작용해 스스로 비천하다 여기게 하였으며, 더 나아가 어떤 신비로운 분위기를 만들어내 스스로 몸을 굽혀 명에 따르고 감히 방종하지 못하게 했다.

유방의 근심

한 고조 유방은 패현沛縣 사람으로 진나라 말기 패현에서 군사를 일으켰다. 기원전 207년, 먼저 함양을 공략해 한왕에 봉해졌다. 관중 각 고을의 부로父老를 불러 세 가지 법령만을 약조하면서 한중에서 확고한 기반을 다지고 점점 힘을 키워갔다. 훗날 패왕 항우를 물리치고 기원전 202년 황제에 오르며 장안을 수도로 삼았다. 유방은 8년 동안 재위했다.

서한 건국 초기에는 예의라 할 만한 것이 없었다. 대신들은 유방을 보고도 편한 대로 아무렇게나 행동했다. 황궁에서 연회를 열어도 시장과 다를 바 없이 소란을 피웠다. 심지어 유방 앞에서 별것 아닌 일로 치고받고 싸우다가 칼까지 빼들고 휘두르는 자도 있었다.

이 문제로 몹시 근심하던 유방은 여후呂后에게 말했다.

"신하들이 황제를 존귀하게 여기지 않고 내키는 대로 행동하니 이를 막지 않으면 뒷일을 예측하기 어려울 것이오. 이 일은 반드시 지금 당장 처리해야 하오."

여후가 말했다.

"이제 막 나라를 세워 조정의 예의가 마련되지 않았으니 그들을 탓할 일이 아닙니다. 폐하께서 예법을 제정하라 명하시고 엄히 처벌하신다면 그들도 감히 어기지 못할 것입니다."

유방은 여후의 말을 듣고 더욱 결심을 굳혔다. 그는 유생 숙손통叔孫通에게 이 일을 맡기며 당부했다.

"그대는 통상적인 법에 얽매이지 말고 윗사람의 존엄을 드높이는 것을 가장 중요하게 여기라."

숙손통은 유방의 속내를 잘 알고 있는 터라 감히 소홀히 하지 않았다. 그는 온갖 지혜를 짜내 각종 술책을 생각해내는 한편, 옛날의 예법에 해박한 유생 수십 명을 데려와 밤낮없이 새 예법을 만들어냈다.

한 달 뒤, 숙손통이 유방에게 새로 정비한 예법을 보여주자 유방은 예의가 완벽하고 의식이 장엄함에 크게 칭찬했다. 그는 조정 신료들에게 이 예법을 배우라 명하면서 어기는 자는 엄벌에 처할 것이라고 했다.

유방은 정사에 바쁜 와중에도 많은 시간을 할애해 몸소 이 일을 살폈다. 원래 이에 대해 대수롭지 않게 여기던 대신들도 유방의 단호한 태도에 감히 경솔하게 대하지 않았다.

장안을 도성으로 정한 뒤, 유방은 새로 지은 장락궁長樂宮으로 조정 신료들을 불러 모아 숙손통이 제정한 예법에 따라 행동하도록 했다. 이에 숙손통은 신료들을 이끌고 순서에 따라 어전에 들었다. 잇달아 들려오는 '황제 폐하 납시오!'라는 외침에 따라 유방이 견여(肩輿. 황제가 타는 가마)에 앉아 신하들의 외침 속에 어좌에 오르니 어전에 든 신하들이 관직의

고하에 따라 순서대로 그에게 절을 올린 다음, 술을 올리고 만수무강을 빌었다. 의식이 진행되는 동안 신하들은 모두 고개를 수그려야 하며 결코 위를 올려다보면 안 되었다. 더욱이 결코 귀에 입을 대고 소곤거리거나 함부로 말하고 행동해서는 안 되었다.

모든 의식이 끝났을 때는 대신들 중 두렵고 불안함에 떨지 않는 이가 없었다. 유방은 스스로 더욱 위풍당당해졌고 신분이 높아졌다고 여겼다. 그는 몹시 흡족해하며 거푸 말했다.

"내 오늘에서야 황제의 존귀함을 진정으로 느끼겠구나!"

비밀스러운 일에는 다른 사람을 참여시키지 말고 계략에 참여한 사람은 반드시 제거해야 한다

私勿與人, 謀必辟.

秘 　관직사회에서 다른 사람에게 꼬투리를 잡히는 것은 금기 중 금기다. 특히 윗사람이 아랫사람에게 치부를 들킨다면 그 명예와 지위가 몹시 위태로워진다. 봉건시대 관직사회의 알력 다툼은 떳떳하지 못한 짓거리가 태반이었다. 윗사람은 아랫사람의 신세를 져야만 뜻한 바를 이룰 수 있었고 아랫사람은 윗사람이 꾸민 음모에 가담해야만 떡고물을 얻어먹을 수 있었기 때문에 이런 결탁은 양측 다 바라 마지않는 바였다. 문제는 이용할 것은 다 이용하고 나서 윗사람이 점점 아랫사람에 대한 미움과 야박함을 드러낸다는 것이다. 윗사람은 항상 온갖 구실을 찾아내 내막을 아는 사람들을 하나하나 단죄해 후환을 없앤다.

태도를 바꾼 옹정제

옹정이 황제가 된 데는 연갱요年羹堯와 융과다隆科多의 공이 매우 크다. 옹정은 그들에게 직접 자신의 왼팔과 오른팔과 같다고 했으며 군신의 지위고하를 따지지 않고 그들을 일러 자신의 '은인'이라고 하였다.

연갱요는 옹정의 손위 처남으로 그의 누이동생이 옹정의 후궁이었다. 지난날 옹정의 제위 탈취를 돕기 위해 천섬총독川陝總督으로 있던 연갱요는 수십만 대군을 휘하에 둔 옹정의 강적 윤제允禵를 견제해 그가 감히 경거망동하지 못하도록 해 옹정이 권력을 빼앗는 데 가장 큰 걸림돌을 제거했다.

융과다는 옹정의 외삼촌으로 구문제독九門提督 신분으로 경성을 지키는 정예병을 이끌고 당시 고립무원의 처지였던 옹정을 받들며 야심만만한 뭇 황자들을 위협했다. 또한 유조를 고치는 일에 참여했으며 사람들 앞에서 공표하는 일도 직접 맡았다.

권력을 탈취하는 데 성공한 뒤, 연갱요와 융과다의 지위와 권력은 전에 없이 높아졌으며 황제의 비밀스러운 일에 함께한 것을 영광으로 여겼다. 옹정도 늘 이를 언급하면서 수차례 큰 상을 내렸다.

그러나 세월이 흐를수록 연갱요와 융과다는 점점 더 오만방자해져 조정 대신 중 누구도 그들과 맞서지 못하게 되었다.

한번은 연갱요가 입궐해 옹정을 알현하고 나서 누이동생 연비年妃와 한담을 나누었다. 이때 연비가 몹시 걱정하며 오라비에게 말했다.

"요즘 폐하께서 늘 안색이 안 좋으시고 뭔가 근심하는 바가 있으신 듯한데 오라버니는 무슨 일인지 아십니까?"

연갱요가 궁금해하며 물었다.

"정말로 폐하께 무슨 일이 있다면 필히 내게 말씀하셨을 터인데 마마께서는 그 연유를 아십니까?"

연비가 고개를 저으며 울적한 표정으로 머뭇거리더니 말을 이었다.

"오라버니의 공이 크다 하더라도 이 일은 결국 폐하와 사사로이 관계된 일이니 결코 다른 사람에게 언급해서는 안 됩니다. 내 보기에 아무래도 폐하께서 오라버니께 우려하는 바가 있으신 듯합니다. 이는 원래 군주가 신하에게 가질 만한 태도가 아니니 오라버니는 자중하심이 좋을 듯합니다."

연비의 말에 연갱요는 크게 웃더니 말했다.

"괜한 걱정을 하십니다. 폐하는 정무로 바쁘시니 걱정이 좀 있는 것은 당연한 일이지요. 황제께서 내게 큰 은혜를 입은 바 있는데 내가 무엇이 두렵겠습니까?”

융과다에게도 이 같은 충고를 하는 사람이 있었다.

“모든 일에 이로움이 있으면 해로움도 있습니다. 대인의 공을 일러 화라고 하는 말도 있습니다.”

그러나 융과다도 연갱요와 마찬가지로 조금도 신경 쓰지 않았다. 두사람은 거침없이 세도를 부렸다. 이에 대해 옹정은 전혀 듣지 못한 것처럼 한 번도 그들의 잘못을 지적하지 않았다.

갑자기 일이 터진 것은 그로부터 2년 뒤였다. 옹정은 마치 다른 사람이라도 된 것처럼 연갱요에게 연달아 살수를 펼쳤다. 먼저 엄한 말로 경고한 뒤 무원대장군撫遠大將軍에서 항주장군杭州將軍으로 좌천시켰다. 그러고는 그 자리에서도 파면시키고 92가지 죄목을 공표하며 자살을 명했다. 융과다도 화를 피하지는 못했으니 41가지 대죄가 공표되어 높은 담장안에 갇혀 죽었다.

연갱요는 죽기 전에 연거푸 쓴웃음을 지으며 하늘을 향해 탄식했다.

“죄목을 92가지나 마련하다니, 그렇게 수고할 필요가 없거늘…. 내 죄는 사실 단 하나, 아는 것이 너무 많은 죄로 죽지 않을 수 없는 것이다!”

한 사람만 총애하지 마라
한 사람이 권력을 독점하면 틀림없이 화를 불러온다

幸非一人, 專固害.

秘   윗사람의 입장에서 자신의 뜻에 무조건 따르고 온갖 재능을 다 갖춘 아랫사람을 찾기란 결코 쉬운 일이 아니다. 한편 아랫사람의 입장에서는 윗사람의 신임을 얻어 그의 심복이 되는 것이야말로 평생 부귀를 누리는 길이다.

이처럼 윗사람은 구하는 바가 있고 아랫사람은 바라는 바가 있으니 일단 윗사람이 마음에 드는 사람을 골라 쓰기 시작하면 점차 그 아랫사람에게 의지하게 되므로 아랫사람은 권력을 독점할 기회를 갖게 된다. 그렇게 오랜 시일이 지나면 신임을 독차지한 아랫사람은 무리를 이루어 사리를 꾀하며 윗사람과 아랫사람을 속이고 권력을 함부로 휘둘러 윗사람의 권위와 나라의 이익에 해를 입히게 된다. 만약 아랫사람의 권력이 윗사람이 통제할 수 없을 정도로 커지면 상황은 더욱 위태로워진다.

윗사람 된 자로서 사람을 쓸 때는 반드시 이 점을 조심해야 한다.

건륭제의 신임을 한몸에 받은 사람

화신和珅은 청나라 건륭乾隆황제의 총애를 받은 신하다. 조상이 군공을 세운 덕에 스무 살에 3등경차도위三等輕車都尉를 물려받았다가 훗날 황제를 알현하게 되었는데 총명함을 타고난 데다 황제의 뜻을 잘 헤아려 벼슬길에서 탄탄대로를 달렸다. 관리로 있으면서 많은 뇌물을 받아 가경제嘉慶帝가 등극한 후에 20가지 죄목으로 사사된다.

청나라 건륭제는 일평생 뛰어난 재능과 웅대한 지략으로 문무를 아우르며 공적을 세운 재기 넘치고 현명하고 유능한 군주였다. 건륭은 화신을 발견하고 마치 귀한 보물을 얻은 듯 파격적으로 발탁해 평생 아낌없는 총애를 베풀고 친아들보다도 신임했다. 예로부터 군주에게 이토록 극진한 대우를 받은 신하는 드물었다.

심지어 건륭제는 화신을 헐뜯는 말이 들려도 진위에 상관없이 들은 척도 하지 않았고 충직한 대신들이 화신을 반대하는데도 오히려 황제의 손발을 자르고자 군신 사이를 이간질한다며 꾸짖었다.

건륭의 이 같은 행동에는 다 이유가 있었다.

화신은 용모가 준수하고 말재간이 뛰어났으며 사람의 마음을 훤히 들여다봤다. 뿐만 아니라 똑똑하고 민첩했으며 일 처리도 뛰어났으니 확실히 재주가 남다르기는 했다. 무엇보다도 화신은 건륭의 성격과 기호, 생활습관까지 모조리 꿰고 있었으며 건륭의 심사를 정확하게 짚어내 무슨 일이든 가장 먼저 헤아려서 말끔하게 처리했다. 그 재주가 가히 비교할 사람이 없었으니 건륭조차 내심 대단하다 여겨 놀라움을 금치 못했다.

화신은 재물을 모으는 재주도 뛰어나 건륭의 사치심을 만족시켜주기 위해 온갖 방법으로 재물을 긁어모았다. 국고에 아예 손대지 않거나 쓰더라도 아주 조금만 쓰는데도 건륭은 단 한 번도 돈 문제로 체면이 깎여본 적이 없었다. 이런고로 건륭은 화신을 나라의 동량으로 치켜세우고 그를 대신할 사람이 없다고 여겼다.

또 하나 건륭을 안심시킨 것은 화신이 건륭 앞에서 스스로를 신하가 아니라 노비라고 칭하며 노복처럼 명에 고분고분 따른 점이었다. 심지어 화신은 조정 중신으로서의 체면 따위는 내팽개치고 건륭에게 요강까지 들여갈 정도였는데 그 진정 어린 태도는 친아들보다 더 충직해 보였다.

이리하여 일대 명군은 화신에게 홀려 그가 무소불위의 권력을 휘두르도록 내버려두었다. 온 나라의 권력을 손안에 둔 화신은 온갖 간악한 짓을 저질렀다. 사실 화신은 무척 탐욕스럽고 음험한 자였으나 건륭 앞에서는 희대의 연기력으로 꾸며낸 거짓 얼굴을 내보였다. 그러나 뒤로는 전횡을 일삼았고 오만방자하고 안하무인인지라 황자와 황손조차 안중에 두지 않았다. 그가 전횡을 저지르는 동안 횡령한 돈만 무려 은자 8억 냥에 달했는데 이는 당시 한 해 국고 수입의 10여 배에 달하는 액수였다. 백여 년 동안 일군 강희, 건륭의 성세도 이로써 점차 기울기 시작했다.

마음은 반드시 감추고 사람과 사귈 때는
지나치게 가까이하지 말 것이며
아랫사람은 이로써 윗사람의 위엄을 깨닫고
경외심을 느끼길 바란다

機心信隱, 交接靡密, 庶下者知威而畏也.

秘 　윗사람이 가장 우려해야 할 일은 아랫사람이 윗사람에게 불경하게 구는 것이다. 예로부터 존엄과 권위를 세워 아랫사람이 따르게 만드는 수많은 방법이 권력자에게 전해져왔다.

또 아랫사람이 내막을 모르게 하고 거리를 유지하며 쉽게 선의를 보이지 않는 것이 봉건시대 관직사회가 신봉한 불문율로 언제 어느 때나 똑같이 적용되었다. 이는 윗사람과 아랫사람 사이에 일정한 거리를 유지해 윗사람의 신비감과 장엄함을 드높여 아랫사람이 두려움을 느끼고 감히 업신여기지 못하게 한다.

진시황의 비밀

진시황은 진나라의 개국황제로 성은 영嬴이고 이름은 정政이며 진 장양왕秦莊襄王의 아들이다. 그가 열세 살에 왕위에 오르니 태후, 여불위呂不韋, 노애嫪毐가 권력을 쥐었다. 스물두 살에 친정을 시작한 그는 이사, 위료尉繚 등을 기용해 육국을 멸망시키고 서른아홉 살에 중원통일의 대업을 완성하고 진나라를 세우니, '천고일제'千古一帝로 추앙받았다.

육국六國을 통일한 진시황은 자신의 권위를 높이기 위해 수많은 제도를 혁신하고 새로 만들었으며 평소 생활을 할 때는 곳곳에서 신비감을 조장해 사람들이 갈피를 못 잡게 하고 신하들이 그 속내를 짐작하지 못하게 했다.

진시황은 수도 함양咸陽 주변 200리 안에 행궁行宮을 270채나 지었는데 하나같이 휘황찬란하고 정교하기 이를 데 없었다. 가장 특이한 점은 행궁끼리 상하 2층짜리 폐쇄된 복도로 서로 연결되어 있었다는 사실이다. 진시황은 날마다 수레를 타고 복도를 순회하였으며 단 한 번도 같은 행궁에서 이틀간 머무르지 않았다. 또한 그는 자신을 시중 드는 아랫사람들에게 그의 행적을 발설하지 못하게 하며 명을 어기면 참수에 처하겠다고 했다.

어느 날, 진시황은 양산궁梁山宮이 있는 산 위에서 산 아래를 내려다보다가 한 무리의 수레와 말을 발견했다. 그 진용이 자못 방대하며 위풍당당한지라 진시황은 절로 눈살을 찌푸렸다. 그것이 승상 이사의 수레 무리였다는 사실을 알고 의심병이 도진 진시황은 불같이 화를 냈다.

이 일은 원래 진시황을 모시던 시종만 알고 있는 극비였는데 어떻게 된 일인지 이튿날 이사가 갑자기 수레 규모를 대폭 줄여 웅장함과는 몹시 거리가 있는 모습을 연출했다. 이를 의심스런 눈초리로 살피던 진시황은 누군가가 기밀을 흘린 것이 분명하다고 생각해 내통한 자를 찾으라고 엄명을 내렸다.

사실 승상 이사는 진시황의 속내를 알아내기 위해 큰돈을 들여 진시황 주변의 환관 하나를 매수했다. 그날 이 환관은 진시황이 역정을 내는 것을 보고 이사에게 해가 미칠까 두려워 곧바로 소식을 전했다. 이사는 환관이 전한 소식에 몹시 놀라고 두려웠다. 다행히 제때 진시황의 마음을 알게 된 이사는 진시황의 의심을 없애기 위해 당장 대부분의 수레를 없애버렸다.

조사는 성과 없이 마무리되었다. 그 자리에 있었던 환관은 포악한 진시황의 성격을 잘 알고 있었기에 감히 나서서 제가 한 일이라고 밝히지 못했다. 진시황은 분을 참을 수 없어 당시 자신을 시중 든 환관을 모조리 죽여버렸다. 그에게 이 일은 보통 일이 아니었다. 계속 이런 식으로 기밀이 흘러나간다면 자신과 관련해서 비밀이 없을 터였다. 그러면 신하들은 그의 일거수일투족을 손바닥 보듯이 훤히 꿰고 그가 신하들에게 품고 있는 진짜 속내를 알게 되어 사전에 대비하고 황제를 속일 것이다. 그러면 신하들을 다루기가 어려워질 것이 분명했다.

아랫사람은 윗사람에게 붙어야만 뜻을 이룰 수 있고
윗사람은 아랫사람에게 의탁해야만
공명을 얻을 수 있다

下附上以成志, 上恃下以成名.

秘 아랫사람은 권력을 얻으려면 먼저 윗사람의 힘을 빌려야 한다. 윗사람은 아랫사람의 도움을 받지 않으면 뜻을 이루기 어렵다. 양측은 각기 바라는 바가 있고 또 나름의 수단으로 상대방에 대응하며 자신의 이익을 챙긴다. 이 이치를 아는 사람은 항상 상대방이 가장 바라는 것에서부터 손을 써 그것으로 상대를 유혹하고 협박해 자신을 위해 힘쓰게 한다.

그러므로 탁월한 윗사람은 아랫사람이 바라고 생각하는 것을 잘 알고 아랫사람이 기꺼이 목숨을 바치게끔 다양한 방법을 써야 한다. 무조건 권위로 누르기만 할 뿐, 단맛을 맛보이지 않으면 아랫사람은 힘껏 일할 필요를 못 느껴 겉으로는 따르는 척하면서 속으로는 딴마음을 품고 힘써 일하지 않는다.

연 소왕이 인재를 구한 방법

연 소왕燕昭王은 전국시대 연나라의 군주로 연왕 쾌噲의 아들이다. 왕위에 올라 백방으로 인재를 구하고 노신들을 예로써 대하니 각국의 어진 인재들이 연나라로 몰려와 연나라의 황금시대를 열었다.

전국시대 연나라는 제나라에 크게 패해 국세가 날로 기울었다. 연 소왕은 원한을 풀고 연나라를 다시 일으키기 위해 마음과 노력을 다했지만 별다른 성과를 거두지 못했다. 연 소왕은 몹시 상심해 기운을 차리지 못했다.

한번은 연나라의 어진 선비 곽외郭隗를 찾아가 가르침을 청하자 곽외가 물었다.

"대왕의 낯빛이 어둡고 기분이 울적하신데 어려운 일이라도 있으십니까?"

연 소왕은 그간의 고충을 토로하는데도 곽외가 미소만 짓자 물었다.

"선생께서는 제 무능함을 비웃으시는 겁니까?"

곽외가 서둘러 대답했다.

"대왕은 무능한 것이 아니라 그 방법을 모르실 따름입니다."

그는 정색을 하고 말을 이었다.

"연나라는 이제 막 전쟁에서 패한 탓에 일이 잘 풀리지 않는 것이 지극히 당연합니다. 그런데 대왕께서는 일의 대소를 나누지 않으시고 서둘러 공을 세우려고만 하시며 가장 먼저 해야 할 중차대한 일을 간과하셨습니다. 모든 일은 사람 하기에 달렸다고 하지 않습니까. 지금 우리 연나라는 인재가 부족하여 뛰어난 재사가 손에 꼽을 정도로 적은데 어찌 일이 제대로 풀리겠습니까? 하오니 지금 대왕께서 시급히 해야 할 일은 천하의 인재를 모으는 데 힘을 쏟는 것입니다."

연 소왕은 그 말이 퍽 옳다 여겼으나 근심에 찬 목소리로 말했다.

"인재는 얻기 어렵고 진정한 재주는 찾기 어려운데 창졸지간에 어찌 구할 수 있단 말입니까? 또한 무릇 인재들은 다스리기가 어려우니 이 일을 어찌해야 할지 모르겠습니다."

이에 곽위는 연 소왕에게 이야기를 하나 들려주었다.

한 나라의 왕이 천금을 들여 천리마를 사려고 했으나 3년이 지나도록 사지 못했다. 이에 그의 시종이 자진해서 천리마를 사 오겠다고 나서더니 석 달 뒤에 천리마의 뼈다귀를 들고 와 황금 오백 냥에 사 왔다고 고했다.

왕이 진노하자 시종은 서둘러 변명했다.

"제가 이렇게 한 것은 천하 사람들에게 천리마를 구하고자 하는 대왕의 진심을 알리기 위해서였습니다. 이 사실을 알면 사람들은 재물이나 명예를 바라 스스로 찾아올 것인데 천리마를 구하지 못할까 근심할 까닭이 있겠습니까?"

아니나 다를까, 얼마 후 사람들이 천리마 세 마리를 왕 앞에 끌고 왔다.

이야기를 다 듣고 난 연 소왕은 다소나마 깨닫는 바가 있었다. 곽위는 더욱 강조하며 말했다.

"사람의 본성은 모두 쓸 만한 부분이 있으며 인재도 예외가 아닙니다. 대왕께서 적재적소에 쓰시고 상을 아끼지 않으신다면 천하의 영웅들이 스스로 움직일 것입니다."

연 소왕은 몹시 기뻤다.

이 밖에도 곽위는 자신을 미끼로 천하의 영재를 낚으라고 건의했다. 그리하여 연 소왕은 곽위가 일러준 대로 따르는 한편, 그에게 호화로운 집을 지어주고 더욱 예의와 공경을 다했다. 또 연 소왕은 도성 밖에 높은 누대를 세우고 그 위에 자신에게 의탁할 인재에게 줄 황금 천 냥을 놓아두었다.

연 소왕의 이 같은 행동은 금세 천하에 알려졌고 사람들은 모두 부러움을 금치 못했다. 어질고 유능한 인재들이 그에 꾀여 다른 사람에게 선수를 빼앗길까 봐 서둘러 연나라로 달려갔다. 삽시간에 연 소왕의 곁에 인재가 구름처럼 몰려들었고 연나라의 국력은 강성해졌다. 연 소왕은 이를 바탕으로 부국강병을 이루어 결국 제나라를 이기고 뜻하던 바를 성취할 수 있었다.

아랫사람이 탐하는 바가 있으면
그는 자연히 위로 올라가고자 한다
끌어올림에 있어서 마땅히 천천히 해야 하니
너무 빠르면 곧 만족해버린다

下有所求, 其心必進, 遷之宜緩, 速則滿矣.

秘   권모술수의 하나로, 윗사람이 아랫사람을 부리는 데 가장 효과
적인 방법은 관직을 내리는 것이다. 그러나 관직을 내리는 데도
법칙이 있음을 아는 사람만 알지, 모르는 사람은 결코 알지 못한다. 무턱
대고 관직을 내리면 그 귀함을 모르게 되어 관직을 내리는 목적을 이룰
수 없다. 또 너무 빨리 관직을 높여주면 공을 세우고자 하는 열망이 줄어
들고 진취적인 마음이 옅어진다. 최고의 관직에 오르면 야심이 자라나 숱
한 화를 불러오게 된다. 그런고로 현명한 윗사람은 종종 일부러 아랫사람
을 천천히 끌어올려 아랫사람이 채워지지 않는 관직에 대한 욕망 때문에
끊임없이 공을 세우고자 분투하게 만든다.

조롱거리가 된 사마륜

사마륜司馬倫의 자는 자이子彝이며, 사마의司馬懿의 아홉 번째 아들로
서진 팔왕의 난을 일으킨 왕 중 한 명이다. 지략과 학문이 없었으며 글을
알지 못했으나 스스로 황제에 올랐다가 얼마 되지 않아 사마경司馬冏에
게 패해 죽임을 당한다.

서진 시기 '팔왕의 난'이 일어났을 때, 팔왕 중 한 명이었던 사마륜은
301년 바보 황제 사마충司馬衷을 가두고 스스로 황제가 되었다.

스스로 떳떳하지 못함을 알았던 사마륜은 인심을 구슬리고 황제의 자

리를 굳건히 하기 위해 신하들에게 높은 관직을 내리기로 결정했다. 그런데 그가 이 일을 거론하자마자 충직한 대신이 불가함을 알리며 간언하고 나섰다.

"관직을 내림은 공을 세우고 직분을 다하도록 꾀기 위함입니다. 폐하께서 한때의 이익을 위해 함부로 신하들에게 관직을 하사한다면 관직을 내림으로써 얻을 수 있는 것도 다 잃게 될 것입니다. 이토록 관직을 얻기가 쉬운데 누가 관직을 얻기 위해 폐하에게 목숨을 바치겠습니까? 이는 큰 화를 불러올 것입니다."

그러나 사마륜은 자신의 의견을 고집하며 반박했다.

"그대는 하나만 알고 둘은 모르는구려. 지금은 비상시국이니 평상시의 이치에 따라서는 아니 되오. 그들은 모두 관직을 바라 찾아왔고 나에게 은혜까지 입었으니 어찌 은혜에 감사하지 않겠소? 일에는 중요한 것과 중요치 않은 것이 있고 급한 것과 급하지 않은 것이 있으니 나도 너무 많은 것을 돌볼 겨를이 없소."

그 대신은 더 힘차게 고개를 저으며 간곡히 충고했다.

"공이 없으면 봉록을 받지 말 일인데 그럼에도 받았다면 틀림없이 해를 입을 것이라고 합니다. 오늘 폐하께서 까닭 없이 관직을 내리시는 것은 하늘의 도리에 크게 어긋납니다. 지금처럼 어지러운 때에는 더욱더 하늘을 거스르는 일을 피해야 태평할 수 있습니다."

사마륜은 그 사람을 꾸짖어 물리치고 더 이상의 간언을 허락하지 않았다. 그리고 명을 내려 만조백관에게 높은 관직을 수여하였으며 보통 병졸이나 궁중의 노복에게도 관직을 내렸다.

이 같은 명이 내려지자 천하가 경악을 금치 못했다. 당시 무관은 관모에 담비 꼬리 장식을 달았는데 뜬금없는 명에 담비 꼬리가 동날 지경이었다. 그러나 황명을 어길 수는 없는 노릇이라 이 일을 맡은 자가 담비 꼬리 대신 개 꼬리로 장식해 관직을 받은 사람들에게 나누어 주니 삽시간에 여론이 들끓었고 사람들은 모두 이 일을 비웃었다. '구미속초'(狗尾續貂. 담비 꼬리가 모자라 개 꼬리로 잇는다)라는 고사성어는 바로 여기에서 비롯되었다.

사마륜은 이 일로 뜻한 바를 이루기는커녕 오히려 더 큰 멸시와 혐오를 샀다. 그로부터 넉 달 뒤, 사마륜 정권은 또 다른 친왕인 사마경에 의해 무너졌고 사마륜 자신도 금설주(金屑酒. 금가루를 넣은 술)를 마시고 죽음을 맞았다.

윗사람 된 자로 쓰고자 하는 사람이 있으면 마땅히 친절을 베풀고 예로써 아랫사람 대함을 사양하지 말아야 하니 이렇게 하지 않으면 아무도 그를 돕지 않는다

上有所欲, 其神若親, 禮下勿辭, 拒者無助矣.

秘 역사상 큰일을 이룬 사람들에게는 공통된 장점이 있다. 바로 인재를 매우 아끼고 물고기가 물을 구하듯 인재에 목말라 했다는 점이다. 그들은 대업을 위해 잠시 자존심을 버리고 몸을 낮춤으로써 천성이 오만하고 고집스러운 인재들의 마음을 움직여 자신을 돕게 했다.

사실 이는 그리 어려운 일도 아니다. 윗사람 된 자가 자신의 심리적 한계를 뛰어넘고 스스로의 마음만 다잡으면 될 터였다. 자신의 체면과 권위만 챙기느라 이해득실을 따지지 않고 거들먹거리면 진정한 인재는 결코 그를 따르지 않는다. 이는 그가 뜻을 이루는 데 치명타가 될 것이다.

맹상군의 품격

맹상군이 인재를 무척 아꼈음은 모르는 사람이 없다. 뿐만 아니라 사람을 품는 아량과 품격도 따를 자가 없었으니 덕분에 매사 순탄했고 시종일관 굳건한 지위를 지킬 수 있었다.

풍훤이 그에게 의탁하러 갔을 때, 어떤 사람이 맹상군에게 이런 말을 했다.

"이 사람은 학문이 없고 장기도 없습니다. 그저 몹시 곤궁하여 의지할 데가 없어 밥이나 빌어먹고자 찾아온 것이니 결코 받아들여서는 안 됩니다."

맹상군은 이 말을 듣고 빙긋이 웃으며 말했다.

"나는 인재를 기른다고 자처하고 있는데 어찌 그대의 말 한 마디만 듣고 전도양양한 그의 앞길을 망칠 수 있겠는가! 무릇 귀로 들은 것은 거짓이고 눈으로 본 것이 참이니 일단 그를 만나 직접 물어보겠네."

이윽고 맹상군 앞에 이른 풍훤은 비록 의복이 단정치 못하고 낯빛이 파리했으나 표정 하나 바꾸지 않는 모습이 퍽 당당했다.

맹상군이 그에게 어떤 학문을 익혔는지 묻자 풍훤이 대답했다.

"군께서 학문을 중시하시나 저는 학문이 없습니다."

맹상군은 놀라는 한편 몹시 의아해서 다시 물었다.

"선생께서는 틀림없이 장기가 있을 터인데 제게 가르침을 주시지 않겠습니까?"

풍훤이 차갑게 대답했다.

"저는 세속의 장기라는 것을 하찮게 여기는 바이니 장기가 없습니다."

맹상군은 그 말을 듣고도 꾸짖는 대신 이렇게 말했다.

"제가 분별없이 그런 것을 물었는데도 선생께서 꺼려 하지 않으시니 폐를 끼쳤습니다."

맹상군은 풍훤이 머무르도록 해주었고 여전히 몹시 공손한 태도로 대했다.

풍훤은 처음 들어온 식객이었기에 다른 식객과는 대우가 사뭇 달랐다. 그에게는 거친 음식이 주어졌고 외출할 때도 타고 나갈 수레가 없는지라 몹시 불만스러웠던 풍훤은 여러 번에 걸쳐 요구를 했다.

처음에 풍훤은 차고 있는 검을 두드리며 말했다.

"검아, 검아! 생선과 고기가 없는 밥상을 받아야 하니 차라리 돌아가는 게 낫겠구나!"

이 말을 전해 들은 맹상군은 곧 사람을 시켜 생선과 고기를 올린 밥상을 들이게 했다.

다음에 풍훤은 다시 검을 두드리며 말했다.

"검아, 검아! 내가 외출을 해야 하는데 탈 수레가 없으니 어서 돌아가야겠구나!"

어떤 사람이 맹상군에게 이 일을 알리며 이렇다 할 공도 세우지 않은 자가 거만하고 탐욕스럽기만 한 것이 영 부아가 치민다고 했다. 그러나 맹상군은 잠시 망설이더니 곧 그를 위한 수레를 준비하라고 분부했다. 뭇사람들이 그의 뜻을 이해하지 못하자 맹상군은 이렇게 해명했다.

"재주 있는 사람은 대개 오만하고 현명한 사람은 정해진 모습이 없소. 내 비록 풍훤이 그런 재주 있는 사람인지는 모르겠으나 내 잘못으로 유능한 사람을 잃을 수는 없소이다. 설령 그가 정말로 재능과 학식이 없더라도 먼 길을 와서 내게 의탁하였는데 어찌 그의 마음을 상하게 할 수 있겠소?"

그러나 풍훤은 그런 맹상군의 호의에도 감사하지 않는 듯, 며칠 지나지 않아 다시 검을 두드렸다.

"검아, 검아! 늙으신 어머니를 봉양할 수 없으니 아무래도 돌아가야겠구나!"

이쯤 되자 맹상군의 수하들은 무엇으로도 그를 만족시킬 수 없다고 하며 이 일을 맹상군에게 알리지도 않았다. 또 틈만 나면 풍훤을 비웃고 싫은 내색을 했다. 이 사실을 안 맹상군은 수하들에게 벌을 내리고 직접 풍훤의 거처로 찾아가 자초지종을 설명했다.

풍훤은 처음에는 별다른 반응을 보이지 않다가 맹상군이 이미 자신의 노모를 잘 모셨음을 알고 나서야 얼굴빛을 조금 누그러뜨리고는 자리를 뜨려는 맹상군에게 말했다.

"제가 원하는 바가 이미 다 이루어졌으니 군께서 필요한 일이 있으시면 무슨 일이든 마음껏 분부하십시오."

훗날 맹상군은 풍훤의 도움을 많이 받았는데 그와 환난을 함께 겪으면서 한시도 서로를 버리거나 떠나지 않았다. 맹상군은 풍훤의 계책 덕분에 몇 번이고 곤경에서 빠져나올 수 있었다. 이에 대해 맹상군이 그에게 감사를 표하자 풍훤은 이렇게 대답할 따름이었다.

"덕으로 사람을 따르게 함에 있어 군은 할 수 있는 바를 모두 하셨습니다. 이는 모두 군께서 덕이 큰 덕분인데 어찌 다른 사람에게 감사를 하십니까?"

사람은 누구나 좋아하는 것이 있으니
그 좋아하는 것으로 꾀면
굴복시키지 못할 것이 없다

人有所好, 以好誘之無不取.

秘 관직사회는 곳곳에 배워야 할 것들이 있다. 윗사람이 아랫사람을 다스리는 법은 그중에서도 가장 중요하면서도 어려운 것이다. 그것이 중요하다고 하는 까닭은 윗사람이 아랫사람을 다스리지 못하면 틀림없이 다른 사람에게 휘둘리는 허수아비로 전락하기 때문이다.

또 그것이 어렵다고 한 까닭은 아랫사람은 대개 간교한 마음을 품어 쉽게 윗사람에게 목숨을 걸지 않기 때문이다. 이를 거울로 삼아, 지혜로운 관리들은 우회술을 선택하였으니 아랫사람이 좋아하는 것을 만족시킴으로써 그를 손아귀에 넣고 정복했다. 아랫사람이 감지덕지하게 만들어야만 윗사람에 대한 충심이 흔들리지 않고 진정으로 윗사람을 생각해 몸 바쳐 일한다.

조광윤의 거짓말

송 태조 조광윤은 북송의 개국 황제다. 원래 후주의 장수였으나 서기 960년에 '진교의 변'(陳橋之變)을 일으켜 후주의 정권을 빼앗아 송을 건국했다. 조광윤은 나라를 다스릴 줄 알았다. 그는 돌 위에 삼계三戒를 새겨 전각의 가운데 두고 잠근 뒤, 황위 계승자가 즉위하면 그 안에 들어 무릎을 꿇고 읽으라고 했다. 이로써 조광윤은 나라를 다스리는 이념적 기틀을 마련하였다.

송 태조 조광윤은 신하를 다루는 기술이 탁월했는데 '술잔을 들어 병권을 빼앗은'(杯酒釋兵權) 이야기는 그의 이런 능력을 가장 잘 보여주는 사례였다. 사실 조광윤의 이런 재능을 보여주는 일화는 수두룩하다. 그가 대장군 조빈曹彬에게 거짓말을 한 이야기도 조광윤이 아랫사람을 다루는 데 얼마나 도통했는지를 여실히 보여준다.

강남 남당南唐을 공략할 때, 조광윤은 심사숙고 끝에 대장군 조빈에게 이 중임을 맡기기로 결정했다. 이미 맡기기로 마음먹었으니 일은 여기서 끝나야 마땅했지만 조광윤은 의심이 깊은 데다 조빈이 전력을 다하지 않을까 두려워 조빈을 불러들여 말했다.

"공을 세워 제후에 봉해지고 재상에 오르는 것은 신하가 평생 바라는 바이니 그대도 예외는 아닐 것이오. 오늘 그 기회가 찾아왔으니 그대는 이를 귀하게 여기고 용감히 나아가 적을 무찔러주시오. 그대가 승리를 거두고 조정에 돌아오면 반드시 그대를 승상에 올려주겠소."

황제가 직접 약속을 하니 조빈은 몹시 기쁘면서도 자신감이 치솟아 대군을 이끌고 곧바로 강남으로 달려가 용맹하게 적진에 뛰어들어 순식간에 남당 정권을 무너뜨리고 남당 황제 이욱李煜을 사로잡았다.

조정으로 돌아온 날, 조빈은 한껏 들떠 황제가 자신의 약속을 지키기만 기다렸다. 그런데 조광윤은 그에게 승상직을 제수하기는커녕 곧바로 태원太原을 치라는 명을 내렸다. 이에 대해 조광윤은 이렇게 해명했다.

"승상은 모든 관리의 우두머리라 더 오를 자리가 없소. 작금의 상황을 보면 전국이 아직 평안하지 않고 천하가 안정되지 않아 그대들이 힘을 보태 걱정을 덜어주어야 하오. 짐이 일부러 그대를 속인 것이 아니라 사람의 마음을 짐작하기가 어려워 그런 것이라오. 만약 그대가 승상의 자리에 올라 모든 뜻을 이뤄 만족하게 되면 더 이상 나를 위해 목숨 바쳐 싸우지 않을 것 아니오."

조빈은 몹시 실망하여 울적해하며 집으로 돌아갔다. 그런데 집에 들어서니 방 안에 어마어마한 양의 돈이 쌓여 있는 것이 아닌가! 그것이 황제가 하사한 오십만 전錢임을 알고 나니 방금 전까지의 불쾌감은 연기처럼 사라지고 대신 황제의 은혜에 감사하는 마음이 들었다.

"폐하께서 이토록 마음을 써주시니 나 조빈이 무슨 말을 더 할꼬! 하물며 승상이 되더라도 기껏 해봐야 재물을 좀 더 얻는 것뿐이지 않는가. 이미 이렇게 많은 돈을 받았는데 구태여 승상 자리를 다툴 까닭이 있겠는가."

조빈은 매우 기뻐하여 더 이상 조광윤이 거짓말 한 일을 마음에 두지 않았다. 그 후, 조빈은 온 힘을 다해 송 왕조를 위해 전쟁에 나서고 영토를 넓혀 불후의 공적을 남겼다.

사람은 누구나 두려워하는 것이 있으니
그 두려워하는 것으로 옥죄면
받아들이지 않을 것이 없다

人有所懼, 以懼迫之無不納.

秘　징벌로 아랫사람을 다스리는 것이 때에 따라서는 무조건 상을 내리는 것보다 더 효과적일 수 있다. 사람은 만족할 때는 있어도 잃는 것을 두려워하지 않을 때는 거의 없다. 만약 아랫사람이 가장 두려워하는 것을 건드리면 그들의 가장 약한 부분을 틀어쥔 셈이 되어 단숨에 그를 굴복시킬 수 있으니 적은 힘으로 큰 효과를 거둘 수 있다.

옹정의 악독한 처벌

청나라 때 문자옥(文字獄. 봉건시대, 황제가 문인의 글을 단장취의하여 죄를 다스린 것)은 듣기만 해도 소름이 끼칠 만큼 끔찍한 사건으로 이에 얽힌 사람치고 목숨을 부지한 사람이 드물었다.

옹정제 시기, 전명세錢名世는 연갱요에게 올린 시문에 강희제의 열넷째 아들 윤제가 서장을 평정한 공을 인정받아 강희제에게 공적비를 받았듯이 연갱요가 청해의 반란을 평정한 공적이 심히 크니 그에게 두 번째 비를 내려야 한다는 내용의 시구를 지었다가 황제의 노여움을 사 대역죄인이 되었다. 그러나 뜻밖에도 전명세는 목숨을 부지했다.

그러나 이는 옹정이 은혜를 베풀었기 때문이 아니었다. 옹정은 전명세를 그냥 죽이는 것은 그 지은 죄에 비해 너무 봐주는 것이라고 생각했다. 그래서 옹정은 전명세 개인적으로는 사는 게 죽느니만 못하게 만들고 천하의 학자들과 관리들까지 겁줄 수 있는 일거양득의 효과적인 방법으로 죄를 벌하기로 했다.

옹정은 먼저 학자가 가장 중시하는 명예를 깎아내리기로 했다. 그는 전명세를 '명교죄인'名教罪人으로 정해 친필로 편액까지 써서 지방관에게 전명세의 집 대문 위에 걸라고 명했다.

'명교'(名教. 유교)는 봉건사회에서 나라를 세우는 데 근본이 되는 사상이었고 사람답게 행세하는 데 기본이 되는 신조였다. 그래서 예로부터 학자는 명교의 제자로 자처했는데 그 명교의 죄인이 되었으니 전명세는 용서받을 수 없는 죄를 저지른 극악무도한 죄인이 되어 세상의 멸시를 받게 되었고 그 자손들조차 부끄러움에 차마 얼굴을 들고 다닐 수 없게 되었다. 실로 참형과는 비교도 안 될 가혹한 처벌이었다.

그뿐만 아니라 옹정은 전명세가 고향으로 쫓겨날 때 관료들에게 시를 지어 가는 길을 배웅하라고 했다. 물론 그 내용은 전명세의 죄를 성토하는 것으로 구구절절 악랄하고 포학하기가 이루 말할 수 없었다. 옹정은 또 이 시들을 엮어 《명교죄인시名教罪人詩》라는 제목으로 시집을 발간해 전국의 학교에서 소장하고 그 내용을 배우게 했다.

전명세는 그만 죽어버리고만 싶을 정도로 괴로워하며 일이 터졌을 때 자진하지 않아 그 같은 치욕을 겪는 것을 땅을 치고 후회했다. 전명세의 일족도 그에 대한 깊은 증오심에 이를 갈았고 친척과 친구들은 날이면 날마다 찾아와 욕설을 퍼부었다.

후세 사람들은 이 일을 두고 하나같이 옹정의 수법이 음험하고 악독해 그의 편협함과 어리석음을 그대로 드러냈으며 지나치게 잔인하고 가혹했다고 평했다. 그러나 옹정이 사람을 괴롭히는 데 일가견이 있으며 이 분야에서 기발한 생각을 떠올리는 데는 따를 자가 없다는 사실만은 부인할 수 없다.

재능이 있어 쓸 수 있는 사람은
크게 해롭지만 않으면 넌지시 용인해라

才可用者, 非大害而隱忍.

㊙ 　금에는 순금이 없고 사람 중에는 완벽한 자가 없다고 했다. 윗
　　사람이 사람을 쓸 때 큰일을 따지지 않고 사소한 것까지 시시콜
콜 따지며 완전무결을 바라면 대사를 그르치고 인재를 잃게 된다. 그런
까닭에 적잖은 단점이 있음에도 재주 있는 선비들이 윗사람의 신임을 얻
을 수 있었다. 이 점에서 윗사람의 지혜와 도량이 가장 많이 드러난다. 안
목이 짧고 도량이 좁은 윗사람은 결코 해낼 수 없는 일이다.

　물론 윗사람이 결점이 있는 아랫사람을 포용하는 데도 조건이 있다.
툭 터놓고 말해 그저 잠시 이용하는 것일 뿐, 일단 뜻을 이루고 나면 아랫
사람의 결점은 도저히 용인할 수 없는 것이 되거나 심지어 공신을 제거
하고 후환을 없애는 구실이 되기도 한다.

유방의 관용

　진평은 원래 항우項羽 군중에서 도위都尉로 있었으나 훗날 그의 친구
이자 한나라의 장수인 위무지魏無知가 그를 유방에게 천거했다. 진평은
재능과 지혜가 출중한지라 유방을 알현한 자리에서 유방에게 항우가 제
나라를 치느라 후방이 빈 틈을 타서 항우의 근거지를 치라고 건의했다.
유방은 그 계책을 칭찬하며 진평에게 높은 관직을 내려 그에 대한 신임
을 보였다.

그러나 한나라 장수들은 한목소리로 반대하고 나섰다. 주발, 관영灌嬰이 대표 격으로 유방을 만나 말했다.

"아무 공도 세우지 않은 진평에게 그런 관직을 내리는 것은 너무 불공평합니다. 그는 말이 번지르르한 사람이라 주공께서 그에게 속으신 것이 분명합니다. 진평의 못된 행적은 이루 다 말할 수 없을 지경입니다. 고향에 있을 때는 인륜을 저버리고 형수와 간통해 비웃음을 샀으며 관리가 되고 나서는 서슴없이 뇌물을 받고 더 없이 탐욕을 부렸습니다. 이런 사람이 어찌 다시 중용을 받을 수 있겠습니까? 주공께서는 반드시 그를 제거해 뭇 장수들을 안심시켜주시기 바랍니다."

유방은 그렇게 많은 일에 대해서는 몰랐으나 진평의 재능만큼은 믿어 의심치 않았다. 그래서 대답을 얼버무렸다.

"이 사람의 뛰어난 재능은 그대 같은 사람들이 알 수 있는 바가 아니오. 작은 잘못이 있다고 해서 근본이 되는 것을 버리고 하찮은 것을 좇을 수는 없지 않겠소? 이 일은 내가 더 생각해보겠소."

그들이 돌아가고 나서 유방은 진평을 불러 물었다. 진평도 숨기지 않고 해명했다.

"대왕께서 저를 쓰심은 저의 재능을 쓰는 것입니다. 만약 대왕께서 제 재주가 쓸모없다 여기시면 당연히 제 죄를 다스리실 수 있습니다. 그러나 뭇 사람들의 말은 온전히 대왕을 생각해서 한 말이 아니라 시기심에서 비롯된 것으로 보입니다. 또한 제가 초나라를 버리고 한나라에 의탁하면서 재물을 다 쓰는 바람에 빈궁하기 이를 데 없는지라 뇌물을 받았으니 이는 실로 어쩔 수 없는 일이었습니다. 형수와 간통했다는 풍문은 터무니없는 헛소리인지라 해명할 말도 없으니 대왕께서 밝게 살펴주십시오."

솔직히 말해서 유방은 진평의 해명이 만족스럽지 않았으나 자신의 대업을 이루기 위해서는 진평과 같은 인재의 도움이 절실했다. 하물며 출정이 머잖은 때, 이 일로 괜히 사달을 일으켜 군기를 흩뜨리고 싶지 않았다.

고심하던 유방은 곧 생각을 달리 먹고 한바탕 웃더니 진평의 어깨를 두드리며 위로했다.

"선생이 가난하고 고생스럽게 지내셨다니, 내 대접이 소홀했습니다. 나는 거칠고 상스러운 사람이니 선생께서는 개의치 마십시오."

유방은 더 이상 추궁하지 않고 오히려 많은 돈을 하사하고 진평의 관직을 호군중위護軍中尉로 올린다는 명을 내렸다. 진평은 원래 유방이 자신을 질책하면 한군에 남을 까닭이 없다고 생각하던 터였다. 그런데 생각지도 않게 돈과 관직을 하사받게 되자 놀라고 기쁜 와중에 유방에 대한 감사의 마음이 더해져 흔들리던 마음을 굳히고 유방을 위해 목숨 바쳐 일하며 많은 계책을 올리고 더 큰 공을 세웠다.

굴종시킬 수 없는데 재능이 출중하다면
죽여야 한다

其不可制, 果大材而亦誅.

秘 봉건시대 통치자들이 사람을 쓰는 최고의 원칙은 자신을 위해 써야 한다는 것이다. 그들이 볼 때 굴종하지 않는 민중은 역도였고 굴종하지 않는 재능 있는 사람은 더욱 두려운 존재였기에 반드시 죽여 후환을 없애야 했다. 이런 극단적인 이기주의와 잔인함은 봉건시대 관직사회의 윗사람들이 얼마나 무능하고 인재를 질투했는지를 잘 보여주며 유능한 인재들이 종종 뜻을 이루지 못한 까닭을 설명해준다.

대개 비범한 재능을 갖춘 사람은 총명하고 학식이 깊어 윗사람이 부리는 수작을 한눈에 꿰뚫어볼 수 있었기 때문에 깔보는 경우가 많았다. 그리하여 비협조적인 태도를 취하는 그들에게 분노한 윗사람은 이런저런 있지도 않은 죄명을 덮어씌웠다. 그 진짜 의도는 이런 수법으로 백성을 우매하게 만들고 무고한 사람의 피로 자신의 권위를 유지하고자 함이었다. 이처럼 난폭한 처사는 인재에 대한 박해이자 도리와 양심을 해치는 짓이었으니, 결국 인과응보를 받을 수밖에 없다.

죽다 살아난 관중

관중의 이름은 이오夷吾, 자는 중仲이며 역사에서는 관자管子라 불렀다. 춘추시대 제나라 상경上卿으로 정치, 경제, 군사 전 분야에 뛰어난 업적을 남겼으며 제 환공이 춘추시대의 패자가 되도록 보좌해 '춘추제일상'春秋第一相이라 불렸다. 《관자》가 후세에 전해진다.

기원전 686년, 제 양공齊襄公은 나라 안에서 일어난 반란으로 목숨을 잃었다. 그의 아들인 공자 소백小白과 공자 규糾가 왕위를 두고 다퉜는데 공자 소백이 이겨 왕위에 오르니 그가 바로 제 환공이었다. 공자 규는 관중과 소홀召忽 등을 데리고 노나라로 도망쳤다. 제 환공은 군대를 보내 국경까지 쳐들어갔다. 이에 노 장공魯莊公은 어쩔 수 없이 공자 규를 죽이고 관중과 소홀을 죄인을 압송하는 수레에 넣어 제나라로 보내려 했다.

그런데 수레에 오르기 전, 소홀이 하늘을 향해 울부짖었다.

"신하 된 자로서 충성을 다하지 못했으니 치욕스럽구나. 주군이 이미 돌아가셨는데 내가 살아 무엇 하겠는가?"

그러더니 사람들이 미처 손쓰기도 전에 돌기둥에 머리를 박고 죽었다. 이에 관중은 눈물을 머금고 말했다.

"하늘이 내 주인을 돌보지 않아 이렇게 패배하고 말았다. 예로부터 죽은 신하가 있으면 산 신하도 있었다. 나는 구차하게 이 목숨을 부지해 주군의 억울함을 씻을 것이다."

말을 마친 관중은 스스로 수레에 올랐는데 그 모습이 자못 비장했다.

그 자리에 있던 노나라 대신 시백施伯은 관중이 하는 양을 보고 경탄을 금치 못하더니 한참 관중을 뚫어지게 쳐다보다가 노 장공에게 직언을 올렸다.

"신이 보기에 관중은 뛰어난 인재라 틀림없이 크게 쓰일 곳이 있을 것입니다. 대왕께서 제나라에 사정해 관중을 남겨두심이 좋을 듯합니다."

그러나 노 장공은 고개를 저었다.

"관중은 지난날 제나라 왕에게 활을 겨눈 적이 있는 그의 원수요. 그런 관중을 위해 사정해봐야 제나라 왕이 들어줄 것 같소?"

그러나 시백이 다시 말했다.

"신이 관중의 관상을 살펴보니 세상에 드문 상이었습니다. 만약 죽지 않아 그의 비범한 재주가 제나라에 쓰인다면 제나라는 틀림없이 천하를 제패할 것입니다. 대왕께서는 잠시 몸을 낮추시고 사정을 해봄이 어떨지요? 만약 제나라가 대왕의 청을 받아들여 관중이 대왕을 돕게 된다면 모든 일을 뜻대로 이룰 수 있을 것입니다. 제나라가 거절하면 대왕께서는 화근이 될 관중을 돌려보내지 말고 죽이셔야 합니다."

노 장공은 웃으며 말했다.

"나도 그렇게 생각하오. 이런 인재를 통제하지 못하고 쓸 수도 없는데 어찌 남에게 넘겨준단 말이오?"

제나라 군대를 이끌던 포숙아는 이 소식을 듣고 서둘러 사람을 보내 노 장공과 협상했다. 노 장공은 제나라의 세력이 두려워 어쩔 수 없이 관중을 죽이지 않고 넘겨주었다.

그러나 그렇게 보내고 나서 노 장공은 다시금 후회가 들었다. 그는 사람을 보내 수레를 뒤쫓으며 만약 관중이 노나라에 투항하길 거절하면 그 자리에서 죽이라고 명했다. 그러나 때는 이미 늦고 말았으니 이때 관중은 노나라를 벗어나 제나라에 들어선 뒤였다.

상을 내림에 인색하지 말아야 하니
이로써 그들의 의지를 깎아내야 한다

賞勿吝, 以墜其志.

秘 　어느 시대든 이익은 사람의 적극성을 부추기는 가장 좋은 수단
이다. 이런 자극 없이 사람을 부리기란 불가능에 가깝다. 마찬가
지로 높은 관직과 많은 봉록, 공명과 부귀는 사람의 의지를 깎아내리고
딴마음을 품지 않고 충성을 바치게 만드는 가장 좋은 수단이다. 이익에
속박당한 사람은 그것을 지키기 위해 목숨을 내걸 뿐, 웬만해서는 더 큰
욕심을 부리지 않는다. 역사를 살펴보면 안목이 짧았던 자들은 종종 상을
내림에 인색해 큰 화를 불러와 더 많은 것을 잃고 말았다. 그런고로 윗사
람은 자신의 호불호에 따라서만 행동하지 못하고 아랫사람이 탐탁지 않
더라도 울며 겨자 먹기로 큰 상을 내려야 했다.

달라진 유방

　한신은 서한의 개국 공신으로 회음후에 봉해졌다. 역사상 유명한 군사
지휘관이자 군사 이론가였다. 성격이 오만불손해 한때 스스로 제왕에 올
랐다. 한나라 초기, 모반을 꾀한 죄로 장락궁 종실에서 죽임을 당했다. 초
나라와 한나라가 맞붙기 시작한 무렵, 항우는 대대적으로 분봉分封하였
지만 유방은 그러지 않았다. 그는 신하들에게 이렇게 말했다.

　"제후에 봉하는 것은 신하들의 야심을 키우고 군주의 권위를 깎아내릴
뿐이오. 자칫 잘못해서 신하들이 제멋대로 굴며 반란이라도 일으키면 군

주의 지위가 위태롭지 않겠소? 항우의 이 같은 행동은 바라던 결과와 달리 사람들이 각기 다른 마음만 품게 하였소. 그러니 결코 함부로 상을 내려서는 아니 될 것이오."

그러나 유방의 수하들은 생각이 달랐다. 그들이 죽기를 각오하고 유방을 따르는 것은 출세해서 명예와 이익이 따르는 높은 관직에 오르기 위함이었다. 유방이 분봉을 하지 않는 것에 대해 신하들의 원성이 자자했지만 유방의 태도가 너무 단호한지라 다들 후일을 기약하며 참을 수밖에 없었다.

유방은 영양榮陽에서 항우의 대군에 포위되자 수차례 한신에게 사람을 보내 구하러 오라고 명했다. 오래전부터 왕위를 노리던 한신은 기회가 찾아왔다고 여겨 사자를 보내 말을 전하게 했다.

"제나라 땅은 실로 전략적 요충지라 굳게 지켜야 합니다. 지금 제나라에 군주가 없으니 마땅히 왕을 봉해 지켜야 할 것입니다. 신이 비록 재능은 없으나 제왕의 대리를 맡아 주공의 근심을 덜어드리고자 합니다."

듣기에는 그럴싸했지만 왕이 되고자 하는 갈망을 노골적으로 드러낸 말이었다. 게다가 하필이면 지금과 같은 때에 이런 말을 한 것은 남의 위기를 틈타 이익을 꾀하는 소인배나 할 짓거리였기에 유방은 화가 머리끝까지 치솟았다. 그는 분을 참지 못하고 큰 소리로 욕을 퍼부으며 원망 섞인 말을 쏟아냈다.

"내가 위태로운 지경에 빠졌는데 왕위에 오르고자 할 뿐, 구하러 오지도 않다니 어찌 이럴 수 있단 말인가!"

그런데 말이 채 끝나기도 전에 유방 곁에 있던 장량과 진평이 더 이상 말하지 말라는 뜻으로 잇달아 그의 다리를 차댔다. 그리고 장량은 고개를 숙이며 낮게 속삭였다.

"상황이 위태로운데 주공께서는 어찌 감정대로 행동하려 하십니까? 지금은 곤경에서 벗어나는 것이 시급하니 일단 그의 요구를 들어주어 마음을 달래줌으로써 서둘러 포위망을 뚫게 해야 합니다. 게다가 별다른 효력이 없으니, 설령 주공께서 상을 내림에 인색하시더라도 일을 해결하는 데는 아무 도움도 되지 않습니다."

영리했던 유방은 장량의 지적에 바로 그 뜻을 알아듣고 하마터면 대사를 그르칠 뻔했다고 속으로 중얼거렸다. 유방은 곧바로 표정을 바꾸더니 웃으면서 말했다.

"대장부라면 포부가 원대할 터인데 무슨 제왕 대리를 맡는단 말인가? 한신은 그 공로가 탁월하니 제왕이 되어도 지나치지 않다."

유방은 곧바로 장량을 대표로 보내 정식으로 한신을 제왕에 임명했다. 뜻을 이룬 한신은 더 바랄 바가 없었다. 그래서 군사를 일으켜 유방을 구하러 가니 마침내 유방은 위기를 벗어날 수 있었다.

그 후, 유방은 상의 효과를 깊이 깨닫고 상을 내림에 인색하던 태도를 바꿨다. 그는 팽월彭越, 영포英布, 노관盧綰 등을 왕으로 삼아 그들을 안심시켜 항우를 물리치는 데 단결하여 온 힘을 바치도록 했다.

벌을 내림에 시의적절해야 하니
이로써 그들이 경계심을 품도록 해야 한다

罰適時, 以警其心.

秘   아랫사람을 벌할 때는 적절한 시기에 딱 알맞은 정도의 벌을 내
려야만 뚜렷한 효과를 거둘 수 있다. 그러지 않으면 아무리 매서
운 처벌도 큰일을 이루는 데 도움이 되지 않는다. 그러므로 윗사람은 애
증을 분명히 해 사사로운 감정에 따라서는 안 된다. 또한 방식과 방법에
도 유의해야 하니, 주된 것과 부차적인 것을 분명히 나누고 시간과 장소
를 가리며 경중과 완급을 파악해야 한다. 그래야만 작은 것을 탐하다가
큰 것을 잃거나 하나를 돌보느라 다른 것을 잃는 일 없이 징계의 효과를
톡톡히 거둘 수 있다.

일이 끝난 뒤 죄를 물은 조광윤

조광윤이 후주後周의 장군으로 있을 때, 군사를 이끌고 남당의 원수인
이경달李景達과 교전을 벌였다.

전투가 시작되자 조광윤은 선봉에 서서 싸웠고 전투는 유달리 격렬했
다. 반나절을 싸웠지만 양측 모두 사상자만 내고 승부를 가리지 못하자
어쩔 수 없이 군사를 거두어들였다.

군영으로 돌아온 조광윤은 모든 장병들에게 머리에 쓰는 가죽 벙거지
를 거두어 바치라는 괴이한 명령을 내렸다. 사람들은 영문을 몰라 이러니
저러니 의론이 분분했다.

그런데 장병들이 바친 가죽 벙거지를 하나씩 살펴본 조광윤은 갑자기 장병 몇 명을 불러내더니 호되게 꾸짖었다.

"너희들이 전투에서 물러서는 바람에 하마터면 내 대사를 망칠 뻔하였다. 지금 너희들에게 큰 벌을 내리지 않는다면 어찌 군을 다스리고 적을 무찌를 수 있겠느냐!"

말을 마친 조광윤은 변명할 기회도 주지 않고 그들을 끌어내 목을 베라고 명했다.

갑작스레 벌어진 일에 사람들이 까닭을 몰라 어리둥절한 가운데 한 사람이 나서서 그들을 용서해달라고 빌었지만 조광윤은 들어주지 않았다. 대신 장병들의 의문을 풀어주었다.

"저들의 벙거지에 새겨진 칼자국이 보이는가?"

사람들은 조광윤이 높이 들어 올린 벙거지에 새겨진 칼자국을 보기는 했지만 여전히 이해할 수 없다는 표정을 지었다.

조광윤은 칼자국을 손가락질하며 설명했다.

"조금 전 전투에서 적군은 많고 아군은 적어 형세가 우리에게 매우 불리했다. 저들은 온 힘을 다해 적을 죽이기는커녕 자꾸만 뒤로 물러섰다. 내 이 두 눈으로 똑똑히 보고 표식을 남기기 위해 저들의 벙거지에 칼자국을 내었다. 아까는 전투의 승패가 달린지라 그 자리에서 벌하지 못하였다. 지금 저들에게 관용을 베풀면 훗날 틀림없이 우환이 될 것이다. 모두 이 일을 본보기로 삼아 분연히 적들을 무찌르지 않으면 군법으로 다스릴 것이다!"

이 말을 들은 사람들은 몰래 안도의 한숨을 내쉬면서도 놀란 마음을 진정시킬 수 없었다. 이윽고 형을 집행한 사람이 끌려 나간 장병들의 목을 바치자 더욱 두려워 사색이 되었다.

이튿날 조광윤이 군사를 이끌고 다시 전투에 나섰을 때, 병사들은 지난날과 딴판으로 맹렬하게 싸웠으며 누구 하나 뒤로 물러서지 않았다. 이

전투에서 후주는 대승을 거두었다. 조광윤은 군사를 이끌고 남당군을 강가까지 쫓아 헤아릴 수 없이 많은 적군을 죽였다. 한편 적군의 수장 이경달은 말을 타고 강을 건너 간신히 목숨을 건졌다.

승리를 거둔 후주군은 모두 장병들을 현명하게 처벌한 조광윤에게 탄복했다. 조광윤이 순간의 분을 참고 잠시 처벌을 미뤄 군심을 안정시켰다가 일이 끝난 후에 일벌백계함으로써 군기를 엄히 세우니 사람들이 모두 두려움을 느꼈다. 만약 조광윤이 군법에 얽매여 기율을 어긴 장병들을 보자마자 서둘러 처벌했다면 군심이 크게 흔들려 오히려 적을 돕는 꼴이 되었을 것이다.

은혜와 위력을 함께 보여주고
재능과 품성을 서로 비교하라
그렇게 하였음에도 효과가 없다면
하늘의 뜻이 아니겠는가

恩威同施, 才德相較, 苟無功, 得無天耶.

㊙　　지도자라면 아랫사람을 다스림에 마땅히 상벌을 분명히 하고
　　　은혜와 위력을 함께 보여주어야 한다. 이는 성공한 사람들이 큰
일을 이룰 수 있었던 중요한 요인이기도 하다. 하지만 이는 말처럼 쉬운
일이 아니다.

이를 위해서 윗사람은 첫째, 아랫사람을 대할 때 단순하게 상벌만 강
조해서는 안 된다. 둘째, 상벌이 공정하고 일을 처리함에 치우친 바가 없
어야 하며 감정적이어서는 안 된다. 셋째, 끊임없이 변하는 아랫사람의
심리와 생각을 시시각각 적확히 이해해야 하며 상황에 따라 달라지는 요
구에 시기적절하게 행동을 조정해야 한다.

이 세 가지를 해낸다면 성공하지 못할 사람이 없다. 사실 조금 해보다
가 이내 포기하거나 자신과 타인을 기만하는 사람만이 스스로 실패의 책
임을 지지 않고 남 탓을 한다.

혼신의 연기를 펼친 속혼찰

속혼찰速渾察은 몽고의 장군 목화려木華黎의 손자로 1239년에 형의 자
리를 물려받아 중도행성中都行省의 몽고군과 한군을 모두 이끌었으니 그
지위가 높고 권세가 컸으며 신분이 대단했다.

권력을 쥐자마자 속혼찰은 탁월한 처세술을 보이기 시작했다. 한번은

군영을 순찰하다가 많은 병졸들이 사소한 일로 다투는 것을 보았는데 병졸들은 그가 다가오는 것을 보고서도 두려워하는 기색을 보이지 않았다. 이에 속혼찰은 버럭 성을 내며 소란을 일으킨 병졸들을 모조리 끌고 가목을 베라고 명했다.

이때 그의 곁에 있는 사람이 말리면서 말했다.

"대인께서는 부임하신 지 얼마 되지 않았으니 인망을 얻으려면 마땅히 사람들과 좋은 관계를 맺어야 할 것입니다. 하온데 이 일을 이렇게 처리하면 그 정도가 몹시 지나치며 너무 많은 사람이 죽는지라 대인에게 이롭지 못할 것입니다."

속혼찰이 대답했다.

"바로 내가 처음으로 병권을 쥔 까닭에 사람들이 나를 업신여기고 함부로 대하는 것이오. 앞으로도 이러하다면 지시에 따르지 않고 명을 이행하지 않을 것인데 이는 나에게는 대수롭지 않은 일이나 나라로 보면 위태로운 일이 아닐 수 없소. 오늘 저렇게 많은 이를 죽여서는 안 된다는 사실을 분명히 알고 있지만 그래도 죽여야만 하오."

그리하여 많은 사람들을 처형하니 전군이 놀라움을 금치 못했고 많은 이가 억울함을 호소하며 모반을 일으키려고 했다.

누군가가 속혼찰에게 이 사실을 알렸으나 그는 뜻을 바꾸지 않고 단호하게 말했다.

"이 일은 그럴 일이 아니니 놀랄 것 없소."

이어서 속혼찰은 죽은 병사들을 위해 제사를 거행하라고 명했다. 이자리에서 그는 눈물 콧물을 쏟으며 슬픈 목소리로 울부짖었다.

"그대들의 죽음에 억울함이 없는 것은 아니나 이렇게 하지 않으면 누가 내 명령을 듣겠는가? 황제 폐하께서 내게 중임을 맡기시니 나는 황송하여 몸 둘 바를 모르겠다. 나 스스로 관록이 모자람을 잘 알기에 원래는 사람들의 환심을 사서 내 일을 돕게 하려고 했다. 그런데 뜻밖에도 너희들은 나를 업신여기고 안중에도 두지 않았다. 황제께서 나를 질책하시고 내 가문을 몰살하게 하느니 이 목숨을 던지는 것이 나을 것이다. 하여 먼저 너희를 죽였으니 이제 나 또한 너희를 따르마!"

말을 마친 속혼찰이 투구를 벗고 기둥에 부딪쳐 죽으려고 하자 그의 심복이 죽기 살기로 끌어안고 목 놓아 슬피 울었다. 사달을 일으키려고 했던 사람들은 이 광경을 보고 어안이 벙벙해져 순식간에 원망의 마음이 많이 사그라졌다. 다시 생각해보니 그의 말에도 일리가 있는 데다 이미 죽은 그 병사들이 너무 무례했던 것도 사실이었다. 게다가 모반은 곧 죽을죄니 그들은 그저 한순간의 분노를 참지 못해 그런 마음을 품었을 뿐이었다. 이렇게 생각하고 나니 그나마 남아 있던 원망도 눈 녹듯 사라졌고 오히려 모두 바닥에 꿇어앉아 속혼찰에게 용서를 빌었다.

그러자 속혼찰은 그들의 죄를 모두 용서하며 다시는 이 일을 문제 삼지 않겠다고 맹세했다. 병졸들은 그 은혜에 몹시 감동해 천지가 울리도록 환호성을 질렀다. 큰 재앙이 무탈하게 갈무리되자 속혼찰은 남들은 알아차릴 수 없는 옅은 미소를 지었다.

사실 이는 모두 속혼찰이 혼신의 연기력으로 꾸며낸 일에 불과했다. 속혼찰이 깊은 심계와 혼신의 연기력으로 모든 사람을 속이고 단숨에 자신의 권위를 세우니 모든 사람이 그의 명에 복종했다. 다만 억울하게 죽은 병졸들만 불쌍하게 되었으니 죽음에 이르러서도 속혼찰의 음험한 의도를 깨닫지 못한 채 얼떨결에 권모술수의 희생양이 되고 말았다.

【秘】 아랫사람이 내막을 모르게 하고 거리를 유지하며 쉽게 선의를 보이지 않는 것이 아랫사람을 다스리는 계율의 요지다.

【秘】 지혜로운 윗사람은 일부러 아랫사람을 천천히 끌어올린다. 굶주린 사냥개가 더 많은 사냥감을 잡는 법이다.

【秘】 윗사람은 권위를 보여야 할 때와 은혜를 베풀어야 할 때, 그리고 그것을 번갈아 사용하는 법을 먼저 깨우쳐야 한다.

【秘】 높은 관직과 많은 녹봉, 공명과 부귀는 사람의 의지를 약화시키고 두 마음을 품지 않고 충성을 바치게 하는 가장 좋은 도구다.

【秘】 자기 재주를 믿고 교만하게 구는 아랫사람을 다스리는 가장 효과적인 수단은 그의 마음속 깊은 곳에 자리한 두려움을 파악하고 이용하는 것이다.

심문하는 법

법률의 좋고 나쁨은 조문 자체에 있는 것이 아니라 조문을 집행하는 데 달려 있다. 형법의 근본은 범죄를 처벌하는 방식에 있지 않고 범죄를 확정하는 방식에 있다. 누구나 본인은 죄가 없다고 말하기 마련이니 그들을 심문할 때는 연민의 감정을 품어서는 아니 되고 처벌이 경미해서도 아니 된다. 어떤 이는 죄를 인정하기를 거부해 매를 맞아 죽음에 이르기도 하는데 이런 경우는 처벌이 두려워 스스로 목숨을 끊었다고 볼 수 있다. 사리를 도모하기 위해 작당하는 사람들 중 한 명을 정죄하면 한통속을 적발할 수 있다. 자복한 내용에는 반드시 허점이 없어야 한다. 진실에 어긋나지 않게 만들면 범죄가 성립된다. 사람마다 생각에 차이가 있으며 약점도 다 다르다. 그 약점을 찾아 파고들면 정신적으로 무너질 수밖에 없다. 사람의 신체는 같아서 두려워하는 처벌도 같은데 그중 가장 두려워하는 방법으로 고문하면 굴복할 수밖에 없다. 불쌍히 여기는 마음을 가지면 아니 된다. 남을 가엾게 여기는 마음으로는 폐하에 대한 자신의 충정을 증명할 수 없다. 친구라도 응당 엄중히 처벌해야 한다. 친구를 돕는 사람은 화를 자초할 뿐이다. 자신이 먼저 다른 사람에게 죄를 씌우면 본인이 당하는 것을 피할 수 있을지도 모른다.

법률의 좋고 나쁨은 조문 자체에 있는 것이 아니라 조문을 집행하는 데 달려 있다
형법의 근본은 범죄를 처벌하는 방식에 있지 않고 범죄를 확정하는 방식에 있다

法之善惡, 莫以文也, 乃其行焉 ; 刑之本哉, 非罰罪也, 乃明罪焉.

㊙   법률은 본래 권선징악의 역할을 한다. 그러나 봉건전제시대에
는 권력이 지나치게 집중되어 있고 인권의식이 부족하여 법률
을 운용하고 해석하는 데 법치보다 인치人治가 우선했고 법률의 역할은
극히 제한적이었다. 심지어 법률이 그저 전시용에 불과하거나 집권자가
백성을 찍어 누르는 수단이 되기도 하였다. 반면 집권자는 아무리 무도한
행위를 일삼아도 법률의 제재를 받지 않았다.

이처럼 봉건전제시대의 법률조문은 겉보기에는 이치가 정당하고 공정
해 보이지만 실제로는 유명무실했는데 이는 법률이 집행된 사례를 보면
알 수 있다. 형법은 범죄를 확정할 때 본래 사실을 근거로 한다. 사실에
근거하지 않을 경우 처벌 방식은 집권자가 민중과 정적을 상대하는 수단
이 될 수 있다. 이렇게 되면 형법이 제 기능을 하지 못하게 되어 사악한
세력이 온갖 나쁜 짓을 저질러 민중들이 더 큰 고통을 받는 결과를 초래
한다. 이는 봉건전제사회가 지닌 고질적인 폐단이자 간악한 소인배들이
남을 해치는 데 자주 사용하는 수단이다.

시국을 파악하지 못했던 포훈

포훈鮑勛은 위군서부도위魏郡西部都尉로 있을 때 업성鄴城 서부의 치안
을 담당했다. 포훈은 공평무사하고 엄격하게 법을 집행해서 사람들에게

존경을 받았다.

당시 승상이었던 조조가 국정을 주관하고 있었는데 그의 아들 조비의 처인 곽부인의 동생이 법을 어겨 포훈에게 붙잡혔다. 곽부인의 동생은 감옥에서 포훈에게 있는 대로 욕을 퍼부으며 오만방자한 태도로 말했다.

"나는 고귀한 신분인데 어찌 너 같은 일개 도위 놈 따위가 감히 날 잡아 가둘 수 있단 말이냐? 당장 날 풀어주지 않으면 네놈은 화를 면치 못할 것이다."

포훈은 몹시 화가 나서 얼굴색이 검푸르게 변했고 온몸을 부들부들 떨었다. 그는 곽부인의 동생에게 직접 따귀를 날리고는 큰 소리로 말했다.

"국가가 제정한 법률이니 나는 법에 따라 일을 처리해야 한다. 너 같은 간악한 놈은 응당 징벌해야 하지 않겠느냐? 네놈이 누군지는 내 알 바가 아니다. 그러니 나를 겁박해서 풀려날 생각일랑 꿈도 꾸지 말거라!"

포훈의 수하인 옥졸은 서둘러 포훈을 말리며 말했다.

"이자는 태자의 가족이온데 어찌 원한을 사려 하십니까? 두려운 것은 이자가 아니라 이자의 뒤에 있는 태자이옵니다! 대인께서 법에 따라 일을 처리하시는 건 본디 옳은 일이나 상대가 권세가라면 마땅히 달리 논해야 할진대 어찌 이리 무턱대고 들이대십니까? 태자가 원망하고 나서면 뭐라 하시겠습니까?"

포훈은 끝내 수하들의 건의를 무시하고 법에 따라 죄를 물었다. 그러자 곽부인은 조비에게 동생의 구명을 청했고 조비가 직접 나서서 포훈에게 간청했다.

"한순간의 실수였으니 한 번만 용서해주시게. 법을 집행하는 데 자네가 세운 공적은 내 훗날 필히 후사하겠네."

포훈은 조비가 태자의 신분으로 직접 부탁을 했음에도 일언지하에 거절하며 당당하게 말했다.

"옛말에 왕자가 법을 어겨도 백성과 같은 죄로 다스린다 했는데 하물며 저자는 어떻겠습니까? 소신은 명을 받들어 법을 집행하는 것입니다. 사람에 따라 달리 처벌하고 사적인 감정으로 법에 맞지 않는 일을 한다면 승상께서는 소신이 제 소임을 다하지 못하였다 책망하실 게 분명합니다.”

포훈은 조조의 이름까지 내세우며 법을 근거로 설명했고 조비는 화가 났지만 소탐대실할까 두려워 더 이상 포훈에게 사면을 강요하지 않았다. 다만 이 일을 마음에 새겨 두고두고 기억하고 있었다.

조비가 황위에 오른 뒤 포훈은 군에서 법집행관직을 맡았는데 어느 날 포훈의 벗이 그를 보러 군영에 찾아왔다. 그런데 그 벗이 군영이 아직 완성되지 않은 점을 이용해 정문이 아닌 지름길을 통해 들어온 터라 ‘군영 내에서는 지름길을 이용할 수 없다’라는 군 규정을 근거로 처벌해야 한다고 주장하는 사람이 있었다. 하지만 포훈은 이를 사소한 일로 치부하고 죄를 묻지 않았다.

조비는 이 일을 빌미로 포훈에게 복수하고자 했다. 그래서 포훈을 잡아들이라는 명을 내린 뒤 일을 크게 부풀려 법 집행기관에 포훈을 넘기고 죄를 엄중히 다스리게 했다.

사실 따지고 보면 잘못을 저지른 사람은 포훈의 벗이었으니 그에게 죄명을 씌울 수는 없는 노릇이었다. 집행관은 조비의 압박에 못 이겨 이리저리 궁리해봤으나 결국 벌금형을 내리는 데 그쳤고 이를 조비에게 보고했다. 이에 조비는 격분하며 말했다.

“포훈은 법을 알고도 어겼으니 죄가 더 크다. 하물며 그는 스스로 늘 엄격하고 공정하게 법을 집행한다고 자처하지 않았는가. 겉과 속이 다른 이런 소인배는 내가 기필코 죽여 없앨 것이다.”

조비가 포훈에게 사형을 내리자 조정 대신들은 하나같이 포훈의 억울함을 호소하며 용서를 구했다. 사법을 주관하던 대신 고유高柔는 죽음을 무릅쓰고 간언을 올렸다.

"폐하께서 아무리 진노하셔도 법을 넘어설 수는 없습니다. 포훈에게 사형을 내리시면 백성들은 법을 무용지물로 여기게 될 것입니다. 소신은 이처럼 국가의 근본을 해치는 일은 집행할 수 없사오니 통촉하여 주시옵소서."

그러나 조비는 포훈을 참수하라는 명을 집행하지 않은 고유를 연금하고 심복을 보내 포훈을 처리했다. 마침내 포훈이 숨을 거두자 조비는 고유를 풀어주며 말했다.

"진부하기 짝이 없군. 자네들이 법률을 제정한 이유가 그 법률로 나를 상대하기 위함인가? 포훈은 시국을 파악하지 못했으니 백 번 죽어 마땅하다!"

사람은 누구나 정죄할 수 있지만
죄를 씌우려면 먼저 대상을 확정해야 한다
죄상은 저절로 드러나는 게 아니라
밀고와 검거를 통해 드러난다

人皆可罪, 罪人須定其人. 罪不自昭, 密而擧之則顯.

秘 　　내준신, 만국준 같은 혹리들은 남을 해치는 이론과 방법을 완벽
　　하게 숙지하고 있었다. 우선 대상을 확정하고 그의 죄상을 찾아
내는 특수 임무를 받은 무리가 그를 관련 부처에 고발하는 게 그 첫 단계
다. 대상을 확정하는 데도 나름의 원칙이 있다. 최우선 순위는 혹리들이
싫어하고 황제가 배척하는 사람이다. 그 다음으로는 혹리들의 앞길에 방
해가 되거나 적이 될 가능성이 있는 사람이다. 덕망이 높고 충직한 사람
의 경우 설령 혹리들과 아무 원한이 없어도 입장이 다르다는 이유로 제
거 대상이 될 수 있었다. 결론적으로 혹리들은 마음만 먹으면 누구나 해
코지의 대상으로 삼을 수 있었다. 어쨌든 남을 해치려면 구실이 필요하기
때문에 혹리들은 무고와 날조로 모함을 위한 밑밥을 깔았다. 이때 죄행이
사실인지 여부는 중요하지 않았다. 혹리들은 일단 일에 착수하면 주도권
을 장악하고 기회를 놓치지 않아서 억울하게 옥살이를 하는 사람들이 많
았다.

적인걸의 억울한 누명

　무측천은 황제가 된 후 무씨 가문의 사람을 중용해 무승사武承嗣를 위
시한 무씨 종친이 대거 높은 직위에 올라 그 위세가 대단했다. 그런데 당
시 재상이었던 적인걸狄仁傑은 이런 무씨 세력에 비위 맞추기를 거부했

으며 조정에서 무승사에게 강경한 태도로 반박하기도 해 눈엣가시 같은 존재가 되었다.

적인걸에게 앙심을 품은 무승사는 내준신과 만국준을 찾아가 이 일에 대해 논의했다. 무승사는 적인걸을 두고 한바탕 욕을 퍼부은 뒤에 이렇게 말했다.

"자네들은 사법을 관장하고 있으니 명일에 그놈을 잡아다 내 분을 풀어주시게."

내준신은 뜻밖에 차분한 어투로 말했다.

"송구하오나 그건 어렵습니다."

무승사는 화를 내며 말했다.

"자네 지금 적인걸을 두둔하는 겐가?"

내준신은 서둘러 몸을 낮추고 아첨하며 말했다.

"소인은 어디까지나 대인을 생각해서 말씀드린 것입니다. 적인걸은 범상치 않은 인물로 폐하의 신뢰를 받고 있는 데다 명망도 높습니다. 만약 적당한 죄명도 없이 섣불리 움직였다가는 폐하께 드릴 말씀이 없어지는데 무슨 수로 그를 사지로 몰아넣겠습니까? 소인의 생각에는 여론을 움직여 죄를 씌우면 일이 한결 수월해질 듯합니다. 그러면 폐하께서도 더는 말씀이 없으실 테고요."

무승사가 주저하자 만국준이 옆에서 거들었다.

"내 대인의 말이 맞습니다. 소인이 사람을 시켜 적인걸이 역모를 꾸민다는 밀고를 해두겠습니다. 대인께서 이를 근거로 폐하께 상주上奏하시면 적인걸은 처벌을 면치 못할 것이고 대인께선 어떤 흔적도 남기지 않고 일을 처리하실 수 있을 테니 일석이조가 아니겠습니까."

무승사가 이에 동의하자 내준신과 만국준은 관아에 밀고자를 보냈다. 무승사는 고발 문서를 들고 무측천에게 상주했고 무측천은 반신반의하며 내준신과 만국준 무리에게 사건 심문을 맡겼다.

적인걸은 내준신 무리의 음험한 속내를 잘 알고 있었다. 그래서 그들의 계획을 무마하고 무측천에게 직접 얘기할 시간을 벌기 위해 심문을 받으면서 그 어떤 변명도 없이 죄를 인정했다. 내준신 무리는 예상치 못한 상황에 놀랐지만 순순히 자백한 적인걸에게 혹형을 가할 수 없어 옥에 가두고 엄중히 감시하는 수밖에 없었다.

적인걸은 옥에서 자신의 억울함을 호소하는 혈서를 적어 몰래 솜옷 안에 숨기고 집에서 빨아 올 수 있도록 옥리에게 부탁했다. 옥리는 고작 솜옷일 뿐인데 무슨 일이 있겠냐고 가볍게 생각하여 적인걸의 집에 보냈다. 그러나 적인걸의 아들 적광원狄光遠은 이 시점에 아버지가 집으로 옷을 보내온 데는 분명히 이유가 있으리라 생각해 옷을 자세히 살펴봤다. 그리고 솜옷 속에서 혈서를 찾아 그 길로 무측천에게 보고했다. 무측천은 즉시 적인걸을 불러들여 말했다.

"이미 자백해놓고 이제 와서 아들에게 혈서를 전하게 한 연유가 무엇이냐?"

적인걸은 연신 억울함을 호소하며 말했다.

"심문 당시에는 혹리가 곁에 있어 자백하지 않으면 필시 맞아 죽었을 것인데 어찌 억울하다 말할 수 있었겠습니까? 그자들이 헛소문을 퍼뜨려 소신을 음해하려 한 것이니 통촉하여 주시옵소서."

적인걸은 기회를 놓치지 않고 혹리의 악행을 낱낱이 고했으나 무측천은 별다른 말이 없었다. 무승사가 무씨 가문의 사람이고 내준신과 만국준 또한 아끼는 신하였으므로 차마 벌주고 싶지 않았던 것이다. 그래도 무측천은 적인걸의 재주를 아끼고 무슨 일이 생기면 그를 믿고 의지했기 때문에 적인걸을 풀어주었다.

누구나 본인은 죄가 없다고 말하기 마련이니
그들을 심문할 때는 연민의 감정을 품어서는 아니 되고
처벌이 경미해서도 아니 된다
이렇게 하면 죄를 인정하지 않는 사람이 없다

上不容罪, 無讞則待, 有讞則逮.
人辯乃常, 審之勿憫, 刑之非輕, 無不招也.

秘 　혹독한 고문을 통해 자백을 강요하는 극악무도한 처사는 억울한 사례를 만드는 직접적인 원인이다. 비인간적인 혹형을 가해 차라리 죽는 게 나을 정도로 고통스럽게 만들어 무고한 사람에게 죄를 뒤집어씌우고 자복하도록 강요하는 일들이 생겨났고 혹리들은 이런 방법을 애용했다. 이는 혹리가 얼마나 잔혹하고 악독한지 드러내는 동시에 통치자들이 혹리를 임용한 어두운 속내를 보여준다. 봉건집권제도에서 법률규정이란 이처럼 유명무실하고 무력해서 법률에 희망을 걸었다간 결국 우롱당하거나 다치기 일쑤였다. 혹리들이 이 분야에 꾀도 많고 수완이 대단했다는 점을 부인할 수 없다. 따라서 선량한 사람들은 혹리들이 사람을 괴롭히는 데 일가견이 있다는 점을 결코 간과해서는 아니 된다. 그러지 않으면 아무리 지혜가 출중한 사람이라도 그들 손에 나가떨어지고 말 것이다.

양구의 잔혹함

　동한 영제靈帝 시기에 양구陽球는 사례교위司隸校尉의 신분으로 환관宦官 왕보王甫 부자와 태위 단경段熲이 결탁해 반란을 꾀했다며 이들을 탄핵했다. 영제는 제대로 살피지도 않고 진노하여 양구에게 그들을 심문해서 사실을 검증하라고 명했다.

왕보와 그의 아들 왕맹王萌은 죄를 시인하지 않고 양구에게 간청했다.

"예전에 대인께서 말단 관리였을 때 저희 집에 자주 왕래하셨고 저희가 여러모로 대인을 보살펴드린 바 있지요. 대인께서는 누구보다 저희를 잘 아실 테니 부디 폐하께 이 일에 대해 설명하여 저희 부자의 결백을 밝혀주십시오."

그러나 양구는 이 말을 듣고도 눈썹 하나 까딱하지 않았다.

왕보 부자의 말은 사실이었다. 이 일이 있기 전에 왕보는 환관의 수장으로 그 위세가 하늘을 찔렀고 왕맹도 사례교위 직을 맡은 적이 있어 사람들에게 두려움의 대상이었다. 당시 하급 관리였던 양구는 고위직으로 올라가기 위해서 왕보 부자에게 수많은 선물을 갖다 바치며 아첨했었다. 심지어 양구는 왕보를 처음 만났을 때 너무 긴장한 나머지 말을 더듬기까지 했다. 그럼에도 왕보는 양구에게 여러 차례 이렇게 말했다.

"자네가 지금은 부귀영화를 위해 내게 몸을 의탁하지만 앞으로 내가 파면되기라도 하면 어찌 나올지 짐작조차 할 수 없구먼."

양구는 이 말을 듣고 자신의 충성심을 증명하기 위해 계속해서 땅에 머리를 박았는데 이마가 찢어져 땅에 피가 흥건해질 정도였다.

당시 사례교위를 맡고 있던 왕맹은 사법을 관장했는데 양구는 그의 환심을 사기 위해서 일부러 안건을 심리하는 법에 대해 물었다. 그때마다 왕맹은 과시하며 말했다.

"남들은 혹독한 고문으로 자백을 강요하네만 나는 한 번도 그리 한 적이 없네. 내가 각종 고문 형구를 늘어놓으면 다들 무서워서 혼비백산하니 자백하지 않고 배길 재간이 있겠는가? 자연히 고문하는 수고도 덜게 되는 것이지."

양구는 이야기를 듣고 시종일관 웃는 낯으로 왕맹을 치켜세우면서 더 잔혹한 형벌을 사용하라고 제안하기까지 했다. 양구는 갖은 궁리 끝에 교묘한 술수가 떠오르면 즉시 왕맹에게 보고해서 그의 눈에 들었다.

왕보 부자에게 발탁된 뒤 양구는 관운이 트여 빠른 속도로 출세했고 사례교위의 자리에 올랐다. 그러자 교만이 하늘을 찔러 왕보 부자는 안중에도 없이 행동했다. 당시 조정은 환관과 사대부 간의 권력다툼이 심했는데 양구는 사대부가 득세하는 것을 보고 더 높은 관직을 얻기 위해서 왕보 부자와 환관들의 수장인 단경을 역모죄로 몰아넣었던 것이다.

양구는 왕보 부자가 자신에게 간청을 하자 내심 기뻐하며 한참 뜸을 들인 뒤 말했다.

"자네들이 이리도 고집을 부리니 교화의 기미가 전혀 보이질 않는군. 중신인 나와 역적인 자네들 사이에 어찌 교분이 있을 수 있겠는가? 지금은 그때와 다르니 사사로운 정에 얽매여 법을 어길 수 없는 이 사람을 용서하시게."

그리고 형구로 왕보 부자에게 고문을 가했는데 수단이 매우 잔혹했다. 왕보 부자는 고통에 울부짖으며 수차례 혼절했지만 절대 죄를 시인하지 않았다. 막바지에 다다르자 양구는 부끄럽고 분한 나머지 화를 내며 직접 고문을 가했다. 양구가 철편으로 왕보 부자의 두 다리를 채찍질하자 부자의 다리뼈가 부러지고 말았다.

결국 왕보 부자는 고문에 못 이겨 마음과 달리 역모죄를 인정할 수밖에 없었다. 그런데 인정하고 나서도 양구가 복수심에 더욱 혹독하게 고문하자 왕보 부자는 애원하며 말했다.

"우리가 자백한 건 육신의 고통을 덜기 위해서였습니다. 대인께서는 이미 목적을 이루셨는데 굳이 이렇게까지 하실 필요가 있습니까? 만일 저희가 대인 손에 죽기라도 하면 일 처리를 잘못했다는 혐의를 받으실 테니 부디 스스로를 생각해서라도 자중하십시오."

하지만 양구는 고문을 멈추지 않고 표독스럽게 말했다.

"예전에 나는 기고만장한 자네들을 보고 두려워 벌벌 떨었지. 그 기분이 죽는 것보다 더 견디기 힘들더군. 헌데 이제는 내 손에 자네들 목숨 줄

이 달려 있으니 사람 일이란 참 알 수 없는 것 아닌가."

왕보 부자는 절망하며 매섭게 욕설을 퍼부었고 양구는 흙으로 그들의 입을 꼭 틀어막고 죽을 때까지 매질했다.

어떤 이는 죄를 인정하기를 거부해
매를 맞아 죽음에 이르기도 하는데 이런 경우는
처벌이 두려워 스스로 목숨을 끊었다고 볼 수 있다

或以拒死, 畏罪釋耳.

秘 동서고금을 막론하고 고문이 두려워 무고한 이가 스스로 목숨을 끊는 일이 적지 않았다. 이는 혹리의 악독함과 혹리의 교활함을 구체적으로 드러내는 증거이자 법과 제도의 부재가 사람에게 얼마나 큰 피해를 가져올 수 있는지를 보여주는 반증이다.

음모를 꾸미는 사람들은 모두 터무니없는 죄명을 날조하는 데 능통해 사람을 파리 죽이듯 하며 아무렇지도 않게 거짓말을 한다. 이를 통해 우리는 봉건전제제도에서 이런 참극이 끊이지 않고 일어나는데도 근절할 수 없었던 이유가 혹리의 문제가 아니더라도 제도 자체에 문제가 있었기 때문임을 알 수 있다.

내준신의 '걸작'

내준신은 당나라 무측천이 집권할 시기의 혹리로 성품이 흉악했다. 밀고로 무측천에게 신임을 얻어 그녀가 전횡을 휘두르는 데 앞잡이 노릇을 했다. 이후 무씨 제왕과 태평공주의 눈 밖에 나서 죽임을 당했다.

내준신은 무측천에게 기용된 후 살인을 밥 먹듯이 해서 사람들이 그를 매우 두려워했다. 내준신은 조정 대신들에게 날마다 뇌물을 달라고 요구해 재물을 모았는데 거부하는 사람이 거의 없을 정도였다.

당시 좌위대장군左衛大將軍이었던 천헌성泉獻誠은 사람 됨됨이가 정직하고 강직했다. 그는 내준신이 조정 대신들에게 재물을 갈취한다는 얘길 듣고 분개하며 내준신에게 굴복한 대신들에게 말했다.

"우리 같은 국가의 중신들이 어찌 별것도 아닌 내준신 같은 자에게 아첨할 수 있단 말이오? 체통이 말이 아니구려."

대신들은 분수를 모르는 천헌성을 비웃으며 말했다.

"우리는 내준신이라는 사람이 두려운 것이 아니라 그가 가진 권력이 두려운 것이외다. 폐하께서 그를 신임하시고 내준신은 아무나 잡아들여도 될 만큼 힘이 있으니 재물을 버려서라도 목숨을 부지하려는 것인데 신분 따위가 중하겠소이까?"

천헌성은 이에 개의치 않고 수시로 내준신에게 욕설을 퍼부었다. 천헌성의 벗이 그의 안위를 걱정하며 정중하게 타일렀다.

"조정 대신들은 자네보다 어리석지 않으니 그들이 그리 한 데는 다 그만한 이유가 있을 것이네. 지금 자네는 대세를 따르지도 않고 사람들 입에 오르내리는 것도 개의치 않으면서 소인배들의 원한까지 사고 있으니 이는 화를 자초하는 일일세. 그런데도 어째서 고치지 않는 겐가?"

천헌성은 정색하며 말했다.

"나는 어디에도 치우치지 않고 충의를 지키려는 것인데 간악한 소인배들이 나를 어찌겠는가? 그자들이 무고한 사람을 학살하며 제멋대로 날뛰고 있는데도 저마다 자기 목숨만 부지하려 든다면 천하가 그들 손에 무너지지 않고 배기겠는가? 그들이 어떤 방법으로 나를 벌하려 들지 두고 보겠네."

천헌성의 언행은 밀고자에 의해 내준신의 귀에 들어갔다. 내준신은 처음에는 놀랐다가 이내 껄껄 웃음을 터트렸다. 한바탕 웃고 난 뒤 내준신은 돌연 살기가 등등해져서 말했다.

"천헌성은 손에 쥔 병권 하나만 믿고 저리 오만방자하게 구는 것이다. 그자를 제거하면 내가 못할 일이 없지 않겠는가?"

내준신의 수하가 계책을 올렸다.

"일개 무인 하나 상대하는 데 굳이 대인께서 직접 나서실 필요가 있겠습니까? 대인께서 말씀만 하시면 그자에게 역모죄를 씌워 잡아들일 수 있습니다."

내준신은 자신의 계획이 좀 더 확실한 효과를 거둘 수 있도록 시간을 두고 움직였다. 우선 자신을 대신할 사람 하나를 천헌성의 집으로 보내 어마어마한 액수의 금품을 당장 내놓으라고 요구했다. 천헌성은 버럭 화를 내며 찾아온 사람을 호되게 매질해서 내쫓았다. 내준신은 매질을 당해 처참한 몰골이 된 그 사람에게 오히려 웃으며 위로했다.

"고생했다. 추후 천헌성의 가산을 몰수할 때 반드시 네게 그 일을 맡길 것이다."

그날 밤 내준신은 수하에게 천헌성을 역모로 무고하도록 지시했다. 무측천은 병권을 쥐고 있는 대장군을 항상 의심할 수밖에 없는 위치였으므로 즉시 내준신에게 사건을 심리하라고 명했다. 내준신은 천헌성을 옥에 가둔 뒤 비웃으며 말했다.

"주제도 모르고 설치더니 꼴좋구나. 내 비록 관직은 네놈에 한참 못 미치지만 네놈 목숨 줄을 쥐고 있으니 이래도 내게 덤빌 테냐?"

천헌성은 굴하지 않고 계속해서 욕을 퍼부어댔으며 고문을 가해도 끝까지 죄를 인정하지 않았다. 이런 강골이 처음이었던 내준신은 몹시 화가 나서 결국에는 천헌성을 교살하라고 지시해 분을 풀었다. 이때 내준신은 수하에게 이렇게 말했다.

"놈이 끝까지 버티면 사건을 종결할 수 없다. 그렇게 되면 폐하께 책망을 듣는 건 물론이고 까딱 잘못해서 놈이 진실을 밝혔다간 우리가 불리해질 수도 있다. 그러니 처벌이 두려워 놈이 자결했다고 보고해야겠다. 그놈을 죽여야 사건을 마무리해서 후환을 없앨 수 있다. 죽은 자는 말이 없으니 내 잘못을 영원히 덮을 수 있을 것이다. 훗날 누군가가 이 일을 조사하면 너희들도 그놈이 자결했다고 말하면 될 것이다."

이 사건은 한때 큰 파문을 일으켰고, 진상을 아는 사람들은 흉악하고 악독한 내준신을 몹시 증오했으나 무측천은 사건을 해결한 공을 높이 사 내준신을 격려했다.

사리를 도모하기 위해 작당하는
사람들 중 한 명을 정죄하면 한통속을 적발할 수 있다
자복한 내용에는 반드시 허점이 없어야 한다
진실에 어긋나지 않게 만들면 범죄가 성립된다

人無不黨, 罪一人可擧其衆,
供必無缺, 善修之母違其眞. 事至此也, 罪可成矣.

秘 억울한 사건을 조작하고 무고한 사람을 모함하려면 혹리들의 수단을 살펴볼 필요가 있다. 그 안에는 혹리들이 일을 처리하는 이론과 사상뿐만 아니라 구체적인 실시 방법과 세부적인 조작 기술이 녹아 있기 때문이다.

혹리들의 수단을 알면 그들의 진면목을 바로 볼 수 있을 뿐만 아니라 지피지기해서 피해를 당하지 않도록 미리 준비해둘 수 있다. 많은 사람들은 스스로 떳떳하고 공평무사하다고 자부하며 평지풍파를 일으키는 혹리들의 능력을 과소평가하다 큰 코를 다친다. 심지어 어떤 사람은 혹리의 '교묘'한 수법과 '하늘까지 속이는' 기만술을 알지 못해서 자기도 모르게 그들이 만들어놓은 '확정사건'에 연루되어 혹리들이 세상 사람들을 속이고 명예를 훔치는 데 이용당하기도 한다.

혹리들은 해하려는 자와 그의 무리들을 아무 상관없는 사건에 끌어들여서 구두 자백을 받아내 범죄를 완벽하게 논리와 사실에 맞게 꾸며낸다. 이렇게 해서 인적·물적 증거를 모두 갖추면 누명을 쓴 사람은 법 절차상 흠결 없이 죄를 언도받게 되는 것이다.

장손무기의 유도심문
장손무기의 자字는 보기輔機이다. 당 태종의 처남으로 이세민을 보좌하며 당나라 정권을 세운 개국 공신이다. 현무문의 변(玄武門之變) 때 이세민이 황위를 차지하도록 도왔다. 이후 고종이 무측천을 황후로 들이는 것을 반대해서 좌천 후 검주黔州로 유배를 가 목을 매고 자살했다.

장손무기는 당 태종 이세민의 처남으로 이세민의 두터운 신임을 받는 인물이었다. 태자 이승건李承乾이 폐위된 후 이세민은 진왕晉王 이치李治가 나약하고 우유부단하다고 여겨 태자 자리에 앉히고 싶어 하지 않았다. 위왕魏王 이태李泰를 태자로 세우려던 이세민의 계획은 장손무기의 반대로 무산되었다. 이세민은 뒤이어 오왕吳王 이각李恪을 후임 태자로 옹립하려 했으나 이번에도 장손무기가 간곡히 타이르는 바람에 성사되지 못했다. 이로 인해 장손무기는 두 왕자와 원수지간이 되었다.

진왕 이치가 즉위하며 고종이 되고 그 후 얼마 지나지 않아 위왕 이태가 세상을 떠나자 장손무기는 한시름 놓고 오왕 이각에게 온 신경을 집중했다. 장손무기는 이각이 득세하면 태자가 되지 못해서 황제에게 쌓인 원한을 자신에게 풀까 봐 이각을 제거할 기회를 엿보고 있었던 것이다.

당시 당나라의 명재상이었던 방현령房玄齡의 아들 방유애房遺愛가 역모를 꾀한 일이 드러나자 장손무기가 심문을 맡게 되었다. 장손무기는 내심 기뻐하며 고종에게 굳게 맹세했다.

"결코 폐하의 명을 욕되게 하지 않겠습니다. 소신의 생각에는 방유애의 관직이 낮으니 진짜 주모자가 아니고 배후가 있을 듯합니다. 설령 주범이 폐하의 육친과 관계될지라도 부디 자비를 베풀지 마시고 엄중히 죄를 물으셔야 합니다. 그리하지 않으신다면 소신의 목숨이 위태로워질 것이기 때문입니다."

고종은 장손무기가 일 처리를 수월하게 하려고 그런 말을 했다고 여겨서 별 생각 없이 그의 요구를 들어주었고 장손무기는 속으로 흡족해했다. 사실 이는 이후 오왕 이각을 모함하기 위한 포석을 깔아둔 거였다. 나중에 가서 고종이 이각을 감싸지 못하도록 미리 확언을 받아낸 것이다.

아버지처럼 모략과 식견이 없었던 방유애가 역심을 품게 된 건 순전히 아내의 꾐에 넘어갔기 때문이었다. 공주였던 방유애의 아내는 음탕해서 널리 용모가 준수한 남자들을 불러다 노리개로 삼았는데 나중에 이런 불미스러운 일이 알려져 죄를 받을까 두려운 나머지 방유애가 역모를 꾀하도록 부추겼던 것이다.

이 사건을 맡은 장손무기는 방유애에게 중형을 가한 뒤 말했다.

"기왕에 일이 이렇게 되었으니 몸이 고생할 필요가 있는가? 자네가 순순히 자백하면 내가 자네 목숨을 살려달라 폐하게 청할지도 모르는데 말이야."

혹형을 견디기 힘들었던 방유애는 장손무기가 정말 구명을 청해줄지도 모른다는 생각에 공모자의 이름을 하나하나 대기 시작했다. 장손무기는 얘기를 다 듣더니 얼굴색이 싹 변하며 매서운 목소리로 말했다.

"내가 이렇게까지 했는데도 공을 세워 속죄할 생각을 하기는커녕 역적 간신배들을 비호하려 하다니, 네놈이 정녕 살고 싶지 않은 것이냐?"

방유애는 연신 억울함을 호소하며 우는 소리를 냈다.

"대인의 자비에 그저 감읍할 따름인데 어찌 대인을 속이겠습니까? 정말 이게 다입니다. 절대 숨기는 거 없습니다."

장손무기는 잠시 망설이다 돌연 웃으며 방유애의 어깨를 툭툭 친 뒤 낮은 목소리로 말했다.

"자네는 똑똑한 사람이니 남을 위해 스스로 일생을 그르치는 멍청한 짓은 하지 않을 거야. 오왕 이각은 늘 오만방자했고 황위에 오르려는 야심을 품은 지 오래거늘 설마 이 일과 무관하다는 것인가? 사실대로 고하는 게 좋을 것이네. 배후 주모자가 누군지 알면 내가 폐하 앞에서 자넬 변호하기도 좋을 테니 말일세."

장손무기의 의중을 파악한 방유애는 죄를 벗기 위해 자신이 오왕 이각의 사주를 받았다는 거짓 자백을 하고 앞뒤 말이 맞도록 일을 꾸며 두서 없이 얘기했다. 장손무기는 구두 자백을 기록한 다음 수정 보완을 거듭했다. 그리고 남들에게 허점이 드러나지 않을 정도로 일을 꾸미고 나서야 방유애에게 서명을 받은 뒤 그대로 고종에게 전달했다.

고종은 다소 미심쩍었지만 확실한 증거였기에 믿지 않을 수가 없었다. 이 사건과 관련된 사람들은 모두 사형되었고 오왕 이각도 억울한 누명을 쓰고 죽임을 당했다. 장손무기는 이각이 제거되자 내친김에 오왕의 심복들을 방유애의 역모죄에 연루시켜 영남嶺南으로 전부 유배를 보냈다.

사람마다 생각에 차이가 있으며 약점도 다 다르다
그 약점을 찾아 파고들면
정신적으로 무너질 수밖에 없다

人異而心異, 擇其弱者以攻之, 其神必潰.

秘　　사람들은 저마다 약점을 가지고 있다. 따라서 그 약점을 물고 늘어지면 효과적으로 상대에게 정신적인 충격을 가할 수 있다. 일단 사람이 정신적으로 무너지면 의지와 인내심이 사라지고 제대로 사고하기가 힘들어지며 죽음이 두려워진다. 혹리들은 이런 점을 이용해 사람에게 누명을 씌워 굴복시킨다. 혹리들은 사람의 심리를 알고 약점을 파악하는 데 탁월한 재능이 있다. 물론 혹리들의 세도와 포악함을 두려워하지 않는 사람들이 많을지도 모른다. 하지만 그 사람들이 심리전에서 혹리들에게 밀려 정신적 노예로 전락해 음모에 이용당하는 경우가 종종 있다. 이것을 두고 꼭 치욕을 당한 거라고 말하기는 어렵지만 혹리들의 파렴치함이 상당 수준에 달했다는 것을 설명하기에는 충분해 보인다.

곽의의 심리전

남북조시대에 북한北漢의 환관 곽의郭猗는 상국相國 유찬劉粲에게 빌붙고 원수인 유의劉義를 제거하기 위해서 어느 밤 유찬을 찾아가 일부러 긴장한 척하며 밀고했다.

"황태제 유의가 대장군과 몰래 역모를 꾸미고 있는데 가장 먼저 상국을 제거하려 들 것입니다. 소인이 죽음을 무릅쓰고 상국을 찾아온 것은 미리 화에 대비해두시길 바라는 마음 때문입니다."

당시 북한의 황제였던 유총劉聰은 장자인 유찬을 황태자로 세우지 않고 동생인 유의에게 황위를 물려주고자 그를 황태제로 옹립했다. 시간이 흘러 유의가 총애를 잃고 유찬이 상국의 자리에 올라 조정의 대권을 장악하자 곽의는 이 점을 눈여겨보고 위와 같은 행동을 했던 것이다.

유찬은 곽의의 말을 듣고 순간 두려움이 일어 어쩔 줄을 몰랐다. 이 일을 믿을 엄두가 나지 않았지만 내심 자신이 알아채지 못했을 뿐 유의가 정말 역심을 품었을지도 모른다는 생각이 들었다. 곽의는 눈빛이 흔들리는 유찬을 보며 그가 아직 망설이고 있다는 것을 알고 물었다.

"상국께서는 지위도 높고 권력도 막강하시지요. 하지만 유의가 부당한 방법으로 황태제 자리를 차지했으니 그가 위험을 무릅쓰고 움직이면 상국의 처지가 곤란해지십니다. 상국께서 역적을 없애겠다고 마음먹으시면 화를 제거하고 태자 자리까지 얻으실 수 있는 좋은 기회인데 어째서 잠자코 계십니까? 유의가 역모를 도모하고 있다는 걸 정 못 믿으시겠거든 장군의 수하인 왕피王皮와 유돈劉惇에게 직접 하문해보십시오. 상국께서 그들에게 개과천선의 기회를 주고 죄를 묻지 않으신다면 그들은 필시 사실대로 털어놓을 것입니다."

그러고 나서 곽의는 유찬보다 먼저 왕피와 유돈을 찾아 밀실로 데려간 뒤 짐짓 놀란 체하며 물었다.

"자네들이 모시는 장군이 역모를 꾀했는데 황태제가 주모자일세. 폐하와 상국께서 벌써 이 일을 알고 계시네. 혹 자네들도 역모에 가담했는가?"

왕피와 유돈은 놀라서 얼굴색이 하얗게 질려 황급히 모른다고 답했다. 곽의는 두 사람이 두려움에 어쩔 줄 몰라 하는 모습을 보고 살살 구슬리며 말했다.

"이는 대역죄일세. 자네들이 정말 몰랐다 한들 누가 믿겠는가? 끝까지 자백을 거부한 죄까지 더해져 자네들 식솔들까지 화를 면치 못할 것이네. 만약 상국께서 이 일을 물으시면 가능한 한 죄를 자백하시게. 그리고 상국께서 자네들을 못 믿고 도리어 무고죄로 벌하실까 두려워 그들을 고발할 수 없었다고만 말하게나. 상국께서 자비를 베푸시면 자네들 목숨은 건질 수 있을 걸세."

곽의는 두 사람의 급소를 찌르는 말만 골라 했다. 결국 왕피와 유돈은 생각을 거듭한 끝에 제안을 받아들였다. 유찬이 불러 질문을 하기도 전에 두 사람은 곽의가 시킨 대로 모든 사실을 자백했다. 심지어 여러 세세한 내용까지 그럴듯하게 꾸며서 끊임없이 유찬에게 살려달라고 애원했다.

유찬은 역모를 확신하고 곧장 부황을 찾아갔다. 유총은 확실한 증거를 보더니 관련자들을 잡아들이라고 명했다. 유의는 역모죄로 사형되고 그를 따르던 장병 만 오천여 명도 생매장되었다. 곽의는 원하던 바를 얻었고 그에 대한 유찬의 총애와 신임도 더욱 두터워졌다.

사람의 신체는 같아서 두려워하는 처벌도 같은데
그중 가장 두려워하는 방법으로 고문하면
굴복할 수밖에 없다

身同而懼同, 以其至畏而刑之, 其人固屈.

秘 혹리들은 육체에 해를 가하기 위해서라면 어떤 혹형도 마다하지 않는다. 이는 혹리들이 쓰는 비장의 수법이자 음모자들과 폭군들이 사적인 통치를 하는 데 의존하는 수단이기도 하다. 그들은 사람의 존엄성과 생명의 고귀함을 무시한 채 걸핏하면 폭력을 행사하고 강제로 자신의 뜻을 따르게 만든다. 이는 혹리들의 만행과 흉악한 면을 드러내는 동시에 그들 마음속에 자리하고 있는 공포와 본질적으로 약한 일면을 보여준다. 혹리들은 차마 진리와 정의를 마주하지 못하고 사실과 양심 앞에서 자신이 도리에 어긋나며 보잘것없다고 느낀다. 열등감과 교만함, 나약함과 잔인함은 혹리들의 전형적인 심리 특성으로, 그들이 보통 사람들과 다르게 극도의 야만성을 드러내는 이유가 여기에 있다.

피해망상증 환자였던 위충현

위충현魏忠賢은 명나라 말기 환관이다. 시정잡배 출신으로 놀음빚 때문에 환관이 되어 입궁한 뒤 황제의 장손인 주유교朱由校를 모셨다. 주유교가 즉위하자 사례병필태감司禮秉筆太監으로 승격하며 막강한 권력을 누렸다. 숭정제崇禎帝 주유검朱由檢이 황제가 된 후 탄핵되어 봉양鳳陽에 유배를 가던 중 처벌이 두려워 스스로 목숨을 끊었다.

명나라 희종熹宗 황제 시기에 환관 위충현은 '구천세'九千歲라는 칭호를 얻을 정도로 그 기세가 하늘을 찔렀고 나라의 군정과 대권을 전부 장악하고 있었다.

시대의 흐름을 거스르는 위충현의 행동은 정의로운 인사들의 반대에 부딪쳤다. 이에 맞서기 위해 위충현은 패거리를 모아 엄당(閹黨. 환관 세력)을 결성하는 한편 자신이 장악하고 있던 동창(東廠. 환관의 비밀조직으로 내각과 지방 조직을 감시함)과 서창西廠 특무기관을 이용해 정의로운 세력들과 조정 대신들을 잔혹하게 박해했다.

1624년 좌부도어사左副都御史 양련楊漣이 24가지 죄상을 들어 위충현을 탄핵한 데 이어 어사 황존소黃尊素도 상소했고 국자제주國子祭酒 채의중蔡毅中 역시 선생과 제자 천여 명과 함께 위중현의 죄를 조사해달라고 청을 올렸다. 이처럼 자신을 타도해야 한다는 목소리가 거세게 일자 위충현은 두려운 나머지 희종에게 자신을 보호해달라고 간청했다. 희종이 위중현을 해하려는 무리를 엄중히 문책하라 명한 뒤 사태가 잠시나마 잠잠해졌다.

당시 뇌물수수죄로 면직됐던 최정수崔呈秀는 그 혼란한 와중에 자신이 출세할 수 있는 한 줄기 희망을 발견했다. 그리고 어떻게든 위충현에게 빌붙으려고 혈안이었는데 사석에서 위충현에게 이런 말을 했다.

"대인의 권력이 천하에 미치거늘 사소한 일까지 애써 폐하의 명을 기다릴 필요가 있겠습니까? 그자들을 꾸짖기만 하는 건 처벌이 너무 가벼워 만약 사람들이 보고 배우기라도 하면 곤란하지 않겠습니까? 대인께서 응당 혹형으로 다스려 본을 보이셔야 합니다."

때마침 공부낭중工部郎中 만경萬燝이 위충현을 탄핵하는 상소를 올렸다. 이에 위충현은 곧바로 최정수를 불러 말했다.

"네 말이 맞았다. 이놈들이 분수도 모르고 기어오르니 엄벌에 처해야겠다. 내가 놈들을 어떤 죄로 다스리면 좋을지 말해보거라."

최정수는 여러 생각이 떠올랐지만 지금 상황에서는 하나같이 쓸모가 없었다.

"죽음을 두려워하지 않는 자는 없으니 대인께서 그를 장폐杖斃시켜 세상 사람들에게 두려움이 뭔지 알려주시지요. 하나같이 학식이 풍부한 자들인데 대인께서 굳이 그자들과 말을 섞으실 필요가 있겠습니까?"

최정수의 말이 일리 있다고 생각한 위충현은 만경을 감옥에 넣고 아무것도 묻지 않은 채 때려죽였다. 예상대로 이 일이 알려지자 사람들은 두려움에 떨었고 특히 소심한 자들은 위충현의 탄핵을 더는 입 밖에도 꺼내지 않았다.

위충현은 최정수의 공을 인정해 어사로 복직시켰다. 최정수는 위충현에게 아첨하며 공적을 쌓고자 또 다시 의견을 내놓았다.

"현재 양련 같은 자들이 원한을 품고 있어 지금 제거하지 않으면 훗날 대인에게 화가 될 것입니다. 지금은 때를 기다리며 자중하고 있다고는 하나 그들이 저를 어찌 속일 수 있겠습니까?"

위충현은 진즉부터 꼴도 보기 싫었던 터라 최정수의 진언을 듣고 곧장 양련, 좌광두左光斗, 위대중魏大中을 전부 잡아들였다. 심문하는 중에 위충현은 잡혀 온 자들의 반박에 그만 말문이 막혀 한 마디도 대답하지 못했지만 차갑게 웃으며 말했다.

"대학자들인 네놈들을 내가 말로는 당해낼 수 없을 테지. 하나같이 충신들이라 그 굳세고 올바른 기개도 존경할 만해. 허나 바로 그런 점이 네놈들에게 화근이 될 줄은 몰랐을 것이다! 나와 대적하는 자들에게 시정잡배 출신인 내가 이런 거 저런 거 따질 것 같으냐? 나는 너희처럼 배웠다는 놈들을 벌로 다스릴 뿐이다. 그러니 네놈들의 그 잘난 입은 아무짝에도 쓸모가 없다."

위충현의 혹형에 양련, 좌광두, 위대중은 연이어 죽어나갔다.

조정 대신들뿐 아니라 그에게 반대한 황후와 후궁들도 예외는 아니었다. 장 황후는 황제 앞에서 위충현을 욕하다 그의 계략으로 유산했고, 위충현에게 불만을 품었던 풍 귀인은 그의 협박과 모함에 못 이겨 결국 스스로 목숨을 끊었다. 위충현은 심지어 자신에게 큰 도움을 줬던 환관 위조魏朝와 왕안王安을 죽이며 은혜를 원수로 갚기도 했는데 위조는 위충현에게 목이 졸려서, 왕안은 맹견에게 물려 비참한 죽음을 맞이했다.

불쌍히 여기는 마음을 가지면 아니 된다
남을 가엾게 여기는 마음으로는
폐하에 대한 자신의 충정을 증명할 수 없다

憐不可存, 憐人者無證其忠.

秘 혹리와 음모자들은 경험상 심문할 때 마음에 동정심이 일어 죄인에게 차마 손을 쓰지 못하게 되는 것을 가장 금기시한다. 억울한 사건을 날조할 때 그들은 양심을 저버리고 사실을 왜곡한다. 혹리에게는 양심에 가책을 느끼거나 측은지심이 생기는 것이 입신의 근본을 잃는 것이나 다름없는데 어떻게 일을 성사시킬 수 있겠는가.

통치자들은 순전히 자신의 호불호에 따라서 충신과 간신을 가렸기 때문에 인의에서 비롯된 행동이라도 통치자의 마음에 들지 않으면 눈 밖에 나거나 도리어 간신으로 지목되기도 했다. 이는 소인배와 혹리들이 악행을 저지르도록 부추겼고 정의로운 사람들마저 적절히 타협하도록 만들어 거칠고 냉혹한 사회 분위기를 조성했다.

조보의 잔인함

조보趙普의 자는 칙평則平으로, 북송의 재상이며 개국 공신이다. 많이 배우지는 못했지만 지모가 뛰어났고 정치에 밝았다. 후주시대에는 조광윤趙匡胤의 추관推官과 장서기掌書記를 역임했다. 조광윤과 진교병변을 일으켜 송나라를 세우는 데 일조했고 북송 초년에 막강한 영향력을 행사한 정치인이다.

조보는 송나라 재상으로 태조의 신임이 두터웠다. 그런데 송 태종 조광의趙光義가 집권하자 노다손盧多遜이 정권을 장악했다. 그는 선대의 원로대신이었던 조보를 밀어내기 위해 태종 앞에서 조보를 헐뜯어 명색이 태자 태보太保였던 그를 무력한 존재로 만들었다. 이에 조보는 괴로워하며 홀로 앉아 자주 탄식하곤 했다.

하루는 조보의 친구가 그를 보며 말했다.

"노다손 그자가 저리 오만방자하게 설쳐대는데 자네는 어찌 가만히 있는 겐가? 이렇게 아무런 항변도 하지 않으면 노다손이 더 기고만장하지 않겠는가? 훗날 자네는 물론이고 자네 가족과 친구들까지 고초를 겪게 될까 봐 걱정일세!"

조보가 의기소침해하며 말했다.

"시대가 바뀌면 사람도 달라지는 거야 늘 있었던 일 아닌가. 썩 유쾌하지는 않지만 그렇다고 분란을 일으킬 생각은 없네. 살면서 매사 남을 이기려고 악착같이 경쟁할 필요가 있겠는가."

노다손은 나약한 조보를 보며 더 악랄한 수를 던졌다. 조보의 매부인 후인보侯仁寶를 외딴 남령南嶺 옹주邕州의 지주知州로 전출시킨 것이다. 그뿐만이 아니라 계략을 써서 폐하를 속여 그가 황명으로 적과 싸우다 전사하도록 만들었다.

매부가 죽자 조보는 생각을 바꿔 똑같이 노다손에게 복수하기로 마음먹었다. 조보는 노다손이 진왕秦王 조정미趙廷美와 사이가 좋아서 총애를 입었다는 것을 잘 알고 있었다. 노다손을 무너뜨리려면 반드시 그의 든든한 뒷배인 조정미를 먼저 무너뜨려야 했다. 그 순간 조보는 망설였다. 진왕과 원수진 일도 없고 평소 왕래도 있고 서로 잘 아는 사이였던 그에게 차마 손을 쓸 수 없었던 것이다. 조보는 이 일을 마음속 깊이 묻어두려 했으나 어느 날 잘못해서 가족들에게 털어놓고 말았다. 가족들은 조보를 타이르며 말했다.

"폐하께서 더 이상 당신을 믿지 않는 건 당신이 남들에게 지나치게 잘

해주고 마음이 너무 물러서 그런 것입니다. 노다손이 우리 식구를 죽이고 숱하게 불법을 저질렀지만 죗값을 받았습니까? 진왕에게 손대지 않으면 노다손을 벌할 방도가 없고 복수는 더 말할 것도 없지요. 헌데 뭘 더 망설이십니까? 진왕은 노다손의 배후인데 그를 가엾게 여길 필요가 있겠습니까? 그자를 계속 이렇게 놔뒀다간 우리가 더 많은 고초를 겪게 될지도 모릅니다."

조보는 가족들의 얘기를 듣고 어느새 마음이 한결 가벼워졌다. 그리고 때를 기다리며 진왕의 일거수일투족을 주시했다.

그러던 어느 날, 진 왕부의 옛 관료인 시우석柴禹錫, 조용趙熔, 양수楊守가 태종에게 진왕이 역모를 꾸민다고 밀고했다. 그리고 노다손이 진왕과 유난히 사이가 가까운 것으로 보아 함께 역모에 가담했을지도 모른다고 말했다. 태종이 조보에게 이 일을 조사하라고 명하자 그는 드디어 복수의 기회가 찾아왔다고 여기며 속으로 기뻐했다.

사실 그자들은 진왕을 무고한 거였다. 조보는 조사를 통해 진왕 조정미는 큰 포부가 없고 그저 대수롭지 않은 넋두리 몇 마디를 했을 뿐이라는 것을 알게 되었다. 노다손도 진왕과 자주 만나기는 했으나 대부분 사적인 얘기를 나눴고 조정과 관련된 일은 전혀 없었다. 조보는 하룻밤을 고심한 끝에 마음을 독하게 먹고 이튿날 태종에게 비밀리에 보고했다.

"진왕과 노다손이 서로 결탁하여 반역을 꾀한 게 벌써 하루 이틀이 아닙니다. 다행히 폐하의 혜안으로 간신을 알아보셨기에 망정이지 그렇지 않았다면 큰 화가 미쳤을 것입니다. 지금은 가까스로 위험을 피했으나 만일을 대비해 속히 결단을 내리시옵소서."

태종은 남몰래 기뻐하고 있었으나 얼굴에는 식은땀이 났다. 태종은 진왕에게 사저로 돌아갈 것을 명하고 그 자녀들의 작위를 전부 없앴다. 인적이 드문 애주崖州로 유배를 간 노다손은 몇 년 뒤 그곳에서 병사했다.

친구라도 응당 엄중히 처벌해야 한다
친구를 돕는 사람은 화를 자초할 뿐이다

友宜重懲, 援友者惟招其害.

秘　　　친구를 대하는 태도를 보면 그 사람의 도덕적 품성과 심성을 알
　　　　수 있다. 혹리와 음모자들은 우정 따윈 아랑곳하지 않고 친구를
중벌에 처해 공과 상을 요구하며 자신을 보전한다. 이런 행태를 보면 그
들이 얼마나 인정사정없고 냉혹한지 짐작할 수 있다. 사실 그들에게 친구
란 관료사회에서 이용 가치가 있고 먹고 즐길 때만 어울리는 사람에 불
과하다. 나쁜 짓을 일삼는데 어떻게 진정한 우정이라고 할 만한 게 있었
겠는가. 도처에 위험이 도사리고 있는 관료사회에서 간교하게 굴지도 않
고 경계심을 늦춘다는 건 굉장히 위험한 일이다. 경미한 사고라도 생기는
날엔 친구라던 사람들이 등을 돌리는 것은 물론이고 돌까지 던질 것이
다. 그들은 아마 돌아서서 안면몰수하고 매정하게 처벌할 테니 도움을 주
리란 기대는 접는 것이 좋다.

주흥의 한탄

　무측천이 임용한 혹리 가운데 주흥周興은 가장 먼저 출세가도를 달렸
고 교활하고 눈치도 빨라서 가히 으뜸이라 할 만했다. 그는 다른 사람에
게 죄명을 날조해 뒤집어씌우는 방법으로 추관시랑秋官侍郞이 된 이후 수
백 명의 무뢰한을 양성해 밀고를 전담하는 사냥개로 삼았다. 주흥은 그들
에게 자주 훈계조로 말했다.

"우리는 오로지 폐하를 위해 충성을 다할 뿐이다. 친아버지라도 과감히 적발해야 한다. 그 외 사람들에게는 더더욱 마음을 약하게 먹어서는 아니 된다. 특히 친구를 대할 때는 분명하게 선을 긋고 더 단호해져야 할 것이다. 그렇게 하지 않으면 너희들의 결백과 충정을 보여줄 수 없고 훗날 스스로 화를 자초하게 되니 이는 영리한 사람이 할 짓이 아니니라."

주흥은 수많은 사람들을 죽였기 때문에 적이 많았다. 그를 암살하려던 자가 있었는데 주흥 곁을 호위하는 사람들도 많고 경비가 삼엄해서 실패하고 말았다. 그 일이 있고 나서 친구를 자처하던 내준신이 주흥에게 말했다.

"나라를 위해 변절자를 제거하고 충성을 다하려는 대인의 뜻은 알겠으나 본인의 안위도 살피셔야지요. 이 나라가 대인을 기둥처럼 여기고 있으니 자신을 위해서가 아니라면 천하의 백성들을 위해서라도 스스로 몸을 소중히 여기셔야 합니다."

주흥은 내준신의 말을 듣고 기분이 좋아져서 말했다.

"역시 날 생각해주는 건 자네뿐일세. 훗날 자네에게 무슨 일이 생긴다면 내가 반드시 힘써줄 터이니 안심하게나."

내준신이 주흥에게 아첨한 건 주흥의 지위와 권세를 염두에 뒀기 때문이었다. 주흥과 좋은 관계를 맺기 위해서 내준신은 그와 함께 자주 음주가무를 즐겼다. 다른 사람들 눈에는 두 사람이 더할 나위 없이 좋은 친구 사이처럼 보였다.

주흥의 원수는 암살이 실패하자 주흥이 역모를 꾀한다고 밀고했다. 무측천은 내준신에게 이 안건의 심리를 맡겼다. 수심에 잠겨 고민하는 내준신을 보며 그의 수하가 물었다.

"대인께서 주흥과 절친한 사이라 걱정하고 계신 겁니까?"

내준신은 쓴웃음을 지며 고개를 흔들었다.

"우정은 뜻이 같은 사람 사이에나 쓰는 말일세. 지금 역모 혐의를 받고 있는 주흥과 나 사이에 어찌 우정이란 게 있을 수 있겠나. 난 주흥 그자가 교활하기 짝이 없어 이 안건 해결이 쉽지 않을 것 같아 걱정하고 있었던 것뿐일세."

내준신의 수하는 뜻밖의 대답에 놀라 숨을 들이켰다.

교활하기론 둘째가라면 서러울 내준신은 일단 생각을 정리한 뒤 술자리에 주흥을 초대했다. 그는 먼저 주흥이 사건 해결의 제일 고수라고 한껏 치켜세우다 이내 근심 어린 표정을 지으며 말했다.

"아주 교활한 죄수 하나가 있는데 제가 이런저런 형구를 다 써봤지만 자백하질 않으니 무슨 좋은 방법이 없겠습니까?"

주흥은 자랑스럽게 대답했다.

"놈이 잡아떼는 건 형벌이 별로 잔인하지 않아서일세. 내가 새로 생각해낸 방법이 있는데 이걸 쓰면 끝까지 버텨낼 자가 없어 순순히 자백하게 된다네."

내준신이 서둘러 주흥에게 술을 따르자 한껏 흥이 오른 주흥은 손짓을 해가며 설명했다.

"커다란 항아리를 하나 가져다 죄인을 그 안에 넣고 숯불을 피우는 거지. 자백하지 않으면 푹 익어버릴 텐데 제 까짓 게 복종하지 않고 배기겠는가?"

그 말을 들은 내준신은 씩 웃으며 큰 항아리를 가져와 숯불을 피우게 한 뒤 말했다.

"폐하의 명을 받들어 역모 사건을 조사하려 하오니 어서 안으로 들어가시지요."

놀란 주흥은 황급히 바닥에 납작 엎드려 연신 머리를 조아리며 말했다.

"대인과 나는 좋은 친구 사이가 아니던가. 누군가가 나를 모함하려는 게 틀림없네. 부디 대인께서 내 억울함을 풀어주시게."

내준신은 경건한 표정을 지으며 차가운 목소리로 말했다.

"우리 사이의 교우는 공의에서 비롯된 것이지 사적인 감정이 있더냐? 계속 함부로 지껄였다가는 결코 가만두지 않을 것이다!"

주흥은 바닥에 엎드려 내준신이 원하는 대로 자백할 수밖에 없었다. 이후 주흥은 발을 동동 구르며 한탄했다.

"사람 보는 눈이 있다고 자부했건만 이렇게 내준신의 손에 내가 무너질 줄이야. 이제 보니 눈 뜬 장님이었구나!"

자신이 먼저 다른 사람에게 죄를 씌우면
본인이 당하는 것을 피할 수 있을지도 모른다
그렇게 하는 게 쉽지는 않겠지만 억지로라도 해야 한다

罪人或免人罪, 難爲亦爲也.

㊙ 남에게 죄를 뒤집어씌우는 데는 여러 가지 이유가 있겠지만 특히 다른 사람에게 똑같은 일을 당하는 것을 피할 수 있다는 이유로 많은 사람들에게 애용된다. 이 방법을 사용하는 사람들은 본인이 남을 해치는 게 스스로 해를 당하지 않기 위한 것이자 먼저 선수를 쳐서 자신을 보호하는 방법이라고 말한다. 봉건전제시대에는 그 말이 일리 있는 것 같지만 인성과 사회적 도의 차원에서 보면 사실 흉악하고 자연의 이치에 어긋나는 행동에 지나지 않는다. 이기적이고 황당무계하며 설득력이 전혀 없는 새빨간 거짓말이다. 혹리와 음모자들은 사람을 속이는 기술이 탁월해서 자신들이 어쩔 수 없는 상황 때문에 그렇게 한 거라고 사람들을 착각하게 만든다. 이런 식으로 그들의 죄상이 합법의 탈을 쓰게 되면서 사람들이 진상을 알기 어려워지는 것이다. 마구잡이로 억울한 사건을 날조하고 무고한 사람을 해치며 육친도 나 몰라라 하는 일은 간신배들과 인간성을 상실한 자들이나 가능하지 선량한 사람은 죽었다 깨어나도 그런 무정한 짓을 할 수 없다.

단도제의 분노

단도제檀道濟는 남조南朝 송나라의 무장으로 동진 말기에 유유劉裕가 후진을 공격했을 때부터 여러 차례 전공을 세워 정남대장군征南大將軍이 되었다. 큰 공을 세웠을 뿐 아니라 싸움까지 잘해서 시기 질투를 받아 살해되었다.《36계》를 단도제가 만들었다고 전해진다.

남북조시대에 송나라 대장군이었던 단도제는 싸움에 능해 숱한 전투에서 전공을 세워 백성들의 신망이 두터웠다. 조정 대신들은 명망이 높았던 단도제를 시기하며 어떻게든 그를 제거하려고 갖은 궁리를 다 했다.

조정에서 관리로 일하는 단도제의 막역한 친구 하나가 소식을 접하고는 급히 단도제에게 서신을 보냈다.

"자네는 대장군 신분으로 병권을 손에 쥐고 있는 데다 용맹스럽고 싸움 잘하는 장수들을 수하로 두고 있지. 거기다 자네 아들들도 군에서 일하고 있으니 이 모든 게 자네의 자랑일세. 허나 이는 남들이 자네를 시기하는 이유가 되기도 한다네. 지금 조정에는 윗선에 자네 험담을 하는 자들이 있어 상황이 좋지 않으니 자리에서 물러나 사죄의 뜻을 전하게나."

단도제는 서신을 읽고 나서 화가 치밀어 아들들에게 말했다.

"내가 전장에서 나라를 위해 적들과 싸운 게 조정의 소인배들이 생각하는 것처럼 그리 파렴치한 일이더냐? 난 나 자신의 영화를 위하지도, 사사로이 이득을 취하지도 않았다. 내 충정은 하늘이 알고 땅이 안다."

단도제의 아들들은 불안해하며 말했다.

"아버님께서 큰 공을 세우시기는 했으나 대대로 억울하게 죽어나간 충신이 부지기수입니다. 헌데 저희가 굳이 버티고 있을 필요가 있겠습니까? 차라리 사직하고 고향으로 돌아가 조용히 지내는 게 좋겠습니다."

단도제는 긴 한숨을 내쉬며 아들들에게 말했다.

"지금 나라가 위태롭고 전쟁이 끊이질 않는데 대장군인 내가 화를 면하자고 나라를 버리면 대장부로서 할 도리가 아니다. 영명하신 폐하께서 내 충정을 알아주시길 바라는 수밖에."

팽성왕彭城王 유의강劉義康은 단도제의 재능을 귀하게 여겼지만 그를 막을 사람이 없어 혹 딴 마음을 먹지 않을까 두려워했다. 가까운 신하들이 수차례 유의강을 찾아와 직접 나서서 단도제를 잡아들이라고 권했다.

"폐하의 육친으로서 마땅히 폐하의 염려를 덜어주셔야 합니다. 단도제는 문무에 출중하고 병권을 쥐고 있어 역모를 일으키는 날엔 당해낼 자가 없습니다. 지금 그자에게 죄를 씌우지 않으시면 훗날 도리어 역공을 당할지도 모릅니다. 그자가 선수를 치기 전에 저희가 먼저 손을 써야 되지 않겠습니까? 이는 선택할 수 있는 문제가 아닙니다. 부디 요행을 바라는 마음은 접으십시오."

유의강은 마음을 굳히고 말했다.

"단도제, 그대가 죽지 않으면 내가 죽으니 부디 나를 원망 마시게."

얼마 후 송나라 문제文帝가 중병이 들자 유의강이 조서를 작성해 국사 논의를 명목으로 단도제를 불러들였다. 단도제가 급히 떠날 채비를 하는 동안 그의 아내가 말했다.

"이번 일은 너무 갑작스러운 데가 있어요. 착해빠진 당신이 이렇게 서둘러 갔다가 무슨 일이라도 당할까 봐 걱정입니다."

단도제는 아내를 안심시키며 말했다.

"조정에서 부르는 건 필시 전쟁과 관련된 일일 텐데 이상할 게 뭐 있겠소? 더군다나 내가 잘못한 것도 없으니 두려워할 것도 없질 않은가? 얼른 다녀올 테니 걱정 마시구려."

단도제는 입궁해 폐하를 알현하고 문안을 여쭌 뒤 돌아가려고 했다. 그러자 팽성왕이 극구 말리더니 짐짓 친절한 체하며 말했다.

"오시느라 고생 많으셨을 텐데 며칠 쉬었다 가시지요. 내가 폐하를 대신해 장군을 모실 수 있도록 말이오."

단도제는 팽성왕의 호의를 거절할 수 없어 남기로 했다. 유의강은 몰래 모든 준비를 마친 뒤 다시 단도제를 궁으로 불러들여 체포했다. 그리고 그가 역모죄를 저질렀다는 조서를 낭독했다. 단도제는 불시에 일격을 당하자 화를 참지 못하고 말했다.

"네놈들의 이런 짓거리는 화를 자초할 뿐이다!"

하지만 상황이 이렇게 된 이상 단도제의 말은 공허한 울림에 지나지 않았다. 그가 죽고 나서 진상을 알지 못하는 사람들은 큰 화근을 없앴다며 다행으로 여겼다.

【秘】 형법은 범죄를 확정할 때 본래 사실을 근거로 한다. 사실에 근거하지 않을 경우 처벌 방식은 집권자가 민중과 정적 政敵 을 상대하는 수단이 된다.

【秘】 혹리 酷吏들은 혹독한 수단을 써서 신체에 상해를 입히는 데도 탁월한 능력을 발휘하지만 정신적인 충격요법을 쓰는 데도 타의 추종을 불허한다.

【秘】 혹리와 음모자들은 그간의 경험으로 심문할 때 죄인을 동정하여 차마 손을 쓰지 못하는 것이 가장 위험하다는 사실을 잘 알고 있다.

【秘】 위험이 도처에 도사리고 있는 관료사회에서 영악하게 처신하지 않고 경계심을 갖지도 않는 것은 매우 위험하다.

비책 11

적을 처벌하는 법

사람을 복종하게 만들 때 형벌을 가하지 않으면 목적을 이룰 수 없다. 고문을 할 때는 방법에 변화를 주는 것이 중요하다. 고문 수단에 제한을 두지 않으면 사람들은 죄를 인정하고 법 앞에 굴복하게 된다. 지혜로운 사람은 재앙을 두려워하고 어리석은 사람은 형벌을 두려워한다. 말로 사람을 죽이는 게 처벌의 상수다. 총명한 사람은 눈앞의 객관적인 형세를 제대로 보고 어리석고 고집스러운 사람은 오로지 이치에 맞는지만 따지려고 든다. 죽음은 받아들일 수 있지만 고통은 견디기 힘들기 때문에 중형을 가해 그들이 감내할 수 없는 것을 얻어낸다. 지식인은 굴욕을 견디지 못하고 사람들은 가족이 연루되는 걸 두려워한다. 충분한 증거를 얻지 못하면 진짜로 증거를 위조한 것처럼 된다. 형벌로도 어쩌지 못하는 부분이 있지만 모함으로는 무슨 일이든 성사시킬 수 있다. 누군가에게 명분 없이 죄를 더하는 것을 걱정하기보다 의심하지 않는 군주를 걱정해야 한다. 형을 당하는 사람은 사람 취급을 받지 못하지만 남을 징벌하는 사람 본인은 징벌을 당하지 않는다. 비인간적인 대우를 받는 것은 용렬하고 징벌을 받지 않는 것은 고귀하다. 비천한 사람은 남에게 휘둘리며 짓밟히지만 고귀한 사람은 다른 사람의 생사존망을 좌우한다.

사람을 사지로 몰아 가려면
역모죄로 모함하는 게 가장 효과적이다
사람을 복종하게 만들 때
형벌을 가하지 않으면 목적을 이룰 수 없다

致人於死, 莫逾構其反也, 誘人以服, 非刑之無得焉.

秘　예나 지금이나 음모자들은 사람을 역모죄로 모함하는 데 능하
다. 역대로 혹독한 고문을 가해 자백을 강요하는 방법은 혹리들
에게 애용되었다. 통치자라면 누구나 모반을 두려워했기 때문에 매우 민
감하고 의심이 많았다. 그래서 극도로 잔혹한 수단을 써서 정적政敵에게
타격을 입히고 반대 세력을 숙청했다. 사람들은 대개 육체적 징벌을 두려
워해서 혹형을 가했을 때 마지막까지 버티는 사람이 거의 없다. 혹리들은
사람들의 이런 약점을 이용해 자신들의 뜻에 따르도록 핍박하고 아무 거
리낌 없이 억울한 사건을 날조한다. 음모자의 수단과 혹리들의 수법은 누
군가를 겨냥하고 치밀하게 계획을 세운 것이기 때문에 상대를 정확하게
공략할 수 있고 상당히 위협적이다. 따라서 치명적인 영향을 끼치는 경우
가 많아 여간해서는 견뎌내질 못한다.

음모에 빠진 양수

양수楊秀는 수 문제 양견楊堅의 넷째 아들로 촉왕蜀王에 봉해졌다. 둘
째 아들 양광楊廣은 음모를 꾸며 양용楊勇을 죽이고 스스로 태자 자리에
올랐는데 자신의 지위를 굳건히 하기 위해 양수를 잠재적 적수로 인식
하고 호시탐탐 그를 없앨 궁리만 했다. 양광은 자신에게 의탁한 권신 양
소楊素를 불러서 말했다.

"양수가 살아 있으니 도통 마음을 놓을 수가 없소. 무슨 좋은 방법이 없 겠는가?"

양소는 살며시 미소 지으며 말했다.

"양수는 너그럽고 무던한 성품이라 허물을 들추기가 쉽지 않사옵니다."

양광은 불안해하며 볼멘소리를 냈다.

"지략이 뛰어난 자네에겐 그런 것쯤은 문제가 되지도 않을 텐데, 설마 양수의 사정을 봐주려는 건 아니겠지?"

양소는 손을 내저으며 정색했다.

"오해십니다. 소신 생각에는 양수를 사지로 내몰아 철저하게 무너뜨리려면 역모죄를 씌우는 수밖에 없습니다. 허나 폐하께서 쉽게 믿어주시겠습니까? 더군다나 양수의 사람됨이나 평소 행실로 보아 조정 대신들도 그가 역모를 꾸몄다고 믿을 리 만무합니다. 이 일은 반드시 성공시켜야 하는 만큼 소신이 좀 더 심사숙고해서 확실한 계획을 세울 수 있도록 윤허하여 주십시오."

양소는 수 문제 앞에서 양수의 험담을 자주 늘어놓으며 그가 믿게끔 일부러 비밀스럽게 거짓 보고를 했다.

"양수가 자신을 천자의 상相이라고 말하던데 폐하께서는 어찌 생각하십니까?"

그 말을 들은 수 문제에게 반감이 생기는 건 당연했다. 시간이 지나면서 양소의 중상모략으로 화가 머리끝까지 치민 수 문제는 양수를 상경하라 이른 뒤 양소에게 그의 심문을 맡겼다.

어렵게 기회를 잡은 양소는 양수를 놔줄 생각이 없었다. 양소는 양수가 역모를 꾀했다는 자백을 하도록 타일렀지만 뜻대로 되지 않자 살기등등해서 소리를 질렀다.

"네놈이 황자이기는 하나 지금은 죄인이다. 여기 여러 혹형들이 준비

돼 있으니 하나하나 맛 좀 보거라."

혹형이 가해지자 귀하게 자란 양수는 연신 비명을 질러댔고 양소는 아무것도 못 본 사람처럼 옥졸에게 고문 강도를 높이라고 다그치기만 했다. 얼마 못 가 혼절한 양수는 자신을 깨운 양소를 보더니 귀신이라도 본 것처럼 온몸을 덜덜 떨었다. 그리고 폐하가 일찍 죽기를 바라며 저주하고 역모를 꾀했다고 자백했다. 구두자백을 받은 양소는 양광에게 희소식을 전하러 갔다. 크게 기뻐하던 양광은 양소에게 말했다.

"양수가 자백하기는 했지만 증거가 부족하질 않소. 영명하신 부황께서 믿어주신다는 보장도 없는데 어찌하면 좋겠는가?"

양소는 잠시 생각하더니 말했다.

"예전부터 주술로 사람을 해하는 건 있어왔는데 태자께서는 어찌 그 죄명을 양수에게 씌우시지 않는 겁니까?"

주술은 미신으로 사람을 해치는 방법인데, 인형을 하나 만들어 그 위에 죽이고 싶은 사람 이름과 저주의 말을 적고 인형 몸에 못을 잔뜩 박아서 땅에 묻은 뒤 그 사람이 죽게 해달라고 신 앞에 기도를 드리는 것이었다. 양광은 목각인형 두 개를 만들어 각각 부황인 양견과 막내 아우인 한왕漢王 양량楊諒의 이름을 적고 두 사람이 빨리 죽기를 바라는 저주의 말까지 적어 화산華山 기슭에 묻으라고 시켰다. 모든 준비를 마친 양소는 입궁해서 수 문제를 알현하고 양수의 자백서를 제출한 뒤 '주술'에 관한 일을 낱낱이 보고했다. 수 문제는 자백서를 보더니 분노에 차서 양수에게 죽일 놈이라고 욕을 해댔다. 양소가 화산 기슭에서 목각인형을 찾아와 보여주자 수 문제는 노발대발하며 말했다.

"양수 이놈이 이렇게까지 악랄했다니, 내 상상을 초월하는구나!"

수 문제는 양수를 참수하려고 했으나 조정 대신들이 극구 말리는 바람에 그의 목숨만은 살려주었다. 양수는 서인으로 강등되어 부중에 갇혀 처자식과 더는 만나지도 못했다.

고문을 할 때는 방법에 변화를 주는 것이 중요하다
고문 수단에 제한을 두지 않으면
사람들은 죄를 인정하고 법 앞에 굴복하게 된다

刑有術, 罰尙變, 無所不施, 人皆授首矣.

🔒 사람이 죄를 인정하게 만들 때 형벌의 수단을 적시에 운용하고 새롭게 변화를 주는 목적은 단 하나다. 바로 사람이 고통을 견디지 못하고 극도의 두려움을 느끼게 함으로써 더 이상 저항하지 않고 순순히 자백하도록 만들기 위해서다. 억울한 사건을 날조하는 사람들은 머리를 쥐어짜서 사람이 혼비백산할 정도의 혹형들을 생각해낸다. 더 강력하게 학대하고 정신적인 공포심을 자극해 가능한 한 빨리 자백하게 함으로써 수고를 덜고 단시간에 사건을 종결한다. 인간성을 상실한 형 집행자들은 혹형을 가하면서 즐거워하고 다른 사람을 학대하는 것을 영광으로 여긴다는 점을 짚고 넘어갈 필요가 있다. 이는 그들의 변태적인 심리와 극단적 잔인함을 반영하고 있으며 봉건전제제도에서 사람의 모든 것이 왜곡되고 심지어 인류가 자랑스러워하는 지혜마저도 살인을 돕는 도구로 전락해버렸다는 사실을 보여준다.

혹리들의 발명

무측천이 총애하던 혹리들 중에서 내준신은 '발명과 창조'에 뛰어난 재주가 있었다. 그가 만든 혹형이 어찌나 무시무시했던지 무측천과 무씨 종친들뿐만 아니라 모든 정부 관원들과 백성들도 하나같이 무서워 벌벌 떨 정도였다.

불완전한 통계에 따르면 내준신이 피고를 심문할 때 썼던 혹형 중에 '칼'(枷) 하나만 해도 그 종류가 열 가지나 됐다고 한다. 형벌의 강도를 보면 가볍게는 사지를 절단하고 무겁게는 현장에서 바로 목숨을 잃었다. 내준신은 심문하기 전에 늘 피의자로 하여금 먼저 무고한 사람에게 형을 집행하는 모습을 지켜보게 했는데 두 눈을 감지도 못하게 막았다. 가슴이 찢어질 듯한 울부짖음과 참혹한 광경을 보며 그 자리에서 놀라 기절하는 피의자도 있었고 심지어 충격을 받고 반신불수가 되거나 정신착란 증세를 보이는 피의자도 있었다. 이 방법으로 내준신은 피의자를 고문하지 않고도 자백을 받아내 수많은 안건들을 해결할 수 있었다.

조정 대신들은 내준신의 사건 처리 능력에 의구심을 품고 무측천에게 진언했다.

"혼자서 역모를 꾸몄다고 자백하면 자신은 물론이고 일가족이 몰살될 게 뻔한데 어떻게 순순히 죄를 인정할 수 있습니까? 소신들은 내준신이 거짓으로 꾸며 의도적으로 폐하를 기만하고 있다는 의심이 듭니다!"

무측천도 의아하게 여겨 묻자 내준신이 해명했다.

"이는 어려운 사건이기 때문에 소신의 방법이 진가를 발휘할 수 있는 것입니다. 끝까지 버틸 작정을 하고 심지어 자살까지 시도하는 자들도 있으나 소신이 생각해낸 혹형을 받으면 살 수도 없고 그렇다고 죽을 수도 없어 죽음보다 더 고통스러워합니다. 그러다 더 이상 참을 수 없게 되면 고비를 넘기기 위해 사실대로 털어놓게 되는 것이지요."

그 말을 들은 무측천은 가타부타 말이 없었다. 여인의 몸으로 이씨 정권을 찬탈했을 당시 수많은 사람들의 반대에 부딪쳤던 그녀였다. 무측천은 자신의 왕조를 지키기 위해서 혹리들을 임용하는 극단적인 정책을 폈는데 이는 표면상 합법적으로 보이는 대규모 학살을 자행하기 위해서였다.

무측천이라는 최고 권력자의 지원에 힘입어 혹리들이 대거 등장했다.

자신의 능력을 발휘해 공을 세우려고 혹리들은 기발한 혹형들을 생각해 냈다. 중용되기 위해서 혹리들이 날조한 억울한 사건들은 점점 늘어났는데 이 모든 것이 그들이 '발명'한 혹형에서 비롯되었다.

내준신의 혹형 중에는 듣기 좋은 이름들이 많았는데 내준신은 이 분야에서 궁극의 상상력을 발휘했다. 아름다운 이름과는 정반대로 이 혹형들은 잔혹하고 악독하기가 이를 데 없었다. '봉황전시'(鳳凰展翅. 봉황이 날개를 펼치다)는 피고를 작은 나무에 묶고 밧줄을 비트는 것처럼 두 팔을 비트는 형벌인데 고통이 이루 말할 수 없었고 얼마 안 가서 피고의 팔이 부러졌다. '여구발궤'(驢駒拔橛. 당나귀와 말이 말뚝을 뽑다)는 피고를 기둥에 묶어 고정시키고 다시 밧줄을 목에 묶어서 앞으로 끌어당기는 형벌인데 바로 자백하지 않으면 숨이 끊어졌다. '선인헌과'(仙人獻果. 선인이 과일을 바치다)는 피고를 발가벗긴 채로 깨진 기와 조각 위에 무릎 꿇린 뒤 두 손으로 목에 씌우던 칼을 정수리까지 들어 올리게 하는 형벌인데 조금만 지나면 뼈에 사무칠 정도로 무릎에 통증이 밀려오고 피가 철철 흘렀다. '옥녀등제'(玉女登梯. 선녀가 계단을 오르다)는 피고를 높은 계단에 오르게 한 뒤 밧줄을 목에 묶어서 뒤쪽으로 잡아당기는 형벌인데 자백하지 않으면 밧줄을 힘껏 당기기 때문에 질식해서 숨지거나 바로 죽지 않더라도 계단에서 떨어져 죽었다.

색원례索元禮도 유명한 혹리 중 하나로 그가 발명한 혹형은 독창적인 데가 있었다. 그는 특별 제작한 철롱鐵籠에 피고의 머리를 넣게 했다. 철롱 안에 쇠바늘을 잔뜩 박아놨는데 바로 자백하지 않으면 철롱 속에 있는 쇠바늘이 갑자기 늘어났다 줄었다 하면서 피고의 머리에 구멍을 뚫어 벌집처럼 만들어버렸다. 또 피고를 거꾸로 매달고 머리에 돌덩이를 묶었는데 반항하면 돌의 무게를 늘렸다. 색원례의 혹형 중에 가장 유명한 것은 쇠로 피고의 머리를 고정시킨 뒤에 빈틈으로 나무못을 박는 형벌이었다. 죄를 인정하지 않으면 나무못을 힘껏 내리쳤기 때문에 피고는 뇌수가 터져 죽었다.

　후사지侯思止는 문맹인 혹리였는데 별다른 기술은 없었으나 단 한 가지 방법으로 사람의 간담을 서늘하게 만들었다. 그는 피고의 두 다리를 묶어 바닥에 질질 끌고 다녀서 자백하지 않으면 피고의 몸과 머리가 만신창이가 되었다.

지혜로운 사람은 재앙을 두려워하고
어리석은 사람은 형벌을 두려워한다
말로 사람을 죽이는 게 처벌의 상수다

智者畏禍, 愚者懼刑, 言以誅人, 刑之極也.

秘 혹리와 음모자들이 남을 괴롭히는 수법 중에 공갈협박의 위력을 무시할 수 없다. 혹리들은 싸우지 않고도 굴복시키는 이 방법을 중시했다. 힘들이지 않고 죄인이 시원하게 자백하도록 만들 수 있으니 중시할 수밖에. 문제는 이 방법을 쓸 수 있는 사람이 많지 않다는 것이었다. 공갈협박을 하려면 머리가 비상해야 하는 건 물론이고 죄인에 대해 속속들이 알고 있어야 심리전을 쓰든 협박과 회유를 하든 해서 죄인의 경계를 철저히 무너뜨릴 수 있기 때문이다. 여기에서 지혜로운 사람과 어리석은 사람은 그 태도와 약점이 다르다. 지혜로운 사람은 재앙을 두려워한다. 알아듣게 타일러서 결과의 심각성을 알게 해주기 때문에 더 이상 완강하게 버티지 않는다. 하지만 어리석은 사람은 실패하기 전까진 방법이나 생각을 바꾸지 않는다. 형벌의 고통을 경험해보지 않고서는 끝까지 희망을 버리지 않는 것이다. 혹리와 음모자들은 죄인들의 이런 행동 특성을 파악하고 있어서 행동의 차이를 두는 데 치중한다. 이런 점에서 혹리들은 '괴롭히기의 고수'이자 '심리의 대가'들이라 할 수 있다.

노기의 흉계

당나라 덕종德宗 때 재상이었던 노기盧杞와 양염楊炎은 서로 헐뜯고 비방하는 물과 기름 같은 존재였다. 노기는 양염을 조정에서 밀어내려고 몇 차례 시도를 했었다. 하지만 덕종이 이재에 밝고 글재주까지 뛰어난 양염을 곁에 두려고 했기 때문에 계획이 번번이 실패로 돌아간 노기는 무척이나 초조해했다.

하루는 노기가 그의 심복에게 고민을 털어놓자 심복이 계책을 하나 내놓았다.

"폐하께서 양염을 신임하시는데 대인께서는 날마다 양염의 험담을 하고 계시니 이렇게 가다가는 폐하께서 대인을 의심할 것입니다. 그렇게 되면 양염을 무너뜨리기는커녕 도리어 대인께서 화를 입으실지도 모릅니다. 대인께서는 가능한 한 정확한 때를 노리십시오. 겉으로는 나쁜 말을 하지 않되 속으로는 칼을 숨기고 계시는 겁니다. 폐하께서도 쉽게 받아들이실 테고 양염도 알아채지 못할 테니 이보다 더 좋은 방법이 어디 있겠습니까?"

노기는 깨달음을 얻고 때를 기다렸다. 그리고 얼마 후 번진(藩鎭. 지방 군대의 최고 지휘관) 양숭의梁崇義가 반란을 일으키자 덕종은 또 다른 번진인 이희렬李希烈에게 반란군 진압을 명했다. 그러자 양염은 거듭 말리며 말했다.

"이희렬은 탐욕스러운 야심을 가진 자라 양숭의와 다를 게 없습니다. 그자가 만약 반란군을 진압해 공을 세우면 기고만장해서 조정을 멸시하면 더 큰 화가 되지 않겠습니까?"

덕종은 그의 말을 듣지 않았지만 양염은 극렬하게 반대하고 나섰다. 덕종은 그런 양염을 못마땅하게 여겼고 곧바로 이희렬에게 출병을 명했다. 공교롭게도 폭우가 내려 이희렬은 준비 부족으로 고생했고 길도 질퍽거려 출병이 미뤄졌다. 노기는 이때다 싶어 덕종에게 말했다.

"양염이 폐하께 무례를 범한 건 말할 것도 없고, 이제는 이희렬마저 양염이 자신을 험담했다는 이유로 출병을 거절하고 있습니다. 양염이 이런 식으로 일을 그르치면 안 되는 것 아닙니까! 반란을 평정하려면 하루도 지체해선 안 되거늘, 폐하께서는 어째서 임시로나마 양염의 재상직을 박탈하고 이희렬의 출병을 돕지 않으십니까? 반란을 평정한 뒤에 다시 복직시켜도 양염에게 해가 될 게 없습니다.”

노기의 말에는 어떠한 의도도 드러나지 않았고 양염을 공격하는 언사도 없었다. 덕종은 반란을 평정하는 데 급급해 노기의 말대로 했다. 양염은 재상직을 박탈당했고 노기는 대권을 손에 쥐었다. 노기는 기세를 몰아 양염에게 재기할 기회조차 주지 않기 위해 그가 역심을 품었다고 모함했다. 하지만 덕종은 노기의 터무니없는 모함을 믿지 않았다.

“양염 그자는 내가 잘 아네. 총명하고 일 처리도 사려 깊은 자일세. 양염이 역모를 꾸미다니, 아무런 근거도 없이 그런 얘기를 하면 누가 믿겠는가.”

노기는 좌절을 맛봤지만 낙심하지 않았다. 그는 양염에 관한 정보를 수집한 뒤 억지로 끼워 맞춰서 증거로 삼을 생각이었다. 그러다 양염이 장안 곡강지曲江池에 조상을 모실 사당을 지었다는 것을 알고 덕종에게 이를 왜곡해서 전했다.

“양염이 작심하고 역모를 꾸미는 게 틀림없습니다. 그곳에 제왕의 기운이 있다는 건 누구나 다 아는 데다 조정에서도 거기에 건축을 금해왔습니다. 과거에 현종께서 재상 소숭蕭嵩에게 그곳에 지었던, 조상의 신주를 모신 사당을 옮기라고 명한 바 있습니다. 그런데 지금 양염은 이를 알고도 죄를 범했으니 그 음험한 속내가 드러난 게 아니고 무엇이겠습니까?”

이번에는 덕종도 노기의 말에 놀라 즉시 양염을 애주崖州로 유배 보냈다. 이후 노기의 거듭된 이간질에 넘어간 덕종은 결국 양염을 죽이고 말았다.

총명한 사람은 눈앞의 객관적인 형세를 제대로 보고 어리석고 고집스러운 사람은 오로지 이치에 맞는지만 따지려고 든다

明者識時, 頑者辯理, 勢以待人, 罰之肇也.

㊙ 옛말에 시대의 요구나 당면한 정세를 정확하게 아는 자가 걸출한 인물이라고 했다. 혹리와 음모자들은 그들과 대적하고 자백을 거부하는 사람을 세상 물정 모르는 사람이라고 여겼다. 이는 그들이 얼마나 오만방자했는지를 설명해주는 동시에 시비가 뒤바뀌고 혹형이 공공연하게 일어나던 봉건전제시대의 실상을 보여준다. 이런 어두운 현실에서는 공리公理가 버려지고 정의는 묵살된다. 모든 일은 이치로 설명할 수 없고 강권과 폭행 때문에 권력자의 의지대로 따를 수밖에 없다. 그들의 뜻에 따르지 않으면 역적이 되어 잔혹한 형벌을 받았다. 이처럼 독단적이고 고압적인 작태로 인해 사람들은 남들 하는 대로 따라가고 어쩔 수 없이 참고 견뎌냈다. 한편 통치자가 징벌하는 핵심과 취지는 더욱 퇴색되었다. 형세의 변화에 따라 불복종자들과 비협조자들을 공격하고 모함하며 어떻게든 죄명을 날조했다. 이것이 혹리정치가 낳은 근간이자 봉건사회 기풍이 날로 악화되고 도덕적 타락을 야기한 근본적인 원인이다.

장창의 약점

한나라 선제宣帝 때 장창張敞은 교동膠東에서 경사京師로 조정으로부터 부름을 받아 경조윤京兆尹에 임명되었다. 처음 와서 모든 게 낯설었던 장창에게 어떤 마음씨 좋은 사람이 일깨워주었다.

"이곳은 다른 곳과 달리 권력자들의 비호를 받고 있어 도적이 창궐하고 감히 나서서 관리하려는 사람이 없습니다. 그러니 섣불리 나서지 마시고 그냥 모르는 척 눈감아주시면 됩니다."

장창은 불의라면 치를 떠는 사람이라 이에 반박했다.

"경사의 책임자로서 어찌 도적들이 설치도록 놔두며 나라의 녹을 축낼 수 있단 말이오? 이런 식으로 가다가는 관료와 도적들이 결탁하고 정의가 바로서지 못해 조정이 무너지고 말 것이오. 다행히 내가 이 자리에 올랐으니 악을 뿌리 뽑아 나라에 충성을 다할 것이외다."

장창은 도적을 없애겠다고 결심한 뒤 먼저 장안에 있는 어르신들에게 상황을 설명하고 도적들의 자세한 거처를 알아보게 했다. 그런 다음 세심하게 사람을 배치하고 행동 방안을 세웠다. 그때 누군가가 건의했다.

"이곳은 도적들이 많아 힘으로 직접 맞서기보다는 머리를 써야 합니다. 만약 대인께서 소인의 계략대로 하신다면 모든 도적들을 일망타진하고 수고를 덜 수 있습니다."

장창은 건의한 사람의 의견대로 강도의 두목들을 찾아서 형벌과 도리로 설득하고 타일러 죄를 인정하게 한 뒤 그들을 관청의 말단 관리로 봉했다. 장창의 이런 조치를 본 많은 사람들이 의아해했고 그를 탓하며 말했다.

"놈들을 벌하지 않는 건 그렇다 칩시다. 헌데 관직까지 주다니 제정신입니까? 이래서 어떻게 남을 설득할 수 있겠소?"

장창은 아랑곳하지 않고 소신대로 밀어붙였다. 두목의 수하들은 자신들의 두목이 관리가 된 것을 보고 방방곡곡에서 축하를 하러 왔다. 두목들은 장창의 분부에 따라 수하들에게 억지로 술을 먹여 취하게 만든 다음 흥토로 옷에 표식을 해두었다. 술자리가 끝나자 밖에서 지키고 있던 관원들이 표식을 보고 문을 나서던 강도들을 체포해서 재판에 넘겼다. 이렇게 해서 장창은 짧은 시간 안에 도적떼를 소탕했고 수도 장안은 안녕을 되찾았다.

조정의 권세가들은 인심을 크게 얻은 장창의 조처를 속으로 못마땅하게 여겼다. 대놓고 도적들을 변호할 수 없어 백방으로 장창의 허물을 찾아 어떻게든 보복할 생각뿐이었다. 그런데 장창은 흠이라고는 눈곱만큼도 찾을 수 없는 사람이라 권세가들은 초조해졌다. 그들은 장창이 평소에 아내의 눈썹을 그려준다는 얘기를 듣고 이것을 약점 삼아 황제에게 일러바쳤다.

"장창은 대신의 체통을 지키지 않고 상스러운 행동을 하고 있습니다. 이렇게 경박한 자를 조정에 발붙이게 해서는 안 됩니다. 부디 폐하께서 법의 기강을 바로 세우시고 장창을 파면하소서."

중정衆情이 들끓고 장창을 없애자고 주장하는 사람들이 늘어났다. 선제는 장창을 불러 면전에 대고 물었다.

"그들이 말한 게 사실이냐?"

장창은 분노가 치밀었지만 꾹 참고 고개를 끄덕였다.

"이는 규방의 사적인 일이온데 그들과 무슨 상관이 있으며 조정과는 또 무슨 상관이 있겠습니까? 그들이 별것도 아닌 일을 크게 키우는 데는 다른 꿍꿍이가 있는 듯하니 폐하께서 부디 저를 위해 살펴주시옵소서."

선제는 잠시 말이 없다가 대답했다.

"말은 그렇다 해도 자중하시게."

이후 장창은 수많은 공훈을 세웠지만 선제는 그를 중용하지 않았다. 조정의 권세가들도 장창의 약점을 물고 늘어져 장창에 대한 공격과 비난은 멈추지 않고 계속되었다.

죽음은 받아들일 수 있지만
고통은 견디기 힘들기 때문에
중형을 가해 그들이 감내할 수 없는 것을 얻어낸다

死之能受, 痛之難忍, 刑人取其不堪.

秘   죽음의 고통은 잠깐이지만 육체적 괴로움과 학대는 사는 것보다 차라리 죽는 게 낫다고 느끼게 만든다. 이런 생생한 고통을 겪으면 사람은 빨리 죽기를 바라게 되고 죽음도 두렵지 않다고 여긴다. 혹리와 음모자들이 사람들의 이런 심리를 파악하고 있는 건 당연하다. 그들이 원하는 건 사람들이 혹형을 견디지 못하고 굴복하는 것이다. 따라서 일부러 고문당하는 사람을 죽이지 않고 온갖 방법을 동원해 못살게 군다. 심지어 신체적 형벌을 가하는 동시에 정신적으로 모독하고 명예를 훼손한다. 공격이 먹혀들기만 하면 그들은 주저 없이 이행하는 것이다. 사람의 의지력과 인내심은 한계가 있어서 수단 방법을 가리지 않는 무차별 공격 앞에 혹리와 음모자들의 간계가 실현되곤 한다. 혹리들이 누군가의 임관과 승진으로 장차 한 자리 할 수 있다는 기대감에 서로 축하하며 축배를 들 때 그들의 추행은 역사에 주홍 글씨처럼 새겨져 오명을 남길 것이다.

주홍의 능력

주홍이 처음 혹리가 됐을 때 잔혹한 수단, 재빠른 눈치, 신속한 사건 해결로 무측천의 환심을 샀다. 당시 재상이었던 위현동魏玄同이 무측천에게 한번은 이런 말을 했다.

"주흥은 마구잡이로 학살을 자행하고 사람이 교활하니 그를 너무 믿지 마시옵소서. 그자는 지나치게 겁이 없어 언젠가 극단적인 일을 벌여 폐하께서 난처해지실까 저어됩니다!"

이 일을 알게 된 주흥은 위현동을 다음 공격 대상으로 정한 뒤 밤낮으로 어떻게 그의 죄를 다스릴지 궁리했다.

전공이 탁월했던 대장 흑치상黑齒常은 위현동을 깊이 존경해서 두 사람 사이에 평소 왕래가 잦았다. 주흥은 두 사람이 함께 놀러 갈 때 따르는 거마와 종자의 수가 많은 것을 보고 좋은 생각이 떠올라 즉시 무측천에게 보고했다.

"조정 대신과 군대를 통솔하는 대장이 친밀한 관계를 유지하며 그림자처럼 붙어 다니는 게 정상적인 일이라고 보십니까? 현재 위현동과 흑치상의 교분이 미심쩍은 데다 그들이 역모를 일으킬 거라고 보고한 자도 있습니다. 금일 두 사람이 함께 길을 나서는 걸 봤는데 호위하는 병사들도 많고 눈에 띈 터라 폐하께 아뢰러 왔습니다."

무측천이 주흥에게 이 일을 철저히 조사하라 명하자 주흥은 위현동과 흑치상을 잡아 심문했다. 처음에 주흥은 수하들에게 이 안건을 처리하게 했다. 하지만 며칠 뒤 수하가 주흥에게 보고했다.

"위현동과 흑치상은 어떤 수단과 방법도 통하지 않는 자들입니다. 자백하지 않으니 어쩔 수 없이 대인께서 나서주셔야겠습니다."

주흥은 속으로 놀랐지만 냉소를 띠며 말했다.

"무능한 것들. 이 몸이 나서면 그놈들 체면을 세워주는 게 아니냐?"

수하들은 입을 모아 주흥의 능력이 너무 출중해 비할 자가 없다며 한껏 치켜세웠다. 아부에 기분이 좋아진 주흥은 그들에게 자신만만한 어투로 말했다.

"그런 독종들을 만났으니 너희들 힘으로는 어림도 없었을 것이다. 이 몸이 하는 걸 잘 보거라. 우리 같은 일을 하는 사람들이 이런 능력도 없어서야 되겠느냐? 그놈들이 역모를 꾀한 정황이 의심스러운 경우는 말할 것도 없고 억울한 누명을 쓴 게 확실하더라도 순순히 자백하게 만들어야 한다. 이걸 해내지 못하면 우리가 어찌 살아갈 수 있겠느냐."

이렇게 해서 주흥이 직접 두 사람을 심문하게 되었다. 위현동과 흑치상은 주흥을 보더니 욕을 있는 대로 퍼부어댔다. 그러자 주흥이 서늘하게 웃으며 말했다.

"네놈들이 한 짓은 죽음을 재촉하고 죄를 모면하기 위함이라는 걸 내가 모를 줄 아느냐? 솔직히 말해서 네놈들이 얌전히 굴복하고 사실대로 자백하면 내가 폐하께 네놈 가족들 목숨만은 살려달라 청할 것이다. 자백하지 않으면 네놈들이 죽는 건 물론이고 갖은 혹형을 견뎌야 한다. 네놈들 가족도 연루되어 목숨을 잃겠지. 이렇게 되면 피해가 막심할 텐데 그래도 이렇게 끝낼 테냐?"

말이 채 끝나기도 전에 위현동과 흑치상은 이미 식은땀이 줄줄 흘렀고 안색이 변했다. 두 사람은 서로 마주 보다 어느새 고개를 숙이고 긴 한숨을 내쉬었다. 위현동이 먼저 입을 열었다.

"우리가 비록 억울한 누명을 썼지만 가족을 위해서 대인께 차마 억울함을 호소할 수 없구려. 부디 사정을 봐준다면 죽더라도 여한이 없을 것이오."

주흥은 연거푸 그러겠노라고 대답했다. 위현동과 흑치상은 눈물을 흘리며 죄를 시인했고 무측천은 그들에게 사형을 명했다.

이후 주흥의 수하가 주흥에게 비결을 묻자 그는 간사한 웃음을 지으며 대답했다.

"한 명은 재상이고 한 명은 대장이라 평범한 방법은 먹히지 않을 뿐더러 그들은 필시 자기 몸도 돌보지 않을 게 뻔하니 다른 곳을 공략할 수밖에 없었지. 아비가 자기 자식을 걱정하는 건 인지상정이라 이 점을 노린 게 적중한 걸세."

지식인은 굴욕을 견디지 못하고
사람들은 가족이 연루되는 것을 두려워한다
사람을 징벌하려면
그들이 원하지 않는 부분을 공략해야 한다

士不耐辱, 人患株親, 罰人伐其不甘.

秘 　사람을 징벌할 때 그들이 원하지 않는 부분을 공략하면 극심한 고통을 안겨주고 사람 마음을 꺼림칙하게 하고 괴로워도 버릴 수 없게 만든다. 이렇게 하면 주도권을 잡아 사람을 자신의 손아귀에서 주무를 수 있다. 혹리와 음모자들이 사람을 징벌하는 이런 방법은 스스로에게 변태적인 쾌감을 주기도 하고 강직한 사람들을 순순히 굴복시킨다. 물론 음험한 기술이기는 하나 어쩌면 혹리와 음모자들이 백전백승하는 비밀이 여기에 있다는 것 역시 부인할 수 없다. 혹리와 음모자들은 인간의 본성을 너무 잘 알기 때문에 상대에 맞는 공략법을 쓰는 데 선수들이다. 한편 식자識者들은 치욕을 못 견뎌하고 정직한 자들은 정의를 지나치게 중시한다. 이것은 본래 인성의 특징이지만 여기에서는 부정적인 일면을 보여주기도 한다. 결과적으로 이 점이 소인배들에게는 오히려 그들의 음모를 실현시키는 도구가 될 여지가 있다.

돌변한 손가감

　청나라 옹정 황제가 즉위한 지 얼마 되지 않아 한림원翰林院의 손가감孫嘉淦은 '친골육'親骨肉과 같은 민감한 정치 문제를 상소했는데 형제와 대신들을 쌀쌀맞고 모질게 대하는 옹정제의 매정함을 은연중에 질책하고 있었다. 옹정제는 손가감을 없애버리고 싶었지만 자신이 이제 막 황위에 오른 데다 손가감의 명성이 높다는 점을 의식해 화를 꾹꾹 누르고 한림원에서 그를 내쫓는 것으로 마무리할 수밖에 없었다. 이런 위험을 겪고도 손가감은 개의치 않고 자신에게 행실을 고치라고 조언한 사람에게 말했다.

"진사 출신으로 시서를 많이 읽은 내가 어찌 꼬리를 살랑살랑 흔들며 아첨하는 무리들을 따라 충언을 듣지 않을 수 있단 말인가? 내 목에 칼이 들어와도 식자에 부끄러운 일은 결코 하지 않을 것이네."

손가감에게 충고했던 사람은 탄식하며 말했다.

"자네는 수치를 당하지 않는 걸 최고로 여기며 폐하의 비위를 맞추려 하지 않으니 어찌 관리 사회에 발을 붙일 수 있겠는가? 내가 볼 땐 자네가 수모를 겪지 않는 걸 영광으로 여기는 것은 자네의 장점이 아니라 오히려 치명적인 단점일세. 이렇게 가다간 머지않아 경을 칠 것이야."

손가감은 충고한 사람과 설전을 벌이며 그가 자신의 안위를 보전하기만 한다고 책망했다. 또한 시종일관 변함없이 몇 번이고 옹정제에게 글을 올려 진언했고 사용하는 언사도 갈수록 강렬해졌다.

옹정제는 결국 인내심의 한계를 느껴 손가감을 잡아다 옥에 가뒀다. 그의 심문을 맡은 관리는 무능하고 배우지도 못한 사람이었는데 손가감을 비웃으며 말했다.

"아는 게 많고 제주가 뛰어난들 그게 다 무슨 소용인가? 이 몸은 충성을 다할 줄만 알고 글은 잘 모르지만 이렇게 네놈을 심문할 수 있지 않은가. 매질도 이 몸이 할 터인데 순순히 항복할 텐가?"

손가감은 속에서 화가 치밀어 올라 있는 대로 욕을 퍼부었다. 관리는 화가 나서 얼굴색이 싹 변한 손가감을 보며 차갑게 웃었다.

"정말 공부밖에 모르는 샌님이로군. 아직 때리지도 않았는데 못 견뎌 하는 꼴 하고는. 너 같은 놈이 어찌 관리로 조정에 있을 수 있단 말이냐? 날 발톱의 때만큼도 여기지 않으니 똑똑히 기억하도록 오늘 내가 뜨거운 맛을 보여주마."

관리는 옥졸에게 손가감을 땅에 자빠뜨리라는 명을 전한 뒤 자신이 직접 몽둥이를 들어 손가감의 엉덩이를 때렸다. 또 손가감을 추켜잡고 수십 대나 뺨을 때렸다. 관리는 손가감을 한바탕 모욕하고 괴롭히더니 처참한 몰골의 그를 자기 앞으로 잡아당기고는 낄낄 웃으며 말했다.

"이래도 굽히지 않을 테냐?"

손가감은 눈앞에 별이 보이고 고통을 견디기 힘들었지만 혈기가 치밀어 올랐고 중얼중얼 욕 몇 마디를 했다. 그러자 관리는 발로 손가감을 걸어차 넘어뜨린 뒤 그의 머리를 주먹으로 마구 때렸다. 손가감이 잠시 정신을 잃은 사이 관리는 그의 몸에 오줌을 갈기며 분풀이를 했다.

손가감의 친구가 감옥에 면회를 갔는데 사람의 몰골이 아닌 그를 보고 일의 내막을 묻더니 손가감을 가엾게 여기며 말했다.

"자네가 놈들에게 당한 것일세. 그자들이 자네를 자극하려고 일부러 욕보이고 그걸 빌미로 자넬 사지로 몰아넣으려 한 거야. 더군다나 우리 같은 식자들은 나라를 구하고 안정시키는 게 소임이거늘 어째서 소인배들과 원한을 맺어 대사를 그르치려 하는가?"

손가감은 안색도 어둡고 예전의 거만한 기세도 온 데 간 데 없이 사라진 채로 괴로워하며 말했다.

"옥리가 얼마나 대단한지 나는 오늘에서야 알았네. 자네 말이 맞아. 영문도 모른 채 여기서 이렇게 허무하게 죽을 순 없어. 내가 억울하게 죽는 건 물론이고 죄 없는 우리 가족들마저 고초를 치르게 될 거야. 이게 다 내가 감정적으로 일을 처리해서 벌어진 걸세. 결국 가족들 고생시키고 그놈들에겐 좋은 일만 시키고 말았어."

그 후 손가감은 성정이 완전 딴판으로 변했다. 감옥을 나온 손가감에게서 더 이상 이전의 예리함은 찾아볼 수 없었다. 그는 약삭빠르고 변화무쌍하게 일을 처리하며 영리하고 고분고분한 정치 앞잡이로 전락하고 말았다.

사람들은 유죄를 인정하지 않는데
이런 경우 그 죄가 기존보다 더 무거워진다
충분한 증거를 얻지 못하면
진짜로 증거를 위조한 것처럼 된다

人不言罪, 加其罪逾彼, 證不可得, 僞其證率眞.

秘　혹리와 음모자는 억울한 옥사를 날조할 때 죽어도 죄를 인정하지 않고 자백을 거부하는 피해자들을 늘 만나지만 결코 난감해 하지 않는다. 그럴 때 혹리들이 취하는 방법은 크게 두 가지인데, 하나는 죄를 더해 협박하기, 다른 하나는 윗사람과 아랫사람을 속이기 좋도록 증거 위조하기다. 이런 비열한 방법들은 봉건전제시대에 상당히 유행했는데 봉건독재와 법제 미비가 이런 나쁜 결과를 초래할 수밖에 없었던 것이다. 권력을 장악하고 여론이라는 무기를 휘어잡으면 피해자들이 억울함을 하소연할 길이 막히게 되고 세상 사람들은 사건의 진상을 알기 어려워진다. 혹리와 음모자들은 두려울 게 없으니 하고 싶은 대로 할 수 있는 것이다.

참사를 당한 임환

오대십국시대에 임환任圜은 후당後唐 명종明宗 때 재상이었다. 추밀사樞密使 안중회安重誨는 문무에 두루 능하고 성품이 강직한 임환을 질투하고 미워해서 사사건건 그와 척을 졌다.

임환의 가족과 친구들은 안중회의 권세가 막강하고 명종의 총애와 신임을 한몸에 받고 있다는 것을 알고 있었기 때문에 임환에게 안중회와 친분을 맺고 원한을 풀기를 수차례 권했다.

"안중회는 전형적인 소인이라 못할 짓이 없는 자입니다. 당신이 비록 재상이기는 하나 그자가 병권을 쥐고 있는 이상 그를 어쩌지 못하는데 굳이 미움을 살 필요가 있습니까?"

임환은 안중회를 업신여긴 터라 그 말을 듣고 탁자를 치며 크게 화를 냈다.

"그런 놈 따위가 뭐라고! 폐하의 총애가 없었다면 제일 먼저 그를 탄핵했을 것이오. 해가 서쪽에서 뜨지 않는 한 그런 자와 내가 잘 지낼 일은 없을 걸세."

임환의 완강한 태도에 가족들은 화를 부르지 않도록 몰래 사람을 시켜 안중회에게 귀한 선물을 보낸 뒤 임환이 보낸 거라고 거짓말을 하게 했다. 이에 상당히 흡족해하던 안중회는 이튿날 조회시간에 임환에게 말했다.

"우리 마음이 하나가 됐으니 좋은 일입니다. 대인께서 뉘우치고 계신 듯하니 나도 더는 따지지 않겠소."

이상한 낌새를 느낀 임환은 집으로 돌아와 어떻게 된 일인지 알아보다 안중회에게 선물을 보낸 사실을 알고 노발대발하며 몽둥이로 가족들을 매질했다. 그리고 직접 안중회를 찾아가 보낸 선물을 그대로 돌려받은 뒤 길거리에 있던 사람들에게 나누어 주었다.

안중회는 임환을 죽도록 원망하며 명종 앞에서 그를 험담했다. 또 임환을 무너뜨리려고 패거리와 결탁해서 대신들에게 터무니없이 임환의 죄상을 밝히는 표를 올리도록 협박했다. 안중회에게 잘 보이고 싶은 마음에 조정에서 명종에게 이런 말을 하는 사람도 있었다.

"임환을 내치실 때까지 소신은 식음을 전폐하겠습니다. 폐하께서 충언을 듣지 않으시니 소신으로선 죽음으로 간언하는 수밖에 없습니다."

압박에 못 이긴 명종은 어쩔 수 없이 임환의 재상직을 파면했다. 임환은 분했지만 달리 도리가 없었다. 안중회는 임환의 파면으로는 성이 차지 않았다. 나중에라도 명종이 마음을 바꿀까 봐 기회를 노려 임환을 없애기로 했다. 얼마 후 선무절도사宣武節度使 주수은朱守殷이 반란을 일으키자 안중회는 임환이 주수은이 결탁했다고 거짓 보고를 했다.

"임환이 재상직에서 물러난 뒤 앙심을 품고 주수은과 손을 잡은 것입니다. 만약 임환이 내응해서 안팎으로 협공을 펼치면 폐하의 천하가 위태로워집니다."

그 말을 듣고 두려워진 명종은 안중회에게 임환의 심문을 맡겼다. 임환은 죽어도 죄를 인정하지 않으며 안중회에게 욕설을 퍼부었다.

"대적을 앞에 두고 개인적인 원한으로 나를 해하려 들다니 대체 폐하를 뭘로 아는 것이냐? 내 반드시 폐하께 아뢰어 너 같은 간신배의 본모습을 까발리고 말 것이다."

안중회는 화를 내며 매섭게 말했다.

"네놈이 자백을 거부하는 건 군주기만죄에 해당한다. 군주를 기만하면 죽음뿐인데 그래도 살아서 폐하를 보고 싶으냐?"

안중회는 호된 매질로 임환을 죽이고는 임환의 구두자백을 위조한 뒤 이미 숨이 끊어진 임환을 끌어다 손도장까지 찍었다. 명종은 확실한 증거를 보더니 독단적으로 임환을 살해한 안중회를 탓하지 않고 이렇게 중얼거리기만 했다.

"임환이 이리도 흉악하다는 걸 왜 미처 알지 못했을꼬."

형벌로도 어쩌지 못하는 부분이 있지만
모함으로는 무슨 일이든 성사시킬 수 있다
누군가에게 명분 없이 죄를 더하는 것을 걱정하기보다
의심하지 않는 군주를 걱정해야 한다

刑有不及, 陷無不至, 不患罪無名, 患上不疑也.

秘 　　군주라면 누구나 의심하는 마음이 있다. 만약 누군가가 군주에게 의심을 받게 되면 그 사람은 그때부터 골치 아파지는 것이다. 이는 결국 억울한 사건이 생기는 근원이자 혹리와 음모자들이 군주를 이용해먹는 방법이기도 하다. 형벌의 효과는 제한적일 수밖에 없는데 특히 어질고 뜻이 있는 사람에게는 형벌이 별 효과가 없다. 하지만 모함은 다르다. 소인은 제멋대로 비방하고 허위로 일을 꾸미는 것은 물론이고 인증과 물증 조작도 가능하다. 따라서 죽어도 자백하지 않는 사람은 끝까지 완강하게 저항할 수는 있어도 정죄하는 것까지는 막지 못한다. 혹리와 음모자들이 사람을 해칠 때 모함과 군주의 의심을 이용하는 데 역점을 두는 것도 이런 이유 때문이다. 이렇게 하면 어렵지 않게 사람을 해칠 수 있고 그들의 목적도 수월하게 이룰 수 있다.

이효일의 재난

　　684년 무측천은 무씨칠묘武氏七廟를 세워 황위에 오를 준비를 했다. 서경업徐敬業은 낙빈왕駱賓王에게 무측천을 토벌하기 위한 격문을 쓰게 한 뒤 양주楊州에서 반란을 일으켰다. 이씨 왕조의 종실 자제인 이효일李孝逸은 명을 받들어 군사를 이끌고 적에 대항했다. 양군이 대치하는 와중에 서경업은 이효일에게 사람을 보내 모반을 선동했다.

"이씨 후손인 데다 문무까지 출중하신데 어째서 선조가 남기신 강산을 포기하고 무씨들에게 충성하려 하십니까? 만약 저희가 힘을 합친다면 우리 장군께서 대인을 삼군 총사령관으로 모실 것입니다. 그렇게 되면 군대의 전투력이 막강해질 테고 민심마저 우리에게 있으니 대인께서 부귀영화를 누리지 못할까 걱정할 필요가 있겠습니까."

하지만 이효일은 이미 무측천에게 의탁하기로 마음을 굳힌 상태라 서경업의 건의를 받아들이기는커녕 사자使者를 두들겨 팬 뒤 꾸짖었다.

"하늘의 뜻을 따르는 게 군자의 도리다. 난 이미 무씨에게 충성을 다하기로 맹세했다. 서경업은 반란을 일으켰으니 투항하지 않으면 죽음뿐이다."

이효일은 서경업의 사자를 돌려보내 자신의 말을 전하게 한 뒤 전투 준비에 힘썼다. 몇 차례 교전이 벌어지고 나서 9월에 군대를 일으켰던 서경업은 11월에 이효일에게 강도江都를 함락 당했다. 이로써 서경업은 목숨을 잃었고 언제 있었냐는 듯 변란도 마무리되었다.

무측천은 반란을 잠재운 이효일의 공을 인정해 상을 내렸고 그를 신용했다. 이효일은 이에 우쭐댔고 그에게서 조심하고 신중하던 예전의 모습은 더 이상 찾아볼 수 없었다. 어느 날 이효일은 조정에서 권세가 대단한 무측천의 조카 무승사武承嗣에게 자신의 공을 뽐내며 말했다.

"문인인 대인은 도략이 있으나 무인인 제겐 지략이 있으니 천하가 무사태평할 거라 여기지 마십시오. 제게 기대를 거는 데가 한두 군데가 아니니까요."

이효일은 별 뜻 없이 한 말이었겠지만 무승사는 이효일이 자신을 비꼬는 거라고 여겼다. 게다가 큰 공을 세운 이효일을 원래 질투하고 있던 무승사는 웃는 낯으로 대했으나 속으로는 이효일을 없애야겠다고 마음먹었다.

이 일을 성사시키려던 무승사는 난관에 부딪쳤다. 이효일이 세운 공로를 없앨 수도 없었고 무측천은 그를 무척이나 신임하고 있어 어디서부터 손을 써야 할지 알 수 없었던 것이다. 무승사는 초조한 마음에 탁자 위에다 손으로 끊임없이 이효일의 이름을 썼다. 한참이 지나 무승사는 '일逸' 자를 보고 문득 좋은 생각이 떠올라 싱글벙글 웃었다.

아침 조회가 끝나고 무승사는 홀로 남아 무측천에게 말했다.

"이효일이 역모를 꾸미려 한다는 걸 폐하께서는 알고 계십니까?"

무측천은 놀라 가슴이 두근거렸지만 겉으로는 침착한 모습을 보이며 작은 소리로 속삭였다.

"그가 역모를 꾸민다는 걸 어찌 알았소?"

무승사는 그럴듯하게 말을 꾸민 뒤 말했다.

"이효일은 병권을 쥐고 있는 데다 이씨 종친이고 폐하를 속여 폐하의 눈에 들기까지 했으니 실로 조정의 큰 우환이라고 할 수 있습니다. 이효일의 이름에서 '일逸' 자를 보면 그의 역심이 가장 잘 드러납니다. '일' 자 안에 토끼(兎)가 들어 있는데 토끼는 달에 사는 신물神物로 저 높은 곳에 있으니 그가 천하를 손에 넣는다는 뜻이 됩니다."

구차한 거짓말이었지만 무측천은 그 말을 믿었다. 당나라를 멸망시키고 후주를 건국한 그녀는 다른 사람을 시기하고 누군가가 역모를 일으키지 않을까 두려워했다. 상대가 병권을 쥔 대장이라 그녀의 의구심이 더 커졌다. 무측천은 잠시 망설였지만 그녀의 생각을 진즉에 간파한 무승사는 악인에게 지나친 관용을 베풀어서는 아니 된다고 거듭 타일렀다. 무측천은 결국 혹시나 하는 마음에 이효일을 담주儋州로 유배 보냈다. 이효일은 얼마 후 그곳에서 숨을 거뒀고 임종 직전까지 억울함을 호소했다.

형을 당하는 사람은 사람 취급을 받지 못하지만
남을 징벌하는 사람 본인은 징벌을 당하지 않는다
비인간적인 대우를 받는 것은 용렬하고
징벌을 받지 않는 것은 고귀하다

人刑者非人也, 罰人者非罰也. 非人乃賤, 非罰乃貴.

㊙ 혹리와 음모자들이 무고한 사람을 해치고 충신을 죽이는 건 통치자에게 공을 세워 부귀를 얻고 더 높이 올라가기 위해서다. 그들은 자신이 먼저 남을 사지로 몰지 않으면 자신이 암살될 거라고 생각한다. 자신이 먼저 남을 징벌하면 주도권을 손에 넣을 수 있고 다른 사람에게 해를 입거나 징벌을 당하지 않는다고 여긴다. 이런 편협한 마음과 변태적인 심리로 인해 혹리들은 정의와 양심의 가책을 저버리고 억울한 사건을 날조하는 것을 영광으로 여기는 한편 남을 괴롭히는 것을 즐거워하는 것이다. 다른 사람의 자유와 생명을 빼앗으며 개인의 부귀영화를 얻는 건 인간성을 완전히 상실했다고 볼 수 있다. 통치자들도 이토록 흉악한 혹리들을 두려워하고 잔뜩 경계한다. 혹리들의 이용 가치가 사라지거나 혹리가 사람들의 원망을 사면 통치자는 주저 없이 그들을 내치고 희생양으로 삼아 매정하게 죽인다. 이는 통치자들의 악독한 일면을 보여주면서도 혹리와 음모자들의 호시절이 다 끝났다는 선언과도 같다. 나쁜 놈의 앞잡이로 산 그들에게 합당한 결말이 아닐 수 없다.

무측천의 고명함

무측천은 혹리를 중용하는 것으로 유명했다. 그녀 밑에서 일하는 혹리가 많기도 했지만 악독함은 이루 말할 수 없었다. 그중 주흥은 무고한 사람을 수천 명이나 죽였고 내준신은 그보다 더 잔혹해서 그의 손에 죽어 나간 충신이 천여 가문에 달했다.

무측천은 혹리들의 흉악무도함을 높이 평가했는데 한번은 내준신에게 이런 격려의 말을 했다.

"내가 이 나라를 일구기까지 그대들의 공이 크다. 나를 반대하는 사람이 차고 넘쳤는데 그대들이 힘써 없애주지 않았더라면 얼마나 많은 분란이 있었을지 상상도 되지 않는구나. 일일이 내게 보고할 것 없이 그대들이 알아서 조정을 위해 간신배들을 뿌리 뽑거라."

내준신은 무측천의 과분한 사랑에 몸 둘 바를 몰라 하며 그녀를 위해 더욱 충성을 다했다. 혹리들은 황제가 뒤에서 든든히 받쳐주니 지금의 부귀영화가 영원할 거라고 믿었다. 내준신은 자신의 수하에게 기고만장해서 말했다.

"우리는 폐하의 뜻에 따라 움직인다. 따라서 모든 잘못은 우리와 무관하니 몸을 사릴 필요가 있겠느냐? 아무리 큰 문제를 일으켜도 폐하께서 책망하지 않으시면 별일 아닌 게 되니 전혀 신경 쓸 필요 없다."

조정 대신들과 백성들은 폭행을 일삼는 혹리들을 뼈에 사무치도록 증오했다. 분해도 말할 엄두를 내지 못했지만 언제라도 폭발할 수 있을 정도로 원한이 쌓여가고 있었다.

무측천의 심복은 이를 염려해 완곡하게 간언했다.

"혹리들이 함부로 행동해서 악명이 높아 폐하의 명성에 영향을 줄 것입니다. 그런데도 어찌 명을 내려 그들을 자제시키지 않으십니까?"

무측천이 코웃음을 치며 말했다.

"지금 같은 비상 시기에는 변고가 있기 마련이지. 이 일은 나중에 다시 논의하자꾸나. 내게도 다 생각이 있다."

사실 무측천은 이 일을 심복보다 더 염려하고 있었다. 만약 모든 사람들이 혹리로 인해 역모에 가담하게 되면 그녀의 황위도 무사하지 못할 것이 분명했다. 하지만 지금은 반대파들이 전부 숙청되지 않은 상황이라 무측천은 반대파를 일단 말끔하게 정리하고 황위를 굳건히 한 다음 혹리들을 처리해도 늦지 않다고 판단했다. 그때부터 무측천은 혹리를 반대하는 글을 올린 사람들을 전부 질책했고 심지어 때려서 감옥에 가둔 뒤 혹리들이 알아서 처리하게 했다. 혹리들은 더욱 기세등등해졌고 최선을 다해 일했다.

반대파와 잠재적인 적들이 혹리들의 손에 거의 다 죽어나갈 무렵 무측천은 혹리들이 더 이상 쓸모없다는 것을 알게 되었다. 또한 그녀는 민심을 얻기 위해서 돌연 안면을 싹 바꾼 뒤 먼저 색원례, 구신적丘神勣, 주흥을 죽이고 마지막에 가서는 직접 내준신의 사형을 명하는 조서를 내려 모든 사람들에게 내준신의 죄상을 선포했다. 조서에 적힌 내용은 다음과 같다.

"내준신은 형벌을 남용하고 법을 따르지 않았으며 군주를 기만하고 대중을 현혹시켰다. 역적 내준신은 혼자서 악행을 저질렀고 국가와 백성에게 위해를 끼쳤기에 그를 죽여 법 기강을 바로세우고 백성들의 분노를 잠재우려 한다. 내준신은 그 죄가 너무 커서 그의 가족 전부를 몰살한다."

이렇게 해서 무측천은 죄의 책임을 혹리들에게 들씌운 건 물론이고 그녀 스스로는 백성들의 원수를 갚아준 천하의 호인이 되었다. 사서에는 "사람을 죽여 인망을 얻었으니 그 수단이 가히 고명하다"라고 무측천을 평가하고 있다.

비천한 사람은 남에게 휘둘리며 짓밟히지만
고귀한 사람은 다른 사람의 생사존망을 좌우한다
사람들이 결정하는 태도와 행위도
어쩌면 여기서 비롯된 것일지도 모른다

賤則魚肉, 貴則生死. 人之取捨, 無乃得此乎.

秘　　　혹리가 정치하던 시대를 산 사람들은 혹리들의 고압과 세도에
　　　눌려 인생의 선택과 행동 방식에 큰 변화를 겪었다. 이때 변화
는 강요에 따른 것이고 어쩔 수 없이 그렇게 된 것이다. 정말 원해서 기꺼
이 변화하는 사람은 소수에 불과했다. 정직한 사람들은 양심을 내던지고
사람을 죽여 부귀를 얻는 행위를 경시했다. 그들이 어쩔 수 없는 형세에
떠밀려 변했던 건 재난을 피하고 자신을 보전하기 위해서일 뿐이었다. 사
리사욕에 눈이 멀어 악착같이 기를 쓰는 사람들과는 본질적인 차이가 있
었다. 이욕利慾에 마음이 미혹된 부류가 탈바꿈하는 목적은 공명을 추구
하고 이득을 얻기 위해서다. 이로 인해 발생하는 재해에 대해서는 자신과
상관없는 일이면 굳이 물어보지 않았다. 어느 경우든 혹리 정치는 사람에
게 실로 막대한 영향을 미쳤고 그로 인한 결과 역시 보기만 해도 끔찍할
정도였다.

소미도의 아첨

　소미도蘇味道는 당나라의 정치가이자 문학가로 일찍이 함양위咸陽尉를
지냈으며 배행검裴行儉과 두 차례 돌궐 정벌에 나섰다. 7년간 재상의 자
리에 있으면서 무측천의 신임을 받았다. 복잡한 정치 환경에서 털끝 하나
다치지 않았고 관운이 형통했다.

소미도는 무측천 시기의 재상이었다. 혹형이 난무하던 살벌한 시대에 수많은 대신들이 마수에 걸려 패가망신하던 와중에도 소미도는 털끝 하나 상하지 않고 관운도 형통했다. 그에게 비결을 물으면 항상 이렇게 대답했다.

"사람은 때에 따라 변할 줄 알아야 하네. 변하지 않고는 그 무엇도 해낼 수가 없어. 지금은 혹리들이 총애를 받고 있으니 내가 어찌 감히 그들에게 미움을 사겠는가. 또, 직언을 했다가는 죄를 짓게 되니 감히 진실을 말할 엄두가 나겠는가? 다들 긴장하고 벌벌 떠는 판국에 내가 어찌 감히 방심할 수가 있겠나? 감히 할 수 없는 일이 이리도 많으니 무슨 일을 하든 태도를 분명하게 하지 않는 게 상책일세. 국가 대사에 대해서 어떤 의견도 내지 않고 모든 사람에게 미움을 사지 않는 것이 내 비결이라네."

소미도의 이런 처세를 두고 사람들은 그에게 '소모릉'蘇模稜이라는 별명을 붙여주었는데 '모릉양가'模稜兩可라는 고사성어가 여기에서 유래했다.

조심하는 소미도의 모습을 보면서 친구 하나가 그를 일깨워주었다.

"자네처럼 매사 피하기만 하고 일에 전혀 관여하지 않으면 잠시나마 몸을 보전할 수 있을지는 모르겠으나 그 방법이 오래가지는 못할 걸세. 지금 폐하께서는 상서로운 일을 좋아하시는 터라 백성들조차 보고하는 게 있는데 재상인 자네는 공적이 없으니 이래서야 되겠는가? 만일 폐하께서 자네에게 안목이 없는 범속한 사람이라 그 자리에 합당하지 않다고 책하시거나 자네가 고의로 숨기고 보고하지 않는 게 불순한 의도가 있는 것 같다고 혹리들이 고하기라도 하면 그땐 어쩔 텐가?"

소미도는 온몸이 오싹해져서 발을 동동 구르며 말했다.

"내가 미처 그 생각을 못했으니 큰일이로군. 난 정말 백번 죽어 마땅한 자일세!"

소미도는 사람을 시켜 상서로운 물건을 두루 찾아봤다. 하지만 쉽게 찾을 수 있는 물건이 아닌 만큼 소미도는 아무 성과도 없이 밤잠도 못 이루고 불안한 나날을 보냈다.

그해 3월, 장안에 폭설이 내렸다. 사람들이 놀라서 의아해하는 동안 소미도는 문득 좋은 생각이 떠올라 백관에게 말했다.

"지금 같은 늦봄이면 비가 내려야 하거늘 눈꽃이 흩날리는 걸 보니 상서로운 징후가 분명하오. 자, 다들 폐하께 경하 드리러 가십시다."

백관이 그의 말에 맞장구를 쳤다. 그런데 전중시어사殿中侍御史 왕구례王求禮만이 반대하고 나섰다.

"지금처럼 초목이 무성할 때 폭설이 내렸으니 재해가 분명한데 대체 어디가 상서롭다는 것이오?"

소미도는 왕구례에게 쓸데없는 소리 하지 말라고 엄중히 꾸짖은 뒤 백관을 이끌고 입궁했다. 무측천 앞에서도 왕구례는 여전히 자신의 의견을 굽히지 않으며 축하를 받으시면 아니 된다고 말했다. 무측천도 이 일이 전혀 이로울 게 없고 상서롭다고 말하기 힘들다 여기며 축하를 받지 않았다. 하지만 그렇다고 직언을 한 왕구례를 칭찬하지도 않았다. 무측천은 소미도의 아첨하는 말을 듣고 속으로 기뻐하며 그를 책망하지 않았다.

【秘】 음모자의 수단과 혹리들의 수법은 누군가를 겨냥하고 치밀하게 계획을 세운 것이기 때문에 상대를 정확하게 공략할 수 있고 상당히 위협적이다. 따라서 치명적인 영향을 끼치는 경우가 많아 여간해서는 견뎌내질 못한다.

【秘】 혹리와 음모자들이 남을 괴롭히는 수법 중에 공갈협박의 위력을 무시할 수 없다.

【秘】 독단적이고 고압적인 태도는 남들 하는 대로 따라가며 그저 참고 견딜 수밖에 없도록 만들고 혹리들이 악행을 저지르는 데 명분을 제공한다.

【秘】 사람을 징벌할 때 그들이 원하지 않는 부분을 공략하면 가장 큰 고통을 준다.

【秘】 권력을 장악하고 여론이라는 무기를 휘어잡으면 피해자들이 억울함을 하소연할 길이 막히게 되고 세상 사람들은 사건의 진상을 알기 어려워진다.

秘
비책 12

상대를 죄로 엮는 법

진정한 현명함은 남도 현명하게 만들고 진정한 재앙은 남들까지 문제를 일으키도록 만든다. 스스로 얻은 현명함이 아니면 의지해서는 아니 되고 다른 사람이 문제를 만들면 그냥 넘어가서는 아니 된다. 확실한 증거가 없는 죄명은 다른 죄명으로 바꾸고 밖으로 드러나지 않은 악행은 다른 사람의 악행으로 덮어씌운다. 마음속의 화는 그를 적과 한편이 되게 만들고 감정적 원한은 그를 간사하고 사악한 소인배로 만든다. 관리를 적으로 보는 백성에게는 관리의 친구도 공범자고 가족과 원한이 있는 원수에게는 가족의 친구도 적이 되므로 적은 유동적인 존재다. 출세하던 시절 친구는 적이 되고 가난하던 시절 친구는 자신이 부귀해지면 적이 되니, 친구는 일시적인 존재라고 할 수 있다. 권력은 버릴 수 없다. 권력을 버리면 근본이 사라진다. 함부로 동정을 베풀었다가는 미움을 살 수 있다. 남과 사귈 때 지나치게 가까워지면 아니 된다. 사이가 너무 가까우면 남들이 의심할 수 있다. 속내를 전부 털어놔서는 아니 된다. 남김없이 다 털어놨다가는 화근이 될 수 있다. 지혜로운 자는 화를 자초하지 않는다. 능력 있는 사람은 늘 남의 약점을 찾아 공로를 추구한다. 그들을 유인한 뒤 이를 근거로 체포하면 부조리하다는 말이 싹 사라진다.

큰일이 아니면 사람들을 깜짝 놀라게 만들 수 없고
사건에 연루된 사람들이 적으면
공로가 잘 드러나지 않는다

事不至大, 無以驚人. 案不及衆, 功之匪顯.

秘 　남을 해치는 사람은 굵직한 사건의 진상을 밝혀서 통치자에게
상을 받거나 승진하려는 목적으로 남을 해친다. 엄청난 포상이
주어지다 보니 사람들은 남을 해치는 것을 승진하고 부자가 되는 지름길
로 여기며 본래 심성이 악한 사람이 아닌데도 남을 해치는 대열에 동참
하게 되는 것이다. 남에게 해를 입는 사람은 보복 심리 때문에, 혹은 어떤
충격을 받아 배신의 일격을 가하기도 한다. 이렇게 해서 남을 괴롭히는
일이 보편화되고 관련된 사람들이 급증하면 더 강력하게 많은 사람을 괴
롭히도록 자극한다. 그들은 그렇게 해야 사람들을 놀라게 하고 주목받으
며 공을 세워 높은 자리로 올라갈 수 있다고 생각한다. 이런 생각을 하고
있는 사람들이니 기회가 주어졌을 때 아주 작은 실마리라도 놓치지 않는
건 당연하다. 심지어 그들은 갖은 궁리 끝에 함부로 모함하고 날조해서
크고 중대한 사건, 반군연맹, 간악한 무리를 만들어 무고한 사람들을 공
연히 죽음으로 몰아간다.

이진수의 건의

　이진수李秦授는 무측천 시기의 하급 관리였는데 재주도 없고 무덕했지
만 야망이 컸다. 출세를 위해서라면 전 재산을 쏟아부을 수도 있었지만
재산이 별로 없어서 선물을 보내는 데 한계가 있었고 결국 그의 노력은

빛을 보지 못했다.

이진수가 하늘을 탓하고 남을 원망하고 있을 때 그의 술친구 하나가 그를 일깨워주었다.

"지금은 시대가 변했네. 폐하께서는 혹리를 중용하시고 신고자에게 후한 상을 내리시는데 어째서 자네는 이쪽으로 머리를 쓰지 않는 겐가? 이는 밑질 게 없는 장사일세. 꾀 많은 자네가 이 일의 적임자 아니겠나."

이진수는 손으로 탁자를 탁 치며 친구에게 연신 고맙다는 인사를 전했다. 그리고 밤새 자신의 상사가 역모를 꾀한다는 고발 서한을 작성했다. 그런데 이진수가 한 발 늦었다. 이미 누군가가 앞서 같은 사람을 고발했던 것이다. 그래도 이진수는 이에 굴하지 않고 다시 상사의 상사를 무고했다. 이번에는 상황이 더 안 좋았다. 하필 무고를 당한 사람이 앞서 고발을 해서 공을 세운 뒤 승진가도를 달리고 있었기 때문이다. 무고가 실패로 돌아간 이진수는 하마터면 역공으로 큰 화를 입을 뻔했다.

이렇게 계속해서 자신의 시도가 벽에 부딪치자 이진수는 의기소침해졌다. 그리고 무고와 밀고가 결코 간단한 일이 아니라는 것을 깨달았다. 그래도 이진수는 포기하지 않고 자신에게 충고해준 술친구를 직접 찾아가 가르침을 청했다. 친구가 말했다.

"지금은 누구나 밀고하고 고발하는 시대 아닌가. 절묘한 수가 아니면 두각을 나타내기 힘들다네. 마침 내게 좋은 생각이 있네만 까딱 잘못했다가는 크게 다칠 수 있어. 그래도 자네가 정 원한다면 내가 양보하지. 일이 성사되면 내 공을 잊지 말게. 허나 일이 잘못된다면 그건 자네 혼자 독박 쓰는 거야."

이진수는 이를 악물고 말했다.

"죽기 아니면 까무러치기일세. 좋은 수가 있거든 속 시원히 말해보게."

친구는 잠시 망설이더니 입을 열었다.

"폐하께서 제위에 오르신 이래 황제의 친인척과 대신들이 수없이 죽어나갔고 그들의 가족과 친족들은 멀리 유배를 떠나지 않았는가. 그런데 그 사람들 수를 헤아려보니 족히 수만 명은 되겠더군. 만약 그 사람들을 정죄해서 없앤다면 이보다 큰 공이 또 어디 있겠는가? 비할 자가 없을 걸세. 다만 적당한 죄명이 없으면 폐하께서 손쓰길 꺼려하실지도 몰라. 그렇게 되면 화를 불러들이는 꼴이 되네."

이진수는 친구의 말을 듣고 확실히 까다롭겠다는 생각이 들었다. 고심을 거듭하다 결국 모험을 걸어보기로 한 이진수는 무측천에게 글을 올려 건의했다.

"유배를 간 사람들의 수가 수만 명입니다. 그런데 하나같이 마음에 원한을 품고 있으니 그들이 협심해 반란을 일으키면 한 사람이 열 사람을 상대하는 셈이니 큰 화근이 아닐 수 없습니다. 또한 그들은 조정과 불구대천의 원수인 데다 폐하께서 교화하실 수 없는 자들이니 지체하지 마시고 속히 제거하소서."

그날 밤, 무측천은 이진수를 궁으로 불러들인 뒤 기쁨을 주체하지 못하며 말했다.

"그대가 일깨워주지 않았다면 큰 우환을 놓칠 뻔했네. 진수라고 했나? 하늘이 내게 보내준 자네의 말을 내가 어찌 받아들이지 않을 수 있겠는가."

무측천은 그 자리에서 이진수의 직위를 한껏 높여주고 거액의 금품과 절세미인인 가기歌妓 열 명을 하사했다. 한편 유배를 갔던 사람 수만 명은 이진수의 말 한 마디에 깡그리 몰살되고 말았다.

군주가 안정을 추구하고
신하가 공적을 가로채 총애를 얻는 데는
반드시 그 이면에 억울한 사정이 있기 마련이나
이는 불가피하다

上以求安, 下以邀寵, 其冤固有, 未可免也.

㊙   통치자들과 혹리들은 무고한 사람을 해치고 연루시킬 때 그 출
발점은 달라도 의도를 가지고 한다는 점에서 동일하다. 겉으로
보면 통치자는 혹리들에게 속았다거나 진상을 모른다는 것을 방패막이
삼아 사람들에게 모든 죄악이 혹리의 농간에서 비롯됐다는 인상을 준다.
이렇게 하면 통치자는 공격받지도 않고 추후 자신을 대신할 희생양을 찾
아 어려움을 벗어날 수 있다. 사실 혹리에게 아무리 뛰어난 재능이 있어
도 최고 권력자가 묵인하고 용인하지 않는다면 일을 크게 키울 수 없다.
혹리를 중용했다는 그 자체만으로도 통치자의 의도가 드러나며 그들에
게 힘과 권세가 없었다면 혹리보다 더 잔혹하게 사람을 해치는 무뢰한이
되었을 것이다. 그런 의미에서 통치자들은 억울한 사건과 오심 사건에 회
피할 수 없는 책임이 있으며 진정한 원흉이라고도 할 수 있다.

일을 키운 야라와치

원나라 몽케 칸(蒙哥汗. 몽골제국의 제4대 칸, 헌종)이 즉위하자 정종의 황
후인 해미실海迷失과 제자諸子들이 불복했고 차가타이(察合臺. 몽골제국 태
조의 둘째 아들)의 후손들도 원망의 목소리를 냈다. 조정 대신이었던 야라
와치Yalavachi가 몽케 칸에게 말했다.
"대칸으로서 사람들이 겁내지 않고 원성이 높은 걸 경계해야 합니다.

계속 이렇게 가다가는 불복하는 자들이 분명 들고 일어날 것입니다. 소신이 대칸을 위해 미리 계책을 마련해두었으니 불복하는 자들과 원망하는 자들을 전부 없애 후환을 남기지 마십시오. 그들의 가족과 친지들도 살려두어서는 아니 됩니다."

그 말에 가슴이 뜨끔해진 몽케 칸은 이리저리 생각해본 뒤 말했다.

"과인이 보위에 오른 지 얼마 되지도 않았는데 너무 많이 살육하면 혼란을 야기할 테니 이 일은 추후 다시 논의하세."

몽케 칸이 자신의 말을 듣지 않자 야라와치는 순간 망연자실했다. 그러나 이내 자신이 새로운 군주 앞에서 공을 세우지도 않고 자신을 중히여겨주길 바라고 있다는 사실을 깨달았다. 자신의 계책이 먹혀들지 않는이상 야라와치는 잠시 때를 기다리는 수밖에 없었다.

얼마 후, 황족 중에서 불만을 품은 자들이 몽케 칸과 군신들의 연회 자리에 자객을 보낸 사건이 발생했다. 일이 발각되자 역모에 가담한 자들이하나둘 붙잡혔다.

몽케 칸은 뼈에 사무칠 정도로 그들을 증오했지만 걱정되는 게 많아결단을 내리지 못하고 있었다. 그러다 일전에 야라와치가 했던 간언을 떠올리고 그를 궁으로 불러 물었다.

"지난번에 자네가 말한 것처럼 실제로 오늘 반란이 일어났네. 이놈들을 처단할 무슨 좋은 방도가 없겠는가?"

야라와치는 내심 기뻤지만 겉으로는 일부러 근심 어린 표정을 지으며말했다.

"그자들은 모두 대칸의 육친이라 대칸께서 그들을 어쩌지 못하실까 염려됩니다. 그런데 제가 무슨 말을 할 수 있겠습니까?"

그 말에 몽케 칸은 버럭 화를 내며 말했다.

"혈육의 정을 저버린 채 나를 사지로 내몰려고 한 놈들이다!"

야라와치는 몽케 칸이 분노하는 모습을 보고 이 일에 대해서는 대답하지 않았다. 그는 짐짓 아는 체를 하며 말했다.

"고대 그리스의 알렉산더 대왕은 페르시아제국을 멸망시킨 뒤 인도를 공격하려고 했습니다. 하지만 그의 수하 중 상당수가 이 일을 반대하는 바람에 알렉산더는 싸우고 싶어도 그럴 수 없었지요. 알렉산더 대왕이 그의 스승인 아리스토텔레스에게 계책을 물으러 사람을 보냈는데 어쩐 일인지 아리스토텔레스는 심부름꾼을 데리고 정원을 산책하기만 했습니다. 가시가 길을 막고 있는 걸 본 아리스토텔레스는 조금도 머뭇거리지 않고 가시를 제거하라 명했습니다. 그런 다음 길 양옆으로 다시 새로운 나무를 심었답니다. 그 광경을 지켜보던 심부름꾼은 자신이 보고 깨달은 바를 알렉산더 대왕에게 보고했습니다. 알렉산더 대왕은 갑갑했던 마음이 순간 후련해지는 걸 느꼈습니다. 그리고 자신의 의견에 반대하던 부하들을 죽이거나 쫓아버림으로써 후환을 없앤 뒤 인도를 함락시켜 천추의 패업을 이루어냈습니다."

몽케 칸이 얘기를 듣고도 아무 말이 없자 야라와치가 바로 이어서 말했다.

"이 얘기를 듣고 대칸께서도 깨달은 바가 있으시겠지요! 현재 민심은 흉흉하고 신하들은 복종하지 않고 있습니다. 지금 손을 쓰셔도 이미 늦은 판국에 어찌 계속 지체하고 계신 겁니까?"

몽케 칸은 다급하게 말했다.

"나라를 어지럽히는 불충한 무리를 결코 용서할 수 없다. 다만 그들의 가족과 친지들은 아무래도 억울한 면이 있으니 심사숙고하려는 것이다."

야라와치는 몽케 칸의 마음이 약해질 것을 우려해 애써 격려하며 말했다.

"큰일을 하실 분이 어찌 작은 것에 연연하십니까? 대칸에게 유리하다면 억울한 누명을 씌우는 일이라도 마다하시면 안 됩니다. 더군다나 사람 속은 모르는 법이라 화근이 될 만한 건 모조리 뿌리 뽑으셔야 합니다. 어느 쪽으로든 그자들을 살려둘 순 없습니다."

몽케 칸은 그 말을 듣고 시원하게 웃으며 야라와치를 위아래로 한참을 살피더니 말했다.

"자네 말이 맞네. 이 일은 자네와 나 둘만 아는 걸로 하고 외부에 발설하지 말게."

몽케 칸은 반역자들을 전부 엄벌에 처하고 가족과 친지들도 법에 따라 심판했다. 종국에는 이 사건과 아무 관련도 없는 수많은 장수들마저 연루되어 함께 제거되었다.

진정한 현명함은 남들도 현명하게 만들고
진정한 재앙은 남들까지 문제를 일으키도록 만든다
스스로 얻은 현명함이 아니면 의지해서는 아니 되고
다른 사람이 문제를 만들면 그냥 넘어가서는 아니 된다

榮以榮人者榮, 禍以禍人者禍. 榮非己莫恃, 榮惟他勿縱.

秘　옛말에 한 사람이 부귀해지면 다 같이 부귀해지고, 한 사람이
　　　 망하면 다 같이 망한다는 말이 있다. 봉건전제시대에 관련자로
연루시키는 방법은 혹리와 음모자들이 무고한 사람에게 연좌를 적용하
고 상대에 대한 공격을 확대하는 데 상당한 여지를 제공했다. 혹리들은
풍부한 연상 작용을 통해 공격할 대상과 어떤 사건 사이에 관계를 만들
어낼 수 있었다. 또한 터무니없이 사건 경위를 조작해서 전혀 상관없는
사람을 한통속으로 엮어 치죄할 수도 있었다. 이렇게 솜씨가 뛰어나니 혹
리와 음모자들에게 응징의 대상으로 낙점되면 그들의 마수에서 벗어나
기가 어렵다.

　지혜로운 사람은 언제나 시비의 소용돌이에서 멀리 떨어져 있다. 그리
고 어떻게든 혹리와 음모자들의 시야에서 벗어나려고 애쓰기 때문에 성
급하게 나서서 공격하지 않는다. 사실 이런 명철보신明哲保身의 방법은
그다지 장려할 만한 것이 못 된다. 권력이 지배하는 시대에서는 아무리
지혜가 뛰어나도 쓸모없는 경우가 종종 있기 때문이다. 그 속에서 느끼는
무기력함은 직접 경험해보지 않고는 상상하기 어렵다.

곽덕성의 영리한 행동
　명나라 태조 주원장이 재임하던 시절, 곽덕성郭德成은 기마병을 지휘하

는 임무를 맡았다. 주원장의 비였던 곽덕성의 누이는 오라비가 입궁할 때마다 조금 더 머물다 가기를 바랐다. 하지만 곽덕성은 한사코 누이의 뜻을 거절하며 일을 핑계로 일찌감치 자리를 뜨곤 했다.

곽덕성의 아내는 부군의 행동을 이해할 수 없어 그를 원망하며 말했다.

"당신은 황비의 가족인데 조금 더 얘기한다고 큰일이 나는 건 아니지 않습니까? 폐하께서 아신다 해도 당신을 탓하지 않을 터인데 대체 무엇이 두려워 그러십니까?"

곽덕성은 늘 대답하려 하지 않고 이렇게만 말했다.

"정말 중요한 일이 있어서 그런 것인데 어찌 사적인 일로 공적인 일을 그르칠 수 있단 말이오? 앞으로는 이유도 모르면서 함부로 말하지 마시오."

이뿐만 아니라 곽덕성은 사람과 사귈 때도 굉장히 신중했다. 특히 사법을 관장하는 대신과 여러 옥리들에게 굉장히 예의바르게 행동했다. 그는 반 농담 삼아 말했다.

"나중에 내가 자네들 손에 붙들리거든 그동안의 정을 봐서라도 살살 다뤄주게나. 부탁함세!"

곽덕성이 그럴 때마다 사람들은 웃으며 대답했다.

"대인께서는 황친이신데 누가 감히 대인을 어쩌겠습니까? 걱정이 지나치십니다. 다시는 그런 말씀 마십시오."

사람들은 곽덕성에게 어수룩한 구석이 있다고 여겼다.

하루는 주원장이 곽덕성을 궁으로 불러 그가 가기 전에 금 두 덩이를 상으로 주며 다른 사람들에게는 말하지 말라고 했다. 곽덕성은 감사해하며 금을 받아 장화 속에 넣었다. 그가 궁궐 문을 막 나설 때였다. 갑자기 기우뚱거리더니 술 취한 사람처럼 힘없이 바닥에 주저앉고 말았다. 궁궐 수비는 장화가 벗겨지면서 금이 나오는 것을 보고 즉시 곽덕성을 잡아가둔 뒤 주원장에게 보고했다. 곽덕성은 주원장이 이 일을 언명하고 나서야 겨우 풀려났다.

그 일이 있은 후 누군가가 너무 조심성이 없었다며 곽덕성을 꾸짖자 그는 그저 웃어넘겼지만 아내에게는 몰래 이렇게 말했다.

"폐하께서는 엄벌로 다스리시고 혹리들은 틈만 있으면 파고들어 언제라도 그들의 모함에 연루될 수 있으니 어찌 매사에 조심하지 않을 수 있겠는가? 내가 일부러 금을 노출시킨 것도 그 점을 염려해서라오! 생각해보시오. 궁 경비가 물샐틈없이 삼엄한데 내가 어찌 그 많은 사람들을 속여 금을 가지고 나올 수 있겠나? 만약 발견한 사람이 내가 훔쳤다고 말해도 변명할 길이 없소. 나는 누이가 폐하를 모시고 있어 출입이 자유로운데 폐하께서 이로써 나를 떠보신다면 일이 더 복잡해질 것이오."

곽덕성이 이렇게 몸을 사리는 것도 사실 무리는 아니었다. 주원장의 사람됨을 보면 확실히 그럴 가능성이 있었다. 주원장이 집권하던 시기에 승상 호유용胡惟庸을 없애기 위해 같이 죽음을 당한 공신과 관료들 수가 3만 명에 이르렀고 대장 남옥藍玉 사건과 연루되어 죽어나간 사람이 1만 5천 명, 공인空印 사건, 곽환郭桓 사건으로 죽은 사람이 무려 8만 명에 달했다. 주원장이 이토록 잔혹하고 매정했으니 곽덕성이 왜 그를 쉽게 믿지 않고 경계했는지 이해가 된다.

확실한 증거가 없는 죄명은 다른 죄명으로 바꾸고
밖으로 드러나지 않은 악행은
다른 사람의 악행으로 덮어씌운다

罪無實者, 他罪可代, 惡無彰者, 人惡以附.

秘　　봉건전제시대에 억울한 옥사와 연좌는 모두 법률로 완성되었다. 혹리와 음모자들은 법조문을 조작하고 정당한 이치로 간계를 써서 갖은 죄목을 뒤집어씌우고 악행을 저질렀다. 엉뚱한 사람에게 피해를 주는 경우도 비일비재했다. 수법이 이렇게 허술한데도 누명을 쓴 사람의 죄상을 확정하는 데는 전혀 영향을 주지 않았다. 그들은 대권을 장악하고 시비를 판정했는데 이는 자신들이 날조한 억울한 사건에 마침표를 찍는 거나 다름없었다. 법 제도의 유명무실화와 혹리의 출현은 봉건제도가 갖는 고질적인 문제이자 봉건집권체제에서 파생된, 자체적으로 없어지지 않는 독버섯과 같다.

제 꾀에 넘어간 양국충

양국충楊國忠은 양귀비의 사촌오빠로 당나라 현종 시기의 권신이다. 양씨 자매가 총애를 입어 현종에게 중용되었다. 양국충이 집권했을 때 정치는 부패했고 백성들의 원성은 자자했다. 안녹산이 반란을 일으켜 마외역의 병란馬嵬驛兵變으로 목숨을 잃었다.

당 현종은 양귀비를 총애한 나머지 그녀의 사촌 오빠인 양국충을 재상으로 임명했다. 양국충은 학식과 재주가 부족한 무뢰한이었는데 일단 대권을 손에 넣자 탐욕스럽고 흉악한 본성이 있는 그대로 드러났다. 양국충은 재상이면서 동시에 40여 개 관직을 겸하고 있었는데 전부 부당하게 얻은 자리였다.

안녹산安祿山은 당 현종을 알현하러 장안을 몇 차례 방문했다. 양국충은 현종이 안녹산을 총애하고 신임하며 후한 상까지 내리는 것을 보고 질투가 났다. 그래서 수하를 불러 말했다.

"일개 호인이고 무장일 뿐인데 폐하께서 왜 그렇게 그자를 좋아하시는 거지? 내가 볼 때 안녹산 그자는 결코 좋은 사람이 아닐세. 폐하 주위에 있는 사람들이 그에게 뇌물을 받고 폐하 앞에서 좋은 말을 해준 게 틀림없어."

이렇게 생각한 양국충은 아예 직접 안녹산을 불러다 놓고 말했다.

"재상인 나를 장군께서는 어찌 기만할 수 있소이까?"

안녹산이 놀라며 말했다.

"대인을 기만하다니요. 대인께서 뭔가 오해하고 계신 겁니다."

양국충은 냉소를 띠며 말했다.

"내게 큰돈 들어갈 일이 있는데 장군께서 금 만 냥을 줄 수 있겠소?"

안녹산은 현종의 총애를 받고 있다고 자부하면서도 양국충을 멸시했다. 그래서 그는 난처한 체하며 말했다.

"대인을 잘 섬기고 공경하는 건 당연한 일입니다. 다만 군비가 부족해 도저히 그만한 액수를 드릴 수 없으니 부디 대인께서 양해해주시기 바랍니다."

양국충은 안녹산이 면전에서 거절하는 것을 보고 몹시 화가 났다. 그래도 그 자리에서 성질을 부리기는 뭣해서 나중에 현종을 찾아가 안녹산이 역모를 꾸미고 있다고 모함했다.

"안녹산은 병권을 손에 쥐고 있는 데다 다른 뜻을 품은 게 이미 어제오늘 일이 아닙니다. 게다가 사병을 모집하고 말을 사들여 세력을 키우면서도 조정에 보고하지 않으며 숨기기에 급급하니 그 이유가 무엇이겠습니까? 겉으로는 폐하께 이상하다 싶을 정도로 공손하고 어수룩한 체하고 있지만 폐하를 속여 신임을 얻으려는 것뿐이니 부디 그의 계략에 넘어가지 마시옵소서."

처음에 안녹산을 어느 정도 의심했던 당 현종은 안녹산이 자신의 부름에 몇 번이고 지체 없이 달려오는 것을 보더니 양국충을 불러 나무라며 말했다.

"안녹산이 역심을 품었다면 내게 부름을 받았을 때 두려워 바로 올 엄두를 내지 못했을 것이네. 자네가 사람을 잘못 본 것이니 앞으로 더는 이 일에 대해 언급하지 말게."

양국충이 거듭 진언하자 안녹산은 좌불안석이었다. 하루는 수하에게 수심에 잠겨 하소연했다.

"나에 대한 양국충의 증오가 하늘을 찌르니 불구대천의 원수가 따로 없네. 양국충이 계속해서 나를 역모죄로 모함하나 다행히 폐하께서 믿지 않으셔서 잠시나마 숨을 돌릴 수 있게 되었네. 하지만 양국충의 권세가 천하에 미치고 남을 해하는 게 그자의 주특기 아닌가. 그가 포기하지 않으면 다음번에도 폐하께서 날 믿어주신다는 보장이 없질 않나? 아무래도 미리 준비를 해둬야겠네."

안녹산은 그때부터 역모를 계획하는 데 속도를 내기 시작했다. 이에 다급해진 양국충은 자신의 모함이 한 번도 틀린 적이 없었다는 것을 증명하기 위해 안녹산이 역모를 꾀하도록 몰아붙이는 책략을 썼다.

755년, 양국충은 군대를 파견해 장안에 있는 안녹산의 자택을 포위하고 그를 찾은 손님들을 전부 죽였다. 그는 이로써 안녹산을 자극해 반란을 일으키게 할 생각이었다. 소식을 들은 안녹산은 슬프게 탄식하며 폐하께 하소연하려고 했지만 모든 상소문이 재상의 손을 넘어가지 못했다. 막다른 길에 몰리자 안녹산은 결국 모반을 결심했다.

안녹산이 모반했다는 소식이 장안에 퍼지자 사람들이 모두 두려움에 떨었지만 오로지 양국충만이 흥분을 감추지 못했다. 자신의 예상이 놀랄 만큼 정확했다는 게 증명된 셈이었기 때문이다. 양국충은 정당한 명분으로 안녹산을 체포해서 재판에 회부했다.

하지만 안녹산의 17만 대군이 지닌 실력은 양국충의 상상을 훨씬 뛰어넘었다. 그들은 파죽지세로 밀어붙이며 이듬해 동관潼關을 함락시켰다. 당 현종이 장안 밖으로 달아난 사이, 장안에서 멀지 않은 마외파馬嵬坡 언덕에서 금위군이 돌연 반란을 일으켰다. 양국충은 물론이고 그의 일가족 전부가 살해되었으며 당 현종이 아끼던 양귀비도 금위군의 협박에 못 이겨 스스로 목숨을 끊었다.

마음속의 화는 그를 적과 한편이 되게 만들고
감정적 원한은 그를 간사하고 사악한 소인배로 만든다

心之患者, 置敵一黨, 情之怨者, 陷其奸邪.

秘　　자신이 못마땅하게 여기고 싫어하는 사람을 내부 첩자나 소인이라고 손가락질하는 건 혹리와 음모자들의 상투적인 수법이다. 그들은 정직하고 공평무사한 군자의 모습으로 나타나 정의라는 이름으로 죄를 남에게 전가하는 사람의 죄상을 당당하게 '폭로'하고 '비난'한다. 모르는 사람들 눈엔 그들이 정의의 사도처럼 비춰지고 그 가운데 진실과 거짓은 분간이 어려워진다. 사실 사람들이 우롱당하고 속는 일이 너무 많다. 피해자가 항변할 수 없는 경우 상황을 잘 모르는 사람들은 허상을 믿을 수밖에 없는 것이다. 그들이 권력을 손에 쥐고 여론마저 그들에게 통제되면 진상은 가려지고 만다. 이로 인해 비극이 벌어진다 해도 전혀 이상한 일이 아니다. 하지만 진상은 사라지지 않고 언젠가는 백일하에 드러나며 위선자는 오래가지 못하고 결국 그 민낯을 드러내고 만다는 것을 역사는 우리에게 말해준다. 혹리들이 원하는 것을 이루는 건 잠시뿐이며 정의의 심판에서 영원히 자유로울 수는 없다.

주부의 추태

동한 광무제光武帝 때 유주목幽州牧을 지낸 주부朱浮는 큰일을 하거나 공을 세우는 것을 좋아했고 허명을 좇아 수많은 손님을 끌어들여 소모되는 관청의 돈과 양식이 상당했다. 팽총彭寵은 어양태수漁陽太守 재임 시절 주부의 부하였는데 그가 정당한 일에 종사하지 않는 것을 보더니 서신으로 그에게 진언했다.

"방치되거나 처리를 기다리는 일들이 산적해 있고 변성에서는 전쟁이 빈번하니 신하된 도리로서 폐하의 근심을 덜어드리고 실무에 힘써야 할 때입니다. 손님을 접대하며 돈과 식량을 낭비해서는 아니 됩니다. 진심으로 대인을 생각해서 드리는 말이니 혹 언짢으시더라도 부디 국익을 생각해서 직언한 저를 용서해주십시오."

주부는 팽총의 서신을 보고 크게 분노했다. 충언을 듣기는커녕 손님 접대를 위해 더 많은 돈과 식량을 바치라고 명했다. 팽총은 갈수록 심해지는 주부의 악행에 반발심이 일어 명을 따르지 않았고 이에 원망과 분노로 가득 찬 주부는 그에게 서신을 보냈다.

"앞으로도 내게 대들거나 명령을 따르지 않으면 모두 사형에 처할 것이다. 일개 무인이라 교화가 되지 않아서 그런 것이니 이번 한 번만은 용서해주겠다. 글재주는 말할 것도 없고 행군하며 싸우는 것도 네놈은 내게 한참 못 미친다는 사실을 명심해라. 계속 명령을 따르지 않는다면 반드시 네놈을 토벌할 것이다. 그때 가서 무릎 꿇고 사정해도 소용없다."

팽총은 서신을 받고 주부에 대한 증오가 더 커졌다. 주부는 팽총이 계속 명을 따르지 않자 조정에 팽총의 여러 죄상을 날조해 글을 올렸다.

"팽총은 태수이나 실은 사람의 탈을 쓴 짐승이나 마찬가지입니다. 아내는 도성에 데리고 와서 행복하게 지내는 반면 정작 모친은 고향에 버려두고 무관심으로 방치했습니다. 팽총은 사람이 간사하고 심보가 고약해서 가장 친한 친구도 그의 손에 목숨을 잃었습니다. 또한 그자는 손에 병권을 쥐고 몰래 적과 내통하며 역모를 꾀하고 있습니다. 불충하고 불효하며 인의가 없는 사람이오니 조정에서 속히 제거해 큰 우환을 없애주시길 간곡히 청합니다."

이 일을 알고 분노가 치민 팽총은 욱하는 마음에 군대를 보내서 주부를 공격했다. 주부는 크게 놀랐지만 마음이 어느 정도 진정되자 또 다시 탁월한 말솜씨를 발휘해 팽총에게 긴 편지를 써서 보냈다. 주부는 격앙된 어조로 팽총을 모함하며 말했다.

"국가에 큰 은혜를 입고 조정의 녹을 먹으면서 어찌 은의를 저버리고 반란을 일으킬 수 있단 말인가? 자네에게 양심이 있기는 한 것인가? 자네처럼 간악한 소인배들에게 세상을 살아갈 자격이 있는가? 백성들이 죽고 사는 데는 전혀 관심도 두지 않는 자네를 과연 사람이라고 할 수 있겠는가? 조금이라도 양심이 있는 사람이라면 자네를 수치스럽게 여길 걸세. 자네가 이토록 악행을 저지르니 자네 부모와 가족들도 자네로 인해 수치를 당할 거고 자넬 죽도록 증오할 게 틀림없네."

주부가 서신에서 제일 마지막에 쓴 문장은 천고의 명언이 되었다.

"무슨 일을 처리하든 가까운 사람들 가슴에 못을 박고 자신을 적대시하는 자들을 기쁘게 만들어서는 안 되는 거라네."

사실 팽총이 군대를 일으킨 건 개인적인 감정 때문이지 결코 역모가 아니었다. 따라서 주부가 팽총을 모함한 걸 보면 그 속이 얼마나 음흉했는지를 알 수 있다. 팽총이 대군을 이끌고 진격해오자 무덕하고 무능했던 주부는 두려움에 벌벌 떨면서도 항거하지 않고 아내를 죽인 뒤 도성을 버리고 달아났다.

관리를 적으로 보는 백성에게는 관리의 친구도 공범자고
가족과 원한이 있는 원수에게는
가족의 친구도 적이 되므로 적은 유동적인 존재다

官之友, 民之敵, 親之友, 仇之敵, 敵者無常也.

秘　　　인간관계에서 친밀도는 봉건전제사회에서 연좌로 엮는 중요한
근거였다. 우리에게 친숙한 '구족을 멸하는 연좌제'가 바로 그
증거다. 그런데 혹리와 음모자들은 이에 만족하거나 국한되지 않는다는
점이 사람을 더 오싹하게 만든다. 그들은 최대한 상대를 못살게 굴고 더
큰 공을 세우기 위해 보이는 대로 들쑤셔 모든 실마리를 찾아냈는데 이
와 관련된 사람들을 전부 끌어모아 공동의 처벌 대상으로 삼았다. 이런
식으로 그들이 말하는 적의 범위가 계속 넓어지다 보니 적의 친구도 적
이 되고 심지어 무늬만 적인 사람들 중에서 적인 친구의 친구도 대상에
포함되었다. 그들은 자신들이 저지른 죄가 있어 매사를 의심의 눈초리로
바라봤는데 이는 혹리들의 극악무도함과 나약한 일면을 동시에 드러낸
다. 이런 점에서 혹리와 음모자도 예외는 아니다.

주체의 학살

명 성조明成祖 주체朱棣는 주원장의 넷째 아들로 전쟁에서 공을 세운
것으로 유명하다. 주원장이 죽은 후 번왕藩王의 신분으로 건문제建文帝
주윤문朱允炆을 누르고 왕위에 올라 일대명군이 되었다. 그는 청렴한 정
치를 펼치면서 나라를 잘 다스려 '영락성세'永樂盛世를 열었다.

명나라 태조 주원장은 살아생전에 넷째 아들인 주체를 연왕燕王으로

책봉해 북평을 다스리게 했다. 주원장이 죽고 그 뒤를 이은 건문제 주윤문이 '삭번'(削藩. 변방 권력을 악화시켜 중앙 권력을 강화하는 것)을 단행하자 주체가 '정난의 변'(靖難之變)을 일으켰다. 4년에 걸친 격투 끝에 주체가 정권을 획득하고 왕위를 이어받아 명 성조가 되었다.

주체는 수도를 침공할 때 문학박사 방효유方孝孺에게 즉위 조서를 쓰게 했다. 주체는 일부러 태연한 척하며 방효유에게 말했다.

"자네는 대학자로 천하에 명성이 자자하고 나는 악을 제거해 종묘사직을 지켰네. 그런 자네가 이 조서를 작성하다니 이보다 더 보기 좋은 모양새가 어디 있겠나."

방효유는 주체가 왕위 찬탈을 꾀하는 거라고 여겨 명을 거역하고 신랄하게 그를 비판했다.

"역당이 어찌 군주가 될 수 있겠느냐? 나는 성현의 책을 읽고 태조의 은혜를 입었기에 악인을 도와 악행을 저지를 수 없으니 날 죽이려면 죽이거라. 여러 말 할 필요 없다."

주체는 간신히 화를 참으며 방효유를 타일렀다.

"도로 무도함을 치는 것 역시 성현의 가르침이거늘 그렇게 고집부릴 필요가 있느냐? 나는 학식과 교양이 넘치고 예를 아는 자네를 존경하기에 이리 청하는 것뿐이다. 그렇게 융통성 없이 굴다간 자신은 물론이고 남까지 곤경에 빠트릴 수 있으니 잘 생각하는 게 좋을 것이다!"

방효유는 죽기를 각오하고 주체의 협박에 경멸의 웃음을 보내며 말했다.

"나라를 위해 충성을 다하다 죽는 것이 내 평생의 소원인데 두려울 게 뭐 있겠는가! 네놈의 간계가 성공하면 마구잡이로 사람을 죽여댈 테지. 허나 자연의 섭리와 공리는 결국 사람의 마음에 있다는 걸 알아야 할 것이다. 네놈 따위가 어찌 천하의 백성들을 모조리 죽여 없앨 수 있겠느냐?"

주체가 분노를 터트리며 방효유를 참살하라 명했다. 그래도 분이 풀리지 않자 주체는 방효유의 구족을 멸하고 방효유의 제자, 동료, 친구까지 끌어들여 십족이라 칭하며 전부 살해했다. 이 사건으로 죽임을 당한 사람 수가 873명에 달했다.

주체는 '삭번'의 주창자였던 태상경太常卿 황자징黃子澄과 그의 일가족도 전부 몰살시켰다. 전 병부상서兵部尙書 제태齊泰도 삭번을 강력히 주장하다 참수됐고 그의 형제들까지 죄를 받아 모두 처단되었다. 호부시랑戶部侍郎 탁경卓敬도 본인은 참수되고 삼족을 멸하는 화를 당했다. 병부상서兵部尙書 철현鐵鉉은 사지가 찢겨 죽었다. 예부상서禮部尙書 진적陳迪도 사지가 찢겨 죽었고 6명의 아들이 모두 처형됐으며 친족 180여 명은 곤장을 맞고 불모지로 쫓겨났다. 좌부교어사左副敎御史 연자녕練子寧은 사지가 찢겨 죽었고 가족 151명이 살해되었다. 대리사승大理寺丞 추근鄒瑾은 자결했지만 그의 가족 448명은 처결되었다. 대리사소경大理寺少卿 호윤胡閏은 교살되고 그의 가족 217명은 처참한 죽음을 맞이했다. 어사대부御史大夫 경청景淸은 능지처참을 당했다. 그의 가족과 친구들이 참수된 건 말할 것도 없고 친척 친구의 친척 친구까지 전부 처결되면서 경청의 고향에 있던 수많은 마을 주민들까지 다 죽는 바람에 집들이 텅 비었다.

출세하던 시절 친구는 몰락하면 적이 되고
가난하던 시절 친구는 부귀해지면 적이 되니
친구는 일시적인 존재라고 할 수 있다

榮之友, 敗之敵, 賤之友, 貴之敵, 友者有時也.

㊙　관료사회는 한 사람을 확 바꿔 놓을 수 있는 곳이다. 부귀 역시 사람을 전혀 다른 사람처럼 낯설게 만들 수 있다. 이런 변화는 적을 친구로, 친구를 적으로 만들기도 한다. '담장이 무너지면 사람들이 밀어 넘어뜨린다', '위존자휘'(爲尊者諱. 존귀한 자의 잘못이나 수치는 감춘다는 뜻)라는 말은 바로 이럴 때 쓰는 것이다. 성숙한 사람은 때에 따라 변할 줄 알고 친구를 단순히 우정으로만 정의하지는 않을 것이다. 그들은 친구의 신분이 바뀌면 그에 맞게 자신과 타인의 위치를 정립한다. 이에 그치지 않고 유리한 부분은 취하며 불의의 화를 피해 무고한 사람들이 억울하게 휘말리는 일을 줄인다. 물론 진정한 친구라면 이런 속물적인 잣대를 들이댈 필요가 없다. 진정한 친구는 어떤 시련도 견뎌낼 수 있기 때문이다. 문제는 이런 진정한 친구들이 별로 없다는 것이다. 남들 눈에 진정한 친구처럼 보이는 사람 중에서 또 진정한 친구라고 할 만한 사람이 몇 명이나 되겠는가? 마음속에 이런 인식이 자리 잡고 있으면 인간관계에서, 특히 친구와의 관계에서 사람들이 기피하거나 싫어하는 대상이 되지 않고 물러설 곳을 남겨두며 어떤 변화에도 태연하게 대처할 수 있게 된다.

진승의 가난한 친구

진나라 말기 농민 봉기의 지도자 진승陳勝은 난을 일으키기 전에 농촌에서 농사를 지으며 살았다. 가슴속에 큰 뜻을 품고 있던 그는 종종 호언장담을 늘어놓았지만 사람들은 그가 허튼 꿈을 꾸고 있다며 비웃었다. 어느 날 그는 함께 일하고 있던 친구에게 또 큰소리를 쳤다.

"흙이나 파먹고 사는 게 대장부가 할 짓인가? 나중에 내가 부귀해지면 결코 자네를 잊지 않겠네."

친구가 탄식하며 말했다.

"자네도 나처럼 초야에 묻혀 지낼 팔자라 자네가 말한 그날이 오지 않을까 봐 걱정일세."

진승은 한숨을 내쉬며 괴로운 듯이 말했다.

"날 믿어주는 사람이 없는 것도 어찌 보면 당연해. 시골에 머물러 있고 싶어 하는 자네가 나의 원대한 뜻을 어찌 알겠나?"

시간이 흘러 진승은 반란에 성공한 뒤 왕을 자처하고 진陳 땅에 도읍해 널리 명성을 떨쳤다. 함께 일하던 진승의 고향 친구는 굉장히 기뻐했다. 그가 진승에게 몸을 의탁하려 하자 가족들이 그를 막아서며 말했다.

"진승과 너는 가난하고 어려울 때 사귄 친구 사이지만 지금 진승은 왕이 되어 예전과 같지 않으니 널 마음에 두고 있겠느냐? 운이 좋으면 한 끼 식사를 제대로 대접할 테고 그게 아니면 너 때문에 체면 깎일까 봐 모른 척할 것이다. 그러면 사서 고생하는 거나 다름없어. 지금은 비록 우리가 가난해도 별 탈 없이 잘 살고 있으니 괜히 가서 위험을 무릅쓰는 것보다는 이편이 훨씬 낫다."

그러나 친구는 진승이 예전에 한 말도 있으니 두고 보라며 즐거워했다. 그는 가족의 만류에도 불구하고 밤낮을 달려 진나라 땅에 도착했다. 그리고 신이 나서 왕궁을 호위하는 병사에게 말했다.

"내 친구 진승을 만나러 왔소."

병사는 그의 궁상맞은 몰골을 보더니 보고하기는커녕 그를 결박했다. 그가 진승과의 교분을 한참 구구절절 설명하고 나서야 병사는 그를 풀어주며 멀리 가서 다신 찾아오지 말라고 전했다. 고향 친구는 왕궁 바깥에 숨어 있다가 진승이 밖으로 나오자 그를 향해 큰 소리로 이름을 부르며 달려들었고, 둘은 그렇게 다시 만나게 되었다.

진승은 친구를 왕궁으로 데리고 들어가 산해진미를 실컷 먹게 한 뒤 엄숙한 목소리로 말했다.

"지금 나는 왕이라 다시는 나를 보고 소리를 질러선 아니 된다. 옛 친구를 잊은 게 아니라 왕으로서 내가 지켜야 할 법도가 너무 많아서 그런 것이다. 너도 물론 예외일 수 없어."

친구는 웃으며 그러겠다고 대답했지만 몰래 여기저기를 쏘다니며 사람들을 만나기만 하면 진승이 가난하던 시절 이야기를 들려줬다. 그리고 아름답고 웅장한 왕궁을 보고 진승이 이런 좋은 곳에서 살게 될 줄은 몰랐다며 거듭 감탄했다. 일찌감치 이 일을 진승에게 보고한 자는 다음과 같이 건의했다.

"계속 대왕의 위엄을 깎아내리고 있는데 이런 자를 궁 안에 두실 필요가 있습니까? 아무래도 궁 밖으로 내쫓는 게 좋겠습니다."

진승은 잠시 낮은 소리로 중얼거리다 말했다.

"여기에서도 저렇게 헛소리를 하고 다니는데 밖에 나가면 어떨지 알 만하구나. 스스로 명을 재촉하니 누굴 탓하겠느냐?"

진승의 명령에 고향 친구는 비명횡사하고 말았다.

권력은 버릴 수 없다
권력을 버리면 근본이 사라진다

是以權不可廢, 廢則失本.

㊙   혹리와 음모자들이 무수한 사람을 해치고 나라와 백성에게 해를 끼치는 주요 원인은 그들이 권력을 빼앗고 요직을 차지해서 사람들을 복종시키기 때문이다. 반대로 피해자들은 권력에 닿지 못하거나 권력이 아예 없어서 혹리들에게 휘둘린다. 권력이라는 날카로운 검이 없으면 그들과 싸워 이길 수 없다. 그들보다 권력과 지위가 높은 피해자들은 정직하면서도 음모와 간계를 쓰지 않고 그들에 대한 방비와 적극적인 공격을 소홀히 해서 스스로를 피동적인 입장에 놓이도록 만든다. 그보다 더 중요한 원인은 혹리와 음모자들이 최고 권력자의 신임과 지지를 얻어내는 능력이 탁월하기 때문이다. 심지어 최고 권력자가 직접 그들의 배후 세력을 자처할 때도 있다. 반면 권력과 지위가 높은 피해자들은 아무래도 권력이 약해 보이는 만큼 불리한 위치에 놓일 수밖에 없다.

권력을 빼앗은 무삼사

무삼사武三思는 당나라의 권신이자 무측천의 조카로 측천무후의 신임을 받았다. 중종中宗이 복위하고 무측천이 세상을 떠날 때까지도 재상으로 전권을 휘둘렀다. 자기와 견해가 다른 사람을 배척하기 위해 충신들을 모함했다. 경룡景龍 원년에 황태자 이중준李重俊이 군대를 일으켜서 살해되었다.

당나라 중종中宗 시기 무삼사는 중종의 총애와 신임을 한몸에 받아 그 지위가 굳건했다. 강경한 수단으로 무측천이 양위하도록 핍박하며 중종의 복권을 도왔던 다섯 명의 대신, 즉 장간지張柬之, 환언범桓彦范, 경휘敬暉, 원서기袁恕己, 최현위崔玄暐는 무삼사의 교만과 불법적인 행태를 보고 우려하며 중종에게 무삼사의 관직을 삭탈削奪해달라고 거듭 간언했다. 하지만 중종은 대신들의 말을 듣지 않았고 이 사실을 알게 된 무삼사는 장간지 등 다섯 명의 대신들에게 앙심을 품고 복수할 기회를 노렸다.

선주宣州 사사참군司士參軍 정음鄭愔은 무삼사와 예전부터 알던 사이였는데 뇌물죄로 지명 수배되어 오갈 데 없는 신세가 되자 무삼사의 집으로 도망쳐왔다. 정음은 무삼사의 환심을 사기 위해 아부를 했다.

"지금은 대인께서 태평하시지만 강적이 아직 남아 있질 않습니까? 장간지 등 다섯 명이 측천무후에게 양위를 압박한 게 불과 하루 만에 벌어진 일인데 하물며 대인께는 어떻겠습니까? 방도를 찾아 그들을 일망타진해야 합니다."

정곡을 찔린 무삼사는 원통해하며 말했다.

"그 다섯 명과 척을 졌으니 언젠가는 큰 화가 될 것이다. 그들이 쓴 방식대로 하고 싶은 마음은 굴뚝같다만 다들 공신이고 지위도 높은 자들이라 당분간은 나도 어쩔 도리가 없다."

정음은 무삼사의 얼굴에 수심이 가득한 것을 보더니 갑자기 웃음을 터트렸다. 무삼사는 그런 그를 보고 놀라며 물었다.

"내가 무능하다고 비웃는 것인가?"

정음은 황급히 웃음을 거두고 사죄했다.

"오해하셨다면 소인의 죄 죽어 마땅합니다."

정음은 무삼사의 표정이 누그러진 것을 보고 아첨을 이어갔다.

"다행히 소인을 만나 대인께서 전화위복을 하실 수 있기에 웃었던 것입니다."

정음이 자신의 계책을 상세하게 설명하자 무삼사는 연신 감탄사를 내뱉으며 그를 칭찬했다.

"겉으로는 폐하께 그들을 왕으로 책봉하시라 주청 드리면서 뒤로는 몰래 권력을 빼앗는다니 그것 참 좋은 생각이다! 계책이 없기도 했지만 내가 지난번에 섣불리 움직일 수 없었던 것도 놈들이 쥔 권력 때문이었다. 그러니 권력이 없다면 그들을 손보는 것쯤은 일도 아니지 않겠는가?"

무삼사는 위 황후와 상관완아上官婉兒 등 일당에게 연락해 갖은 방법을 동원해서 중종에게 장간지 무리에 대한 험담을 하게 했다. 그들이 공을 믿고 교만해져 역모를 꾀하고 있다는 황후 일당의 모함에 중종도 의구심이 일기 시작했다. 무삼사는 중종이 이 일을 두고 자신과 논의하자 이때다 싶어 말했다.

"황후께서도 아시는 일을 다른 사람이 모를 리 있겠습니까? 폐하께서 그들에게 애정을 갖고 계신 걸 보고 아뢸 엄두가 나지 않았던 것뿐입니다. 이 일은 엄연한 사실이니 이젠 폐하의 처분만 남아 있습니다."

중종은 견디기 힘든 표정을 지으며 한동안 말이 없었다. 그러자 무삼사가 제안했다.

"폐하께서는 인자하시니 차라리 그들을 왕으로 책봉해 중히 여기는 척하시면 어떻겠습니까? 그들에게 실권이 없으면 큰 근심거리가 되지 않을 뿐더러 폐하께서도 공신들을 내쳤다는 비난을 피하실 수 있습니다."

중종은 일거양득이라 여겨 즉시 제안을 받아들였다. 그리고 얼마 후 장간지 등 다섯 명의 대신들은 왕에 책봉되어 서서히 실권을 잃었고, 입궐해서 정사를 논의하는 일조차 고생스러울 수 있다는 이유로 매달 초하루와 보름 두 차례만 허락되었다.

권력이 사라지자 다섯 명의 대신들 주위에 남은 사람들이 없어 무삼사에게 더는 대적할 힘이 없었다. 무삼사는 손에 쥔 권력으로 그들을 전부 살해했고 그 가족들도 연루되어 똑같이 죽음을 맞았다.

함부로 동정을 베풀었다가는 미움을 살 수 있다

情不可濫, 濫則人忌.

㊙　　무고한 사람들이 연루된 수많은 사건들을 보면 남을 동정해서 정의롭게 직언을 했다가 혹리와 음모자들의 미움을 받아 화를 당한 사람들이 많다. 비극적이기는 하나 그 가운데 난국을 탄식하고 고통받는 백성을 불쌍하게 여겼던 소중한 마음은 가히 존경할 만하다. 그러나 간교한 무리들은 자신과 무관한 일이면 거들떠보지도 않고 자신의 명철보신에만 급급하며 가족의 생사와 관련되더라도 양심을 속이고 무관심으로 일관한다. 이런 인생철학과 처세술로는 잠시나마 자신을 보전할 수 있을지 몰라도 근본적으로는 혹리와 음모자들이 악을 행하도록 부추기는 꼴이라 결국은 자기 보전도 할 수 없게 된다. 혹리와 음모자들이 철저히 근절되지 않는 한 재난은 모든 사람에게 언제라도 닥칠 수 있다.

공연히 함정에 빠진 왕단

왕단王旦은 송나라 진종眞宗 때 재상으로 인품이 너그럽고 일 처리가 공정했다. 특히 정과 의리를 중시하고 타고난 성품이 선량해서 많은 사람들의 존경을 받았다. 한림학사 이종악李宗諤이라는 사람이 있었는데 재능이 뛰어나고 인품이 훌륭했다. 왕단은 그를 높이 평가하며 사람들 앞에서 자주 칭찬하곤 했다.

"이종악은 보기 드문 인재로 큰일을 할 사람입니다. 후생後生 중에서 그를 뛰어넘을 자는 실로 많지 않을 것입니다.”

어느 날 왕단은 조정에서 이종악이 근심 어린 얼굴로 안절부절못하는 것을 보고 의아해하며 그 연유를 물었다.

“오늘 자네 행동이 평소와는 사뭇 다르던데 무슨 걱정거리라도 있는 겐가?”

이종악은 극구 감추려고 했지만 왕단이 계속 캐묻자 어쩔 수 없이 쓴 웃음을 지으며 속내를 털어놨다.

“자식이 결혼을 해서 비용이 많이 드는데 제 녹봉과 저축만으론 턱없이 모자라 애가 탑니다.”

왕단은 청렴한 그를 동정하며 말했다.

“자녀들의 큰일을 치르는 데 소홀히 해서야 쓰겠나. 부족한 돈은 내가 빌려주겠네.”

왕단이 이종악에게 돈을 빌려주자 그의 아내는 걱정스러웠다. 그래서 왕단과 일상적인 얘기를 나누다가 일부러 화제를 돌리며 말했다.

“아랫사람을 돌보고 도와주는 건 선하고 좋은 일이지요. 허나 당신은 백관의 수장인데 이 일을 남들이 알면 당신이 한쪽 편만 들고 다른 저의를 품고 있다 수군거릴 테니 되도록이면 안 그러시는 게 좋겠습니다.”

그러자 왕단이 웃으며 말했다.

“나는 평생을 정정당당하게 일하며 한 치의 부끄러움도 없이 살아왔거늘 남들이 나를 뭐라 할 수 있겠소? 또 그들이 무슨 말을 할 수 있겠소? 나는 아무런 사심 없이 돈을 빌려준 것이니 부인은 그렇게까지 걱정할 것 없소.”

이후 왕단은 갈수록 성숙해지는 이종악을 보며 어질고 재능 있는 후진을 장려하고 발탁하기 위해 그를 부재상으로 등용하고 싶었다. 그래서 왕단은 자신과 함께 재상으로 있는 왕흠약과 이 문제를 상의했다.

“이종악은 재덕을 겸비한 인재인데 왕 대인께서 혹 다른 의견이 있으신지요?"

간사한 소인배였던 왕흠약은 이종악의 재능과 식견을 시기했다. 또한 왕단과 이종악이 힘을 합치면 자신이 불리해질 것을 우려했기 때문에 왕단의 의견을 못마땅하게 여겼다. 하지만 왕단이 다그쳐 묻자 왕흠약은 섣불리 나서지 않고 그의 뜻에 동의했다. 그러고는 몰래 혼자 진종을 찾아가 왕단을 모함했다.

"왕단은 이종악에게 많은 돈을 빌려줬는데 그가 갚을 능력이 없는 걸 보고 부재상 자리에 앉히려는 속셈입니다. 조정 관례에 따라 이종악이 부재상이 되면 조정은 그에게 삼천 관貫을 하사하는데 이는 왕단의 빚을 갚고도 남을 금액입니다. 나라를 위해 어진 인재를 뽑는다는 그럴싸한 말에 절대 속으시면 아니 됩니다."

왕흠약이 참소한 뒤 왕단이 진종에게 이 안건의 비준을 청했다. 하지만 진종은 비준하기는커녕 그 자리에서 왕단을 호되게 꾸짖었다. 그 뒤로 왕단은 진종의 신임을 잃었지만 왕흠약은 총애를 입어 더욱 막강한 권력을 누리게 되었다.

남과 사귈 때 지나치게 가까워지면 아니 된다
사이가 너무 가까우면 남들이 의심할 수 있다

人不可密, 密則疑生.

秘 　사단을 만드는 사람은 이용 못할 게 없다. 그들은 특히 사람들 사이에서 농간을 부려 근거 없이 고의로 남을 해치거나 무고한 사람을 연루시키는 데 능하다. 사실 인간관계에 있어서 적당한 거리를 유지하는 건 누구에게나 이롭다. 사이가 지나치게 가까우면 남들에게 의심을 사고, 당사자 스스로도 시간이 지나면서 간혹 있는 갈등 때문에 원망하는 마음이 생길 수 있다. 서로에 대한 이해가 깊어질수록 사람이 가진 여러 결함들이 남김없이 드러나게 되는데 이로 인해 친밀하던 사람들이 헤어지고 원수지간이 되는 경우가 적지 않다. 대부분 많은 문제들이 여기에서 비롯된다.

장설의 패착

장설張說은 당나라 현종玄宗 시기의 대신으로 속이 좁고 질투심이 강했다. 사이가 안 좋은 대신이 있으면 그 사람의 작은 결점을 크게 부풀려 모함하곤 했다. 조정 대신들은 그를 미워하고 원망했으며 그와 왕래하는 사람이 드물었다.

또 다른 대신이었던 요숭은 장설을 몹시 싫어했는데 어느 날 장설이 연회에 초대하자 그 자리에서는 승낙했다가 실제로는 달랑 하인 한 명만 보냈다. 요숭을 대신해 참석한 하인은 장설에게 그가 한 말을 전했다.

"저는 행실이 괴팍하고 좀스럽습니다. 저희 어르신께서는 그런 제가 장 대인과 말이 잘 통할 거라시며 저를 연회에 보내셨습니다. 그리고 대인께 전할 말씀도 일러주셨는데요. 만약 하인이 와서 대인의 체면이 깎일까 걱정되시거든 저를 곧장 돌려보내시랍니다."

장설은 화가 치밀었지만 그렇다고 화를 내기도 뭐했다. 이로 인해 두 사람의 원한은 더 깊어지고 말았다. 장설에게 너무 심한 모욕을 준 것 아니냐며 누군가가 요숭을 나무라자 그는 이렇게 말했다.

"소인배는 소인배의 방법으로 대해야 한다네. 이런 식으로 독하게 굴지 않으면 손해 보는 건 자기 자신일 뿐이야. 내 비록 스스로를 군자라 자처할 순 없지만 그렇다고 소인배를 따르지는 않네. 자네가 먼저 선수 치지 않으면 그가 자네를 치려 할 텐데 가만히 앉아서 죽기만을 기다릴 수 있겠는가?"

현종은 어질고 총명한 요숭을 재상 자리에 앉히려고 했다. 그 소식을 들은 장설은 갖은 방법을 동원해 요숭의 임용을 방해했다. 하지만 결국 장설의 간계가 실패로 돌아가면서 요숭은 재상 자리에 올랐다. 이에 몹시 당황한 장설은 심복에게 말했다.

"요숭의 바람이 이뤄졌으니 분명 내게 보복을 하려 들 것이다. 상황이 긴박하니 내가 어찌하면 좋겠느냐?"

꾀가 많은 심복이 장설에게 방도를 일러줬다.

"폐하의 친동생인 기왕岐王과 친분이 있으시질 않습니까. 가서 비호해 달라 청하시면 요숭이 대인을 해치고 싶어도 그러지 못할 것입니다."

그 말을 듣고 장설은 탁자를 탁 치며 소리쳤다.

"내가 정말 정신이 나간 모양이다. 왜 이 방법을 생각 못했지? 줄곧 성의 표시를 해온 내가 부탁을 하는데 기왕이 거절할 수 있겠느냐?"

장설이 말한 대로 요숭은 재상 자리에 오르자 장설에게 복수하려고 들었다. 요숭은 장설이 평소보다 유난히 자주 기왕과 왕래하는 것을 보고 장설의 속셈을 눈치챘다. 손쓸 수가 없어 며칠을 고민하던 그에게 불현듯한 가지 생각이 스치고 지나갔다.

'집권 대신과 친왕親王이 지나치게 친밀한 사이라면 어떤 죄목을 갖다 붙여도 무리가 아니다. 폐하께서도 이런 일을 가장 꺼리시니 이를 폐하께 고하면 장설의 좋은 시절도 다 가는 거 아니겠나?'

요숭은 증거도 없이 고했다가 일이 잘못되면 장설에게 도리어 무고죄로 역공을 당할 수 있다는 것을 잘 알고 있었다. 그래서 그는 현종 앞에서 일부러 절뚝거리며 걸었다. 현종이 다리가 아프냐고 묻자 요숭은 황공해하는 척하며 대답했다.

"잘못 보셨습니다. 소신은 마음에 병이 든 것입니다."

현종은 의아해하며 물었다.

"분명 다리가 아픈 것인데 어째서 마음의 병이라는 것인가?"

요숭은 주위를 살피더니 긴장한 듯이 말했다.

"장설은 대신임에도 본연의 업무를 소홀히 하며 몰래 기왕과 가깝게 지내고 있으니 그들이 해서는 안 될 일을 저지를까 저어됩니다."

놀란 현종은 요숭이 장설 무리가 역모를 꾸밀 가능성을 암시한다는 것을 알고 즉시 장설을 조정에서 몰아내 외지로 보내버렸다. 그 후 내막을 알게 된 장설은 이렇게 말했다.

"내가 경솔한 것도 잘못이지만 교활하고 간사한 요숭이 그런 수를 쓸 줄 누가 알았겠는가?"

속내를 전부 털어놔서는 아니 된다
남김없이 다 털어놨다가는 화근이 될 수 있다

心不可托, 托則禍伏.

㊙ 옛말에 사람을 만나면 많은 여지를 남기는 말만 하고 마음을 다 내던지면 아니 된다고 했다. 인간관계가 복잡하고 사회가 흉흉하기 때문에 매사를 진실하게만 대해서는 아니 된다. 음흉하고 간사한 사람들은 남들이 방비를 소홀히 한 틈을 타 그들이 말한 진심이나 속내를 가지고 남을 해치는 증거로 삼는다. 사람이 마음을 터놓고 얘기하다 보면 부적절한 말이 튀어나오기 마련이며 말실수를 전혀 하지 않더라도 사람들의 태도나 경향에서 그런 경우가 생길 수 있다. 친구 눈에는 문제없어 보이는 것이라도 소인들 눈에는 트집거리가 될 수 있다. 또 사람의 마음은 변하기 때문에 속내를 가족이나 친구에게 말할 때도 그들이 언젠가는 적으로 돌변할 수 있다는 것을 염두에 두고 여지를 남겨야 한다. 특히 이해관계가 얽힌 말은 쉽게 내뱉으면 아니 된다. 남에게 말꼬리를 잡히지 않는 것이 자신에게도 이롭다.

입으로 화를 부른 조안인

조안인趙安仁은 송나라 진종眞宗 말년에 부재상을 지냈다. 조안인은 자신의 생각을 거침없이 말하고 공정하게 일을 처리했다. 또 직언을 서슴지 않아 진종은 그를 보기 드문 충신이라고 여러 차례 칭찬했다.

어느 날 조안인은 친구의 초대로 연회에 참석했는데 술자리에서 친구가 말했다.

"폐하께서 자네의 직언을 칭찬하시긴 했지만 그래도 매사 바른 말만 하고 여지를 남기지 않는 건 위험하네. 지금처럼 사람들의 마음이 음험하고 간사한 데다 세상일을 예측하기 어려운 시기에 이토록 거침없이 할 말 다 하다가는 머지않아 큰 화를 입을 걸세."

성격이 강하고 고집 센 조안인이 친구의 충고를 들을 리 만무했다. 그는 친구에게 반박했다.

"폐하께서 나를 신뢰하시는데 내가 어찌 감히 폐하를 속이겠는가? 또 사람들이 내게 우호적인데 내가 어찌 거짓으로 그들을 대할 수 있겠는가? 내가 진심으로 대하면 분명 상대도 그럴 거라고 믿네. 오는 정이 있으면 가는 정이 있다는 말도 있지 않은가. 그러니 자네가 생각하는 것처럼 두려워할 게 뭐 있겠는가?"

조안인의 친구는 땅에 술잔을 던지고는 탄식하며 말했다.

"자네가 이리도 고집을 부리니 더는 할 말이 없네. 훗날 화가 닥쳤을 때 왜 빨리 대책을 마련해주지 않았냐며 날 원망하지나 마시게."

하루는 진종이 갑자기 조안인을 불러 유현비劉賢妃를 황후로 책봉하고 싶다며 그의 생각을 물었다. 조안인은 더 생각할 겨를도 없이 입을 열었다.

"황후의 자리는 더할 나위 없이 존귀한데 출신이 비천하고 재덕이 부족한 유현비가 황후가 되면 천하의 백성들이 받아들이지 않을 것입니다. 그러니 유현비를 황후로 삼으시면 아니 됩니다."

진종은 유현비를 총애해서 황후로 삼으려던 것인데 조안인이 그녀에게 장점이 전혀 없다고 말하는 것을 보면서 몹시 기분이 상했다. 다음 날 진종은 왕흠약을 불러 조안인이 한 말을 그대로 읊은 뒤 아직 화가 다 가시지 않은 상태로 말했다.

"조안인은 직언하면 좋은 줄만 알았지 자신이 시비 분별도 못하고 뭘 잘못 말하고 있는지는 모르고 있네. 그런 직언은 일을 그르칠 뿐인데 무슨 쓸모가 있겠는가?"

진즉에 조안인을 무너뜨리려던 왕흠약은 한술 더 떠서 말했다.

"폐하께서 조안인을 박하게 대하신 것도 아니고 유현비가 그에게 밉보인 일도 없는데 그가 어찌 그런 매정한 말을 할 수 있답니까? 소신 생각에는 조안인의 심중에 다른 꿍꿍이가 있는 듯합니다. 어쩌면 다른 황비와 결탁했을지도 모릅니다. 그들이 이런 경사에 다른 이를 천거할 리가 없지요."

왕흠약은 진종에게 다음 날 조안인에게 누가 황후로 적합한지 물어 그의 심중을 떠보게 했다. 진종은 왕흠약의 말에 현혹되어 조안인을 불러 이 일에 대해 물었다. 조안인은 진종의 태도에 변화가 생겼다는 것을 전혀 눈치채지 못하고 오로지 충성심으로 자신의 생각을 솔직하게 말했다.

"폐하께서 겸허히 충언에 귀 기울이시는 건 실로 나라의 경사가 아닐 수 없습니다. 폐하께서 물으시니 답하겠습니다. 소신 생각에는 황후로 심덕비沈德妃만 한 분이 없습니다. 심덕비는 선대 재상인 심의륜沈義倫의 후손으로 단정하고 현숙하며 어질고 인자해서 국모의 역할을 잘 감당할 것입니다."

진종이 이 말을 왕흠약에게 전하자 그는 이를 근거로 조안인을 참소했다.

"폐하께서는 모르시겠지만 조안인은 과거 심의륜의 집에서 객식구로 있었습니다. 그러니 그가 그렇게 말하는 것도 무리는 아니지요. 공적인 명목으로 사리를 도모하다니 그 죄가 큽니다."

이에 진종은 크게 노하며 조안인을 파면했다. 왕흠약은 공을 인정받아 한 단계 진급했고 황후 자리에 오른 유현비는 왕흠약에게 고마워하며 그를 중히 여겼다.

지혜로운 자는
화를 자초하지 않는다

智者不招己害.

秘　　혹리와 음모자들은 자신을 지혜로운 사람이라고 자처해왔다.
그들이 사람을 죽이고 무고한 사람을 연루시켰던 이유는 그래
야 다른 사람은 해치되 자신은 해를 안 당한다고 생각했기 때문이다. 그
래서 사람들 눈에는 그들이 피곤한 줄도 모르고 미친 듯이 살생하는 것
처럼 보였던 것이다. 하지만 그건 혹리들이 잘못 생각하고 있는 것이다.
잠깐은 미친 듯이 날뛸 수 있을지 몰라도 하늘의 심판과 정의가 살아 있
는 만큼 나쁜 짓을 많이 하면 결국 죽음을 자초하게 된다. 그것이 피할 수
없는 혹리들의 말로다. 한편 지혜로운 사람은 혹리와 음모자들에게 피해
를 당하는 것을 막지는 못해도 지혜를 발휘해 위험과 재난을 최소화하고
있어서는 안 될 희생을 피해 최소한의 대가만 치르도록 만들 수는 있다.

진평의 방탕한 생활

진평은 서한 왕조의 개국 공신으로 진나라 말기에 의병으로 참여했다.
위왕魏王이었던 위구魏咎를 위해 일하다 참소를 당해 항우에게 도망갔다
가 이후 한 고조 유방의 책사로 일했다. 한나라가 세워진 뒤 승상의 자리
에 올라 삼대를 섬기며 천수를 누렸다.

유방이 죽자 여후呂后가 임조칭제臨朝稱制를 하며 권력을 장악했다. 여
후는 여씨 가문 사람들을 중용했는데, 그들을 왕으로 책봉하거나 장수로

임명해서 전대의 옛 신하들을 박해하도록 종용함으로써 형세가 매우 위태로웠다.

당시 우승상이었던 진평은 한나라 왕실의 명운을 걱정하면서도 국면을 타개할 힘이 없어 온종일 한숨만 푹푹 쉬고 있었다. 어느 날 대중대부大中大夫 육가陸賈가 진평 집에 왔다가 이런 그의 모습을 보고 연신 고개를 내저었다. 진평이 안부를 묻자 육가가 말했다.

"나라와 백성은 걱정하면서 정작 본인의 몸은 돌보지 않으시는 겁니까? 상황이 이러면 차선책이라도 마련해 화를 면할 생각을 하셔야지요. 승상처럼 지모가 출중하신 분이 이렇게 틀어박혀서 한숨만 쉬고 계시면 남들 눈에는 승상이 시국에 불만이 있는 것처럼 보여 화를 자초할 뿐입니다. 설마 전혀 모르고 계신 건 아니겠지요?"

진평은 절친한 사이인 육가가 따끔하게 지적하자 다소 놀라기는 했지만 덤덤한 모습으로 그에게 오히려 고마워했다.

"역시 저는 선생의 식견을 따라갈 수가 없군요."

그날 이후 진평은 검소하던 이전의 모습과는 달리 돈을 흥청망청 쓰며 날마다 주색에 빠져 지냈다.

대놓고 방탕한 생활을 일삼는 진평을 보고 선대의 신하들은 정사를 돌보지 않는다며 그를 책망했다. 신하로서 절개를 지키지 않는다고 몰래 욕하는 사람이 있는가 하면 걱정스런 마음에 충고를 건네는 사람도 있었다.

"폐하께서 아직 어리시어 승상께서 처리하실 나랏일이 많질 않습니까. 거기다 백관들도 통제하셔야 하니 책임이 막중하신데 향락에만 빠져 계시면 한나라 왕실이 위태로워집니다. 어서 정신을 차리시고 나라를 다스리는 데 온 힘을 쏟으셔야 합니다. 그래야 선황제의 기대에 부응하는 게 됩니다."

진평은 이런 충언에도 전혀 신경 안 쓰는 척했다. 누군가가 너무 말이 많다 싶으면 극도로 못 견뎌하는 티를 냈고, 가끔은 크게 화를 내며 욕을 퍼부을 때도 있었다.

"너희처럼 앞뒤 안 가리는 놈들이 어찌 유흥을 알겠느냐? 내가 그동안 갖은 고생을 다 겪어가며 오늘 이 자리까지 올랐는데 일찌감치 즐기지 않으면 좋은 시절을 그냥 허투루 보내는 것 아니겠느냐? 내게 남은 시간도 얼마 없어 유흥을 즐기기에도 모자란 판에 정사를 챙길 겨를이 어디 있겠느냐?"

여후의 여동생 여수呂嬃는 진평의 이런 방탕한 생활을 직접 목격한 뒤 속으로 기뻐했다. 과거 진평이 유방의 명으로 여수의 남편 번쾌를 체포했던 터라 줄곧 원한을 품고 있었기 때문이다. 여수는 이때다 싶어 여후에게 진평을 참소했다.

"우승상이라는 자가 매일같이 주지육림에 빠져 살면서 조정의 일은 나 몰라라 하고 있습니다. 진평이 이리도 비행을 저지르고 있는데 태후께서 마땅히 엄벌로 다스리셔야 하지 않겠습니까?"

그 말을 들은 여후는 웃으며 말했다.

"진평이 향락에 빠져 정사를 돌보지 않는다는 건 원대한 포부가 없다는 뜻이니 걱정할 것 없네. 선대 황제를 모신 대신들 가운데 내가 가장 우려하던 사람이 바로 진평일세. 지금 그가 하는 꼴을 보아하니 내 마음에 쏙 들어 기뻐해도 모자랄 판인데 어찌 그를 벌하겠는가? 그러니 앞으로는 자네도 더는 말하지 마시게."

이렇게 해서 진평은 여후를 속여 위태로운 시기를 무사히 넘길 수 있었다.

능력 있는 사람은 늘 남의 약점을 찾아
공로를 추구한다

能者尋隙求功.

秘　　옛말에 완벽한 순금이 없는 것처럼 완벽한 사람도 없다는 말이 있다. 결점이나 허물이 전혀 없는 완전무결한 사람이 되기란 불가능하다. 따라서 혹리와 음모자들이 해치려는 대상의 작은 실수나 허점을 캐내서 정치적으로 해석하고 부풀려 대죄로 다스릴 수 있는 것이다. 혹리들이 상대의 빈틈을 찾아내는 공력과 수완은 보통이 아니다. 그들은 남을 괴롭히는 데 일가견이 있어서 손보려는 상대의 약점이 뭔지 정확하게 찾아낸다. 그런 다음 본격적으로 손을 써서 극악무도한 죄명을 상대에게 뒤집어씌우는 것이다. 혹리들이 여기에 이토록 공을 들이는 목적은 공로를 추구하기 위해서다. 이런 자극과 포상이 있으면 혹리들은 더 제멋대로 날뛴다. 통치자가 이런 풍토를 근본적으로 바꾸지 않는 한 남을 괴롭히는 비극은 하루도 빠짐없이 계속되고 누군가가 연루되는 불행도 사라지지 않고 남아 있을 것이다.

기회를 틈타 모함한 오근

1449년 명나라 영종英宗 주기진朱祁鎭은 친히 몽골 오이라트 정벌에 나섰다가 패한 뒤 포로가 되었다. 이에 성왕郕王 주기옥朱祁鈺이 즉위하는데 그가 바로 경제景帝다. 1년 후 풀려나 조정으로 돌아온 영종은 복위 욕심을 버리지 않고 있었다. 1457년 영종은 대장군 석형石亨 등의 추대를 받아 경제의 병이 위중한 틈을 타 '탈문지변'奪門之變을 일으켜 다시 제위에 오르는 데 성공했다.

영종은 자신이 복위하는 데 큰 공을 세운 석형을 후侯로 봉했고 뒤이어 다시 공公으로 작위를 올려주며 그를 총애했다. 이에 석형과 대적하던 공순후恭順侯 오근吳瑾은 걱정스러운 마음에 두 사람 사이를 이간질해 석형을 무너뜨릴 기회만 엿보고 있었다.

오근은 사람을 보내 석형의 움직임을 주시하게 했지만 약점을 찾지 못했다. 시간이 길어지자 초조해진 오근은 친한 친구인 무녕백撫寧伯 주영朱永을 불러 이를 논의했다. 오근은 단도직입적으로 말했다.

"석형과 나는 공존할 수 없는 사이일세. 내가 그자를 치지 않으면 그자가 나를 칠 게 뻔해. 지금 석형은 지위도 높고 권세도 막강해 저리 기고만장한데 나는 그자의 허물 하나 찾지 못하고 있으니 더 지체하다가는 문제가 생기겠어. 내가 대체 어찌하면 좋겠는가?"

한동안 얼굴을 찌푸리던 주영이 불쑥 입을 열었다.

"사람이라면 허물이 있기 마련인데 못 찾을 게 뭐 있는가? 근래 석형이 새로 관저를 지었는데 화려하고 웅장하기가 왕부 저리 가라더군. 이게 가장 큰 허물이 아니고 뭐겠는가? 이토록 주제넘는 행동을 한 그를 자네가 폐하께 고한다면 폐하께서 가만히 계실 수 있겠는가?"

오근은 주영의 말에 동의하면서도 걱정스러운 듯이 말했다.

"폐하께서 그를 총애하시는데 내가 폐하 앞에서 그자를 헐뜯었다가 도리어 폐하의 미움을 살까 걱정일세. 거기다가 그게 그렇게 큰 잘못이라고 할 수도 없으니 적당한 때를 맞추지 못하면 별 효과가 없을 걸세."

오랜 시간 상의한 끝에 오근은 일단 진언하지 않고 후에 기회를 봐서 움직이기로 했다.

그러던 어느 날 영종은 오근과 주영을 대동해 봉상루鳳翔樓에 올랐다가 화려하고 웅장한 석형의 관저를 발견하고 알면서도 모르는 척 두 사람에게 물었다.

"궁궐 밖에 저런 으리으리한 집이 있는 줄은 몰랐구려. 그대들은 저게 누구의 집인지 아는가?"

오근과 주영은 서로 마주 보며 의미심장하게 웃었다. 영종의 말에서 느껴지는 불쾌함을 알아차린 것이다. 오근은 이때다 싶어 짐짓 큰 소리로 말했다.

"저렇게 황궁에 비견할 만한 기세를 가진 집이라면 필시 왕부일 것입니다."

영종은 고개를 저으며 아무 말도 하지 않았다.

오근은 내친 김에 말했다.

"왕부가 아니면 누가 감히 저런 분수에 넘치는 저택을 지을 수 있겠습니까? 이리도 오만방자한 걸 보면 이자가 혹 역모를 꾸미고 있는 건 아닐는지요?"

영종은 비위가 거슬리는 듯 눈살을 찌푸렸다. 주영도 옆에서 부채질을 했다.

"왕부가 아니라면 어느 공신의 저택이겠지요. 공이 아무리 크다고 해도 이런 잘못을 저질러서야 되겠습니까? 대놓고 이런 짓을 저지르는데 뒤에서는 무슨 짓을 꾸밀지 감히 상상도 못하겠습니다."

두 사람은 영종이 우려하는 말만 골라서 했다. 영종은 석형이 공을 믿고 거만해져 자신의 자리가 위태로워질까 봐 염려하고 있었던 것이다. 그런 와중에 두 사람이 하는 말을 들으니 석형의 관저가 위협적으로 다가왔다.

그날 이후 석형에 대한 영종의 태도가 돌변해 다시는 그를 신임하지 않았다.

그들을 유인한 뒤 이를 근거로 체포하면
부조리하다는 말이 싹 사라진다

餌之以逮, 事無悖矣.

㊙ 수많은 억울한 사건들이 겉으로는 인적·물적 증거를 모두 갖춰 흠결 없이 합리적이고 합법적으로 보인다. 바로 이런 점이 억울한 사건을 날조하는 자들의 교활함이 돋보이는 부분이라고 할 수 있다. 그들은 자신이 사람이라면 도저히 할 수 없는 그런 말도 안 되는 짓을 저지르고 있다는 것을 알기 때문에 여론을 호도하기 위해서 겉을 그럴듯하게 꾸미려고 한다. 안 그러면 자신의 거짓된 모습이 드러나기 때문이다. 이런 이유로 함정을 파서 남을 유인해 화를 자초하게 만드는 방법이 등장하게 된 것이다. 이는 상대가 사실을 날조하고 해명할 수 없게 만들기도 하지만 남들이 비난할 거리도 없는 방법이라 가장 직접적이고 효과적으로 남을 해칠 수 있다. 그래서 남을 해치려는 사람들은 누구나 이 방법을 중요시하며 자주 써먹는다. 일단 계략에 걸려들면 후폭풍이 심각하고 죄명을 벗을 기회도 거의 없다.

무혜비의 살해 방법

당나라 현종의 총애를 받은 무혜비武惠妃는 자기의 친아들인 효왕孝王 이모李瑁를 태자 자리에 앉히려고 갖은 술수를 부렸다.

그러던 어느 날 현종이 무혜비가 몰래 흐느끼는 것을 보고 연유를 묻자 무혜비는 현종 앞에 무릎을 꿇고 애원했다.

"폐하! 저희 모자를 살려주시옵소서!"

현종은 크게 놀라며 물었다.

"그게 대체 무슨 말이오? 과인이 여기 있는데 누가 감히 둘을 해친단 말이오?"

그러자 무혜비가 참소했다.

"태자와 악왕鄂王, 그리고 광왕光王이 작당하고 폐하의 총애를 받는 저희 모자를 시기해 죽이려 하고 있사옵니다. 폐하께서 염려하실까 저어되어 알리지 않으려 했으나 일이 예사롭지 않아 폐하께 구명을 청하는 것입니다."

현종은 무혜비의 말이 끝나기도 전에 크게 분노했다. 그는 사건의 내막을 알아보지도 않고 곧장 태자 이영李瑛을 폐위시킨 뒤 악왕 이요李瑤와 광왕 이거李琚에게도 죄를 따져 물었다. 그러자 재상 장구령張九齡이 소식을 듣고 급히 입궁한 뒤 간언했다.

"이번 일은 아무 증거도 없사온데 어찌 이리도 쉽게 믿으십니까? 더군다나 폐하께서 제위에 오르신 지 오래나, 태자와 둘째 황자께서 심궁을 떠나신 일이 없사옵니다. 폐하께 깊은 가르침을 받은 두 분이 어찌 이런 대역무도한 일을 저지르실 수 있겠습니까? 여태껏 두 분을 아끼시다 홧김에 버리신다 하시면 훗날 폐하께서 이 일을 후회하시지는 않을까 저어됩니다."

장구령이 간절하게 타이르자 결국 현종은 그들을 용서해주었다. 무혜비는 자신의 계획이 무산되자 장구령이 일을 망쳤다고 여겨 그에게 원한을 품었다. 무혜비는 계략을 성사시키기 위해 잠시 화를 억누르고 사람을 보내 장구령을 포섭하기로 했다. 그런데 장구령이 눈 하나 깜짝하지 않자 무혜비가 보낸 자가 말했다.

"소인 생각에는 대인께서 마마와 대적하는 건 현명한 처사가 아닙니다! 마마는 폐하 앞에서 두말하지 않는 분이신데 대인께서는 어찌 자신의 앞날을 생각하지 않으십니까? 이번에 대인께서 힘을 써주신다면 대인의 지위가 굳건해지는 것은 물론이고 대인의 후손들도 걱정거리가 사라지는데 남을 위해 모든 걸 포기하실 필요가 있겠습니까?"

그러자 장구령이 차갑게 말했다.

"폐위 문제를 두고 어찌 거래를 하려 하느냐? 나는 공공의 이익을 위해 생사 따위 신경 안 쓴 지 오래다. 마마께서 죄를 물으시면 달게 받는 수밖에."

무혜비는 장구령이 순순히 굽히지 않는 것을 보고 잠시 때를 기다렸다. 이후 장구령이 간신 이임보李林甫의 모함으로 경성을 떠나자 근심거리가 사라진 무혜비는 마음 놓고 음모를 꾸몄다.

지난번 일도 있고 해서 무혜비는 방법을 바꾸기로 했으나 좋은 생각이 떠오르지 않자 자신의 세력과 머리를 맞댔다. 그중에 한 사람이 입을 열었다.

"확실한 증거가 없으면 그들을 사지로 몰기 어렵습니다. 폐하의 친아들들은 물론이고 다른 사람들도 쉽게 믿지 않을 겁니다. 게다가 태자는 올곧은 사람이라 모반은커녕 티끌만 한 잘못도 찾기 힘든 터라 일을 성사시키기 어렵습니다."

또 다른 사람이 제안했다.

"지금은 그들이 역모를 꾸몄다는 사실을 만드는 것 말고는 방도가 없습니다. 마마께서는 그들이 무기를 들고 입궁하게 만들 이유를 생각해두십시오. 그런 뒤 그것을 역모의 증거로 내세우면 폐하께서도 믿으실 것입니다."

무혜비는 웃으며 고개를 끄덕였다.

"그때 가서 놈들이 뭐라고 변명을 한들 내가 인정하지 않으면 누가 그 말을 믿겠느냐? 이 일이 잘되면 태자는 자리를 내놓고 놈들의 목숨도 부지하기 힘들 테니 그야말로 묘책이 아닐 수 없다!"

무혜비는 곧바로 행동에 옮겼다. 그녀는 궁에 도적이 들었으니 태자, 악왕, 광왕은 무기를 들고 입궁해 폐하를 보위하라고 명했다. 그 말에 속아 넘어간 세 사람은 완전무장을 하고 입궁했다. 무혜비는 현종에게 세 사람이 모반해 궁을 쳐들어왔다고 말했고 이에 현종은 사람을 보내 정황을 살피게 했다. 현종은 그들이 모반했다고 확신하며 태자 이영을 폐위시키고 악왕 이요와 광왕 이거를 서인으로 강등한 뒤 전부 사형시켰다.

【秘】 통치자들은 억울한 사건과 오심 사건에서 피할 수 없는 책
　　임이 있으며 진정한 원흉이라고 해도 과언이 아니다.

【秘】 권력이 지배하는 시대에서는 아무리 지혜가 뛰어나도 전혀
　　쓸모없을 때가 있다.

【秘】 인간관계에서는 적당한 거리를 유지하는 게 누구에게나 이
　　롭다.

【秘】 친구의 눈에는 문제없어 보이는 것이라도 소인들 눈에는
　　트집거리가 될 수 있다.

【秘】 수많은 억울한 사건들이 겉으로는 인적·물적 증거를 모두
　　갖춰 흠결 없이 합리적이고 합법적으로 보이지만 사실 이
　　런 점이 바로 억울한 사건을 날조하는 자들의 교활함이 돋
　　보이는 부분이다.

모략과 문화

중국 역사를 살펴보면 유가, 도가, 병가, 법가 묵가, 종횡가, 음양가 등 수많은 학파가 있었다. 이 주요한 학파들은 정치에 지대한 관심을 보였을 뿐만 아니라 약속이나 한 듯 '다스림'을 지향했다. 그런데 사람을 다스리려면 반드시 그 방법에 신경 써야 하는데 그것이 바로 지모요, 모략이요, 권모술수다. 그러나 당시의 실제 정황을 보면, 지모는 절대로 깨뜨릴 수 없는 사회제도적인 규범과 원칙으로 승격되었고 각종 학파와 문화는 지모 속에서 제가 속한 자리를 찾아 모략의 범주에 들어가 지모를 구성하는 다양한 부분이 되었다. 이리하여 중국의 '지모형 문화'가 형성되었다.

역사상 중국의 지혜, 모략, 정치에 영향을 미친 학파는 십수 가지나 되지만 영향력이 가장 컸던 것으로는 유가, 도가, 법가를 들 수 있다. 비록 중국의 지혜와 정치는 시시때때로 복잡다단한 모습을 보였지만 사실 알맹이는 그대로 간직한 채 겉으로만 변화무쌍했으니 유가·도가·법가 사상의 정수만 제대로 이해한다면 중국의 모략과 지혜를 파악할 수 있다.

유가의 지혜는 지극히 심오하다. 역설적이지만 지모가 없는 큰 지모라고 할 수 있다. 유가는 일을 꾀함에 지략을 쓰지 않으니, 법가나 병가처럼 직접적으로 지혜를 동원해 상대방을 굴복시키는 것이 아니다. 유가는 성인의 도를 이용해 마음을 굴복시켜 사람들 스스로 왕도王道 이상에 몸 바치도록 한다. 요즘 말로 하자면 '정치사상공작'에 심혈을 기울였다고 할 수 있다. 먼저 사람들에게 아름다운 미래상을 그려주고 사람들이 진심으로 기꺼이 따를 때까지 불굴의 정신으로 각지를 돌며 이러한 이상을 선전한다. 사실 이는 이미 모략이 출중한 정도가 아니었고 더욱이 유가의 모략이 다른 학파의 모략보다 간교했다고도 볼 수 없다. 이 같은 유가의 모략은 이미 인간의 본성, 인간의 도리의 범주로 승격되었다. 이것이 바로 유가의 지모가 합리적인 까닭이고 진정 큰 지모로 인정받은 근본적인 원인이다.

법가의 지혜는 매우 특별하다. 법가의 방법은 군주가 천하를 통치하는 수단이자 비도덕적인 바탕 위에 세워진 것이다. 법가의 방법은 봉건집권제에서 비롯되었기 때문에 유달리 '세'勢를 강조한다. '세'는 절대적인 권위다. 즉 어떤 문의나 논증도 거칠 필요 없이 반드시 인정하고 복종해야 하는 권위다. '법'만 있고 '세'가 없다면 '법'이 시행되지 않고 '세'만 있고 '법'이 없다면 군주는 불안해진다. 하지만 어떻게 해야 '세'의 절대성을 보장할 수 있을까? 이를 위해서는 '술'術이 필요하다. '술'은 신하와 백성의 비밀을 통치, 방비, 감독, 정탐하는 구체적인 권모술수이자 방법이다. 가장 발달한 중국의 '법제'法制를 볼 수 있는 것은 '법'과 '술'이 함께 만들어낸, 신하와 백성을 다스리는 법술 체계다. '법'의 본질은 강력한 통제이고 '세'의 본질은 강권적 위협이며, '술'의 본질은 음모와 권모술수다. 이는 모두 봉건왕권을 지키기 위한 도구였다.

도가의 지혜는 매우 총명하다. 황로黃老의 관련 저서를 보면 곳곳에서 도가적 지혜의 우월감을 내보이고 다른 학파에 대한 멸시를 드러낸다. 황로 학설은 스스로 가장 총명하다 여겼는데 천지만물이 모두 도의 지배를 받는다고 생각했다. 도는 절대적이고 영구적이고 영원불변하며 결코 모독할 수 없는 반면, 사람은 유한하여 그저 도를 느끼고 존중하고 순응할 수밖에 없다. 그렇다면 도를 어떻게 느끼고 존중하고 순응한단 말인가? 황로 철학은 자연에 순응하고 무위無爲해야만 무불위無不爲, 즉 '하지 않음이 없는' 경지에 이를 수 있다고 했다. "성인은 무심하니, 천지의 마음이 곧 그 마음이다."라는 말은 성인은 스스로 주장하는 바가 없고 만물의 자연스러운 운행이 곧 성인이 주장하는 바라는 뜻이다. 만약 도를 세심히 살필 수 없다면 '지상'(知常. 자연의 이치를 앎)할 수 없고 자연에 순응할 수 없으며 살아가다가 화를 입기 십상이다.

물론 역사에서 이 세 학파의 지혜는 한 번도 홀로 존재했던 적이 없으며 항상 서로 결합하거나 다른 학파의 사상을 흡수하기도 했다. 다만 역사적 시기와 배경에 따라 그 흥망성쇠가 달랐을 뿐이다.

지모형 문화는 중화민족의 성격을 형성하는 데 지대한 영향을 미쳤으며 어느 정도는 중화민족의 성격 특징을 결정했다고도 할 수 있다. 물론 이 영향에는 긍정적인 것도 있지만 부정적인 것도 있다. 중국인의 학문은 종종 모략으로 이해되는 면이 있는데, "세상사에 통달한 것은 모두 학문이고 사리를 이해하고 적절히 처리하면서 얻은 경험이 곧 문장이다."라는 말이 이를 잘 보여준다.

수많은 중국인들이 다른 사람을 음해하고 모략을 꾸미는 데만 평생을 바치는 바람에 사회는 심각한 내적 소모에 시달렸다. 그러나 유감스럽게도 음해와 모략은 역사의 수레바퀴가 굴러가는 동안 줄기차게 생명력을 이어갔고 진즉에 사람들이 칭송하는 처세술로 확고하게 자리매김했다. 그리하여 이미 '술'이 아닌 인생의 '도'가 되어 쉽게 바꿀 수 없는 중국인의 문화정신이 되어버렸다. 흔히들 중국인을 일러 '내홍의 달인'이라고하는데 이 말도 이런 문화정신에서 비롯되었다.

그러나 일단 중국의 지혜는 '술'이 아니라 '도'다. 다시 말해 '술'은 그저 '도'의 표현 방식일 뿐이며 '도'가 '술'의 근본이자 결정적 요인이라는 뜻이다. '도'를 깨달으면 '술'은 저절로 통달해 자연스럽게 드러나게 된다. 유가, 도가, 법가, 병가를 막론하고 이들 학파는 모두 당당하고 떳떳한 '양모'陽謨학파다. 이들은 한 가지 공통점이 있는데 먼저 자신의 도덕적

수준을 높이고 인격 수양을 한 다음에 지략을 꾸민다는 것이다. 이 관계가 뒤바뀌면 결코 중국의 지혜를 이해할 수 없다.

그래서 루쉰魯迅은 이런 말을 했다.

"음모陰謀는 술책도 있고 효과도 있지만 한계가 있기 때문에 그것으로 큰일을 이룬 자는 예로부터 단 한 명도 없었다."

권모는 단순한 기술이 아니고, 중국의 지모는 본질적으로 지극히 심오한 문화이다. 몸과 마음으로 이 문화를 깊이 받아들여야만 자연스럽게 안으로는 성인의 도를 도모하고 밖으로는 지혜를 모색하는 경지에 이를 수 있고 진정으로 성인의 도와 지혜를 겸비한 모략가가 될 수 있다.

렁청진冷成金

중국인민대학 문과대학 교수

옮긴이

정주은

고려대학교 중문과와 이화여자대학교 통번역대학원 한중과를 졸업하였다. 여러 해 동안 철학, 문학, 사학, 육아, 자기계발, 아동문학 등 다양한 분야의 서적을 번역하며 노하우를 쌓았다. 현재 번역 에이전시 엔터스코리아에서 출판 기획 및 전문 번역가로 활동하고 있다.
주요 역서로는《정진 : 위대한 사람이 되는 법》《제갈량의 지혜에서 배우다》《역사가 기억하는 정복과 확장 : 세계사 4》《인생의 깨달음을 던져주는 철학형 지혜》등 다수가 있다.

이서연

성균관대학교 유학대학원을 졸업했으며 중국 선양에서 수학했다. 동아시아사상 문화 및 서예 미학을 전공했다. 현재는 번역 에이전시 엔터스코리아에서 출판 기획 및 전문 번역가로 활동하고 있다.
주요 역서로는《소크라테스에게 배우는 삶의 지혜》《다시, 혼자(출간예정)》《한 권으로 이해하는 철학시리즈(출간예정)》등이 있다.

박소정

이화여자대학교 통역번역대학원 한중과를 졸업했다. 드라마, 기사, 계약서 등 다양한 기업체 번역의 경험이 풍부하며, 현재 엔터스코리아에서 출판 기획 및 전문 번역가로 활동하고 있다.
주요 역서로는《나에게 주는 10가지 선물》《달의 도시에서 꽃이 지니》등이 있다.

정적을 제거하는 비책
위대한 역사를 만든 권력 투쟁의 기술

1판 1쇄 펴낸 날 2020년 3월 5일

지은이 | 마수취안
옮긴이 | 정주은, 이서연, 박소정
주 간 | 안정희
편 집 | 윤대호, 채선희, 이승미, 윤성하
디자인 | 김수혜, 이가영
마케팅 | 함정윤, 김희진

펴낸이 | 박윤태
펴낸곳 | 보누스
등 록 | 2001년 8월 17일 제313-2002-179호
주 소 | 서울시 마포구 동교로12안길 31
전 화 | 02-333-3114
팩 스 | 02-3143-3254
E-mail | bonus@bonusbook.co.kr

ISBN 978-89-6494-424-0 03320